धीरसमीरे

धीरसमीरे

गोविन्द मिश्र

वाणी प्रकाशन

वाणी प्रकाशन
4695, 21-ए, दरियागंज, नयी दिल्ली 110 002
फ़ोन : +91 11 23273167 फ़ैक्स : +91 11 23275710
शाखाएँ
अशोक राजपथ, पटना 800 004, बिहार
कॉफ़ी हाउस कैम्पस, महात्मा गांधी मार्ग, इलाहाबाद 211 001, उत्तर प्रदेश
महात्मा गांधी अन्तरराष्ट्रीय हिन्दी विश्वविद्यालय, वर्धा 442 001, महाराष्ट्र
www.vaniprakashan.in
marketing@vaniprakashan.in
sales@vaniprakashan.in

DHEERSAMEERE
by Govind Mishra

ISBN : 978-93-5000-970-3
Novel

प्रथम संस्करण 2012
आवृत्ति 2019

मूल्य : ₹ 595

सिटी प्रेस, दिल्ली-110 095 में मुद्रित

वाणी प्रकाशन का लोगो मक़बूल फ़िदा हुसेन की कूची से

कवि कुलगुरु महर्षि वेदव्यास
महाकवि श्री जयदेव
भक्ति एवं साहित्य के शिरोमणि
अष्टछाप कविवृन्द
एवं
ब्रज के अनाम लोककवियों को
श्रद्धा नमन

बन्धुवर नन्दकिशोर मित्तल
उर्फ
नन्दू भैया को

"है ब्रज में कोउ हितू हमारो..."

"श्री शुकदेव जी महाराज बोले कि हे राजन! तृणावर्त नाम का एक दैत्य था। वह कंस का निजी सेवक था। कंस की प्रेरणा से ही बवंडर के रूप में वह गोकुल में आया और बैठे हुए बालक श्रीकृष्ण को उड़ाकर आकाश में ले गया। उसने ब्रजरज से सारे गोकुल को ढक दिया और लोगों को देखने की शक्ति हर ली। उसके अत्यन्त भयंकर शब्द से दसों दिशाएँ काँप उठीं। यशोदा जी ने अपने पुत्र को जहाँ बैठा दिया था, वहाँ जाकर देखा तो श्रीकृष्ण वहाँ नहीं थे। उस समय तृणावर्त ने अपने बवंडर रूप से इतनी बालू उड़ा रखी थी कि सभी लोग उद्विग्न और बेसुध हो गये थे। उन्हें अपना पराया कुछ भी नहीं सूझ रहा था। उस जोर की आँधी और धूल की वर्षा में अपने पुत्र का पता न पाकर यशोदा को बड़ा शोक हुआ। वे अपने पुत्र की याद कर बहुत ही दीन हो गयीं और बछड़े के मर जाने पर गाय की जो दशा हो जाती है, वही दशा उनकी हो गयी। वे पृथ्वी पर गिर पड़ीं। बवंडर के शान्त होने पर जब धूल की वर्षा का वेग कम हो गया तब यशोदा जी के रोने का शब्द सुनकर गोपियाँ वहाँ दौड़ी आयीं। नन्द-नन्दन श्यामसुन्दर श्रीकृष्ण को न देखकर उनके हृदय में बड़ा सन्ताप हुआ, आँखों में आँसू की धारा बहने लगी। वे फूट-फूटकर रोने लगीं..."

श्री श्री 108 गोस्वामी महाराज श्री राजदेव की ओर से आयोजित ब्रज यात्रा के लिए प्रारक्षित क्षेत्र में एक कथावाचक, व्यासजी यात्रियों के समूह को श्रीमद्भागवत का हिन्दी अनुवाद बाँचकर सुना रहे हैं, पढ़ने के बाद टिप्पणी करते हैं–"कैसो मार्मिक प्रसंग है, जो है सो। शंकर जी जब श्रीकृष्ण के दर्शनार्थ पहुँचे तो कैसे मैया जसोदा ने जादू-टोना के डर ते लला कूँ छिपाय लियौ हो। हौनी देखौ कै वा बखत लला कूं अकैलौ छोड़ गईं और अब जो है सो विलाप कर रही हैं। अवस्था ढलवे पै नन्द बाबा कौं पुत्र-प्राप्ति भई, पर न जानै कौन की वक्र दृष्टि है कै हर दूसरे दिन कछू न कछू उत्पात होतौ रहे है...अभी वा दिन पूतना, सुन्दरी का भेस धरिकै आयी रही। जैसे ही बाकौ असली रूप प्रकट भयौ तौ जसोदाजी नै डपट कै

श्रीकृष्ण कूं वाकी छाती पै ते उठाय लियौ। लाला पै गौ की पूँछ को झारौं दियौ, गौ-मूत्र ते स्नान करायौ, सब अंगन में गौरज लगाई और फिर बारह अंगन में गोबर लगाइकैं भगवान के नामन ते रक्षा करी। लाला कूं गोद में उठायकैं नन्द बाबा ने मन्त्र तथा पवित्र औषधीन ते युक्त जल सौं अभिषेक करायौ, गौएँ दान में दईं...आज लला पै फिर बिपत्ति आय गई। मैया बिलाप कर रही हैं...अरे कौन उठाय लै गयौ मेरे कुँवर कूं, मैं हवाल ही तो वाय यहाँ बैठाय गई...कैसी मति मारी गई मेरी जो वाय छोड़िकैं चली गई। अबकैं मिलाय देउ प्रभू, आगै ते सौगन्ध खातूं जो वाय एक पल कूं हूं अकेलौ छोड़ूँ..."

सुनंदा आँचल से आँखें पोंछती जाती है पर आँसुओं की जैसे झिरी लगी हुई है। वह ब्रज-यात्रा पर आयी है—ब्रज के चौरासी कोस की पैंतालिस दिनों में सम्पन्न होने वाली यात्रा। पूरी पैदल। इस गाँव से उस गाँव, उस गाँव से उस गाँव। पाँच-पाँच हजार लोग एक साथ चलते हैं। गाँवों के किनारे हजारों पाल तानकर एक पूरी नगरी की नगरी बस जाती है। दो-तीन दिन वहाँ रहना, आस-पास के स्थानों को देखना, फिर दूसरी जगह के लिए चल देना। इस तरह पैंतालिस दिनों में पूरे ब्रज की परिक्रमा करना...

जीवन यात्रा का छोटा-मोटा प्रतिरूप ही हुई यह यात्रा। यहाँ से उखड़ना, वहाँ बसना...वहाँ से फिर उखड़ना।

सुनन्दा यात्रा में एक आस लेकर आयी है—शायद यहीं कहीं उसका खोया बेटा किशोर मिल जाये। जब से यात्रा मथुरा से चली है, सुनन्दा की नजरें हर तरफ टटोलती घूमती हैं...किशोर, शायद वही कहीं दिख जाये। मार्ग में छोटे-छोटे बालकों के झुंड याचना करते मिलते हैं। उनके भाँति-भाँति के बोल, भाँति-भाँति की धुनों में—"माई! माई पैसा...ठाकुर जी के ग्वाल-बाल, पैसा-कौड़ी दे दे लाल... मारग में कानो ठाढ़ो, जाको धूप लगै न जाड़ो, सखी दै जा दान हमारो..."

सुनन्दा का कन्हैया कहाँ खड़ा है, धूप और जाड़े को झेलते हुए? कहाँ हो बेटा तुम! अपनी माँ से रूठ गये कि वह तुम्हें नानी के पास छोड़कर स्कूल पढ़ाने जाती थी? तुम्हें कौन किस दिशा में ले गया बेटा।

कैसी है यह ब्रजभूमि...क्या सूरदास, क्या परमानन्ददास, क्या नन्ददास सब ब्रज की महिमा गाते हैं। रसखान तो यहाँ तक कहते हैं कि वे अगले जन्म में मनुष्य, पशु, लता जो भी हो ब्रज में ही हों। यहाँ के गुल्म, लता, औषधि आदि कुछ भी बनने को तैयार हैं। और ब्रजरज उसका क्या कहना, भगवान श्रीकृष्ण ने भी रज का भक्षण किया था। पर सुनन्दा को तो यहाँ की रज के कण-कण में केवल विरह ही विरह दिखाई देता है—कृष्ण यशोदा के यहाँ चले गये तो माँ देवकी का क्या हुआ किसी ने नहीं सोचा, आज भी नहीं सोचता...सब यशोदा-कृष्ण की लीला गाते रहते हैं। देवकी के पास तो योगमाया-कन्या भी नहीं रही। कृष्ण फिर यशोदा,

नन्दबाबा, गोपी-ग्वाल, राधा और ब्रज को छोड़ जाते हैं। कितने कम समय की लीला और फिर लम्बे समय के लिए विरहाग्नि में तपती हुई ब्रज-रज...जैसे कंटक-कंकड़मय इसी कारण हो गयी।

सुनन्दा उठ जाती है। रात काफी हो गयी है, पर असल बात कि प्रवचन में मन नहीं लगता। ब्रजराजकुमार का हर लीला-गायन उसे अपनी ही व्यथा पर ला पटकता है। अब वह रास-लीला भी नहीं देख पाती। जहाँ कोई बालक भोला पर नटखट कन्हैया बन कर आया कि सुनन्दा को किशोर की याद आयी।

सुनन्दा अपने पाल की तरफ बढ़ जाती है। सवेरे प्रस्थान है संकेत के लिए। तीन दिन यहाँ बरसाना में रुकना हुआ। कल भानोखर, गहवरवन और मोरकुटी देखने गये थे। भानोखर में वृषभान जी तथा कीर्तिजी (राधा जी के पिता-माता) नित्य स्नान करने को पधारते थे। गहवरवन या गह्वर वन बहुत ही मनोहर, प्राकृतिक सौन्दर्य से भरपूर स्थान है लेकिन सुनन्दा जैसों के लिए नहीं, प्रेमियों के लिए। वहाँ अकेले घूमते हुए बार-बार सुनन्दा की आँखों के सामने वह अजगर आ जाता, जिसकी कथा गह्वर वन से जुड़ी है। श्री वल्लभाचार्य जब यहाँ भागवत पारायण कर रहे थे तभी उनके शिष्यों ने एक अजगर को देखा जिसको चीटें काट रहे थे। वल्लभाचार्य जी ने जल छिड़क कर उसका सर्पयोनि से उद्धार किया था। उन्होंने अपने शिष्यों को बताया कि पूर्वजन्म में यह अजगर उनकी ही तरह एक गुरु था, उसने ज्ञान अपने शिष्यों से छिपाया इसलिए सर्प-योनि को प्राप्त हुआ। सुनन्दा वल्लभाचार्य जी की बैठक के पास कृष्णकुण्ड के किनारे बैठी रही। तीन ओर से पहाड़ियों से घिरा हुआ, घने वृक्ष और लताओं से ढका कृष्णकुंड या गह्वर गंगा। कृष्ण कुंड के ठीक ऊपर पहाड़ी पर मोरकुटी का मन्दिर है। वहाँ आयोजकों की ओर से मयूर लीला दिखाई गयी थी—श्रीकृष्ण श्रीराधाजी को मयूर नृत्य द्वारा प्रसन्न करते हैं। आज करहला गये थे—इसी गाँव से रासलीला का प्रारम्भ हुआ। कहते हैं आंजनी शिला से श्रीकृष्ण ने राधा के लिए अंजन प्रकट कर उन्हें लगाया था। सुनन्दा ने शिला पर उँगली रगड़ कर देखी थी, ऐसी तो हो ही गयी थी जैसे अंजन लगा हो, लेकिन वह उस पत्थर का ही कोई अपना गुण हो सकता है!

पाल में पहुँच कर सुनन्दा ने अपना सामान समेट बक्से में भर दिया। तैयार सवेरे निकल पड़ने के लिए। चटाई उठाकर पाटे पर बिछा दी और लेट गयी। दिन-भर की थकान शरीर को तोड़ने लगी। वह जान-बूझकर स्वयं को इतना थका डालती है कि हड्डियाँ दुखने लगें, लेटते ही नींद में बेसुध हो जाये। नींद आयी तो, पर उखड़ी-उखड़ी। जाने क्या-क्या मन में आता रहा। बीच-बीच में चौकीदार का स्वर—'राधे...श्याम...क...हो...हो...ओ...' थोड़ा-सा बँधती नींद को जैसे फाड़कर रख देता। इधर से एक कहता है तो उधर से दूसरा चौकीदार और ऊँचे स्वर में यही बोलकर जवाब देता है। 'जागते रहो...होश्यार...' ऐसी चिल्लाहटों से तो

अच्छा ही है। कोई कितना जागता रहे, कितना होश्यार रहे...चोरी फिर भी हो जाती है, पर 'राधेश्याम कहो' सुनकर चोर शायद एक बार ठिठक ही जाती हो।

सुनन्दा गुजरात की एक बस्ती में अध्यापिका है। छुट्टी लेकर ब्रजयात्रा में आयी है। मन में वैसा भक्ति-भाव नहीं, उम्र के हिसाब से तीस पहुँची-पहुँची है...सो कोई तीर्थाटन की अवस्था भी नहीं। यात्रा में वह किशोर को ढूँढ़ने आयी है...अकेले, इस भीड़-भाड़ में। ऐसे क्या मिल जाएगा उसका किशोर?

ब्रजभूमि के प्रति श्रद्धा यहाँ हर तीसरे यात्री की आँखों में छलकती दीखती है। सुनन्दा...? यात्रा में जो हजारों लोग चल रहे हैं उनमें भक्तिभाव से सबसे ज्यादा दूर शायद वही होगी। पिछली बार जब माँ के साथ यात्रा में आयी थी, तब भी भक्ति जैसा जरूर कुछ नहीं था, पर उत्साह था...नयी उम्र का, खुलते हुए जीवन का उत्साह। यात्रा में नन्दन मिल गया था तो जीवन से आसक्ति और बढ़ गयी, इस भूमि के प्रति एक तरह का कृतज्ञता-भाव जागा था, ईश्वर में थोड़ा विश्वास भी। सुनन्दा सोचती थी कि जिसका आरम्भ ब्रजयात्रा में हुआ हो, वह तो शुभ ही शुभ होगा, पर कितनी जल्दी सब तहस-नहस हो गया! क्यों? कहते हैं ईश्वर बिगाड़ता नहीं, सिर्फ बनाता है...फिर सुनन्दा का क्यों बिगड़ता चला गया, एक के बाद एक...क्यों?

सुनन्दा को लगता है जैसे उसके भीतर कड़ुवाहट की चिपचिपी मिट्टी का एक बड़ा लोंदा रखा है जिससे नोंच-नोंचकर वह प्रत्येक देव-स्थल पर शिकायत का कोई टुकड़ा छपाक से मारती चलती है, जैसे यही करने वह इस यात्रा में आयी है...गलत हैं वे, जो कहते हैं कि ईश्वर है...होता तो संसार-संचालन में न्याय साफ-साफ दिखाई देता। और वे तो निरे अन्धविश्वासी हैं जो कहते हैं कि ईश्वर का स्वरूप करुणामय है। जिसने बिना किसी अपराध सुनन्दा को ऐसे कष्ट दिये, वह करुणामय क्योंकर हो सकता है? सुनन्दा प्रकट भले न होने दे अपनी यह कटुता पर भीतर यही है जो बचा है! शेष सब सूख गया। संसार में वह अकेली ...क्यों जी रही है, किसके लिए? क्या पेट भरकर रात में सो रहना...और इसी तरह दिन-रात करते हुए अपने हिस्से की आयु किसी-किसी तरह समाप्त कर देना...यही बचा है, या कि अब भी कहीं एक आस है? किशोर मिल जाएगा, उसे कमाना है—किशोर के लिए, संसार में किशोर अनाथ की तरह न घूमता फिरे... इसलिए। पर किशोर है भी—है तो क्या इस क्षण ही वह कहीं अनाथ की तरह नहीं पड़ा हुआ है? कहाँ हो बेटा तुम...

"माताजी पेटी आपो...बिस्तरा आपो...कांथरी आपो..." सामान की माँग वाली आवाजें आने लगीं। सवेरे के तीन बज गये। सुनन्दा उठ जाती है। जब तक गाड़ी वाले उसके पाल पर आकर आवाज देते हैं, वह तैयार है। एक झोला साथ में रखकर बाकी सब सामान सौंप देती है उन्हें। है ही कितना—एक बक्सा, एक

पाटा, एक चटाई। सामान को पालों के साथ-साथ अगले पड़ाव में पहले से ही पहुँचाने के लिए ठेकेदार के लोग झपट कर ले जाते हैं।

सामान बाहर निकाल सुनन्दा भी खुले में आ गयी। अब उसके पास कुछ नहीं। ऊपर कोई छत्रछाया भी नहीं, केवल तारों-भरा आकाश। अँधेरे में ही वह कच्ची सड़क पर खेतों की तरफ बढ़ जाती है। उधर कोई पोखरा-तालाब होगा तो दैनिक कार्यों से निपट लेगी, वरना लौटकर जहाँ सबके लिए इन्तजाम है, वहाँ। सवेरे की थोड़ी घुमाई ही हो जाएगी। पाल वाली बस्ती की रोशनियाँ, यात्रियों के जागने, सामान के समेटे जाने की आवाजें धीरे-धीरे पीछे छूटती जाती हैं।

सुनन्दा ने सड़क के पार उस जगह को देखा जहाँ अभी भी एक छोटी-मोटी बस्ती की उछल-कूद, चहल-पहल थी। बस्ती अब उखड़ रही थी। पाँच हजार से भी ऊपर लोगों की तीन दिनों की उथल-पुथल और धूप होने तक रह जाएँगे चूल्हे के ईंटें, भसकी हुई भट्ठियाँ, ताँगों और उखाड़े गये पालों, कीलों के गड्ढे...इधर-उधर बिखरा कूड़ा-करकट...राख! पालों के अन्दर की करवटें, उधेड़-बुनें, रिसते हुए दर्द ...इनका नामोनिशान नहीं। जीवन में भी तो ठीक ऐसा ही होता है! जहाँ सामने रोशनियाँ अब भी हैं—काँच की गोलियों की तरह फैलीं, चमकतीं, जैसे उजड़े जीवन में जहाँ-तहाँ कुलबुलाती यादें! थोड़ी ही देर में ये उठ जाएँगी। पीछे छूट जाएगा सुनसान...और जमीन का एक टुकड़ा, धूल-भरा, नंगा।

एकाएक सुनन्दा को अपने पास कुछ छायाएँ डोलती नजर आयीं। क्या प्रेत-छायाएँ? आज व्यर्थ ही वह कुछ ज्यादा ही दूर निकल आयी। यात्रा में सवेरे से शाम तक जो भजन-कीर्तन-प्रवचन का वातावरण रहता है, उसमें स्त्री-पुरुष का भेद घुल जाता है। वह अक्सर भूल जाती है कि वह औरत है और अब भी युवा है!

घबराहट में वह तेज-तेज कदमों से रोशनियों की तरफ बढ़ने लगी। अब वह साफ-साफ महसूस कर सकती थी कि दो-तीन मानुस पीछे लग गये हैं। सुनन्दा की धुकपुकाहट बढ़ गयी। उसने अपने कदम और तेज कर दिये, लेकिन वह तेजी भी कुछ ही दूर ले जा सकी उसे। वे तीन थे। आज वह शिकार हुई...यह तय था। दबोचे जाने के पहले एक भरपूर चीख जरूर निकल गयी सुनन्दा के मुँह से। फौरन ही एक ने झपट कर उसका मुँह तोप दिया और दूसरा उसे अँधेरे में डूबे सड़क के हिस्से की तरफ घसीटने लगा, तीसरा पीछे से धकियाता हुआ। सुनन्दा अपनी पूरी शक्ति से प्रतिरोध कर रही थी, पर खिंची चली जा रही थी। पता नहीं कितनी देर और कितनी दूर तक वह खिंचती चली गयी। सभी इन्द्रियाँ सुन्न, वह जैसे सिर्फ कपड़े-लत्तों का कोई ढीला-सा ढेर। तभी उसे अपने नीचे जमीन की प्रतीति हुई। देखा वह थम गयी है। वे रुक गये थे। सामने कोई अवरोध था। एक पुरुष आकृति, चौकस, आत्मविश्वास से भरपूर...

"जाने न पाये...रामू, तुम पीछे से...लछमन तुम इधर से...भोले, तुम दायें

से...सामने मैं हूँ।"

उम्र चालीसेक, चेहरा उजला-उजला, शरीर नौजवानों-सा, पेंट-कमीज में... सामने खड़ा, जैसे वह किसी छोटे-मोटे युद्ध का संचालन कर रहा था—"घेर कर दबोच लो। भगवान की यात्रा में भी ऐसी नीच वृत्तियों वाले ये राक्षस! पकड़कर ले चलो सालों को। यात्रियों के पैरो-तले रौंदवाएँगे...पकड़ लो!" सामने वाला पुरुष जोर से चीखा...कि इधर इन तीनों ने भड़भड़ाकर सुनन्दा को छोड़ा और सरपट सड़क की तरफ भागे। थोड़ी ही देर में एक तीन पहिए वाले स्कूटर के स्टार्ट होने की आवाज आयी। एक धब्बा विपरीत दिशा में आवाज करता हुआ भागता जा रहा था, आवाज क्रमशः धिमाती हुई।

"आइए चलें..." वह सुनन्दा के पास नहीं आया, वहीं से मुड़कर रोशनियों की तरफ चलने लगा। सुनन्दा ही चलकर बराबरी पर आ गयी।

सुनन्दा—लम्बी, छरहरी। नवयुवती नहीं है पर जैसे गुजर जाने पर भी वह अवस्था सुनन्दा में पीछे छूट गयी है। गेहुआँ रंग। नाक-नक्श उतने पैने नहीं जितने दिखते हैं, चेहरा थोड़ा खिंचा-खिंचा रहता है...शायद इसलिए। पहन-ओढ़ में लापरवाही का अन्दाज। आकर्षक आकृति, पर आकर्षण को ढूँढने चलो तो कहीं दिखाई न दे।

"आपके वे..." सुनन्दा का मुँह आखिर खुला।

"कौन?"

"वे...रामू...लछमन...भोले..."

"ओह!" वह हँसा—"वे तो साथ ही हैं अपने। कहते नहीं कि वे सदा साथ ही रहते हैं? राम, लक्ष्मण, शंकर...किसी भी नाम से। उनका प्रताप जो है वह आपने अपनी आँखों से देख ही लिया।"

सुनन्दा को उसकी चतुराई भली लगी।

"यह सब तो खैर कहने की बातें हैं। जो बात सच है वह यह कि शरीर से पस्त करने की बजाय दुश्मन के मन को तोड़ने की कोशिश करो। अगर उसे लगे कि तुम एक नहीं, कई हो, उसे घेरा जा रहा है तो वह फौरन उखड़ जाएगा। रही सही कमी उसे पाप-बोध कराकर पूरी कर दो, ध्वस्त हो जाएगा।"

"आप बुद्धिमान हैं।"

"जी नहीं, मैं सत्येन्द्र हूँ, वह भी नाम से। बुद्धिमान एकदम नहीं हूँ, बुद्धि का पेशा जरूर करता हूँ...वकालत। यात्रा में मैं भी हूँ। ये गुंडे आपके पीछे क्यों...?"

"पता नहीं।"

"उनका कुछ मकसद तो होगा...गहने, रुपये-पैसे?"

"मैं तो साथ कुछ रखती नहीं। गहने भी कहाँ..."

"तो...? वैसे, हमारे देश में औरत के लिए भी लालच खासा होता है, पर मेरा

ख्याल है उसके लिए वे ऐसे खुले में जोखिम नहीं उठाएँगे। ज्यादातर रुपया 'मोटिव' होता है। रुपए से फिर कुछ भी पाया जा सकता है, औरत भी। अकेली आयी हैं यात्रा में?"

"जी।"

"लेकिन कुछ महिलाओं से तो दोस्ती हो ही गयी होगी अब तक। आपको अँधेरे में यों नहीं निकलना चाहिए।"

खेत की जमीन कुल मिलाकर समतल थी और पानी पड़ चुकने के कारण मुलायम। दो जोड़ा पाँव सामने की तरफ सरक रहे थे। कहीं पत्थर का कोई टुकड़ा आ जाता तो एकाएक सुनन्दा का कोई पाँव टेढ़ा पड़ जाता। एक पल के लिए चटक जिस्म में रंग जाती...लेकिन कुछ अहसास होने के पहले ही पैर फिर आगे ले ज़ाते।

यात्रियों में खबर फैलते देर न लगी। यात्रा के आयोजकों ने तुरन्त ही माइक पर एलान कर दिया—'बड़े दुख की बात है कि हमारी बी-47 की एक बहन पर गुंडों ने हमला किया। श्रीगोवर्द्धनधारी की कृपा से अपनी ही यात्रा के एक भले सज्जन समय पर पहुँच गये और गुंडे भाग खड़े हुए। बहन जी को कोई हानि नहीं हुई। कुछ बाहर के लोग, जो हमसे ईर्ष्या-भाव रखते हैं, हमारी यात्रा को बदनाम करने पर तुले हुए हैं। माताओं एवं बहनों से प्रार्थना है कि वे समूह में आयें-जायें और पड़ाव से बहुत दूर कदापि न जायें।'

अनायास ही उन्होंने सुनन्दा के पाल का पता भी सबको दे दिया। पाल का नम्बर तो आगे भी वही रहता है। कौन जाने अब लोग ढूँढ़-ढूँढ़कर आगे के पड़ाव में भी खोज लें। जिन्होंने सुना, उनमें सुनन्दा को पहचानने, गौर से देखने का कौतूहल...क्या है इस महिला में जिसके लिए उस पर आक्रमण हुआ? कोई ऐसी रूपवती नहीं है, आभूषणादि भी बहुत शरीर पर नहीं है, फिर? कौन है वह आदमी ...अँधेरे में गुंडों का सामना करने मैदान में कूद पड़ा, जोखिम उठाया? दोनों में पहले ही प्रेम था, नहीं तो बीजारोपण अब अवश्य हो गया होगा...ब्रजभूमि में कान्ह-गोपी भाव तो और भी तीव्रता से मन पर छाता है।

सुनन्दा के पाल वाली पंक्ति में ही एक तरफ वृन्दावन की तीन अधेड़ महिलाएँ थीं। वे पूछते-पाछते, ढूँढ़ते-ढाँढ़ते, 'क्या हुआ, क्या हुआ बेटी' करते हुए सुनन्दा के पास आ पहुँचीं। वे सचमुच द्रवित थीं। मौसी, जो उम्र में सबसे बड़ी थीं, वे ही अन्य दो को यात्रा पर लायी हैं। सुनन्दा कुशल से है...यह देख मौसी ने ईश्वर को बार-बार धन्यवाद दिया। वह सब उनके भीतर से उठ रहा था जैसे सुनन्दा उनकी कोई सगी हो। किसी अपरिचित के प्रति कोई एकाएक ऐसा आत्मीय हो सकता है...सुनन्दा को आश्चर्य हो रहा था।

"बेटी!" मौसी कह रही थीं, "हमें एक-दूसरे को पहले ही जान लेना था। सच

कहूँ तो एक बार मेरे मन में आया भी, पर देखा अपने आप में रहना तुम्हें ज्यादा भाता है इसलिए आगे नहीं बढ़ी। बहुत लोग होते हैं, बड़े शहरों के तो विशेषकर, उन्हें अच्छा नहीं लगता यह कि कोई आगे बढ़कर उनसे बातचीत करे। सो मन मार लिया था। अब विपत्ति आन पड़ी तो रहा नहीं गया। विपदा देखकर भी हिचकिचाहट बनी रहे तो हम मनुष्य कहाँ के...पर विपदा सब पर पड़ती है बेटी ...एक से एक। मेरा वृन्दावन में एक महिला आश्रम है। ये मेरे साथ हैं रमा जीजी उत्तर प्रदेश की और ये निर्मला चौपड़ा जी, दिल्ली की। इन दोनों की यात्रा में आने का बड़ा मन था, मैंने कहा चलो। तुम दोनों मुझे खचोरते चलना, अपने अकेले के बस का तो अब रहा नहीं..."

बहुत ही साधारण चोला मौसी का। शरीर सत्तर के आसपास पहुँच रहा होगा। पोशाक मैली-मैली सफेद, घर की धुली, साबुन हफ्ते में एक बार लगता होगा। चेहरे पर न बहुत अपनी तरफ खिंचे रहने वाला भाव न ही ऐसा कि जो सामने दिखा उसकी तरफ बह गया। अपने में स्थिर पर बाहर के लिए उदासीन भी नहीं। ऐसा कुछ नहीं था वहाँ जो बहुत प्रभावित करता हो, पर बनावटी भी रत्ती भर नहीं।

"रमा जीजी बड़े ही सम्पन्न घर की हैं। पति का जेवर में व्यापार अच्छा चमका सो आगे-पीछे दोनों तरफ खूब ऊँची कोठी उठ गयी। नौ सन्तानें...कोई इधर के कमरे में, तो कोई उधर के। हर तरफ चहल-पहल...लेकिन देखते-देखते ही क्या हो गया। पति गये, लड़के बड़े हुए तो उसी कोठी को लेकर वह छीनाझपटी मची कि जिनका बचपन उसी आँगन में साथ खेलते बीता था वे ही अब एक-दूसरे के दुश्मन, बोलाचाली बन्द। कोई इन्हें माँ मानने को तैयार नहीं। सब कहते हैं तुमने और बाबू ने मिलकर फलाँ भाई को ज्यादा दिया, उससे पक्षपात किया। थोड़ा बहुत समझदार है तो बड़ा लड़का...जो बाहर निकल गया। ये कभी-कभी उसके पास रह आती हैं। अपने घर में जमकर नहीं रह सकतीं।...जो बच्चे वहाँ हैं वे चींथ डालेंगे इन्हें। बेचारी भाग-भागकर राधाबल्लभ जी की शरण आती हैं...अशरण की शरण!"

सुनन्दा ने रमा जीजी को झलकियों में देख डाला। अच्छा खाया-पिया शरीर। समृद्धि अब भी इधर-उधर से झलकती थी। अच्छे नाक-नक्श बताते थे कि अपने समय में वे सुन्दर भी खूब रही होंगी, स्वस्थ तो अब भी थीं। सबसे बड़ी बात की व्यक्तित्व ऐसा कि वे कुछ न बोलें तो भी स्नेह निकल निकल कर सामने वाले की ओर बहे। ऐसे व्यक्ति से भी उनकी सन्तानें बिफरी-बिफरी फिरती हैं!

"मैं बेवकूफ रही बेटी कि पति के जाते ही हिस्सा-बाँटी कर दी—" जीजी स्वयं अपने बारे में बताने लगीं—"सबको अपना-अपना हिस्सा मिल गया, अब उन्हें क्या मिलना था मुझसे जो मेरी परवाह करते। कोई कहता है कि बड़े को ज्यादा चाहती थी जो उसे सामने वाला हिस्सा दिया। एक लड़के का दिमाग थोड़ा कमजोर

है तो उसे सबसे ज्यादा दिया कि जायदाद ही उसका सहारा हो सके। बजाय इस बात की तारीफ करने के बाकी सब इसी को लेकर कुढ़ते हैं। गलती हो गयी... पति ने वसीयत कर भी दी थी तो भी दबाए रखना था।"

"उससे क्या होता बहन" मौसी ने सिर हिलाया—"निर्मला बहन को देखो न। इन्होंने तो अपनी बम्बई वाला घर रोक रखा है...तो इन्हें इनके दोनों लड़के इसलिए कोसते हैं कि कंजूस है, माँ में ममता नहीं है, घर अपने साथ ऊपर ले जाने को सोचती है।"

पहली बार मिलना और भड़-भड़ अपना सब कुछ बताते चला जाना, कैसा खुलापन है इन लोगों में...सुनन्दा सोचते लगी...इतना आसानी से सुनन्दा अपना उगल सकती है क्या! वह तो दबाये रहेगी, दबाए चली जाएगी।

निर्मला चौपड़ा ने सुनन्दा को बताया कि उनके दो लड़के और एक लड़की है। लड़की विदेश में है और वही है जिसके मन में माँ के लिए अब भी कुछ है। एक लड़के की बहू खराब है—ऐसी किचकिच मचा देगी कि निर्मला जी चार दिन अपने लड़के के पास न रह पाएँ। दूसरे की बहू अच्छी है तो लड़का खराब है... एकदम व्यापारी। साफ कहता है बम्बई का घर हमारे नाम लिख दो और सारे जीवन हमारे यहाँ रहो। निर्मला जी बिचक जाती हैं—'घर से ही थोड़ा कुछ मिलता है तो उससे भी हाथ झाड़कर तुम कपूतों के आसरे टँग जाओ, तुम जब चाहो बाहर फेंक दो और फिर मैं माँगूँ भीख।' बम्बई के घर के दो कमरों में निर्मला जी काम करने वाली लड़कियों को पेइंग गेस्ट की तरह रखे हुए हैं, गुजर-बसर लायक रुपए मिल जाते हैं। एक मन है जो नहीं लगता। किसके पास जाएँ, कहाँ उठें-बैठें? बम्बई में किसी को बात करने की फुर्सत नहीं। कभी-कभी यह सोचकर भी जी घबराता है कि निर्मला हैं दिल की मरीज...अगर रात-वि-रात तबीयत खराब हो गयी तो कोई देखने वाला नहीं, कोई ऐसा नहीं जो अस्पताल तक भी पहुँचा दे। लड़कियाँ हैं तो उनका क्या आसरा, वे ठहरीं तो परायी ही। सोच-सोच कर निर्मला जी की तबीयत बम्बई में और खराब हो जाती है। जब बहुत दिल घबराता है तो वृन्दावन मौसी के पास चली आती हैं...

"आपको तो यात्रा में आने की मनाही होगी, मतलब इतना पैदल चलना?" सुनन्दा ने निर्मला जी से पूछा।

"अब एक दिन तो जाना ही है। यहाँ तो तबीयत उल्टे अच्छी रहती है। कोई चिन्ता नहीं रहती, इसलिए...फिर हमारी मौसी जो है, हर मर्ज़ की दवा।"

मौसी हँसी और 'अच्छा बेटा, ठीक से रहना' कहते हुए उन दोनों को भी हाँक कर दूसरी तरफ ले गयीं।

"बाई जी आप अपना पाल बदल डालिए, भैया जी वाली लाइन में चली

जाइए..." एक-दो बार जिनके साथ चलना, थोड़ा बोलना-बतियाना हुआ था वे औरतें कुछ शरारत से, कुछ लाड़ दिखाते हुए सुनन्दा को ऐसा कुछ सुझाते हुए इधर से उधर निकल जाती हैं। उनके लिए हर जमावड़ा ब्याह जैसा जश्न है और हर मामला छोटा-बड़ा मज़ाक।

माइक पर व्यवस्थापक घोषणा कर रहे हैं–'भक्तजनो, आपके पाल और सामान लेकर बैलगाड़ियाँ अब प्रस्थान करने ही वाली हैं। यह व्यवस्था आपकी सुविधा के लिए ही है ताकि अगले पड़ाव पर आपको अपने पाल सामान सहित पहले से ही लगे मिलें। आपको पैदल चलते हुए सामान का बोझ वहन न करना पड़े। जिन्होंने अपना सामान अभी नहीं दिया है वे शीघ्रता करें। प्रस्थान का समय हो रहा है। कृपया आप अत्यन्त ही आवश्यक वस्त्र मात्र अथवा अगर साथ विराजते हों तो श्री ठाकुर जी की झाँपी...इनको छोड़कर शेष सामान बैलगाड़ियों से भेज देवें।'

शोरगुल में सुनन्दा वाली घटना पर टीका-टिप्पणी की लहर दब जाती है। सुनन्दा लोगों के बीच फिर भी अकेली। उसमें उत्तेजना अब नहीं के बराबर है। जब गुंडे घेरने आ रहे थे तब कितना घबड़ा गयी थी वह। सत्येन्द्र समय पर न पहुँचते तो अनर्थ हो जाता–लेकिन क्यों हो जाता...एक सीमा से आगे और क्या हो सकता है! पिता चले गये, माँ गयी...एक नन्दन आया तो कुल मिलाकर मात्र दो वर्षों के लिए सुख-दुःख की झलकियाँ दिखाकर चला गया। बेटा किशोर था...वह भी गया। कुछ ठहरता ही नहीं जैसे उसके आँचल में। क्या इनमें से किसी एक से भी ज्यादा दुखदायी हो सकता था वह जो घटता?

"भक्तजनो! जैसा कि कार्यक्रम में है, हमारा अगला पड़ाव संकेत है। संकेत में रात्रि की ब्याहलो लीला और दूसरे दिन प्रातः हम साँकरी खोर के दर्शन करेंगे। साँकरी खोर की प्राकृतिक छटा अलौकिक है। एक ओर मानगढ़, दानगढ़ तथा बरसाने की पर्वतश्रेणि एवं दूसरी ओर श्रीनन्द गाँव की पर्वतश्रेणि। इन दोनों के बीच इतना सँकरा मार्ग कि केवल एक मनुष्य निकल सके..."

माइक से एलान हो रहा है। सामान लेकर बैलगाड़ियाँ चल पड़ी हैं पर जब तक यात्रियों की मंडली न चल निकलेगी, शोरगुल होता रहेगा।

ओस की ठंडक में लिपटी सुबह अपना घूँघट उठा रही है। नमी में दबी हुई खेतों की धूल। मेड़ों की हरियाली और पेड़ों के नीचे घास पर झिलमिलाती हुई ओस की बूँदें...जैसे प्रकृति की अनन्त आँखें। पशु-पक्षियों की आवाज़ें माइक के थमते ही ऊपर आ जाती हैं। यात्रा पर चल पड़ने की तैयारियाँ हो रही हैं। यात्री कतारों में आ-आकर सड़क पर पंक्ति में खड़े हो रहे हैं। अपने गुरु को प्रणाम कर चल देने को आतुर हैं। कहीं प्रार्थना हो रही है, कहीं कीर्तन तो कहीं अलग-अलग जाप में होंठ ऊपर-नीचे हो रहे हैं।

माइक अब शान्त हो गया है। यात्रियों की एक लम्बी कतार—चींटियों जैसी—सामने की दिशा की ओर चल पड़ी है। कहीं अटूट, कहीं बीच-बीच में थोड़ा अन्तर देकर...जैसे कोई समूह लहर पर लहर चला रहा हो। इधर-उधर झाड़ियों में से प्रकट होते हुए आदमी-औरतें सड़क पर आते ही पंक्ति में चलने लगते हैं...उस दिशा की ओर जहां आगे वाला समूह गया है। ज्यादातर नंगे पैर, कुछ दांडी यात्रा-शैली में एक बड़ी लाठी को टेक कर चलते हुए। पीछे-पीछे ताँगे-इक्के हैं जिन पर वयोवृद्ध या अपंग हैं, जो पैदल नहीं चल सकते। कहीं विष्णु सहस्र-नाम का पाठ सुनाई दे रहा है, कहीं 'गोविन्द जय-जय गोपाल जय-जर्य...राधा रमण हरि मुकुन्द जय-जय' का सामूहिक कीर्तन चल रहा है। पीछे कहीं औरतों का एक झुंड सुरीली आवाज में "मेरे तो गिरिधर गोपाल दूसरा न कोई" गा रहा है।

कीर्तनों के मिले-जुले स्वर और प्रातः वेला। मन पर सात्विकता छा रही है। चारों तरफ हरीतिमा का विस्तार। कहीं खेतों का फैलाव, कहीं वन-उपवन; कहीं छोटे-मोट तालाब, सरोवर; कहीं सुन्दर वृक्षों की पंक्तियाँ और ऊपर सर्र से उड़-उड़कर जाते हुए पक्षी। और सबको एकलय करता हुआ प्रातःकालीन समीर।

चलते-चलते किसी को काँटा चुभ गया और उसके मुँह से शिकायत निकल गयी—'भाई, बड़े काँटे हैं यहाँ!' गंगाधर महाराज के कान में पड़ी, वे लपक कर शिकायत करने वाले तक पहुँचे और उसे घेर लिया—"काँटा? हम तो जो हैं सो काँटा चुभवाने ही आते हैं भैया...इन करील कूंजन के काँटे। हर साल इन काँटों से उलझने ही आते हैं और एक तो वह सबसे बड़ा काँटा है जो हृदय में गड़ा हुआ है, बाल-गोपाल का काँटा!" कोई उधर से कंकरीली मिट्टी की शिकायत करता सुनाई दिया कि महाराज फिर उधर दौड़ गये और ढूँढ़ते-ढूँढ़ते उस व्यक्ति के पास पहुँचे—"ये रेत या मिट्टी है? ऐसा दिखेगा तो और गड़ेगी, खूब गड़ेगी। अरे, यह रज है रज...ब्रज-रज। रज बोलो, खबरदार जो मिट्टी कहा।" किसी के थकने की शिकायत सुनाई देती है तो वे खोजते-खोजते उसके पास धमक जाते हैं—"चोप, अभी से थकान! अरे थकने का इतना ख्याल था तो आगरा जाते—टैम्पो से ताजमहल! ब्रजयात्रा चले आए, हुँह।"

हैंडलूमी कुरता, कसी हुई धोती और नंगे पैर...गंगाधर महाराज जैसे डाँट-डपट करने ही यात्रा में आते हैं, उनका पूजा-पाठ, पुण्य की कमाई...जो समझो, यही है। गंगाधर विधुर हैं, कोई सन्तान भी नहीं। पत्नी के देहान्त पर लोगों ने कहा—दूसरा विवाह कर लो, पर गंगाधर बोले—'जब ईश्वर पहले पर राजी नहीं हुआ तो क्या दूसरा और क्या तीसरा।' मन में वैराग्य जमता चला गया। अब कहा करते हैं—'जिस मोह-माया से ईश्वर दूर खींचकर ले गये, उसी को जान-बूझकर फिर से घर ले आता, छाती से चिपका लेता?' गंगाधर महाराज गाँव में अपने छोटे खेत पर बनी एक कुटिया में रहते हैं। घर भाई के लड़के-बच्चों के लिए छोड़ दिया। हर साल यात्रा में आते हैं।

"बंसीवारो बिराजे मेरी बहना..."

मार्ग में कोई पूजा स्थल। पेड़ों के झुरमुट में चार छह मन्दिर। बीचोबीच एक वृक्ष पर लम्बा झूला पड़ा हुआ है। झूले में बाँध दिये गये हैं कृष्ण...ऊखल-बन्धन की याद दिलाने के लिए। गुजराती महिलाएँ झूले पर दक्षिणा चढ़ा-चढ़ा कर प्रणाम करती हुई आगे बढ़ती हैं। अन्य यात्रियों में जिसकी जैसी श्रद्धा! अगल-बगल माँगने वाले हैं। कोई भुने चने, लाई बाँट रहा है, कोई पैसे। कुछ खीझी हुई-सी बम्बई के करोड़पति रणछोड़भाई दयाभाई शाह की धर्मपत्नी मंजुला बैन औरतों को धकियाती, एक किनारे करती अपने लिए रास्ता बनाती आती है...पीछे-पीछे पूजा की थाली लिये चलता उनका नौकर राधे! राधे को तनख्वाह इसी बात की मिलती है कि मंजुला बैन के इशारे पर नाचता रहे। मंजुला बैन का एक गाल जला-सा है, थोड़ा लँगड़ा कर भी चलती है, पर चेहरे पर अभिमान और सतत खिन्नता। झूले में चढ़ौना मंजुला बैन खुद चढ़ाती हैं। आसपास के मन्दिरों में चढ़ौना के लिए राधे को दौड़ा देती हैं। वे किसी मन्दिर में जाएँ, ऐसा ही करती हैं। मुख्य मन्दिर में स्वयं, बाकी जगह पर राधे उनकी तरफ से पूजा कर आये, पीछे खड़ी वे चौकसी से राधे को बराबर तकती हुई। राधे किसी जगह फूल चढ़ाना भूल जाता है तो मंजुला बैन उस पर बरसती हैं—'पूजा दूषित कर दी, हमेशा गलती करता है। मूरख को विधि-विधान की समझ नहीं।' राधे डाँट गम्भीरता से सुनता है। हँसना है तो भीतर-भीतर ही, कभी सामने खुलकर नहीं।

राधे को यू०पी० का 'भैया' मानकर नौकरी पर रखा गया था। बम्बई में 'भैया' माने कि तरह-तरह के काम करने होंगे—यह पैकेट वहां दे आओ, यह चैक जमा करा आओ बैंक में, इस पार्सल को हैदराबाद पहुँचा आओ, यह कागज वहाँ, उस बैन के साथ-साथ वहाँ-वहाँ। बम्बई आने वाले हर नौजवान की तरह राधे ने स्वप्न देखा था कि वह किसी करोड़पति की लड़की की नजर चढ़ जाएगा, वह मचल जाएगी राधे के साथ ही विवाह के लिए और दूसरे दिन राधे के नाम यह फ्लैट, वह गाड़ी। घर तो जरूर मिला करोड़पति का, लेकिन साथ धर दिया इस अधजली गीली लकड़ी को जो लगातार धुआँ छोड़ती रहती है। जो सामने आया, उससे ही तीखे-तीखे बोलना, कोई उलझा तो फट् गालियों पर उतर आना। मंजुला बैन को दरकिनार कर एक तरफ से निकल जाओ...इसी में खैरियत है। घर में सब उनसे कन्नी काटते हैं। बैन का कमरा भी एक काने में है, सबसे अलग-थलग। जिस औरत के साथ कोई एक पल नहीं रह सकता—चाहे पति हो, चाहे लड़का-लड़की, बहू...उसके साथ चौबीसों घंटे रहे राधे। बम्बई हो तो सवेरे-सवेरे उन्हें चाय दे, स्नान के लिए कपड़े रखे। फिर थाली लिये पीछे-पीछे मन्दिर जाए पूजा के लिए। पूजा की थाली मंजुला बैन स्वयं लगती हैं...एक पैर उठाए बैठ गयीं और पूरे घंटे-भर थाली लगाती रहती हैं। मन्दिर में मंजुला बैन की आँखें देखकर चलना

पड़ता है राधे को...शिवजी के मन्दिर से जैसे ही दूसरे लोग निकले कि राधे को लपककर भीतर घुस जाना, शिवलिंग और नन्दी के पास जमीन हाथ से साफ कर बगल में दबी आसनी बिछा देना...फिर एक पैर पर लूम ले-लेकर, सीढ़ियाँ चढ़ मंजुला बैन पहुँचेंगी और धम्म से आसनी पर बैठ जाएँगी। शिवालय में मंजुला जी को ज्यादा समय लगता है। इसलिए वहाँ वे पसरकर बैठती हैं, और घंटे भर तक पूजा करती रहती हैं। राधे इस दर्म्यान कहीं इधर-उधर नहीं बैठ सकता, सीढ़ियों के नीचे मंजुला बैन की ही तरफ नज़रें गड़ाए हुए खड़ा रहेगा—बैन की गर्दन इधर मुड़ी की राधे को होना।

दूसरे मन्दिरों में उतना समय नहीं लगता। राधे थाली लिए खड़ा रहेगा, मंजुला बैन खड़े-खड़े राधे से कभी अक्षत माँगेगी तो कभी पुष्प और चढ़ाती चली जाएँगी ...जैसे ऑपरेशन करनेवाला डॉक्टर नर्स से कभी चाकू माँगता है तो कभी कैंची। पीपल के वृक्ष तक चलने का कष्ट वे नहीं उठातीं, हालाँकि फासला मुश्किल से पचास गज का है। राधे को ही कहेंगी—जाओ यह-यह चढ़ा आओ वहाँ। सीढ़ियों पर बैठी देखती रहेंगी, कहीं अक्षत या पुष्प के चढ़ाने का क्रम थोड़ा गड़बड़ा गया फिर आयी राधे की शामत...

असमय कोई संसार से जाता नहीं...जो अवांछित है वह तो एकदम नहीं, फिर मंजुला बैन की तो खैर अभी उमर ही क्या हुई...बासठ, पैंसठ! मारने से हत्या का पाप लगेगा! छुट्टी कैसे मिले, तो बम्बई के रईसों के पास एक तरीका है—यू.पी. का कोई 'भैया' पकड़ो, उसे अच्छी तनख्वाह दो और वह झेलता रहे मंजुला बैन को। परिवार के लोग मंजुला को आसपास नहीं देखना चाहते इसलिए जब-तब तीरथ की तरफ ढकेल देते हैं। परिवार का कोई कहे तो मंजुला बैन मानेंगी नहीं, इसलिए होश्यारी से किसी दूसरे से कहलवाया जाता है। रत्ना बैन ब्रजयात्रा होकर आयी तो छोटा सेठ ने उसे पकड़ा...वे किसी तरह बुढ़िया के मन में यात्रा में जाने की बात डाल दें। एक बार मंजुला बैन तैयार हो गयीं तो पैंतालिस दिनों के लिए बम्बई में शान्ति!

इतना तो हुआ कि मंजुला बैन के साथ एक से एक जगहें देख लीं। यात्रा करते समय राधे भी फर्स्ट में चलता है...अच्छा खाने-पीने को है, बम्बई में रहने की कोई किल्लत नहीं, लेकिन यह जो उसका जीवन इस बुढ़िया के साथ मोम की तरह पिघल कर टप-टप गिरता, बीता जा जहा है...वह? इस बार वापस ले जाकर सेठ की यह अमानत उन्हें सौंप दे...फिर माँग लेगा छुट्टी। चौगुनी तनख्वाह कर दें तब भी नहीं, लेकिन अभी तो आधी भी नहीं हुई यात्रा...कैसे कटेगी?

मंजुला बैन चीख रही हैं। वे एक तरफ़ रुके खड़े अपने ताँगे तक जा पहुँची हैं...राधे उधर के छोटे मन्दिर में ही हिलग कर रह गया। सभी चले जा रहे हैं और वे पीछे छूटी जा रही हैं। उनकी मजबूरी कि इतने बड़े सेठ की पत्नी होने के

बावजूद वे आगे नहीं जा सकतीं क्योंकि यात्रा में ताँगे पीछे ही चलेंगे। ऊपर से यह राधे...कि ताँगों में भी उनका सबसे पीछे रह जाए। मंजुला बैन तो अकेले आतीं...इस भीड़भाड़ में नहीं, पर क्या करें ब्रज यात्रा का विधान ही ऐसा कि सबके साथ चलना है।

राधे दौड़ता हुआ आता है, मंजुला बैन को ताँगे पर चढ़ाता है, और फिर स्वयं ताँगा हाँकने वाले के बगल में बैठ जाता है। ताँगा चल पड़ता है।

बहुत आगे...अगली पंक्तियों में से एक में नरेन्द्र और उसका परिवार चल रहा है। नरेन्द्र भी बम्बई का है। हर साल वह दो जगहों में से एक जगह जरूर जाता है—बंगलौर के प्राकृतिक उपचार-केन्द्र में महीने-भर के लिए या इस यात्रा में पैंतालिस दिनों के लिए। फिर लौटकर आराम से बम्बई में जमकर पार्टियाँ, रात-रात भर जाग, रोज-रोज शराब। कुछ नहीं होगा, चोला जो कस ले जाता है यहाँ से। बंगलौर में भी पीने की मनाही और भोजन पर प्रतिबन्ध और यहाँ भी करीब-करीब वैसा ही—पी तो सकते ही नहीं, खाने पर भी प्रतिबन्ध सा ही है, क्योंकि सामिष नहीं मिलता। दोनों चीजों से थोड़े दिनों के लिए छूट मिल गयी, तो बम्बई की फास्ट लाइफ के लिए फिर तैयार। यहाँ पत्नी और बच्चों के साथ रह लिए तो उनकी शिकायत भी दूर। पत्नी धार्मिक प्रवृत्ति की है तो उसके लिए यहाँ वह सिलसिला है। स्वास्थ्य के लिए रोज जबर्दस्ती सबेरे का जागना और पैदल चलना है। नरेन्द्र हर बार अपने किसी-न-किसी मित्र-युगल को भी घसीट लाता है तो सोसायटी भी आस-पास। बोरियत कम होगी। दो चीजें हैं जो दिक्कत करती हैं—एक तो साली धीमी-धीमी, घिस-घिस चाल जीवन की...जो बम्बई को फां-फां भागता होता है। दूसरे वहाँ रात को एयरकंडीशंड की ठंडक और यहाँ दिन को भी पंखा नहीं। एकाध रोज तो चलो काट लो पेड़ की हवा में, पर इतने दिन? वैसे सिर्फ दो-चार दिन ही लगते हैं जमने में। धीरे-धीरे शरीर इस तरह रहने का आदि हो जाता है। नरेन्द्र को बहुत मुश्किल नहीं होती क्योंकि उसका काम बिल्डर का है...मकान बनाना, बेचना, सो काफी हद तक उसे मशक्कत की आदत है। कुल मिलाकर नरेन्द्र को फायदा होता है इन दोनों प्रवासों से। वह नया शरीर, नयी स्फूर्ति लेकर वापस पहुँचता है। पत्नी को पूजा-पाठ का वातावरण मिल जाता है और बच्चों को भी घर की आरामतलबी से बाहर लाकर थोड़ा सख्त-सख्त ट्रेनिंग दे लेता है नरेन्द्र। अगर उन्हें हिन्दुस्तान में ही रहना है, नरेन्द्र का ही रोजगार करना है तो थोड़ा सख्त तो होना पड़ेगा।

एकदम साधारण किसान की तरह अपने बच्चे रोहित को कन्धे पर बिठाए चला जा रहा है नरेन्द्र। कभी पीछे-पीछे, कभी अगल-बगल चल रही है पत्नी रत्ना अपने दूसरे बच्चे की उँगली पकड़े। पास ही में उनके साथी—नितिन और उसकी पत्नी रोमा। रत्ना को इस यात्रा में चलते हुए हमेशा ही एक पुलक-भरी गुदगुदी-सी

होती रहती है—नरेन्द्र जो पैसा और शराब में ही डूबा रहता है, जिसे दिनोंदिन उसका, बच्चों का ख्याल नहीं होता वह पास है...लगातार पास, इतनें लम्बे समय के लिए। शराब से दूर, मांस-मछली से दूर, पैसे की चकचक से दूर। ईश्वर को वह नहीं मानता...पर शायद इसी तरह, इस वातावरण में रहते-रहते मानने लग जाए। हर दर्शन में रत्ना यही माँगती है—उसके पति को अपनी ओर ले आओ प्रभु...जैसे कि नरेन्द्र पतित हो और रत्ना को उसके सुधार के लिए प्रार्थना करना ही हो।

नितिन और रोमा के लिए एकदम नया अनुभव है। "ओ हाउ लवली आल दिस..." रोमा बच्ची की तरह उत्साह से भरकर कहती है—"सवेरे-सवेरे इस तरह निकलना, इतना बड़ा जुलूस। गांधी का डांडी मार्च ऐसा ही रहा होगा। क्या मिक्स्ड म्यूजिक। ऊपर नेचर, नीचे आदमी! यह है रियल इंडिया।" नितिन का अपना कुछ नहीं—जिधर जैसे रोमा बहे, पीछे-पीछे वह भी। दोनों को अच्छा लग रहा है। जो वे नहीं पसन्द कर पाते, वह है कुंडों में नहाना, जहाँ कहीं-कहीं तो एकदम बगल में भैंसे नहाती होती हैं। दोनों टैंट के पीछे लोटा-बाल्टी से नहाते हैं, सोने के लिए स्लीपिंग किट साथ है। जब तक मथुरा के आसपास थे तब उन्होंने यह भी किया कि मथुरा के होटल में रहो और कार्यक्रमों में शामिल होने के लिए सुबह चले आओ। दिन-भर यात्रियों के साथ, रात सोने के लिए वापस होटल में। कभी ऊब गये इस भागा-दौड़ी से, तो होटल में दो-दो दिन विश्राम। बाद में आगे पकड़ ली यात्रा। नरेन्द्र दोनों के लेक्चर पिलाता रहता है—इतना आदी नहीं होना चाहिए सुविधाओं का, यह जिन्दगी भी देखो, इसे जीने का अभ्यास करो...और नितिन रोमा चल रहे हैं, अब तक चले आ रहे हैं...

"यों तो देखिएगा कि—" रघु भैया तर्जनी और अँगूठे के बीच चिपकी सुँघनी को नाक से ऊपर खींचकर अपने खास बौद्धिक तेवर में बोल रहे हैं—"ब्रजयात्रा सही अर्थों में तो आरम्भ हुई अक्रूर महाराज और उद्धव से, यानी कि..." अपनी स्थापना पर स्वयं मुग्ध वे कहते-कहते रुक जाते हैं, सिर हिलाकर अपनी टोली वालों को भी रुके हुए देखकर और भी प्रमुदित होते हैं। "वल्लभाचार्य और उनके पुत्र गोसाईं विट्ठलनाथ ने परिक्रमाएँ कीं, लेकिन यात्रा का यह रूप दिया मथुरा के गोस्वामी श्री पुरुषोत्तम जी ने...संवत अठारह सौ कुछ में...अब देखिएगा..."

सफेद मखमली कुर्ता, जो सुँघनी के दागों से सवेरे से ही मैला होना शुरू हो जाता है और धोती। कन्धे पर लटका झोला...रघु भैया फड़फड़ बढ़े चले जा रहे हैं। वे किसी विषय पर भी ऐसे बोल लेते हैं जैसे उस पर उन्होंने शोध किया हो। मेधावी तो हैं ही, पढ़ा-लिखा भी खूब है। कुछ अपने ज्ञान, कुछ बोलने का

अन्दाज–बीच-बीच में सुँघनी और सिर का ऐसा झटका कि बाल माथे पर ठीक ऊपर आकर खड़े हो जाएँ...इनके कारण रघु भैया जहाँ हों वहाँ छा जाते हैं, जिनसे बतियायें उन्हें सम्मोहित कर लेते हैं। उनके बोलने के अन्दाज से व्यक्तित्व का जो बौद्धिक तेवर प्रस्फुटित होता है वह बहुत आकर्षक है। आदमी-औरतें उन्हें फिर छोड़ते नहीं...

"महाप्रभु वल्लभाचार्य ने यात्रा में ब्रज के बारह वनों को ही प्रधानता दी थी लेकिन उनके पुत्र विठ्ठलनाथ ने चौबीस उपवनों को भी शामिल कर लिया। पुरुषोत्तम गोस्वामी ने इसमें सभी प्रमुख लीला-स्थलों को भी ले लिया..."

रघु भैया को बोलना अच्छा लगता है। वगैर थके वे घंटों बोलते चले जा सकते हैं। बोलने को नहीं मिलता तब थका-थका महसूस करते हैं।

"चार कृष्ण हैं–ब्रज में जन्म प्रकरण है...किशोर लीला अष्टसखा आदि। मथुरा में असुर व्यामोह प्रकरण है। द्वारिका में एश्वर्यीय प्रकरण है और वृन्दावन में राधामय...फल प्रकरण। वहाँ पहुँचे तो फल मिल गया, फल यानी भक्ति। कई भावों से भक्ति की जाती है–कान्ता भाव, गोपिकाएँ दामोदर कहती हैं कृष्ण को। वात्सल्य...यशोदा का मन, पुत्र मानकर पूजना। सखी भाव जिसमें मुख्य चीज रस है। सखा भाव–मन्सुखा का भाव– बालगोपाल की अपना साथी मान लेना था। मित्र भाव जैसे अर्जुन का। यहाँ वेद नहीं है...ब्रजवाणी ही वेद हैं।"

रघु भैया पुलकित चले जा रहे हैं, श्रोतागण गद्गद हैं...सच, इतना ज्ञान तो शाम के प्रवचन में नहीं मिलता। श्रोता-प्रशंसकों की टोली के पीछे-पीछे चली जा रही है एक कृशकाय-महिला, चुपचाप अपनी माला जपती हुई–रघु भैया की पत्नी।

विपुल जनसमुदाय आगे बढ़ा जा रहा है, इकट्ठा या गँसा हुआ नहीं...छितरा हुआ। कितनी तरह की आवाजें–कहीं कीर्तन-भजन, कहीं दो-चार के बीज चलती तर्कबाजी, कहीं आठ-दस की गला-फाड़ बातचीत, कहीं एक का प्रवचन जैसा भाषण। बराबरी से चलती इतने सारी असम्बद्ध कदमों की आवाज...बेलय। जैसे एक मिला-जुला कोलाहल, विक्षिप्त-सा आगे सरकता जा रहा है...कि ऊपर मँडराती एक टेक के स्वर कानों में गिरने लगते हैं, जैसे छप्पर पर क्रमशः तेज होती वर्षा की बूँदों की आवाज। बिखरे-बिखरे वे स्वर धीरे-धीरे एक पंक्ति में सिमटते सुनाई देते हैं–'तेरौ मन गिरधर बिन न रहैगौ..."

सत्येन्द्र पीछे से आकर सुनन्दा के बगल में चलने लगता है। आँखों से ही मूक अभिवादन, स्वीकृति साथ होने की...जैसे कि दोनों को ही मालूम था कि यह होगा, सत्येन्द्र साथ आएगा।

जंगल में जो घटित होने वाला था वह तो हुए बगैर चला गया, किन्तु वह जो

कभी होने वाला नहीं था, वह सामने है। सुनन्दा इस यात्रा के कोलाहल के बीच अपने एकान्त में बन्द चुपचाप अकेली सरकती चली जा रही थी, आधा निकल भी आयी...कि अब कोई भीतर आना चाहता है। जिसकी कोई सम्भावना उसके जीवन में बची ही नहीं थी, वह अब हुआ चाहता है। सुनन्दा को मालूम है कि वह देखने में साधारण है, अब तो और भी ठंडी-ठंडी, उदासीन, सुस्त। उम्र से पहले ही बूढ़ी ...कि इन सब चीजों को नकारता हुआ कोई चला आ रहा है...जैसे इस संकल्प के साथ कि वह सुनन्दा की सुस्ती-पस्ती को बदल कर रख देगा।

"अच्छा लगता है इस तरह सवेरे-सवेरे निकलना। मन पर कितनी शान्ति आ बिछती है। रोज सवेरे चार बजे उठने, पैदल चलने की आदत भी पड़ जाती है।" सत्येन्द्र कहता है। सुनन्दा सिर्फ मुस्कराकर जैसे बात की पुष्टि भर कर देती है। "यह वातावरण...चारों ओर से आते ये स्वर...कितना सात्विक है! यात्रा के बहाने चलो कुछ पुण्य लाभ तो हो रहा है।"

"आपके घर में भी तो पूजा-पाठ होते होंगे।"

"होते हैं, पर वकील का जैसा दिमाग वैसा ही घर...कचहरी ही बना रहता है।"

सुनन्दा हँसती है।

"नियम ग्रहण किये थे?"

"यह क्या होता है!"

"इस यात्रा पर चलने के पहले मथुरा में विश्रामघाट पर श्री यमुनाजी का पूजन होता है, नियम ग्रहण कराए जाते हैं जैसे कि यात्री मांस-शराब नहीं करेगा। दाढ़ी नहीं बनाना; जूते नहीं पहनना, संयम से रहना–सब इसलिए कि यात्री ब्रजयात्रा सात्विक, अहिंसक और कामनारहित भावना से करें और उन्हें लीला-स्थलों के दर्शन, कीर्तन सत्संग आदि का पूरा लाभ मिल सके।"

"मैं तो कामवन से ही शामिल हुआ हूँ। पूरी यात्रा के लिए डेढ़ माह कहाँ से आएगा। वहाँ अपना धन्धा ही बैठ जाएगा।"

यह आदमी कैसे खुलकर हँसता है। लेकिन हँसी की आखिरी लहर में एक अजीब खोखलापन भी बजने लगता है, जैसे वहाँ पहुँचते-पहुँचते हँसी का ही दम फूल आया हो...हँसी ही बोल जाए।

"आपसे परिचय तो हुआ नहीं। मैंने अपना तो बताया–पास ही अलीगढ़ में वकालत करता हूँ...आप?"

"थी तो उत्तर प्रदेश की मैं भी, पर अब गुजरात की एक छोटी बस्ती के छोटे स्कूल में पढ़ाती हूँ।"

"हमारे देश की ये पुरानी चीजें–कुम्भ मेला, ब्रजयात्रा...इनसे एक प्रयोजन तो जरूर सिद्ध होता है–जाने कहाँ-कहाँ के लोग इकट्ठा होते हैं, मिलते हैं। ब्रजभूमि

में तो भूगोल के हिसाब से भी चार प्रान्त मिलते हैं—कोटवन की तरफ हरियाणा, कामवन और गोवर्द्धन का काफी हिस्सा राजस्थान, दक्षिण का हिस्सा उधर ग्वालियर की तरफ मध्य प्रदेश और उत्तर प्रदेश तो है ही।"

"सबसे भयंकर उत्तर प्रदेश है।"

"अरे...क्यों?" आप और मैं दोनों वहीं के हैं। अपने प्रदेश को ही बुरा बता रही हैं? क्या उन गुंडों का सोच रही हैं?"

"आदमी तो जो है वह दिखता ही है, सरकार भी कम नहीं। जहाँ उत्तर प्रदेश की सीमा आयी कि जल्लाद-सा आदमी यात्रियों से टैक्स वसूलता मिलेगा...ठेकेदार का आदमी! कहता है सरकार ने ठेका दिया है। सहूलियतों के नाम कुछ नहीं सरकार की तरफ से, उल्टे कैसे चूसते और तंग करते हैं यात्रियों को।"

"सच कहती हैं आप। यात्रा के आयोजकों ने जरूर अपनी तरफ से काफी सुविधाएँ दी हैं। एक छह बैड वाला रामकृष्ण मिशन का अस्पताल चल रहा है। एक ईसाई अस्पताल अलग है। पोस्ट आफिस, बैंक की सुविधा है, साथ चलते पुलिस थाने हैं। खाने-पीने का अच्छा इन्तजाम है, बाजार..."

"आप कहाँ खाते हैं?"

"बाबूभाई तन्ना के रसोड़े में। और आप...?"

"स्वपाकी हूँ।"

"मुझे लगता है कुछ लोग यहाँ सिर्फ बदलाव के लिए आते हैं, कुछ कष्ट उठाने में जो मजा है वह लूटने आते हैं।"

"आपका मतलब मुझसे..."

"नहीं-नहीं। अब देखिए न, नाइजेरिया के बीस-पचीस सिन्धियों का एक ग्रुप है तो वह तो मान लीजिए विदेश में भारत का प्यासा रहता है तो उसके लिए यहाँ आया है, ये अमेरिकन्स कुछ जो हैं वे भारत को देखने आए हैं...लेकिन ये जो जीन्स पहने भारतीय लड़के-लड़कियाँ हैं...ये?"

"ये पिकनिक मनाने आये हैं।"

"और ये रईस लोग, हमेशा एयरकंडीशंड में रहने वाले, डनलप के गद्दों पर सोने वाले—ये यहाँ आकर बगैर पंखे के पाट और चटाई पर सोते हैं तो ये तो सिर्फ कष्ट उठाने का मजा लेने आये हैं। उसमें भी एक मज़ा है।"

"वे इसे तपस्या कहते हैं।" पहले जैसे पूजा-पाठ और नियम-ग्रहण का पूछने पर, वैसे ही इस बार सुनन्दा का स्वर जो भीतर से उठा, वह व्यंग्य का था, काफी दबा-दबा, इसलिए सत्येन्द्र तक उस रूप में पहुँचा नहीं। यों भी सत्येन्द्र तब अपनी ही रौ में था।

"जब तक साथ-साथ मन में भी कुछ न हो रहा हो...तपस्या कैसे कहा जाएगा, भले ही वे लोग इस भ्रम में हों।"

सत्येन्द्र सही है। कैसे तरह-तरह के लोग तो उतराते दिखते हैं इस यात्रा में।

जीन्स वाले भारतीय छात्रों के जिस ग्रुप की बात सत्येन्द्र कर रहा था, उससे सुनन्दा परिचित है। बरसाना में ही शामिल हुआ दिखता है। सुनन्दा के पाल वाली लाइन के एकदम छोर पर दो पाल उनके थे। एक में ग्रुप की सभी लड़कियाँ, दूसरे में लड़के। दिन-भर हा-हा...हू...हू...। पहले दिन ही पास-पड़ोस को छका दिया—भांय-भांय अंग्रेजी म्यूजिक चालू, म्यूजिक पर नाचते हुए लड़के-लड़कियाँ। यात्रियों की शिकायत पर जब आयोजकों ने आकर लड़के-लड़कियों को हिदायतें दीं कि यात्रा के अनुशासन में रहना होगा तो वे बड़ी हैरानी में पड़े दिखते थे। एक-दो तो बार-बार झल्लाकर आयोजकों, पड़ोसी यात्रियों से कहते—"कम ऑन यार, ह्वाट इज़ रांग इन म्यूजिक!" वे यह नहीं समझा पा रहे थे कि उनके इतने जोर से चिल्लाने-गाने से दूसरों की शान्ति में विघ्न पहुँचता है...और यह तो उनकी समझ के कतई-कतई बाहर था कि दूसरों को तकलीफ पहुँचती है तो तुम्हें अपनी मौजमस्ती पर थोड़ा लगाम रखना चाहिए। स्वार्थ तो जैसे साधारण स्वभाव हो गया है इनका। वे तब अधिकार की बात कर रहे थे कि उन्होंने पैसा भरा है तो वे पाल के अन्दर जो चाहे करने को स्वतन्त्र हैं। उन्हें यह समझाने में आयोजकों को काफी मेहनत करनी पड़ी कि इस यात्रा का एक विशेष लक्ष्य है, उसी लक्ष्य के लिए लोग नियम से रहते हैं, यह कोई होटल नहीं है कि तुमने बुकिंग कर ली और हो गया तुम्हारा अधिकार। उनकी स्वतन्त्रता पर अंकुश...लड़के-लड़कियाँ बौखला गये थे। उस दिन कैसे झल्लाए से घूमते रहे इधर-उधर, सबके चेहरों पर खीझ!

दूसरे दिन ग्रुप की एक लड़की से मुलाकात हो गयी थी सुनन्दा की। क्या नाम था...हाँ, शैलजा...सौ फीसदी आधुनिका। पैंट-कमीज, बौब-कट बाल, अल्हड़। हर जुमले पर हा-हा हू-हू, जैसे जीवन ही एक लम्बा मजाक हो। उसे देखकर डर लगने लगा था सुनन्दा को—ईश्वर न करे ऐसे व्यक्ति पर कभी दुःख की छाया भी पड़े...पर संसार में आयी है, चलेगी तो कब तक बच सकेगी। दुःख छोड़ेगा क्या इसे...तब? सुनन्दा ने पूछा था वह किसलिए आयी है यात्रा में, तो तपाक से बोली थी—"मैं, किसलिए? मौज-मस्ती मारने और किसलिए! शहर में रहते-रहते बोर हो गये थे तो सोचा जंगल में चलें। यहाँ टैंट में रहना...वह भी आज यहाँ, कल वहाँ। बस, एक ग्रुप बनाया और चल पड़े। क्या मजा है!"

सुनन्दा ने पूछा था—क्या सारा जीवन ऐसे ही मौज-मस्ती में बिताया जा सकता है? तो झट से बोली—'क्यों नहीं...और बगैर कुछ मेहनत किये। जो उल्टा-सीधा ऐसा-वैसा कुछ आसपास आये, उसे झिटकते, फेंकते चलिए—गैट आउट...बस!

एक शैलजा है...आसपास चिन्ता-सोच का नाम ही नहीं। मन भी शरीर जैसा ही, हर क्षण थिरकता रहता है। एक सुनन्दा है कि चिन्ता-फिकर के अलावा जैसे भीतर और कुछ नहीं।

"आप पहली बार आये हैं यात्रा में?" वह सत्येन्द्र से पूछती है।

"और क्या। आप क्या पहले भी आ चुकी हैं?"

"तीन वर्ष पहले आना हुआ था। मेरे पिता वैष्णवी थे। वे तो इस यात्रा पर अपने विवाह के पहले ही हो गये थे, चाहते थे कि हम दो भी जाएँ...माँ और मैं। जब तक वे रहे, जाने का बनता रहा और टलता रहा। जब वे नहीं रहे तो माँ और मैं आखिर निकल पड़े, पिता की इच्छा पूरी करने के विचार से।"

"माँ नहीं दिखतीं, इस बार नहीं आयीं।"

"वे रही नहीं...छः महीने हुए।"

"ओह!"

"वैसे इस तरह भी लोग करते हैं। इस बार आप कामवन से मथुरा तक का अर्द्धवृत्त कर डालें। अगली बार कभी प्रारम्भ का हिस्सा कर डालिएगा...यात्रा पूरी कर डालेंगे इस तरह, पूरी होना चाहिए किसी तरह! वैसे मुश्किल नहीं है। बरसाने तक ही इस यात्रा में जतीपुरा में ही पाँच दिनों का ठहरना कुछ अधिक होता है, बाकी ठीक है।"

इतनी लम्बी यात्रा में ऊब नहीं जातीं आप...वह भी दोबारा?

क्या कहे सुनन्दा! कि वह अब इस सबसे ऊपर उठ चुकी है। ऊब तो नहीं, हाँ डूब...जो गाँव बाँध की परिधि में, 'डूब' में आ जाते हैं, वे भले ही ज्यों के त्यों उठाकर दूसरी जगह रख दिए जाएँ, वही नहीं रहते। सुनन्दा अब पहले जैसी नहीं हो सकती।

"यह तो सिर्फ डेढ़ महीने की यात्रा है। अगर यहाँ रोज-रोज वही-वही चीजें हैं तो जीवन में तो और भी वही-वही है। यहाँ तो फिर भी हर तीसरे-चौथे रोज हम नयी जगह, नये वातावरण में होते हैं। जीवन में तो इतना नयापन भी नहीं होता, फिर भी हम जीते हैं—दिन-पर-दिन, मास-पर-मास, वर्ष-पर-वर्ष। अगर हमें लम्बी ऊब के क्रम में ही रहना है तो फिर यह तो कुछ दिनों की बात है।"

"आपकी उम्र क्या होगी? अभी तो आपने दुनिया ठीक से देखी भी नहीं, और ऐसी बातें करने लगीं!"

"विवाह हो गया?" सत्येन्द्र आगे पूछता है।

"हाँ!"

"साथ नहीं आये?"

सुनन्दा चुप। अजनबी को क्यों बताए और झूठ भी बोले तो क्यों!

"क्या करते हैं?"

"लेखक हैं। हमारी मुलाकात इसी यात्रा में हुई थी, तब माँ थी। माँ के मन में लेखकों के लिए बड़ा आदर-भाव था..."

सवेरे का कोहरा। नमी-भरी धुन्ध। सुनन्दा डूबती-उतराती चली जा रही है...

“कान्हा बरसाने में आय जैयो...”

कैसी विडम्बना कि जीवन में एक तरफ तो कुछ ठहरता ही नहीं, सब कुछ भागता हुआ निकल जाता है, सुनन्दा की पहुँच के पार...वही है जो छूट जाती है, किसी-किसी तरह स्वयं को सामने की ओर खींचते रहने के लिए, चलते रहने के लिए...और फिर भी जो यों भागता हुआ निकल गया, वह जैसे जाता ही नहीं, भीतर कुंडी मार बैठा रहता है। यहाँ भी है वह, बराबर उसके साथ, जब चाहे सामने आ जाता है, परे हटाओ तब भी सामने लहराता झूलता रहता है...

सामने से माँ चली आ रही है, पालों वाले इस गाँव में जो एक तरफ बाजार फैल जाता है...वहीं से होकर। एकादशी के लिए सामान लेने गयी थीं। साथ में कोई युवक है—एकदम छड़ी जैसा इकहरा शरीर, सुता हुआ। चेहरे पर भी वैसे ही नयी उम्र की ताज़गी। गोरा रंग और सुन्दर नाक-नक्श। खूब काली भवें दोनों तरफ से बीच में जो मिलती है...और मूँछ की रेख की मद्धिम कालिख होंठों के ऊपर...इनसे और सुन्दर लगता है। व्यक्तित्व में एक सुकुमारपन...दाढ़ी-मूँछ जिन लड़कों पर देर में या मुश्किल से आती है, उन जैसा ही।

युवक खरीदे हुए सामान का झोला उठाए हुए है। पहले कभी इसे यात्रियों की भीड़-भाड़ में नहीं देखा, पर अभी चले ही कितना हैं—मथूरा से निकले तो मधुवन और अब यह है शान्तनु कुंड। आधी यात्रा पूरी करते-करते तो चेहरे परिचित होना शुरू होते हैं। ऐसे ही मिलते चलेंगे लोग रास्ते में। दोनों हँसते हुए आ रहे हैं, माँ और वह। पिता की मृत्यु के बाद माँ को इतना खुश कभी नहीं देखा। पाल के पास आते-आते युवक माँ की बराबरी से चलने की बजाय उनके पीछे-पीछे चलने लगा है। पाल के बाहर खड़ी सुनन्दा को कभी-कभी देखता है, सकुचा रहा है। इधर के लड़के, लड़कियों को देखकर ऐसे ही हो जाते हैं। सुनन्दा है कि एकदम सीधे उसे देखे जा रही है। यह माँ की आड़ लेकर चलने की कोशिश कर रहा है जैसे सुनन्दा की सीधी नजरों से बचना चाहता हो।

पाल में आकर वह और सकुचा गया...एकदम छुई-मुई। माँ बताती हैं—नन्दन

है बाजार में मिल गया। नन्दन आँख नहीं उठा सकता, कोई लड़की पहले कभी देखी नहीं शायद। झेंपते हुए थैला एक किनारे रखता है और जाने लगता है कि माँ रोक लेती हैं—"भैया, पानी तो पी लो।" सुनन्दा घड़े से गिलास में पानी उड़ेल कर नन्दन के सामने कर देती है। वह गिलास पर ही नजरें गड़ाए हुए ले लेता है; एक बार भी सुनन्दा को नहीं देख पाता, गिलास को थामे सुनन्दा के हाथ को भी नहीं।

नन्दन यात्रा के साथ है। जिन यात्रियों को कोई चौबे चाहिए—ऊपर के काम काज के लिए सहायक जैसा, या कोई व्यास चाहिए—कथावाचक, तो नन्दन जैसे कई युवक यात्रा में चल रहे हैं। नन्दन चौबे और व्यास दोनों हैं, पर चुटैया नहीं रखता। हँसोड़ भी खूब है। थोड़ा परिचय बढ़ गया तो बोला—'आप लोग क्यों पैंतालिस दिनों का समय बर्बाद करने चले आये? क्या है ब्रज में चार चीजों के सिवा—पंडा, मन्दिर, बन्दर, तुलसी। 'बचनन ते बोली दे लात और गारी! करील का वृक्ष, कूप जल खारी। देखी-देखी रे कृष्ण-बलदेव मधुपरी तुम्हारी।' अब जो है यहाँ सब नकली है। केवल तीन चीजें असली हैं—श्री यमुना जी, श्री गोवर्द्धन जी और श्री ब्रजरज...बाकी सब मन मनझाने की बातें हैं। वैसे 24 वन हैं—12 यमुना के इस पार, 12 उस पार और सरोवर तो अनगिनत। आपने टेंटी का अचार तो खाया होगा...'

नन्दन अब पाल में काफी आने-जाने लगा है। उनके साथ ही ज्यादा समय बीतता है उसका। बाजार के सामान लाने के लिए माँ को नहीं जाने देता, कभी-कभी पानी का घड़ा भी भर लाता है।

नन्दन माँ को पद सुना रहा है, लय के साथ...

"मैया री मोही माखन भावै।
जो मेवा पकवान कहति तू, मोहि नहीं रुचि आवै।।
ब्रज युवती इक पीछे ठाढ़ी, सुनत श्याम की बात।
मन-मन कहति कबहूँ अपने घर, देखों माखन खात।।"

भाव-विभोर होकर गा रहा है नन्दन। मोहक रूप। मुख पर बाल-सुलभ निश्छलता, आँखों पर लहरा-लहरा आते केश-कुन्तल, रसीले लाल-लाल होंठ...और जैसे चित्र में कलात्मकता से आलिखित दीर्घ नेत्र। ऐसी तन्मयता कि स्वयं तो डूबा हुआ है ही, सामने वाले को भी डुबोता चला जा रहा है। माँ की आँखें गीली. ..वे बार-बार आँचल से पोंछती हैं...

नन्दन कहानी सुना रहा है—'पूर्णचन्द्र की चाँदनी से यशोदा जी का आँगन धुल गया था। यशोदा मैया की गोपियों के साथ गोष्ठी जमी हुई थी। वहीं खेलते-खेलते कृष्णचन्द्र ने चन्द्रमा को देखा। उन्होंने पीछे से आकर यशोदा मैया के सिर से साड़ी खींच ली, उनकी चोटी खींचने लगे, पीठ थपथपाने लगे। मैं लूंगा ...वो लूंगा...तोतली बोली में इतना ही कहते। गोपियाँ फुसला कर श्रीकृष्ण को

अपने पास ले आयीं और बोलीं—'लाला। क्या चाहिए, दूध?' श्रीकृष्ण ने न कर दी। दही, खुरचन, मलाई, ताजा माखन? सबके लिए श्रीकृष्ण न करते गये और रूठ गये। गोपियों ने समझाया-बुझाया—लाला रूठो मत, यशोदा मैया जो माँगोगे वह देंगी, बोलो तो क्या चाहिए? श्रीकृष्ण ने कहा—घर की चीज़ नहीं चाहिए, वो चाहिए...और उँगली उठाकर चन्द्रमा की ओर संकेत कर दिया। गोपियाँ बोली—ओ मोरी मैया! यह कोई माखन का लौंदा है क्या! हाय-हाय! हम यह कहाँ से ला दें ...यह तो प्यारा हंस है जो आकाश के सरोवर में तैर रहा है। श्रीकृष्ण ने कहा उन्हें वही चाहिए खेलने के लिए। जल्दी ला दो, वह चला जाए उसके पहले मुझे ला दो। मचल गये, धरती पर लोट गये, हाथ-पैर पटकने लगे— मुझे तो वही चाहिए, आकाश में तैरता राजहंस...

नन्दन सुनन्दा को देखने लगा था...एकटक। उसका सारा व्यक्तित्व तब आँखों में सिमट आया था, दो खिड़कियों में से झाँकती अन्तरात्मा। सुनन्दा के मन में उजाला ही उजाला फैल गया था।

कहाँ सुनन्दा माँ का मन रखने के लिए यात्रा में आयी थी और कहाँ चन्द्र-सरोवर पहुँचते-पहुँचते इतनी रसमय हो गयी है यह यात्रा कि लगता है बस चलती रहे, चलती रहे। सवेरे राधाकृष्ण कुंड देखने गये। राधा कुंड, कृष्ण कुंड ...दोनों अगल-बगल। बीच में सीढ़ियों वाले घाट की चबूतरे जैसी चौड़ी जगत। इधर से उतरो तो कृष्ण कुंड, उधर से तो राधा-कुंड। दोनों भरे-भरे, कैसे सुन्दर बँधे हैं। स्नान के समय पहुँचे थे और अनायास ही नन्दन कृष्ण कुंड की तरफ, सुनन्दा राधा कुंड की तरफ खड़े हो गये। बीच में माँ। ऐसा होने लगा है कि जो भी स्थल देखने जाते हैं, उन्हें सुनन्दा-नन्दन जैसे एक साथ देखते हैं; वे स्थल उनके लिए अलग से कुछ ध्वनित करते हैं और वह ध्वनि दोनों के भीतर बराबरी से बजती होती है।

कृष्ण कुंड कृष्ण ने अपनी बंसी से और राधाकृष्ण राधा ने अपने कंकण से बनाए थे...खेल-खेल में खींच दिये, खींचते हुए कैसी थिरकन हो रही होगी उनके मन में!

चन्द्र सरोवर—एक छोटा-सा तालाब चन्द्राकार—वह स्थान है जहाँ, कहते हैं, शारदीय पूर्णिमा को महारास हुआ था। सरोवर के पास के चबूतरे को रास-चौतरा कहकर भी बुलाते हैं। कोशिश होती है कि यात्रा का रुकना यहाँ पूर्णमासी को ही हो। उस बार पूर्णमासी ही थी, महारास-लीला हुई थी...

सुनन्दा माँ और नन्दन। बीच में बैठी माँ की नजरें बचाते दोनों एक-दूसरे को देखते हुए...नेत्रों में तैरते नेत्रों के कमल। सामने महारास लीला चल रही है...

वंशी-ध्वनि सुनते ही गोपियों की विचित्र दशा हो जाती है। जिन्होंने श्रीकृष्ण को पति-रूप में पाने के लिए एक साथ साधना की थी, वे एक-दूसरे से अपनी

चेष्टा छिपाकर जहाँ श्रीकृष्ण है, वहाँ के लिए दौड़ पड़ती हैं—कोई दूध दोहना छोड़कर, कोई पतियों की सेवा छोड़कर, कोई शृँगार करना छोड़कर। जो बाहर नहीं निकल पातीं, वे अपने नेत्रों में ही श्रीकृष्ण को मूँद लेती हैं।

श्रीकृष्ण गोपियों को समझा रहे हैं—हे गोपियो, रात्रि का समय है, तुम सब कुलीन स्त्री हो...लौट जाओ। मेरी लीला और गुणों का श्रवण, कीर्तन, ध्यान से मेरे प्रति जैसे अनन्य प्रेम की प्राप्ति होती है वैसी पास रहने से नहीं होती... अपने-अपने घरों को लौट जाओ। गोपियों में से एक कहती है—प्राणवल्लभ! अब हमारा चित्त घर के काम में नहीं लगता। तुम्हारी मन्द मधुर मुस्कान, प्रेमभरी चितवन और बाँसुरी के मनोहर संगीत ने हमारा हृदय में तुम्हारे प्रेम और मिलन की आग धधका दी है। उसे तुम अपने अधरों की रसधारा से बुझा दो, हमें अपनी दासी के रूप में स्वीकार कर लो।

श्रीकृष्ण यमुना जी के पावन पुलिन पर पहुँचते हैं और गोपियों के साथ क्रीड़ा करते हैं। गोपियों को मान हो जाता है कि वे तो स्त्रियों में श्रेष्ठ हैं। एक कहती है—"प्यारे मुझसे तो अब और चला नहीं जाता, मुझे अपने कन्धे पर चढ़ाकर ले चलो।" श्रीकृष्ण उनके मानमर्दन के लिए अन्तर्ध्यान हो जाते हैं। अब गोपियाँ विरह से व्याकुल हो जाती हैं। प्रेम की मतवाली वे श्रीकृष्णमय हो जाती हैं। एक गोपी श्रीकृष्ण की नकल करते हुए कहती है—'अरे ब्रजवासियों तुम आँधी-पानी से मत डरो। मैंने उससे बचने का उपाय निकाल लिया है...' और वह गोवर्धन धारण कर लेती है। एक गोपी पूतना बन जाती है तो दूसरी श्रीकृष्ण बन उसका स्तन पीने लगती है। साथ ही वे श्रीकृष्ण को ढूँढ़ भी रही हैं—"प्यारी मालती! मल्लिके ...तुमने हमारे प्यारे माधव को देखा होगा...हा नाथ! हा रमण! तुम कहाँ हो...मेरे सखा...हमसे रूठो मत...हम अपने पति-पुत्र, भाई-बन्धु और कुल-परिवार को छोड़कर तुम्हारे पास आयी हैं...हमें अधर में मत छोड़ो..."

भगवान प्रकट होते हैं। मुखकमल मन्द-मन्द मुस्कान से खिला है, पीताम्बर पहने हैं। गले में वनमाला है। गोपियों के प्राणहीन शरीरों में जैसे दिव्य प्राणों का संचार हो जाता है...और फिर आरम्भ होता है महारास। रासमंडल में श्रीकृष्ण के साथ नृत्य, प्रत्येक गोपी के लिए अलग-अलग एक कृष्ण। नृत्य उन्मत्तता की ओर बढ़ता जाता है। गोपियों के जूड़ों और चोटियों में गुथे फूल गिरते जा रहे हैं, कंचुकी नहीं सँभल पा रही। कोई श्रीकृष्ण की बाँह को कसकर पकड़े हुए है, कोई श्रीकृष्ण से सटकर मधुरगान कर रही है, कोई भगवान की बाँह के सुगन्ध में डूब गयी है, कोई नाचते-नाचते थक जाती है तो भगवान स्वयं अपने हाथों से उसके स्वेदकणों को पोंछते हैं। सबको उनके श्रीकृष्ण मिल गये हैं।

रात भर लीला। सारी रात रस बरसता रहा। सुनन्दा जैसे बैठी महारास नहीं देख रही थी, स्वयं रास-चबूतरे पर थी।

अगले दिन देर से उठना हुआ था। अपराह्न में नन्दन सूरकुटी के दर्शन कराने ले गया। सूरकुटी...वृक्षों के एक कुंज में छोटी सी कुटी, सफेद रंग से पुती हुई। चारों तरफ लाल-लाल पतली ईंटों वाले मकानों के खँडहर। इमली के बड़े-बड़े पेड़ों की ठंडक। वे विशाल वृक्ष, जैसे द्वापर युग की आकृतियाँ...वृक्षों का रूप धरे। उस समय अधिकांश यात्री अपने-अपने पालों में दोपहर की तन्द्रा में थे। कुछ सूरकुटी के प्रांगण में ही। जहाँ-तहाँ वृक्षों की सघन छाया का सुख उठाते ऊँघ रहे थे। सुनन्दा और नन्दन को नींद कहाँ। माँ जरूर पाल में ही रुकना चाहती थीं पर वे उन्हें भी घसीट लाये और अब तीनों पुराने समय के उन विशाल घरों, सीढ़ियों और खँडहरों में ताकते-झाँकते घूम रहे थे। माँ कहीं सीढ़ियाँ न चढ़ पातीं तो नीचे ही रह जातीं और वे दोनों ऊपर जाकर देख आते। एक घर में सीढ़ियों के ऊपर एक अटारी-सी थी। सुनन्दा उचकते-उचकते ऊपर चली गयी, लौटने को मुड़ी तो एकदम सामने नन्दन। उस क्षण पता नहीं कौन...क्या...दोनों को एक-दूसरे के निकट ले गया। मात्र छुअन...दो शरीरों की मादक छुअन...सुगन्ध उठ रही थी। ऊपर इमली के बड़े पेड़ों की छाया, नीचे पुराने घरों का फैलाव। ठण्डक, रसमय एकान्त, शान्ति।

वह अलौकिक सुगन्ध! प्रयत्न करने पर भी फिर कभी वैसी प्रतीति नहीं हुई ...उस व्यक्ति के साथ भी नहीं। वह कोई अलौकिक क्षण था जो ऊपर उठा ले गया था।

सीढ़ियों पर किसी आवाज़ ने उन्हें सचेत किया। सुनन्दा हड़बड़ा कर परे हट गयी...क्या पता कुछ यात्रियों ने देख भी लिया हो, न भी देखा होगा तो अनुमान तो लगा ही लिया होगा। सुनन्दा का चेहरा इतना लाल था कि रक्तिमा की आग वह स्वयं छू कर महसूस कर सकती थी। माँ ने भी देखा। अपने चेहरे को कहाँ छिपा आती सुनन्दा।

सुरभिकुंड!

गोवर्धन की तलहटी में बसा जतीपुरा अगला पड़ाव था। चन्द्रसरोवर के बाद यात्रा वहीं ठहरी, सुरभिकुंड के पास। पास-पास उगे हुए मझौले पेड़ों के नीचे-नीचे जैसे एक पूरा नगर का नगर बिछ आया था। लाइन-डोरी में लगे पाल, पालों के बीचोंबीच कच्चा रास्ता...एक किनारे रास्ते में दोनों तरफ लगा बाजार। एक छोर पर ढिले हुए ताँगे। महाराजश्री के चौक के पास ही पुलिसथाने का पाल, डॉक्टर का पाल। पालों की जो बस्ती चन्द्रसरोवर में बिखरी-बिखरी थी, जतीपुरा पहुँचकर एक कायदे में सिमट आयी थी। निस्तार के लिए सामने ही जंगल और स्नानादि के लिए गाँव की तरफ अच्छे पानी का कुंड। जतीपुरा गाँव में वह रौनक नहीं थी जो यहाँ पर आ विराजी थी। सब कुछ महाराजश्री की कृपा से...एक दूध वाले के साइन बोर्ड पर लिखा भी था—श्री श्री 108 महाराज श्री राजदेव की कृपा से नत्थू

दूध वाला...

जतोपुरा में हर यात्रा ही सबसे ज्यादा रुकती है। यहीं श्रीनाथ जी प्रकटे थे।

नन्दन ने जब वह कथा सुनाई तब पता चला था कि वह सिर्फ यात्रा का चौबे या व्यास मात्र नहीं, सचमुच साक्षर (लेखक) है। उसने काफी पढ़ा है। नन्दन ने बताया कि गर्गसंहिता में गिरिराज के वर्णन प्रसंग में लिखा है कि कलयुग के लगभग 4800 वर्ष बीतने पर शृंगार मंडल क्षेत्र में श्री गिरिराज-कन्दरा के मध्य भाग से श्री हरि का स्वतः सिद्ध रूप प्रकट होगा। इस सम्बन्ध में दो कथाएँ हैं। चैतन्य महाप्रभु के गुरु के गुरु श्री माधवेन्द्र पुरी श्री गोविन्दकुंड पर आकर एक वृक्ष के नीचे विश्राम के लिए बैठे थे। उनकी अयाचित वृत्ति थी—बगैर माँगे जो मिल जाए सिर्फ वही खाना। एक बालक उन्हें दूध दे गया...बेहद स्वादिष्ट। दूध पीने के बाद उन्हें निद्रा आ गयी। तन्द्रावस्था में वही बालक प्रकट हुआ और बोला—तुम्हारी बहुत दिनों से प्रतीक्षा कर रहा हूँ। मैं पास की झाड़ी के नीचे दबा हुआ हूँ। मेरा नाम गोपाल है। मैंने ही गिरिराज पर्वत उठाया था, मेरी प्रतिष्ठा करो। वह पुरी जी का हाथ पकड़कर स्थान भी दिखा आया। प्रातःकाल पुरी जी ने ग्रामवासियों को बुलाया और उस स्थान को खुदवाया। वहाँ एक अति सुन्दर श्यामवर्ण श्रीविग्रह प्रकट हुआ। पुरी जी ने प्रतिष्ठा की, अन्नकूट महोत्सव किया—सब अपने घरों से भाँति-भाँति के पकवान बनाकर लाये और भोग लगाया। गोपाल जी पता नहीं कितने दिनों के भूखे थे कि सभी पदार्थ चट कर गये। फिर हँस कर उन्होंने पात्रों को छू लिया। सभी पात्र फिर पहले जैसे भर गये। इसी कथा को दोहराने के लिए ही शायद आज भी कुनवारा होता है।

दूसरी कथा अन्योर गाँव सद्दू पांडे की गाय और उसकी लड़की नरो की है। अन्योर गाँव जतीपुरा के ठीक दूसरी तरफ गोवर्धन पर्वत के पार है। सद्दू पांडे की गाय पर्वत के एक विशेष स्थल पर जाकर दूध गिरा आती थी। उधर श्री वल्लभाचार्य को स्वप्न आया कि प्रभु ब्रज में फिर प्रकट हो गये हैं। वे नरो के सहारे उस स्थल पर पहुँचे जहाँ प्रभु का विग्रह दबा हुआ था। निकलकर पर्वत पर ही प्रतिष्ठा की। यही श्रीनाथ जी हैं, पहले गोवर्धन पर्वत के ऊपर मन्दिर में विराजते थे और आजकल राजस्थान में श्रीनाथद्वारा में पधारे हुए हैं।

जिस दिन यात्रा जतीपुरा पहुँची, उस दिन विश्राम था। दूसरे दिन सवेरे से ही बरसात लग गयी। ऐसा लगता था कि यात्रा नहीं उठेगी, पर नौ बजे तक पानी थम गया और यात्रा श्याम ढाक के लिए उठी। सब टोलियों के पथप्रदर्शक अलग-अलग थे। सुनन्दा और उसकी माँ के लिए तो एक विशेष था ही—नन्दन। माँ का ध्यान रखते हुए नन्दन ने ताँगा कर लिया था। सुनन्दा को घोड़े का नाम याद है—गिरधारी। कैसे ताँगे वाला हाँकते हुए बोलता था—"चल बेटा गिरधारी, दिखा अपनी जोरदारी।" नन्दन ने बताया कि श्याम ढाक नाम इसलिए पड़ा कि

यहाँ भगवान ने सखाओं के संग-संग गोपियों से लूटकर छाछ (मठा) आरोगी थी ...श्याम ढाक पर छाछ आरोगत'...छाछ आरोगने के लिए पात्र न होने के कारण माधव ने अपनी लीला से कदम्ब तथा पलाश के पत्तों को दोनों का आकार दे दिया था, तभी से यहाँ के पत्ते दोनों के आकार के होने लगे।

शाम तक नन्दन माँ के लिए कहीं से पाट ले आया था। चन्द्रसरोवर में ही कह रहा था कि माँ जी के लिए पाट होना चाहिए, क्योंकि छोलदारी (बिस्तर) भी साथ नहीं है। माँ ने बहुत समझाया—'यात्रा का पुण्य तो चटाई पर सोने में ही है। यह ब्रज रज है बेटा, इस पर लोट देने दे। छोलदारी लादने की क्या जरूरत! चटाई और एक अदद कम्बल काफी है। साधुओं की जीवन शैली न अपनाई तो यात्रा कैसी?' पर नन्दन नहीं माना। माँ को बहुत अच्छा लगने लगा है नन्दन। वह दिन भर साथ रहता था। चौबे की तरह केवल जब-तब सहायता और पथप्रदर्शन करना भर नहीं, ऐसे रहता है जैसे उनके साथ ही यात्रा में आया हो जाता है तो केवल भोजन के समय और रात के सोने के समय। एकाएक गायब हो जाएगा। माँ ने कई बार खाने के लिए कहा तो हँसकर टाल गया—"माँ जी आपकी छोटी रसोई में कितनों का बन सकेगा। मैं क्यों एक आदमी का बोझ बढ़ाऊँ।"

अगले दिन जतीपुरा का कुनवारा था।

जतीपुरा गाँव में गोवर्द्धन पर्वत की जड़ पर एक ऐसा पत्थर है जिसका आकार मुख जैसा है। इसी को गिरिराज का मुखारविन्द मानते हैं। बारहों महीने मुखारविन्द का दुग्धाभिषेक चलता रहता है। मुखारविन्द के सामने से एक सँकरी गली जाती है जो मुश्किल से पचास गज के बाद गाँव के चौक में खुलती है। गाँव का बाजार, सभी बड़ी दुकानें इस चौक में ही हैं। गली बेहद सँकरी है, इसलिए जिन दिनों यात्रा पास में ठहरी हो, तब साधारणतः खासी भीड़ हो जाती है यहाँ। उस दिन शाम से ही भीड़-भाड़ थी। एक कलाकार ने मिनटों में मुखारविन्द के पास की शिला पर श्रीनाथजी की आकृति बना दी—वही श्याम मूर्ति, वैसे ही अधुखले नेत्र। फिर सुन्दर वस्त्रों और आभूषणों से श्रृंगार कर दिया—वैसा ही मुकुट, वही राजस्थानी छटा। फिर पर्दा खिंच गया और व्यंजन आना शुरू हो गये। कुनवारा...गोपालक संस्कृति का एक आयोजन। चारों प्रकार के व्यंजन (चबाए जाने वाले, चूसे जाने वाले, चाट कर खाये जाने वाले, पीकर खाए जाने वाले) मिट्टी के कुंडों में रखे जाएँगे। सभी व्यंजन ऐसे जो ग्वाले के घर में बन सकते हों, अधिकतर दूध-दही के बने हुए ही। मिट्टी के इन कुंडों को श्रीनाथ जी के सामने पाँच-पाँच या नौ-नौ कुंडों की पाँत में रख दिया जाता है। प्रभु का यह सहभोज है इसलिए आसपास के देवी-देवता भी कुनवारे के लिए जतीपुरा आ जाते हैं और मुखारविन्द के स्थान पर श्रीनाथजी के पास पधराए जाते हैं।

रात के दर्शनों के लिए तैयार होने को वे अपने पाल लौट आये थे। कुनवारा

की भीड़ को लेकर नन्दन ने आगाह किया कि इस दिन मौके का फायदा उठाने के लिए पास-पड़ोस के असामाजिक तत्त्व आ जाते हैं, औरतों के साथ जोर-जबर्दस्ती और उनके आभूषाणादि छीनने-झपटने के प्रयत्न होते हैं। सुनन्दा और माँ के पास ज्यादा कुछ तो नहीं, पर हाँ सोने की एक-दो चीजें थीं। उन्हें पाल में छोड़ जाना भी खतरे से खाली नहीं था। नन्दन ने सुझाया कि चीजें उसे दे दी जाएँ, वह गाँव में किसी विश्वस्त व्यक्ति के पास रख आएगा। सुनन्दा के पहले माँ ने ही अपनी चीज़ें नन्दन के हवाले कर दीं एक पल को भी कोई संकोच नहीं...इतना विश्वास, वह भी इतनी जल्दी!

कुनवारा के दर्शनों के लिए जब नन्दन, सुनन्दा और माँ चौक में पहुँचे तो महाराजश्री की सवारी बैंडबाजे आदि के साथ आ रही थी। वे कुनवारे का श्रीगणेश करेंगे। चौक से ही खूब ठस्समठस्सा था। महाराजश्री की सवारी के पीछे-पीछे भीड़ उस सँकरी गली में घुसी। न चाहते हुए वे तीनों भी गली में ढकेल दिये गये, एक तरह से। नन्दन, उसके पीछे सुनन्दा, सुनन्दा के पीछे माँ। वहाँ गली के भीतर जबर्दस्त धक्कमधक्का था। मुखारविन्द के पास महाराजश्री का कार्यक्रम शुरू हो गया था...उधर भीड़ थमी थी और इधर चौक की तरफ से और लोग घुसने की कोशिश कर रहे थे...इसलिए जबर्दस्त रेलपेल थी। तीनों साथ कुछ ही दूर तक चले कि धक्के आने शुरू हो गये। शुरू में वह खेल-खेल जैसा लगा पर जल्दी ही खीझ में बदलने लगा। धक्कों में पड़कर वे अलग-थलग हो गये। आगे बढ़ना भी बन्द हो गया था। जैसे आदमी औरतों की लहरें उठती थीं और उनके द्वारा धकियाए जाते हुए वे कहाँ से कहाँ पहुँच जाते। नन्दन थोड़ी देर तक दिखाई दिया...फिर उसका अता-पता नहीं। सुनन्दा भीड़े के बीचोबीच फँसी थी, आदमी औरतों के कन्धों पर झूलती चली जाती...उधर से इधर, इधर से उधर, हिचकोले खाती पत्ती की तरह। उसे डर लगने लगा था—ऐसे में एक बार भी कोई नीचे गिरा तो...चला जाएगा। तभी माँ दिखाई दीं...धक्कों में वापस चौक की तरफ जाती हुई। भीड़ से ही हाथ उठाकर सुनन्दा ने उन्हें उसी तरफ रहने को कहा—क्या करना ऐसे दर्शन जहाँ जान के लाले पड़ जाएँ और खुद भी वापस लौटने की कोशिश करने लगी। माँ तो चौक की तरफ फिक गयीं...पर भीड़ की एक मोटी लहर ने सुनन्दा को फिर इस तरफ ढकेल दिया। और इस बार पैरों के नीचे की जमीन भी छूट गयी। लोगों के कन्धों में फँसी पड़ी वह...अब कभी भी नीचे जा सकती थी। नीचे गयी कि...आतंक से सुनन्दा का गला सूख आया। वह किधर जाए...किसे पुकारे...तभी उसने किसी के हाथ का दबाव अपनी कलाई पर महसूस किया। नन्दन था...उसे जोरों से पकड़ कर एक तरफ घसीट रहा था...जैसे बीच धार से किनारे की तरफ लिये जा रहा हो। नन्दन का सान्निध्य पाकर सुनन्दा में अतिरिक्त शक्ति आ गयी। अपनी पूरी ताकत लगाकर वह भी भीड़ को काटने

लगी। कुछ ही पलों में वे किनारे आ लगे। मुखारविन्द के सामने महाप्रभु वल्लभाचार्य की बैठक पर सुनन्दा को जैसे नया जन्म मिला। नन्दन न आता तो पता नहीं क्या होता।

महाराजश्री का कार्यक्रम समाप्त हो चुका था और दर्शन खुल गये थे। सुनन्दा और नन्दन ने वहीं किनारे से जल्दी-जल्दी दर्शन किये। सुनन्दा की आँखें चौक की तरफ माँ को टटोल रही थीं। वह उस तरफ कैसे जाए। तभी उधर से 'चलो... चलो...' का एक तगड़ा रेला आया और नन्दन और सुनन्दा निकास के रास्ते बाहर की तरफ फेंक दिये गये।

"माँ कहाँ रह गयीं?" भीड़ के बाहर आकर नन्दन ने पूछा।

"भीड़ से तो बाहर निकल गयी थीं...चौक की तरफ। मैंने देखा था।"

"तब चिन्ता की बात नहीं, आ जाएँगी। इतनी लम्बी-चौड़ी जगह नहीं है यह कि खो जाएँ। अब निकास खुल गया है तो थोड़ी ही देर में लोग दर्शन करते हुए बाहर निकलने लगेंगे। भीड़ कम होने पर वे दर्शनों को आएँगी और दर्शन करके यहीं से निकलेंगी। तब तक हम उधर बैठते हैं, वहाँ से रास्ते को देखते रहेंगे।"

दोनों थोड़ा आगे रास्ते से कटकर पर्वत की जड़ की तरफ बढ़ गये और वहीं थोड़ा ऊपर चढ़कर एक शिला पर अगल-बगल बैठ गये। यहाँ शान्ति थी। यहाँ से वे लोगों को देख सकते थे, पर उन्हें कम ही लोग देख पाते। जैसे ही माँ को आते देखेंगे, उनके साथ हो लेंगे।

मुखारविन्द की तरफ रोशनी ही रोशनी और इधर चाँदनी रात। गोवर्द्धन पर्वत की छोटे कद की श्रेणि दोनों तरफ फैली हुई थी। ठीक ऊपर श्रीनाथजी का पुराना मन्दिर, चाँदनी में डूबा हुआ था...कुछ-कुछ वीतराग, जैसे दूर से नीचे के कार्य-कलाप को निहार रहा हो। वहाँ धुँधली रोशनियाँ थीं, छवि की पूजा अब भी होती है। मन्दिर के नीचे एक गुफा है...कहते हैं श्रीनाथजी श्रीनाथद्वारा से हर रात यहाँ आते हैं, किशोरीजी के साथ विहार करने—'गोवर्द्धनगिरी सघन कन्दरा रैन निवास कियो पिय प्यारी।'

"आपने कोई मनोरथ किया यहाँ?" नन्दन ने पूछा।

"तुमने?"

"मैं तो यहाँ आता ही रहता हूँ। हर बार माँगूँ तो प्रभु भी थक जाएँ। कहाँ तक देंगे, बेचारे। पर इस बार माँगा है।"

"क्या?" सुनन्दा की आँखें नन्दन की आँखों में उतर रही थीं।

"बता डालने से फिर नहीं मिलता..."

नन्दन के चेहरे पर झेंप उतर आयी थी। चेहरा, हाल ही खिले फूल-सा हो गया था। ऊपर स्वच्छ आकाश में चाँदनी का वितान, नीचे श्री गोवर्द्धन पर्वत का आत्मीय विस्तार, पास में ही चरती गाय, गाय के मुँह चलने के संगीतमय मद्धिम

स्वर, एकाएक किसी कोने से उठकर सीधा ऊपर को जाती मोर की म्याओ... म्याओ। ब्रजभूमि में चहुं ओर फैला प्रेम राग...

सुनन्दा अपनी सुधि भूल गयीं, उसका सिर नन्दन के कन्धे पर जा टिका। आँखों ने नन्दन को अपने में मूँद लिया। मुँह सिला था पर भीतर बुलबुले से कैसे-कैसे बोल उछल रहे थे...नन्दन, तुम्हें क्या बताऊँ महाप्रभु वल्लभाचार्य जी की बैठक के सामने श्रीनाथजी का दर्शन करते हुए, उस हड़बड़ी में भी मैंने क्या माँगा? माँगा है...कुछ मैंने भी माँगा है!

माँ चौक में एक मिठाई की दुकान के बाहर बेंच पर इत्मीनान से बैठी मिली थीं। दर्शन करके भीड़ में बहती हुई वे उसी रास्ते से निकल भी गयीं...जहाँ थोड़ा हटकर, ऊपर ये दोनों बैठे हुए थे, पर्वत की हरीतिमा में जड़े सौन्दर्य नग से, प्रकृति के शृंगार का अभिन्न हिस्सा ही।

नन्दन बीच-बीच में उखड़ पड़ता था...जैसे सुनन्दा के साथ बढ़ती हुई आत्मीयता से घबरा रहा हो। बार-बार कहता था कि उसे जरूरी काम से वापस मथुरा जाना है। काम खत्म करके लौट आएगा। सुनन्दा कहती कि यात्रा के साथ चलते-चलते भी तो मथुरा ही आ निकलेंगे, लेकिन वह आगे जाने की बजाय पीछे जाना चाहता, कहता कि इस तरह वह उसी दिन, एक-दो घंटे में ही मथुरा पहुँच जाएगा, यात्रा के साथ-साथ आगे तो अभी कितने ही दिन लगेंगे। यात्रा में सुनन्दा का आकर्षण उसके लिए कम नहीं था, पर दूसरी तरफ भी कुछ था। अक्सर सुनन्दा उसे अविश्वास से देखती। उसने सुन रखा था कि ब्रजयात्राओं में लोग-बाग धोखेबाजी भी जमकर करते हैं। पहले अन्तरंग होंगे और फिर लूटकर चले जाएँगे। क्या नन्दन भी...? लेकिन उसे ऐसा करना होता तो जब कुनवारा के समय माँ और सुनन्दा ने अपने जेवर उसे सौंप दिये थे...वह अच्छा मौका था। सुनन्दा और माँ दोनों के मन में तब शंका भी हुई थी लेकिन दूसरे दिन अपराह्न में ही जब नन्दन एक-एक चीज वापस दे गया तो उसके बाद फिर अविश्वास कहाँ और कैसे! सुनन्दा को उलझन-भरी उत्सुकता जरूर होती कि क्या था जिसके लिए नन्दन को फौरन मथुरा पहुँचना था, जिसके लिए वह शेष यात्रा में सुनन्दा के साथ होने का सुख भी छोड़ रहा है। कितना भी कुरेदने पर नन्दन साफ-साफ कुछ न बताता। बस यही दोहराता कि वह लौटेगा, जल्दी लौटेगा। एक और चीज उलझन पैदा करती थी। माँ और सुनन्दा दोनों ने ही कई बार उसका पता-ठिकाना पूछा था और नन्दन टाल गया था। कहता था वह इसी तरह घूमता रहता है, उसका कोई स्थायी घर ही नहीं है जिसका पता दे सके। माँ ने एक बार सीधा पूछा कि माँ-बाप कौन है, कहाँ के हैं, तो भी एक रहस्यमय उत्तर—नन्दन को माँ-बाप के नाम भी

नहीं मालूम। वह तो अनाथालय में पला, दस तक वहीं रहकर पढ़ा। पाँच साल हुए वहाँ से भाग निकला और तब से मथुरा के घाटों पर या फिर इन यात्रों में गौड़ का काम कर कुछ कमाई कर लेता है, मथुरा में विश्राम घाट, कभी कृष्ण-जन्मभूमि में पड़ा रहता है, ऐसे ही प्राइवेट पढ़ाई चालू रखे है। जहाँ पैसे खत्म हुए तो फिर इस तरह की कोई कमाई के लिए निकल पड़ा। माँ ने पूछा कि मथुरा के किस पंडे के साथ वह काम करता है तो वह भी टाल गया—"किसी के साथ नहीं, वह अपना अलग काम करता है। पंडों से उसकी नहीं पटती, वे यात्रियों की मदद कम करते हैं, लूटते ज्यादा हैं। नन्दन लूट से नहीं, अपने श्रम से पैसा कमाना चाहता है।"

नन्दन की बातों पर विश्वास बैठता था...मथुरा के पंडों के बारे में कैसी-कैसी बातें तो सुनी जाती थीं। कहते थे कि शुरू में इन लोगों का पेशा आगरा में शाही परिवार के लोगों के दफन के लिए कब्र खोदने का था। एक बार कोई शहंशाह नाराज हो गये और इन लोगों को निकाल दिया। ये बहुत गिड़गिड़ाए...रोजी-रोटी की दुहाई दी तो शाहंशाह ने कहा—अच्छा जाओ, मथुरा में पंडे हो जाओ। अब मथुरा में ये सवेरे दंड पेलते और फिर जमकर भोजन करते हैं। धर्म-कर्म के नाम पर माथे पर एक तिलक और कभी-कभी जमुना जी में स्नान। बाकी भंग में लाल आँखें, पेड़ों से फूला हुआ पेट और मुस्टण्ड शरीर लिए दिन-भर सांड़ों की तरह घाटों के आसपास...कहीं सीढ़ियों पर पैर लटकाए बैठे किसी मोटे आसामी की प्रतीक्षा करते हुए, कहीं जजमान को इधर से उधर ले जाते हुए और कहीं किसी गली में यात्रियों से जोर-जबर्दस्ती करते हुए। जो धन को लिए सेठ चल रहे हैं, जो जेवर उनकी महिलाएँ पहने हैं...इनके पार पंडों की निगाहें सेठों के देश में उनकी जो जमीन-जायदाद है...उस पर भी रहती हैं। वे पास फटके कि एकदम वही दहशत मन में जाग जाती है जो जल्लाद को देखने पर होती होगी। मथुरा की घाट-श्रेणि में इनका जबर्दस्त आतंक है। किस सुन्दर स्त्री को धोखा दे, किस रास्ते खुलकाकर कौन-से भूतखाने में ले जाएँ...कुछ पता नहीं। तब कुछ दिनों पहले ही खबर उड़ी थी कि एक गुजराती सेठानी को पंडे घाट के किसी तहखाने में ले गये। बलात्कार के बाद उसका सारा जेवर पार कर दिया। यही नहीं, उसके बाद बेचारी की जीवन से भी छुट्टी कर दी। सेठ ने पुलिस को खबर की और कई पंडे गिरफ्तार हुए थे। नन्दन स्वयं पंडा नहीं, उनसे घृणा करता है, महाराजश्री की छत्रछाया में चल रही इस यात्रा में मथुरा के उन पंडों का प्रवेश नहीं है...यह सब सुनन्दा को आश्वस्त करता था।

नन्दन को वापस जाना ही है, मथुरा जल्दी पहुँचना है...पर वह एक पड़ाव तक और चलेगा।

"बरसाना तक?" सुनन्दा ने पूछा।

"हाँ। बरसाना नहीं...वृषभानपुर। राधाजी के पिता का नाम वृषभान जी था न!"

"हाँ, वही। वहीं तक क्यों जाना चाहते हो?"

"वृषभानपुर—श्रीकृष्ण की ह्लादिनी शक्ति, प्राण प्रियतमा नित्य निकुंजेश्वरी श्री राधा रानी की भूमि..."

सुनन्दा को रोमांच हो आया। वह नन्दन की ओर देखे जा रही थी, पलक भी झपकाती तो बेमन से।

"जिस समय श्री गिरिराज पर्वत पर श्रीनाथजी प्रकटे, तब श्री किशोरीजी ने श्री नारायण भट्ट को स्वप्न दिया कि मेरे प्रकट होने का समय आ गया है। उनके बताए स्थान को खोदने पर श्री किशोरी जी की अति सुन्दर धातु-प्रतिमा मिली। इस तरह लाड़िली जी प्रकट भईं। वृषभानपुर में श्री जी का मन्दिर है।"

"हर बार ही वहीं से लौटते हो?"

"नहीं, इस बार ही..."

सुनन्दा ने देखा नन्दन की आँखों में कितने रंग उतरा आये थे। वह और कुरेद बैठी—"इस बार क्यों?"

दोनों की आँखों के कोरों में खुजलाहट, एक-दूसरे में देखने से और भी खुजलाहट-अकुलाहट। आँखें हल्के-हल्के मुस्कराती हुई।

"इस बार...इस बार...."

बात पूरी नहीं हुई, बीच में ही कहीं सुनन्दा को रोना आ गया। कितना अनुराग उमड़ आया था तब इस भूमि के लिए! क्या यहाँ हर व्यक्ति की झोली ऐसे भर जाती है?

बरसाना में श्री जी के मन्दिर की सीढ़ियाँ चढ़ने के लिए नन्दन ने माँ के लिए डोली कर दी थी। वे दोनों पैदल ही चढ़े थे। पहाड़ी को ब्रह्माजी का स्वरूप मानते हैं। मन्दिर के प्रवेश-द्वार में एक आले में श्री किशोर जी के चरण-चिह्न। नन्दन और सुनन्दा दोनों ने साथ-साथ पूजा की।

मन्दिर के खुले प्रांगण में आकर नन्दन ने चारों ओर दिखाते हुए यह बताया था कि ब्रह्माजी की उस पहाड़ी में चार शिखर हैं जो ब्रह्माजी के चार मुख माने जाते हैं—एक पर मोर कुटी, दूसरे पर मानगढ़, तीसरे पर विलासगढ़ और चौथे पर दानगढ़ हैं। किशोरीजी ने नन्दनन्दन से मोर का नृत्य देखने की इच्छा प्रकट की। वहाँ कोई मोर नहीं दिखाई दिया तो भगवान स्वयं मोर का रूप धारण कर नृत्य करने लगे, नृत्य करते हुए जब उन्हें देर हो गयी तब प्रियाजी को आभास हुआ कि स्वयं प्यारेजी ही मोर बनकर नाच रहे हैं...तब आप भी मोरनी बन नृत्य करने लगीं। इसलिए मोर कुटी। मानगढ़ में राधारानी ने मान किया था। विलासगढ़ लाड़िलीजी का विलास-गृह माना जाता है...और दानगढ़ पर जयपुर महाराज द्वारा निर्मित मन्दिर है।

तब तक माँ आ गई थीं। सबने श्री लाड़लीजी के दर्शन किये। माँ को मन्दिर

में ही बिठाकर वे दोनों दानगढ़ पर मन्दिर के दर्शन करने चले गये। वहीं से नीचे उतरकर सांकरी खोर की ओर जहाँ श्यामसुन्दर ने गोपियों को घेरा था...

वृक्षों से आच्छादित एक कुंज, दो पहाड़ियों का मिलन-स्थल—एक श्वेत पत्थर, दूसरी श्याम पत्थर की...श्री राधारानी और श्यामसुन्दर के प्रतीक। नन्दन ने हाथ पकड़कर अपने पीछे-पीछे सुनन्दा को सँकरी खोह से निकाला। उस पार एकान्त। एक वृक्ष के पास प्रगाढ़ आलिंगन...अंग-प्रत्यंग गुँथकर जैसे एक पुष्प बन गए। रस-वृष्टि...आँखों पर, गालों पर, होंठों पर...

नाम के लिए दो पहाड़ियाँ अलग-अलग, पर असल में एक—नाव का आकार बनाती हुई। चारों ओर गोप-गोपिकाएँ वृक्षों और लताओं के रूप में, ऊपर श्रीजी के मन्दिर का वितान...श्री राधा, प्रेम की अधीश्वरी देवी!

“नन्दन! तुम यहाँ से लौट रहे हो, तो जाने क्यों मुझे घबराहट-सी होती है। मेरे पास तुम्हारा कोई पता भी, नहीं। अगर तुम न आये तो मैं तुम्हें ढूँढ़ भी नहीं सकती।”

“मैं आऊँगा।” नन्दन सुनन्दा के कन्धों को थपथपाता रहा, आश्वस्त करता रहा।

अगले दिन सुनन्दा और माँ को छोड़कर नन्दन चला गया था। यात्रा के पाल पीरी-पोखर (प्रियाकुंड) पर लगे थे। कहते हैं कि प्रियाजी अपने अंगों का उर्द्धतन कर यहाँ स्नान करती थीं। विवाह के बाद अपने पीले हाथ उन्होंने यहीं धोए थे, जिससे कुंड का नाम पीरी-पोखर हुआ।

"कंचन कलस विचित्र रोपि कै..."

कठिन होता है पुराने समय को ढोना...फिर इस तरह बीती बातों का काँवर लादे हुए उन्हीं-उन्हीं स्थलों पर से दोबारा गुजरना? इस बार यात्रा पर अकेले चल देने में पहले तो सुनन्दा कतराई थी, पर फिर उसने कमर कसी—अब और क्या है जो हो सकता है। अकेली है तो क्या हुआ। किशोर के लिए जरूरत पड़े तो वह ईश्वर से भी लड़ेगी। शायद उसका किशोर मिल ही जाय! वह नन्दन के ही पास होगा... और नन्दन सुनन्दा का साथ छोड़ने के बाद आखिर और कहाँ जा सकता है—वापस अपनी पुरानी जगह, यात्रा में।

यात्रा बरसाना से संकेत पहुँच गयी है। पिछली बार बरसाना में ही नन्दन छोड़कर गया था और इस बार वहीं से सत्येन्द्र मिल गया...आगे के लिए। नहीं, ऐसा कुछ सोचना ही गलत है। वह सत्येन्द्र के बारे में अभी कुछ तो नहीं जानती, पर नन्दन के बारे में ही क्या जाना था?

संकेत के विषय में आख्यायिका है कि श्रीकृष्ण एवं राधा की संकेतलग्न श्री ब्रह्माजी ने इसी स्थान पर कराई थी। विवाह जो हुआ और हुआ भी नहीं। याकि यों तो नहीं हुआ, पर ऐसा हुआ कि जिसे कराने ब्रह्मा जैसे पंडित की जरूरत हुई और आज तक लोग राधा-कृष्ण का ही नाम लेते हैं!

सुनन्दा और उसकी माँ यात्रा पूरी कर वापस आ गये थे। नन्दन नहीं आया था। सुनन्दा ने अब आशा ही छोड़ दी थी कि नन्दन लौटेगा। जो पूरी यात्रा में फिर लौटकर नहीं आया, वह बाद में क्या आएगा! नन्दन की स्मृति सुनन्दा अपने मन से उतारने लगी...इस तरह के धोखे भी यात्रा में होते हैं, गनीमत कि कोई बड़ा नुकसान नहीं हुआ, वरना ऐसा मोह! कुछ भी हो सकता था। लेकिन जैसे ही वह अपनी स्कूल में अध्यापन वाली पुरानी जीवन-चर्या में फिर से जमने-रमने लगी कि नन्दन एकाएक प्रकट हो गया। जैसे थमती जलराशि में किसी ने कंकड़ फेंक दिया...वृत्त पर वृत्त बनने लगे। फौरन ही न आने का जो भी कारण नन्दन ने बताया, उसे सुनन्दा ने सिर्फ नाम की हो-हुज्जत के बाद मान लिया। पुराना

अनुराग, जैसे उँगली की हल्की ठुकठुक से ही फिर जाग उठा। नन्दन घर पर ही ठहरा था। उसके बाद आराम के लिए यह करने वह करने की छटपटाहट। इस या उस बहाने उसके पास होने की बेचैनी! और नहीं तो दूर से ही उसे आँखों में उतार लेना या उसकी आँखों में उतरना, सीढ़ी-दर-सीढ़ी। यात्रा के समय जो हिचकिचाहट थी, वह खत्म थी; मन में नन्दन के लिए दुगुना प्यार...उसका नन्दन बाँध तोड़कर उसमें जा उतरने का मन होता, पर माँ थी बीच में...कभी दीवार की तरह खड़ी, कभी फेंटा डाले पीछे खींचती हुई।

'ठीक है...वह अच्छा लड़का है, लेकिन जब तक माँ-बाप, परिवार के बारे में न जान लो...किसी पर विश्वास कैसे किया जा सकता है।' माँ कहतीं। सुनन्दा मुँहफट होने की हद तक माँ की शंकाएँ ध्वस्त करती चली जाती—नहीं पता माँ-बाप का तो न सही, नन्दन तो है सामने—एक साबुत व्यक्ति। कोई ठोक-बजाकर देख ले...एक पूरा इंसान, विश्वसनीय, मनमोहक। माँ का विरोध जल्दी ही ढह गया क्योंकि भीतर कहीं उनके मन में भी नन्दन के लिए बहुत स्नेह था। वे स्वयं जैसे परवश थीं।...

संकेत में पहली रात। ब्याह लीला दिखाई जा रही है...ब्याह-लो। धर्मशाला से भगवान की बारात की निकासी। बैंड-बाजे सहित भगवान के रूप को दूल्हा बनाकर घोड़े पर विराजमान कर निकाला जा रहा है। पीछे सैकड़ों यात्री—जन बराती बनकर चल रहे हैं। महाराजश्री और उनके पुत्र घोड़ों पर बैठकर बरात के आगे-आगे चल रहे हैं। विवाह मंडप महाराजश्री के डेरे पर सजाया गया है। श्री वृषभानजी और श्री कीरतिजी का प्रतिनिधित्व एक सेठ दम्पत्ति कर रहे हैं, श्री नन्दनराय बाबा का प्रतिनिधित्व एक अन्य सेठ कर रहे हैं।

वास्तविक जीवन में भी हर बस्ती में करीब-करीब रोज यह 'लीला' होती है और हर व्यक्ति हर बार तो अवश्य ही इस लीला की मुख्य भूमिका में खड़ा होता है। उस समय कैसा तान-वितान, कैसा उत्साह!

सुनन्दा-नन्दन के ब्याह में वैसा उत्साह नहीं था। नन्दन के माँ-बाप नहीं थे, पैसा भी नहीं। फिर कौन क्या करता? न कहीं से बरात आयी, न कहीं ठहरी। सुनन्दा के मन में इस तरह की कोई आकांक्षा उठती तो नन्दन दबा देता—"सब व्यर्थ का ढकोसला है, पैसे का खेल और कुछ नहीं...विवाह तो दो आत्माओं का बन्धन है, इतनी गम्भीर चीज़! वहाँ इसे शोरगुल, भीड़-भव्वड़ की जरूरत?" सुनन्दा भी बहुत प्रतिवाद न करती, भीतर व्यग्रता थी—एक हो जाने की, बीच की सारी दीवारें जल्दी ढहा देने की।

ब्याह हो गया किसी को पता नहीं चला। बाद में उन्होंने पूछा तो कह दिया कि ब्याह यहाँ नहीं, सुनन्दा के पुश्तैनी घर—उत्तर प्रदेश—में हुआ। ससुराल...? सुनन्दा उस अनुभव से वंचित रही। इतना ही होता कि कम-से-कम विवाह के

बाद एक बार ससुराल जाती, फिर बेशक वापस नौकरी की जगह। किसी अपरिचित इमारत से घर का रिश्ता जोड़ना, अपरिचित लोगों के साथ माँ-बाप, भाई-बहन का रिश्ता बैठा लेना—यह तो जान सकती। फिर पति...न केवल वह सुनन्दा के घर में आकर रहता है, वह कुछ करता भी नहीं है। सुनन्दा की कमाई पर आश्रित है। यह नहीं कि सुनन्दा ने यह सब सोचा नहीं था, विवाह के पहले सब कुछ था उसके सामने। नन्दन ने एक-एक बात साफ कर दी थी। लेकिन जानना एक चीज थी और शादी के बाद क्षण-प्रतिक्षण उन्हीं बातों को लेकर जो आलपीनें चुभना शुरू हुईं...वह एकदम दूसरी चीज़। वह जैसा तोड़ने वाला अनुभव था, उसके लिए सुनन्दा ने तैयार नहीं किया था अपने आपको—कोई कोंचे, तभी विवाह होने की बात बताओ, वह भी झेंपते हुए, जैसे चोरी की हो। पति यहीं रहते हैं—यह कुबूलते हुए थोड़ा सिर झुका लो। वे करते क्या हैं...यह प्रश्न लगे किसी अग्निबाण-सा, जिससे झुलस, थोड़ा क्रोधित होकर तुम एक तरफ चल दो...

और यह सब...दिन-प्रति-दिन, एक ही दिन में कई-कई बार!

सुनन्दा बेहतर झेल सकती अगर विवाह के बाद नन्दन का साथ उसे भीतरी शक्ति देता। घर का सबसे अच्छा कमरा उन दोनों के लिए था, सुनन्दा ने बड़े उत्साह से उसे अपने ढंग से सजाया भी था। जो अब तक अप्राप्य या दुर्लभ था ...वह अब मात्र हाथ-भर की दूरी पर, हमेशा सुलभ। पागलों की तरह वे दोनों टूट पड़े...वह खुशबू, जो दोनों को एक-दूसरे की तरफ खींचती थी! कहाँ है वह...कहाँ है उस सुगन्ध का उत्स...कस्तूरी! शरीर की ऊर्मियों में उठना-गिरना, तृप्ति तब तक ही जब तक ऊर्मियों में झूलने का अहसास! काश, ऐसा होता कि उस समय नन्दन के व्यक्तित्व की गहराई, अदेखी पर्तें भी खुलतीं और वे सुनन्दा को बाँधती चली जातीं!

नन्दन कमरे में ही पड़े रहना चाहता। बाहर निकलता भी तो चोर-जैसी झेंप के साथ। जिसे यात्रा में इतना फुर्तीला, दौड़-दौड़कर दूसरे के लिए करते देखा था, वह दरअसल कामचोर...हर जिम्मेदारी से मुँह मोड़ने वाला निकलता आ रहा था। विवाह के बाद उसने अपने उस मूल स्वभाव को पुरुष के अधिकार का रंग देना शुरू कर दिया, गोया कि पति की हैसियत बनाने के लिए पुरुष-अधिकार जताना बहुत जरूरी था। उसके लिए चाय कमरे में पहुँचाई जाय। बाजार का काम स्कूल से लौटते हुए सुनन्दा ही करती आये, या फिर माँ जाए। खाने के बाद अपनी जूठी थाली नहीं उठाना। नहाने के बाद अपने कपड़े भी धोने के लिए छोड़ देना। सुनन्दा धोये या माँ, या फिर यह काम भी मेहरी को दे दिया जाए, उसके पैसे बढ़ा दिए जाएँ...सुनन्दा जाने। नन्दन अपने अधिकार-जाल को चुपचाप धीरे-धीरे फैलाता जा रहा था। बाहर से गुप्पा...ऐसी मुद्रा, जैसे हर क्षण किसी बड़े चिन्तन में डूबा हुआ है! घर की बातें, ये छोटे-छोटे काम...इन्हें अपने सोच से कैसे विघ्न

पहुँचाने दे वह?

कितनी अजीब बात...कि जो भीतर से निकम्मा, गैरजिम्मेदार होता है वही अपने अधिकारों के प्रति इतना सजग!

सुनन्दा के भीतर कँपकँपी की एक भँवर जैसे बराबर बैठी रहती है। कभी भी उठकर ऊपर आ जाती है, फिर सनसनाती हुई ऊपर-नीचे, नीचे-ऊपर घूमने लगेगी। ऐसे वक्त रोएँ-रोएँ में उग आती है—ठण्ड, आँखों में चुभती नमी...

कृष्ण की इस विवाह लीला में सुखी मन से कैसे शामिल हो सकती है वह? थोड़ी दूर चली और फिर चुपचाप एक तरफ से सरककर लौट ली वापस, अपने पाल की तरफ।

पीछे रोशनियाँ, आगे अँधेरा। नहीं, पीछे अँधेरा, आगे भी अँधेरा। पीछे नन्दन, आगे सत्येन्द्र!

नन्दन।

यात्रा के दौरान जब वह सुनन्दा और उसकी माँ से अलग हुआ तब नन्दन सचमुच दुचित्त था। साथ चलते हुए सुनन्दा की ओर खिंचते चले आना...इस पर उसका वश नहीं था। और जितना वह सुनन्दा के पास आता, उतना ही स्वयं को छुड़ाकर भाग जाने की छटपटाहट भी बढ़ती चली जाती। यहाँ और रहेगा तो उलझता ही चला जाएगा। परिणति...विवाह, आज नहीं तो कल। नन्दन विवाह के बन्धन में नहीं फँसना चाहता था। उसकी महत्त्वाकांक्षा लेखक होने की थी। बचपन से ही ऐसा रहा है कि उसने जहाँ-कहीं किसी लेखक या कवि को देखा, पास बैठने का जी करने लगता। मुग्ध हुआ वह आसपास डोलता रहता—कैसी कल्पना-शक्ति, कैसी आभा चेहरे पर, कैसा व्यक्तित्व—साधुओं की तरह विचरण करने वाला। इस दुनिया का होते हुए भी ऋषि, परिवार होते हुए भी अनासक्त। समाज और मानवता के बड़े-बड़े प्रश्नों से जूझने वाला। जीवन के होते हुए भी उससे ऊपर! नन्दन जिस परिवार का था, वहाँ से लेखक का जीवन और भी ऊँचा ...इसलिए और भी आकर्षक दिखाई देता।

पिता व्यापारी, नन्दन इकलौता लड़का। पिता उसे भी व्यापार में ही लगाना चाहते हैं वरना कौन वारिस होगा उनकी सम्पत्ति का, और किसके लिए अर्जित करने का भ्रम स्वयं को दे सकेंगे वे? इसलिए लड़के को बी.ए. कराकर वे सन्तुष्ट हो गये। अब नन्दन कारोबार देखे, अनुभव ले। लेकिन नन्दन की रुचि उस तरफ नहीं थी। पिता के जाल से निकलने के लिए जरूरी था कि वह पिता पर पैसों के लिए आश्रित न हो। इसलिए वह पहले विश्रामघाट मथुरा, फिर ब्रजयात्रा से जुड़ गया। यात्रा से दूर-दूर के लोग आते—बम्बई और गुजरात के एक-से रईस। किसी

बड़े आदमी से टकरा जाए तो जिन्दगी-भर के लिए रुपए-पैसे की समस्या खत्म! न पिता पर आश्रित होगा, न व्यापार में फँसना पड़ेगा। वह आराम से लेखन-कार्य कर सकेगा। इसलिए किसी भी यात्री-टोली के साथ वह लग जाता और उनकी मदद करने लगता। अगर पार्टी अपने काम की नहीं तो जीवन के अनुभव तो मिलेंगे जो लिखने मे काम आएँगे। यात्रा में कहाँ-कहाँ से आये लोग देखने को मिलते हैं—भाँति-भाँति की पोशाकें, तरह-तरह के बोलचाल, खान-पान, तौर-तरीके। उनकी कितनी तरह की उधेड़बुनें। जैसे सारा भारत ही यहाँ उतर आता है।

सुनन्दा और माँ से उलझकर रह गया नन्दन। उन्हें अपने बारे में सही-सही बताता तो निकल भागने की जो थोड़ी-बहुत स्वतन्त्रता बची थी, वह भी गँवा बैठता। यात्रा में चलता तो सुनन्दा से ही सटा रहता। किसी-किसी तरह हट तो आया, लेकिन मन उसी तरफ खींचता था। सुनन्दा की लम्बी, दुबली-पतली काया और पैना-पैना-सा चेहरा सामने उतराते रहते। जहाँ नन्दन ने अपनी आँखें बन्द कीं तो सुनन्दा की बड़ी-बड़ी आँखें झूलने लगतीं, वह मुस्कराते हुए कहती दीखतीं—तुम्हारी आँखें बन्द हैं तो लो, मैंने तुम्हारे लिए अपनी आँखें खोल दी हैं।' वह सुनन्दा से दूर तो आ गया था पर जैसे अब उसके और भी पास था, हर पल साथ। होंठ किसी रिसाव में छटपटाते थे, उनसे अज्ञात-सा रस ऐसे चूता रहता जैसे पेड़े की फांक से गोंद रिसती है। शरीर एक अजीब ऐंठन में लगातार टूटता रहता...ऐंठन की डोरियाँ हर तरफ से शरीर को लपेटे हुए, जैसे उसे बाकायदा जाल में फाँस, सुनन्दा अपनी तरफ खींच रही हो।

नन्दन भाग आया था, अलग होकर सोचने के लिए। वह लेखक का जीवन जीना चाहता है। किसी नौकरी या धन्धे में नहीं फँसना चाहता ताकि जीवन में सिर्फ पढ़ना और लिखना हो। सुनन्दा ने बताया था कि वह स्कूल में पढ़ाती है। बी.ए., बी.एड. करके नौकरी में आ गयी। पिता के असमय देहान्त से घर का भार उस पर आ पड़ा था। ईश्वर ने कैसी जोड़ी बनाई—इधर नन्दन इकलौता, उधर सुनन्दा इकलौती। सुनन्दा को भी पढ़ने-लिखने में दिलचस्पी है। माँ-बेटी दोनों की ही नजरों में लेखक श्रद्धा की वस्तु है।

अपने आपसे लड़ते-झगड़ते हुए नन्दन को यह कौंधा कि वह रईस पार्टी ही ढूँढ़ने के चक्कर में क्यों है। उसका तो सीमित लक्ष्य है कि उसे लिखने-पढ़ने के लिए स्वतन्त्रता और समय मिले। यह क्यों नहीं हो सकता कि सुनन्दा नौकरी करे और नन्दन लेखन। सुनन्दा के साथ रहकर स्थाई आमदनी की व्यवस्था हो जाएगी, नन्दन को इस तरह पैसों के लिए भटकना नहीं पड़ेगा। सुनन्दा और उसकी माँ भी यही चाहेंगी कि नन्दन की प्रतिभा रोजमर्रा के कामों में बर्बाद न हो। वे लेखन के महत्त्व को समझती हैं। सुनन्दा उसे लेखन के लिए सारी सुविधाएँ देगी, नन्दन के लेखन-कर्म में लगे होने से गर्वित होगी।

और वह दोनों के पास गुजरात पहुँच गया था।

कभी किसी को बता नहीं सका नन्दन जितनी लम्बी छलांग लगाकर वह सुनन्दा के पास पहुँचा था! पिता को भनक ही पड़ जाती...और वे कुछ भी कर सकते थे। वे अपने इकलौते लड़के से हाथ धो बैठने को भी तैयार हो जाते, खुद स्वाहा हो जाते, पर सुनन्दा से ब्याह न होने देते। सुनन्दा-नन्दन का घर बस गया था तो उसे उजाड़ने में कुछ उठा न रखते। पिता का यही ख्याल रहा कि नन्दन पर लेखक होने का भूत सवार है और वह इधर-उधर भटक रहा है, जिसे वह अपने देश को ढूँढ़ना कहा करता है। पिता उसकी खोज न करें, इसलिए नन्दन बीच-बीच में किसी दूसरे शहर या गाँव से एकाध चिट्ठी भी डाल देता।

सुनन्दा से विवाह के बाद जो एक वर्ष से भी ज्यादा समय गुजरा, वह पता ही न चला। दिन-प्रतिदिन सुनन्दा के रूप की खुलती हुई नयी-नयी परतें...नन्दन डूब-डूब जाता, कभी-कभी तो भूल जाता कि सुनन्दा के आगे भी उसे जाना है, लेखक होना है। चौबीसों घंटे बस सुनन्दा का ख्याल, उसी के सपने। किसी और काम में मन ही न लगे। कुछ ज्यादा ही प्यार करने लगा सुनन्दा से। सुनन्दा ऊब आयी...वह अब कुछ और देखना चाहती थी नन्दन में। उसके प्रेम के नीचे खिन्नता की एक पतली-सी झिल्ली पनपती दिखाई देने लगी। खिन्नता ने धीरे-धीरे आकार लिया—उसके पति की वही छवि क्यों नहीं है जो दूसरे पतियों की होती है। अपनी वह विशिष्टता जिसे लेकर नन्दन चल रहा था, जिसे वह और उभारना-निखारना चाहता था और जो शुरू-शुरू में सुनन्दा ने देखी और पसन्द भी की थी, वह जैसे सुनन्दा की पकड़ से अब छूटती जा रही थी। किशोर के जन्म के बाद वह पूरी तरह छूट गयी और पति-पत्नी के बीच रुक-रुककर कलह होने लगी। सुनन्दा उसे गृहस्थ की पिटी-पिटाई लकीर पर लाने की कोशिश करती और नन्दन उसका मूक-मुखर विरोध करता होता...

“तुम चाहती हो मैं एक मामूली गृहस्थ का जीवन बिताऊँ। वही कमाना-धमाना ...यों ही बूढ़ा होना और खत्म हो जाना। बच्चे पालते-पालते ही उम्र गँवा देना?”

“क्यों नफरत से देखते हो इन कामों को। इनमें भी तो कुछ है कि सब इनमें लगे हुए हैं।”

“मैं यह नहीं कर सकता। मैं सिर्फ लिखूँगा।”

“वह भी तुम कहाँ करते हो?”

“तुम्हारी खिच-खिच करने ही नहीं देती!”

कभी-कभी सुनन्दा अपना स्वर बदलकर आती और समझाती—“मैं कहां कहती हूँ कि तुम लिखना छोड़ो, लेकिन नौकरी या कोई काम के साथ लिखना नहीं किया जा सकता क्या? उसके बाद भी खूब समय मिलेगा।”

सुनन्दा कितनी ही मिठास से शुरू करे, विषय वही होता, इसलिए बहस छिड़ जाती।

“बात समय भर की नहीं है, नौकरी गुलामी है। लेखक को स्वतन्त्र रहना चाहिए।”

“तुम समाज का पैदा किया हुआ अन्न खाते हो, कोई तुम्हारे लिए रोटियाँ पकाकर रखता है। क्या तुम्हें अपने हिस्से का प्रतिदान नहीं करना चाहिए?”

“भाई सुनन्दा...इस पर बहस की जरूरत नहीं। मैंने पहले ही साफ कर दिया था कि मैं सिर्फ लेखन में जीवन लगाना चाहता हूँ।”

“उसके लिए भी तैयारी चाहिए। मैंने कहा था—बैठे-बैठे एम.ए. ही कर डालो।”

“एम.ए. पढ़ना ही तो पढ़ना नहीं होता। मैं पढ़ता हूँ जो मुझे पढ़ना चाहिए। छोड़ो, तुम नहीं समझोगी यह सब!”

“तुमने इन दो वर्षों में क्या लिखा...सिर्फ दो-चार लेख, जो इधर-उधर छुटपुट अखबारों में प्रकाशित हो गये। तुम्हें मैं उस जोर-शोर से लिखने में भी तो व्यस्त नहीं देखती कि वही सन्तोष कर सकूँ।”

“लेखन बन्द कोठरी में बैठकर नहीं किया जाता। सब लेखक कहते हैं कि उसमें जीवन से जुड़े होने पर ही ताकत आती है। बाहर आना-जाना, इधर-उधर घूमना-फिरना जरूरी है। रुपये कमाने के काम में बँध गये तो कैसे होगा?”

“परिवार को पालने के काम में लगे होना क्या जीवन से जुड़ा होना नहीं होता? इस जिम्मेदारी से भागकर कौन से जीवन से जुड़ोगे तुम? जुड़ोगे भी तो क्या वह इतना स्वाभाविक जुड़ाव होगा, जैसा परिवार के भरण-पोषण के लिए मरने खपने से पैदा होता है?”

“तुम मुझसे क्या चाहती हो?”

“इतना कि अब हमारे बच्चा हो गया है। तुम इसे अपना परिवार समझो। हम दोनों घर की जिम्मेदारी उठाएँ। एक नया सदस्य आने से खर्च भी तो बढ़ जाता है।”

“तुम्हारी माँ के साथ रहने से खर्च नहीं बढ़ता?”

“माँ अपने हिस्से का काम करती भी हैं। लड़के को कौन सँभालता है...क्या तुम? वे न हों तो मैं बच्चे को देखूँगी या नौकरी करूँगी।”

बात बढ़ते-बढ़ते बढ़ जाती या माँ पर आते ही एकाएक चें-चें पर उतर आती। ऐसे में यही हो सकता था कि नन्दन कुछ देर के लिए घर के बाहर चला जाए। काफी समय बाद लौटकर आता तो माँ-बेटी दोनों के मुँह फूले हुए मिलते ...एकदम घुप्प! खाना भी सामने ऐसे रखा जाता जैसे वह बहुत दिनों से टँगा हुआ कोई अनचाहा मेहमान हो, कभी-कभी तो ऐसे तिरस्कार से जैसे किसी भिखारी को खिला रहे हों। वे यही जानते थे, इसलिए भी यह सोचते कि नन्दन अनाथालय में पला लड़का है, वे न मिलते तो वह यों ही कहीं गलियों में मारा-मारा फिरता, पेट-भर खाना भी नसीब न होता। नन्दन कैसे बताए कि वह किस घर का है और

इससे कितना अच्छा खाना वह आजीवन यों ही पड़ा-पड़ा खा सकता था, इन दो को भी खिला सकता था।

सतत कोलाहल! कोई कुछ बोल-सुन न भी रहा हो तो भी कोलाहल! नन्दन के भीतर कोहराम मचा रहता—भारतीय समाज का कैसा अंग है यह परिवार। कोई थोड़ा भी लीक से हटकर चलने की कोशिश करे, थोड़ा भी विशिष्ट होना चाहे तो नहीं होने दिया जाएगा। पकड़कर बैल की तरह नह दो हल में...फिर जीवन-भर खेत से घर, घर से खेत करता रहे। कल छोटे-से परिवार के ही हित-अहित की सोचता हुआ लड़ता-झगड़ता, मरता-खपता रहे आदमी। उसके इधर-उधर कुछ न देख पाए, कुछ कर सकना तो दूर की बात। सुनन्दा घर से बाहर क्या देख पाती है! उसे तो सिर्फ अपनी, अपने बच्चे की चिन्ता है या सिर्फ यह परेशानी है कि नन्दन भी दूसरे पतियों की तरह खूँटे से बँधा क्यों नहीं है!

नन्दन ने देखा कि जिस तौहीनी, हिकारत की नजर से देखे जाने की वजह से उसने पिता का घर छोड़ा, वही उसके लिए यहाँ भी है। ठीक है कि वह आज नहीं लिख रहा, लेकिन जब वक्त आएगा...लिखेगा ही। लेखकों से सम्पर्क रखना, अनुभवों का विस्तार...ये तो चल रहे हैं। ये भी तो लेखक के जीवन के अंग हैं। नन्दन को हर हालत में अपने भीतर के लेखक को जीवित रखना है, इसलिए वह शक्ति भी बचाये रखना है जो पालतू बनाने के इस तरह के सारे कारनामों को ध्वस्त करती चले।

नन्दन ने अपने आपसे कई बार बहस की—वह सुनन्दा को चाहता है, अपने बच्चे से भी उसे मोह है...लेकिन क्या इस मोह के लिए वह लेखक होने के अपने सपने को बलिदान कर दे?

मामला बहुत आगे खिंच नहीं सका। रोज-रोज की खिच-खिच घंटे-घंटे की हो गयी। सुनन्दा का बल पाकर उसकी माँ भी अनाप-शनाप बुदबुदाती रहती। नन्दन ने देखा कि अब वह सिर्फ उन दोनों के तानों, फब्तियों के बारे में ही सोचता रहता है, कुंठित होता रहता है, जैसे उतने बड़े विश्व में चिन्तन के लिए ये ही मसले रह गये हों। आज परिवार के खर्च चलाने की बात है, कल इसी परिवार के लिए... बच्चों के बड़े होने पर उनके भविष्य की जरूरतों के लिए पैसा बचाने की बात होगी। परसों से उनके भी बाल-बच्चों के लिए धन-संग्रह...यह भी सिखाएगी सुनन्दा, क्योंकि हर परिवार यह करता है। आज कर्तव्य, कल लालच...और इसी में खपते-गलते मर जाओ। नन्दन इस तरह मरने के लिए संसार में नहीं आया है!

एक आदमी भर के खाने-रहने की कौन बड़ी समस्या है जिसके लिए वह अपना इस तरह शोषण होने दे। कहीं भी रह लेगा—चार दिन यहाँ, चार वहाँ। रमता जोगी, बहता पानी। आवारा की तरह घूमेगा! जहाँ जो मिला, खा लिया; जो मिला, उससे तन ढाँप लिया...ऋषि-वृत्ति! कितने लेखक-मित्र हैं, प्रकाशक हैं, पत्रों

के कार्यालय और सम्पादक हैं! कितने तो बुला भी चुके हैं...आओ, यहाँ रहकर लिखो! फिर सम्मेलन और संगोष्ठियाँ आये-दिन होते रहते हैं। उनका आतिथ्य है। यहाँ उसकी पत्नी या बच्चा कोई भूखे नहीं मर रहा कि नन्दन को कोई नैतिक कचोट हो। सुनन्दा कमाती है। अच्छा-खासा खान-पीना है, बच्चे के लिए सभी साधन हैं। दरअसल एक नन्दन ही है जो फालतू है, बोझ है। वह हट जाएगा तो सब हल्का ही महसूस करेंगे।

लेखन बनने के लिए सबसे पहला पाठ जो नन्दन ने पढ़ा था—वह था समझौता न करना। लेखक को समझौता न करने की आदत बनाए रखना चाहिए। समझौता-परस्त से क्या बड़ी रचना निकलेगी! छोटी-छोटी चीजों पर समझौता करने लगी तो जो चीजें समाज और देश के स्तर पर होती हैं...वे? जब बड़ी बात कहने का अवसर आएगा...तब?

जैसा उसका तरीका था—एक दिन बिना बताए, गौतम की तरह चुपचाप निकल पड़ा था नन्दन। कहाँ जाएगा...कुछ तय नहीं। कैसे खर्च चलेगा...यह भी नहीं मालूम। सिर्फ इतना जानता था कि एक अदद जिन्दगी खींचने के लिए उस चक्की में फँसने-पिसने की जरूरत नहीं थी जिसमें हर साधारण भारतीय जा फँसता है।

परिवार के अनुभव जी लिए। अब कोई नया अनुभव-क्षेत्र। जो है, उसे काट कर आगे बढ़ो। इसी तरह अनुभवों का विस्तार होता है।

सत्येन्द्र!

दुनियादार है, दुनियादारों में भी वैसा जैसा वकील होता है। किसी कष्ट या दुःख से भाग-भूगकर नहीं आया यात्रा में, कुछ माँगने नहीं आया, ऐसे ही देखने-दाखने चला आया। थोड़ा देखा तो अब समझना चाहता है—यह क्या है, क्या खींचता है लोगों को यहाँ। सत्येन्द्र में कोई भक्ति-भाव नहीं है, इतना पास रहते हुए भी पहली बार यहाँ आया। इसके पहले मथुरा में जन्मभूमि के दर्शन कर लिए थे, जैसे कि आगरा का ताजमहल देख आते हैं। सत्येन्द्र के पिता की जीवन आजादी की लड़ाई में जूझते-खपते गुजरा। जब सत्येन्द्र छोटा था, तब बड़ी-बड़ी बातें होती थीं उनके घर में—स्वतन्त्रता...मातृभूमि...स्वदेशी! कैसा दीवानापन था कि हर व्यक्ति ही एक छोटा-मोटा गांधी बन जाना चाहता था। जिसे अंग्रेजों से जितनी बड़ी सजा मिलती थी, उसकी उतनी ही ज्यादा शान। कष्ट झेलने के आधार पर लोगों का महत्व आँका जाता था। सत्येन्द्र के पिता ने देश के सामने न स्वयं को कुछ समझा और न ही परिवार को। सत्येन्द्र के पीछे-पीछे चार भाई-बहन अपने-अपने नम्बर पर आते चले गए...पिता निश्चिन्त कि सब अपने आप बड़े

होंगे। बड़े होकर काम भी उनके लिए तैयार था—आजादी की लड़ाई में शामिल हो जाओ। मुश्किल यह हुई कि लड़ाई पहले खत्म हो गयी, आजादी मिल गयी। कितनों को एकाएक जीवन के लिए मकसद या वह छोड़ो भी तो काम की तलाश करनी पड़ी। सत्येन्द्र ने बी. ए. के बाद लॉ में दाखिला लिया। वकील होने की महत्त्वाकांक्षा से नहीं, कानून पढ़ना इसलिए शुरू किया कि और क्या करता। लॉ के बाद वकालत फौरन शुरू कर सकता था। किसी और चीज—नौकरी या व्यापार—के लिए किसी अन्य का सहारा चाहिए, वह था नहीं। पिता के सम्पर्क तो आजादी मिलने के साथ-साथ ही चरमराने लगे थे। जो कल तक एक ही लड़ाई में साथ-साथ जूझने वाले सिपाही थे, बलिदान और उत्सर्ग के भाव जिन्हें आपस में एक अनोखे स्नेह-सूत्र में बाँधते थे...उनमें ही अब स्पर्धा की काट-छाँट चल निकली थी। सत्येन्द्र ने अपने ही घर में आदर्शवाद का बाजा बजते हुए देखा...जब अपना पूरा जीवन स्वतन्त्रता-संघर्ष में झोंक चुकने के बाद पिता को इल्ले! आजादी का मज़ा लूटने के लिए एक नयी पीढ़ी जैसे रातों-रात तैयार सामने आ गयी थी और खासी निष्ठुरता से इन सब बलिदान देने वालों का एक तरफ सरका रही थी—'ए! तुम मरने-खपने लायक थे, सो मरे-खपे। मजा लूटने के लायक तुम नहीं हो, उसके लिए हम हैं...चलो हटो एक तरफ!' सिर्फ पर्दा रखने के लिए ऊपर-ऊपर कुछ स्वतन्त्रता सेनानियों को दिखाते चलें...बस! पिता को टूटते और फिर तिल-तिल घुलते, घुल-घुलकर मरते सत्येन्द्र ने देखा...जहाँ समाज तो समाज, आपकी पत्नी, आपके बच्चे, आपके सभी करीबी उस चीज का ही मजाक उड़ाते होते हैं जिसे आपने अपने जीवन का सत्व माना था। पिता जैसों के खिलाफ जो फौज देखते-देखते खड़ी हो गयी थी उसी में कहीं सत्येन्द्र भी था। उसके भीतर भी नफ़रत की ज्वाला बराबर जलती रहती—मूल्य, परम्परा जैसी कोई बात सामने आयी नहीं कि मारो उसे। सत्येन्द्र के सामने छोटे भाई-बहिन थे, किसी को पढ़ाना था तो किसी का ब्याह करना था। बाप से तो एक पुश्तैनी मकान के अलावा कुछ मिला ही नहीं। सत्येन्द्र एकदम निष्ठुर होकर सामने चल पड़ा...पैसा। पैसा आये तो सब कुछ चलता है। जज को पैसा खिलाने के बहाने मौक्किल से रकम ऐंठ लेना, भाइयों को लड़ा देना ताकि घर-घर में मुकदमेबाजी हो, यहाँ तक कि कत्ल के लिए उकसा देना...सब वकील के पेशे में आता था। कच्चा घर पक्का बना, पक्के घर की जगह शहर के बाहर पॉश एरिया में कोठी बनी। गाँव में खेती के लिए ज़मीन ले ली। बहनों का ब्याह हो गया। भाई नौकरी पर निकल गये। अपने भी आगे कम-से-कम एक पुश्त के लिए मामला फिट। एक सत्येन्द्र के बाप थे...जवानी खादी की धोती-कुर्ता में वन्दे मातरम करते-करते गँवा दी। बुढ़ापा कैसी दयनीयता में बीता—कोई कुछ न दे, दो घड़ी ठहर ही जाए और स्वतन्त्रता संग्राम में उनके संघर्ष की कहानी सुन ले, यह सान्त्वना मिले कि जीवन बेकार नहीं गया!

पहले विदेशियों से लात घूँसे खाये, फिर अपने ही लोगों से। पिता से एकदम उल्टे होने का ध्येय सत्येन्द्र ने सामने रखा तो आज उसकी समाज में इज्जत है, अलीगढ़ की बार में एक पोज़ीशन है, जज लोग भी उसका ख्याल रखते हैं।

लेकिन चालीस की उम्र पहुँचते-पहुँचते अब क्यों ऐसा हो गया कि कमाने की प्यास सूखती दिखती है, तबीयत उचाट हो-हो जाती है। सवेरे से मौक्किलों के साथ किचकिच, कचहरी से लौटते ही बीबी-बच्चों की चकचक। इसे यह चाहिए तो उसे वह। आज यह चाहना पूरी की तो कल दूसरी खड़ी है। सत्येन्द्र को घमंड होने लगा था कि वह घर में कोई कमी नहीं होने देगा, क्योंकि उसने कमी देखी है ...लेकिन अब समझ में आता है कि यह तो एक अन्तहीन सिलसिला है। आपके चारों तरफ लोग मुँह बाये खड़े हैं, जितना डालो, उनके मुँह और बड़े होते चले जाते हैं। कहाँ मर-खप रहा है सत्येन्द्र? वकालत का सिलसिला छोड़ कर कहीं भाग जाने का मन करने लगता है!

और देखते-देखते सत्येन्द्र के सामने भी वही सवाल उग आया है जो पिता के सामने उगते हुए उसने देखा था...क्या किया उसने जीवन का? क्या यही है जो है, जो होना चाहिए। पैसे में, प्रतिष्ठा में बढ़ोतरी...पर कहाँ तक? क्या इसी डोर में खिंचे चले जाना चाहिए अन्त तक? अगर यही होना चाहिए तो यह डोर ही क्यों ढीली पड़ती नजर आती है, सत्येन्द्र को खींचने की वह ताकत इसमें क्यों नहीं रही, वह क्यों उखड़-उखड़ पड़ता है? शराब की महफिलों में बैठकर देखा, किसी औरत को लेकर दूसरे कस्बे में ले जाकर एश-वैश करके भी देखा...लेकिन कुछ बाँधता नहीं, थोड़ी ही देर में सब आया गया। कुछ दिनों तक जमीन-जायदाद में रुचि बढ़ी थी। यह लेना, वह बेचना। धीरे-धीरे सिलसिला बढ़ाते जाना...कि एक साधु को हवा में घेरा खींचकर हो-हो करते देखा, वे कह रहे थे–यही है जायदाद का मालिक होना, माने कहना कि हवा में यह घेरा हमारा है! हवा में एक घेरा–सत्येन्द्र सोचता रहा उस बिम्ब पर, उसके पीछे के तर्क पर। अब भी अक्सर सोचता चला जाता है।

अलीगढ़ की अपनी दिनचर्या से ऊबकर यात्रा पर निकल आया कि यहाँ और नहीं तो कुछ नया होगा, देहात की सैर ही हो जाएगी! प्रोग्राम एकाएक बना था तो ऐसी कोई यात्रा चाहिए भी थी जहाँ सब कुछ पहले से ही फिट-फाट हो।

लेकिन क्या मात्र यही अभीष्ट था...परिवर्तन? उसके लिए तो परिवार के साथ पहाड़ जा सकता था। कुछ दूसरा कर सकता था। सारा जीवन परिवार के लिए खटने के बाद भी अगर यह नजर आये कि सचमुच कोई प्रेम-एम का सम्बन्ध ही नहीं है वहाँ, केवल अर्थ है जो बाँधे हुए है–सत्येन्द्र को पत्नी से, अपने बच्चों से, भाई-बहनों से...तो? लगता है कि कहीं कुछ गड़बड़ है, उतनी भरी-पूरी नहीं है घर-गृहस्थी की दुनिया, जितनी दिखती है।

उकता कर वह यहाँ आ गया। क्या इसके भी आगे है कुछ, भीतर उग रही है कोई चीज?

सवेरे यात्री साँकरी खोर गये थे। सुनन्दा हिम्मत न जुटा पाई। वहाँ एक-एक डाल, एक-एक पत्ता बोलेंगे...उसका अतीत। अकेले ही पाल में पड़ी रही। इसलिए अपराह्न जब सब यात्रियों के आराम करने का समय आया तब तक सुनन्दा पाल में पड़े-पड़े उकता आयी थी, बाहर निकल पड़ी। जिधर की तरफ बाज़ार लगा हुआ था...उधर से गुजरी कि सत्येन्द्र दिखाई दे गया।

"कहाँ जा रही हैं?" सत्येन्द्र ने पूछा।

"बस ऐसे ही, सोचा थोड़ा...कैसा रहा सवेरे?"

"बहुत अच्छा। बहुत ही सुन्दर स्थान है साँकरी खोर! आपने देखा है?"

सुनन्दा मुस्कराकर रह गयी...क्या बताए—क्या देखा है, कैसे देखा है। भीतर कब्रें ही कब्रें...कोई छोटी, कोई बड़ी। जब चाहे निकलकर छायाएँ टहलने लगती हैं। कहीं छोटी छाया, कहीं बड़ी छाया। यादें...यादें। कभी-कभी तो कोई स्मृति-छाया कंकाल की तरह उठती है और अपनी उँगलियों से सुनन्दा को गोंचती है। आदमी यादों के गट्ठर के सिवा भी कुछ और होता है।

"एक तरफ बरसाना की पहाड़ी है, दूसरी तरफ श्रीनन्दगाँव की। बीच तलहटी से ऐसा सँकरा रास्ता कि सिर्फ एक आदमी गुज़र सके।"

"अच्छा, दो नहीं गुजर सकते?" सुनन्दा को शरारत सूझी, पर फौरन ही अपना प्रश्न उसे कचोट गया—हाँ...दो का साथ गुज़रना मुश्किल है, अकेले ही चलो। वह आगे बढ़ने लगी।

"कहीं बाहर जा रही हैं?"

"सोचती तो हूँ।"

"कहाँ?"

"कहीं भी निकल जाऊँगी। कुछ दिखाई देगा, तो देख लूँगी। कभी ऐसे भी चलना चाहिए।"

"अकेले? जो दुर्घटना होते-होते रह गयी उसके बाद भी आप अकेले जाती हैं?"

सत्येन्द्र के चेहरे पर चिन्ता की लकीरें उछल आयी हैं। उसे सचमुच चिन्ता है ...पर क्यों? सुनन्दा उन लकीरों को अपनी नज़रों से छूती है...छूना अच्छा लग रहा है। क्या यही है वह कोना जिसके न होने से व्यक्ति अकिंचन महसूस करने लगता है और जिसका अहसास होते ही झोली जैसे किसी बड़ी सम्पदा से भर जाती है...कोई तुम्हारे बारे में सोचे, तुम्हें लेकर चिन्तित हो, तुम्हारी हिफ़ाजत...

"आप तो थके होंगे...आराम करेंगे न?"

बात आराम की कही पर स्वर एकदम उल्टा निकल गया जैसे कि कहा हो—'आप भी चलिए न।' आश्चर्य कि सत्येन्द्र तक भी बात वैसे ही पहुँची।

"मैं यह सामान रखकर आता हूँ।"

“तब तक मैं धीरे-धीरे इसी रास्ते चलती हूँ।”

“आप चाहती हैं...मैं पीछे-पीछे आप तक पहुँचूँ?”

सत्येन्द्र हँसता है। नन्दन जैसा मासूम, बच्चों-सा चेहरा नहीं है सत्येन्द्र का। उस पर प्रौढ़ता की छाप है, उम्र के निशान हैं। खुलकर हँसता है तब भी चेहरा वही रहता है...झार खाया हुआ-सा, पर ठोस चेहरा।

मासूमियत का क्या कहा जाय...कितनी जल्दी तो उड़ गयी थी नन्दन की मासूमियत और उसके पीछे छल-कपट पलने लगा। फिर स्वयं बिना बताए चला गया और किशोर को भी उड़ा ले गया। अपने माँ-बाप का घर न बताने की उसकी योजना शुरू से ही थी। क्यों किया उसने ऐसा? अगर उसका इरादा सुनन्दा को भोग कर छोड़ देने का ही था तो ब्याह को टालते हुए भी वह कर सकता था—ऐसी दीवानी थी सुनन्दा तब। बाद में बच्चे को भी उठा ले गया, बच्चे का अतिरिक्त बोझ क्यों लिया उसने अपने ऊपर...और इसी बात से सुनन्दा थोड़ा संशय में पड़ जाती है—किशोर को उठाना शायद नन्दन का काम न हो। जो जिम्मेदारी से बराबर भागता हो, वह इस तरह एक और जिम्मेदारी क्या अपने ऊपर लेगा? सुनन्दा की ही चूक हो गई कहीं। नन्दन जाता नहीं, अगर सुनन्दा उसे अपने ढंग से रहने देती। लेकिन क्या...घर का सारा प्रबन्ध सुनन्दा सँभाले, सारा कामकाज माँ करे और वह एक किनारे पड़ा रहे। कमाई-धमाई वाला कोई काम करने की जरूरत नहीं...क्योंकि वह लेखक है। चलो वह न सही तो घर का ही थोड़ा बहुत देखे! नहीं, उल्टे उसे समय पर खाना मिलना चाहिए, जब चाहे चाय, उसके एकान्त में कोई खलल न डाले, सब उससे तभी बात करें जब वह चाहे...क्योंकि वह लेखक है, उसकी चिन्ताएँ और सरोकार बड़े हैं, वह बड़ा कुछ सोच रहा है और करने जा रहा है! फू...

आज भी गुस्से से फनफना उठता है सुनन्दा का मन। बच्चे के होने के बाद खर्चा बढ़ गया, काम बढ़ गया। उसे साथ-साथ ढोने की जगह तुम खुद बोझ बन बैठे हो। तुम्हारे अपने खर्चे अलग हैं—अब ये किताबें लाना है, अब यहाँ यात्रा पर निकलना है...और घर पर रहे तो एक आदमी तुम्हारी सेवा के लिए चाहिए। सुनन्दा कोंचती है तो खराब लगता है। तुम दूसरों के लिए कुछ न करो लेकिन अपने खर्चे-भर के लिए तो कुछ करो, किसी पर बोझ तो न बनो।

नन्दन को सहधर्मिणी नहीं, कामधेनु चाहिए थी जो उसका घर-परिवार चलाने के साथ-साथ उसे भी ढोए। किसी भी तरह की जिम्मेदारी उठाने के लिए वह संसार में आया ही नहीं था।

कितनी जल्दी वह प्रेम उड़न-छू हो गया! नन्दन का चेहरा देखते-देखते कान्तिविहीन हो गया था। तब सुनन्दा को लगा था कि कोई व्यक्ति अपने-आप में सुन्दर नहीं होता, उसके काम हैं जो उसे सुन्दर बनाते हैं। कर्मठता की आभा ही

चेहरे पर खिलती है। जो जितना अधिक अपने आप पर आश्रित होगा, वह उतना ही सुन्दर दिखता है। जो दूसरों के लिए ज्यादा करता होगा, वह और भी सुन्दर दिखेगा।

नन्दन के एकाएक चले जाने का बहुत अफसोस नहीं हुआ था सुनन्दा को। उल्टे विश्वास था कि दूसरों पर निर्भर रहने की उसकी जो आदत पड़ चुकी है, उसे देखते हुए अकेले बहुत दिनों तक वह खट नहीं सकेगा। न आये तो भी चलेगा। जिस व्यक्ति की मौजूदगी प्रेम की एक लहर भी मन में न उठाती हो, वह पास हो तो क्या, न हो तो क्या! सुनन्दा आसानी से अपने नये जीवन में रम गयी। वह, किशोर और माँ अपने आप में पूर्ण थे। नन्दन जैसे शरीर में उगा कोई फालतू मांस का टुकड़ा था...निकाल दिया गया, तो हल्का ही लग रहा था।

रोज का ही यह नियम था कि सुनन्दा सवेरे तैयार होकर पढ़ाने के लिए स्कूल निकल जाती और फिर माँ ही किशोर का सब कुछ करतीं। किशोर घुटनों से चलता हुआ पूरा घर-आँगन एक करता रहता। अपराह्न जब सुनन्दा स्कूल से लौटकर आती तो उसे देखते ही किलकारी मारता था। सुनन्दा ताली बजा-बजाकर बुलाती...आ जा...आ जा...तो वह घुटनों पर कैसे भागता हुआ आकर उसकी गोद में डूब जाता। परम तृप्ति का क्षण! चाहे जितना काम करती हो उसका, फिर भी उस अबोध को मालूम था कि माँ उसकी सुनन्दा ही है।

उस दिन स्कूल बन्द होने का एक घंटा ही रह गया था, कि माँ दौड़ी-दौड़ी आयीं, चेहरा उड़ा-उड़ा...किशोर का पता नहीं है! दोनों पागल-सी घर की तरफ दौड़ीं। बाहर शरीर को छेदती हुई धूप थी...कसैली, जैसे हर किरण धूल भरा काँटा! स्कूल पहुँचने के पहले माँ कहाँ-कहाँ ढूँढ़ चुकी थीं। दोनों फिर-फिर उन्हीं जगहों में चक्कर काटती रहीं घुटरुन चलने वाला लड़का इतनी जल्दी कहाँ जा सकता था!

मात्र एक पल...जिसमें होनी हो गयी। किशोर देहरी के बाहर चबूतरे पर निकल गया था और सुनन्दा की माँ आगे के कमरे में चावल बीनती बैठी उसे देख रही थी। किशोर एकदम उनकी नज़रों के सामने था। चावल बीन लें कि फिर उसे उठा लायें भीतर। तब तक आवाज़ दे देकर ही बुलाती रही थीं—"आजा...आजा, मोरो लाल! एकाएक चूल्हे पर दूध उफन कर गिरने की महक आयी...माँ भीतर भागीं। दूध उतारने, लकड़ियों पर पानी छिड़कने...इसमें कितनी देर लगी होगी। वे सीधे वापस आयीं कि किशोर अपनी जगह नहीं था। सुनन्दा की माँ ने चबूतरे से इधर-उधर ताका फिर भीतर एक-एक कमरे को झाँका—पता नहीं किस कोने में बैठा माटी कुतरने में लगा हो—जब माटी का ढेला पा लेता है तो एकदम चुप हो जाता है, ठीक चोर जैसा। किशोर कहीं नहीं था। अब उन पर बदहवासी उतरने लगी, विक्षिप्त-सी वे पास पड़ोस क्या, सौ-सौ गज दूर के भी जान-पहचानों के घर भी दौड़ी गयीं...कोई किशोर को खिलाने-दुलारने अपने घर उठा ले गया हो?"

घर खुला पड़ा था और सुनन्दा की माँ इधर-उधर दौड़ रही थीं। धीरे-धीरे यह

साफ होता जा रहा था कि कोई लगातार ताक में था...और जैसे ही वह एक क्षण आया, उसने किशोर को गायब कर दिया। शंका भी भीतर-भीतर आकार लेने लगी—दामाद जी जो रूठकर चले गये थे, उन्हीं का काम होगा यह, सुनन्दा और माँ से बदला लेना चाहते होंगे...घर में ताला लगा सुनन्दा को बुलाने स्कूल दौड़ गयीं माँ।

कैसा हाहाकार मच गया था! बस्ती का कोना-कोना छान मारा सुनन्दा, माँ और पास-पड़ोस के लोगों ने। हर व्यक्ति एक दिशा को दौड़ता जाता और वापस आकर दूसरे के शून्य-चेहरे से आ टकराता। थोड़ी देर वह बदहवासी चली...फिर उसकी जगह धीरे-धीरे पस्ती लेने लगी। सब थककर इधर-उधर बैठने लगे, दुर्भाग्य को स्वीकार करते हुए जैसे खलबली के बाद पतले कंकड़ फिर तल की तरफ जाते हैं और वही जा लगते हैं।

एक पल; समय के माप में इत्ता-सा, छुटकी-सी बूँद भर...लेकिन कैसे सारे ब्रह्मांड को ही बदल कर रख देता है। उस एक पल में ही सूरज ठंडा होकर जैसे सदा-सदा के लिए विलुप्त हो गया, अब...अँधेरा ही अँधेरा। क्या ऐसे ही एक पल की चुभन से परम शक्ति अपने होने का अहसास कराती है कि देखो मैं भी हूँ। वर्ना एक छोटे से पल में ही इतना फर्क कहाँ से पड़ जाता है कि एक पूरी की पूरी खिलखिलाती, चहकती दुनिया एकाएक ठप्प पड़ जाए, आप शेष जीवन के लिए कुछ और ही हो जाएँ। कौन-सी शक्ति है यह? क्या यही अदृश्य शक्ति विश्व को परिचालित कर रही है। किसी एक पल की ऐसी होनी सिर्फ आदमी का काम नहीं हो सकती...वह तो सिर्फ बहाना बनता है...माध्यम, पर वह शक्ति निकृष्ट कर्म क्यों करेगी?

सुनन्दा और उसकी माँ...दोनों ही फिर वह न हो सकीं जो वे थीं।

एक झीनी-सी आशा जो रस्सी की तरह धीरे-धीरे गँसकर तैयार हो गयी, उस पर सुनन्दा और माँ दोनों ही हिलग गये। किशोर को नन्दन ही उठा ले गया, क्या-क्या तो कहा करता था, कितना गुस्सा था उसके मन में! फिर लड़का उसका भी तो उतना ही था जितना सुनन्दा का। माँ बार-बार यही कहती कि नन्दन ही उठा ले गया। पड़ोसियों के बहुत कहने-सुनने पर पुलिस में रपट भी लिखवाई। शक...नन्दन पर। नन्दन का पता...नहीं मालूम। उसके माँ-बाप...नहीं मालूम। फोटो...कोई नहीं। पुलिस वाले तब सुनन्दा और माँ को कैसे अचम्भे से देखने लगे थे। पुराने समय इसीलिए घर-द्वार का पक्का करके ही विवाह तय किया जाता था ...नन्दन का पता-ठिकाना मालूम होता तो सुनन्दा और माँ स्वयं ही न चले जाते? पुलिस में लिखाकर भी अपनी भद्द...और छोटा-सा वह लड़का पहचाना भी कैसे जाए...कोई सड़क में खेलता तो दिखाई न दे जाएगा। पुलिस भी क्या करती।

अब तो यही उम्मीद थी कि नन्दन का गुस्सा शान्त हो या बच्चा ही कभी

उसे वापस आने को मजबूर कर दे। क्या नन्दन यह बिल्कुल न सोचेगा कि माँ के बगैर किशोर कैसे रहेगा, सुनन्दा से बदला लेने का ख्याल क्या उसे इतना अन्धा कर देगा, वह एक लेखक...?

सुनन्दा चली जा रही है...कभी जमीन पर आँखें गड़ाए हुए, कभी सामने क्षितिज की ओर देखती हुई और कभी ऊपर आसमान पर नजरें घुमाती—नीला आसमान...नीलापन, हल्की पड़ती धूप से धुँधलाया हुआ...

सत्येन्द्र तेज-तेज कदमों से सुनन्दा की तरफ बढ़ा आ रहा है। इतनी जल्दी उसने पैंट कस ली और पैरों में कपड़े के जूते भी डाल लिये। नन्दन से एकदम उल्टा। सब कुछ तड़ाक-फड़ाक। वैसा ही बोलने में भी। बेहिचक बता दिया था कि शादी-शुदा है, दो बच्चे हैं। चाहता तो छिपा सकता था, जैसे नन्दन शुरू से आखिर तक माँ-बाप का पता ही छिपा गया। सुनन्दा आदमी की जाति से जली-भुनी बैठी है, फिर भी सत्येन्द्र साथ हो तो अच्छा लगता है। सत्येन्द्र का कुछ भी अविश्वास पैदा नहीं करता।

सत्येन्द्र बराबरी पर आ गया तब सुनन्दा ने कहा—"आप बड़ी जल्दी तैयार हो जाते हैं!"

"तैयार ही रहता हूँ हमेशा, वकील ठहरा न—कचहरी में जिरह के लिए तैयार, रास्ते में मौक्किल से बातचीत के लिए, घर में बीवी से गुफ्तगू के लिए...और नहीं तो बाहर मौका-मुआयना के लिए ही...हमेशा तैयार! और कभी-कभी तो इनमें से कई एक साथ करने होते हैं, जैसे कचहरी में जिरह करता होऊँ तो मौक्किल से भी साथ-साथ बातचीत, घर में मौक्किल से बात करता होऊँ तो बीच में कहीं पत्नी आ टपकेगी। जो चुस्ती आपको दिखाई देती है वह मेरी मजबूरी से पैदा हुई है।"

"आप परिवार को साथ लेकर नहीं चलते?"

"क्या घिसा हुआ सवाल करती हैं आप भी। अरे ये ही तो कुछ मौके हैं जब मैं अकेला हो सकता हूँ, सिर्फ अपने साथ। दुनिया में अकेला आया हूँ तो थोड़ा समय तो सिर्फ अपने साथ रहूँ। वह जरूरी है...लेकिन आप ही क्यों पति को नहीं लेती आयीं साथ में?"

"हम अब साथ नहीं रहते।"

"माफ करिएगा, मुझे मालूम नहीं था। क्या तलाक...?"

"समझ लीजिए।"

सत्येन्द्र से मिलने पर जो चुलबुला वातावरण बन उठा था, वह एकाएक फुर्र ...और जैसे किसी अज्ञात कोने से एकाएक निकलकर खामोशी आयी और धप्प से बैठ गयी। संजीदगी...भारी-भारी!

"कोई खास वजह?"

"क्या वजह बताएँ।"

"कितने साल हो गये अलग हुए?"

"दो तो हो गये होंगे।"

"आजकल कहाँ हैं...क्या करते हैं?"

"क्या पता!"

"आपके सास-ससुर?"

"कोई नहीं। वह अनाथालय में पला था।"

"बच्चे?"

"एक। उसे ही ढूँढती फिर रही हूँ।"

"आपका मतलब, आप यात्रा में बच्चे को ढूँढ़ने के लिए आयी हैं?"

सुनन्दा ने मौन रहकर ही अपनी बात कह दी। सत्येन्द्र एकटक देखता रह गया...सुनन्दा का चेहरा कैसा गरिमामय, अनोखी आभा वहाँ। सत्येन्द्र का मानना है कि आदमी की हर क्रिया-प्रतिक्रिया पैसे से ही प्रेरित होती है, लेकिन यहाँ यह है कि...

"कहाँ खो गया, कैसे?"

"खोया नहीं, उठा लिया।"

"किसने?"

"उसी का काम होगा यह...और किसका!"

"मतलब बताकर नहीं ले गये!"

"नहीं, गायब कर दिया।"

"आप यही क्यों सोचती हैं कि आपके पति ही ले गये।"

"और कौन करेगा यह कुकृत्य?"

"क्यों, हर बस्ती में आजकल बच्चों को चुराने वाली टोलियाँ घूमती हैं, पर अगर पति ले गये तो फिर चिन्ता की बात ही क्या है! बच्चा जहाँ होगा, ठीक ही होगा।"

सुनन्दा सोचती है—नन्दन ऐसा होता तो जाता ही क्यों!

"पुलिस में रिपोर्ट लिखाई थी?"

"लिखाई। उन्होंने पति के बारे में पूछा। मुझे अपने पति के माँ-बाप, घर तक का पता नहीं मालूम...सुनकर उन्हें अचम्भा हुआ था। पूरी बस्ती हमने छान मारी ...पुलिस ने भी यही किया। फिर वे भी चुपचाप बैठ गये। उनके यहाँ चक्कर लगाने को भी एक मैं ही थी और औरत को देखकर कैसी लार टपकाते हैं ये लोग!"

सुनन्दा का गला रुँध आया, आँखों में नमी काँटों की तरह चुभने लगी...बस करो यह प्रसंग। तुम यही तो सुनाओगे कि पुलिस के और पीछे क्यों न पड़ी, भूल की, गफलत की, यह नहीं किया, वह नहीं किया। सुनन्दा को और अपराध-बोध

में डुबोने के अलावा और क्या कर सकते हो तुम! बस करो अब यह सब...जो हुआ वह सुनन्दा का मामला था, तुम्हें मतलब?

नीचे कंकरीली जमीन थी...पिछली रात हल्की बारिश के छिड़काव से और भी सख्त। रास्ते के दोनों तरफ जंगली झाड़ियाँ। पीछे छोटे बबूल, बड़े बबूल। कैसे सुन्दर दिखते हैं...जैसे हरियाली फूटकर ऊपर-ऊपर छोटे-बड़े चन्दोवों में फैल गयी हो, लेकिन छुओ तो...पोर-पोर काँटे। अपनी चाल तेज कर सुनन्दा आगे बढ़ गयी।

माँ-बाप का पता नहीं, यात्रा में मिलता है, विवाह—सत्येन्द्र का वकील-दिमाग समीकरण बैठाने में लग गया—चला जाता है, लड़के को भी उठवा लेता है। अनाथ, यात्रा में मिलता, विवाह—यह तो बैठ जाता है। दूसरे हिस्से की संगत इसके साथ नहीं बैठती। कोई सबूत नहीं कि बाप ने ही उठवाया। आदमी ये बच्चों की झँझटें अमूमन औरतों के लिए छोड़ स्वयं को स्वतन्त्र रखना चाहता है। अब सुनन्दा पर हमला क्यों हुआ, किसने कराया, कहीं पति ही ने तो नहीं? साफ करना था बच्चे और माँ दोनों को...पर किसलिए?

मोटिव...पैसा? विवाह के पहले सोचा होगा सुनन्दा के पास बहुत पैसा है, विवाह के बाद देखा कि कुछ नहीं, तो चल दिए। पर तब लड़का पैदा क्यों किया, इतने दिन क्यों रहा...और बच्चे को खत्म करने की कोशिश...नहीं, नहीं जमता। वैसे पहले और दूसरे हिस्से को जुड़ना तो चाहिए।

सुनन्दा जिस तरह उचट गयी, सत्येन्द्र सोच में पड़ गया—थोड़ा काबू रखना होगा। वह कोई अप्रिय प्रसंग न उठाए, सुनन्दा को फट से अपनी राय-सुझाव वगैरह न देने लगे, जैसा कि वह आमतौर पर करने लग जाता है। दोस्त को समझाना जरूरी क्यों हो, हमें उसकी बुद्धि पर भरोसा क्यों नहीं? सुनन्दा को दोस्त भी कैसे कहे अभी। सुनन्दा पढ़ी-लिखी महिला है। सुन्दर तो नहीं, पर एक अनोखी कान्ति उसके चेहरे पर है...आत्मविश्वास की कान्ति। अकेले बच्चे को ढूँढ़ने निकली है। कोई लालच नहीं। वह ऐसी महिला लगती है जो टूटने से इंकार करती है, जो जरा भी किसी दूसरे पर झूली कि उसकी कान्ति धूमिल पड़ी ...और सुनन्दा को स्वयं यह अहसास हो जाता है, उसी वक्त।

अलीगढ़ जैसे छोटे से कस्बे में जहाँ आदमी-औरत के सम्बन्ध को अब भी दकियानूसी नजर से देखा जाता है, वहाँ सत्येन्द्र की एक प्यास बराबर बनी रही—कोई महिला दोस्त हो...जिसमें पढ़े-लिखे समझदार साथी का सुख और नारी के लिए सहज प्यार, दोनों एक साथ सुलभ हों। क्या सुनन्दा से ऐसा सम्बन्ध बन सकता है?

क्यों वह सुनन्दा ही के बारे में पूछताछ किए जा रहा है, जैसे कि किसी मुकद्दमे की तैयारी कर रहा हो? क्यों न उससे वे बातें की जाएँ, जैसी कि वह

करना चाहेगा अपनी महिला-मित्र से...जिसके कि वह सपने देखता है।

"यह यात्रा कई मायनों में एक विचित्र अनुभव है?" सत्येन्द्र बढ़कर सुनन्दा तक पहुँच गया है। "हमें अपने छोटे-छोटे घेरों से निकाल, एकाएक बाहर ला खड़ा करती है।"

"कैसे?" एकदम अलग और इस बड़े कोण से बात उठाने का अच्छा असर हुआ सुनन्दा पर।

"देखिए न, यहाँ आकर इस विशाल समुदाय से जुड़ जाना, उसका एक हिस्सा हो जाना, उसके साथ दिनों-दिन चलना, यह आपको याद दिलाता है कि इतने सारे लोगों में आप भी एक हैं। कितनों की जीवन-यात्रा के साथ आपकी भी जीवन-यात्रा। हम अपने काम या परिवार के जो छोटे घेरे अपने चारों ओर बना लेते हैं, वे हमें बाहर निकलने नहीं देते। मैंने तो आधे रास्ते से शुरू की न, तो बीच-बीच में बस से मैं इधर-उधर भी जाता रहा। चन्द्रसरोवर में सूर-कुटी देखी, उसके भी आगे जमनावता..."

"हाँ है...जब चन्द्रसरोवर में हमारी यात्रा रुकी थी तो एक दिन हम जमनावता गये थे। पर वहाँ तो कुछ नहीं है। बस तलैया और एक झोपड़ी। सब दंडवत करके वापस लौट आये थे।"

"हाँ...लेकिन सब वहाँ गये तो। एक झोपड़ी जिसमें चार आदमी मुश्किल से सो सकते हैं, वहाँ लोग माथा टेकने गये। वहाँ सन्त कुम्भनदास रहते थे। तलैया के पास बैठकर वे पद रचते थे—"

"सन्तन को कहा सीकरी सों काम...

जिनको मुख देखे दुःख उपजत है तिनको करवे परी सलाम..."

"कुम्भनदास के बारे में कुछ बताइए न?"

"मैंने जमनावता में एक कहानी सुनी थी। राजा मानसिंह काबुल जीतकर जयपुर जा रहे थे तो रम्य प्रदेश देखकर रुक गए। देखा, एक आदमी गाता है, गाते-गाते बीच में बोला—"बेटी", आरसी (दर्पण) तो लाना। बेटी एक बड़े दीये में पानी भरकर ले आयी। उसमें देखकर कुम्भनदास तिलक लगाते हैं और पगड़ी बाँधते हैं जो छह टुकड़ों में फटी हुई है। चलते समय राजा कुम्भन को चाँदी में मढ़ी एक आरसी देने लगे तो कुम्भन बोले—मैं इसका क्या करूँगा। इस चाँदी की खातिर झोंपड़ी को साँकड़ चढ़ानी पड़ेगी, उसे बन्द रखना पड़ेगा..."

सुनन्दा हँस आई, हँसते हुए बोली—"तो गरीबी को छाती से चिपकाए बैठे रहे।"

"जब मैंने यह कहानी सुनी तो फौरन मेरी भी यही प्रतिक्रिया हुई थी, फिर देखा लक्ष्य दूसरा है—हमेशा चीजों के पीछे पागल-सा दौड़ते रहना, लालायित रहना, यह अभाव या वह अभाव पूरा करने के चक्कर में ही रहना—यह भी अपनी तरह की एक गरीबी है। उस सन्त ने राजा को यह दिखा दिया कि चाँदी मढ़ा शीशा

उसके किसी काम का नहीं।"

"आप यह सब इसलिए कर रहे हैं कि आप गरीब नहीं हैं।"

"नहीं, बात असली दौलत को पहचानने की है। आखिर में जाकर कौन बड़ा साबित होता है? बरसाना में श्रीजी का साधारण-सा मन्दिर है और बगल में ही किसी राजा का बनवाया हुआ भव्य मन्दिर। सब पहले में ही जाते हैं, दूसरा सुनसान पड़ा रहता है। यह बात इस इलाके में गौर करने लायक है कि जगह-जगह पर बराबरी से दो तरह के मन्दिर हैं—एक किसी का भी, और एक राजा का बनवाया हुआ...लेकिन भीड़ जो है, वह उन्हीं मन्दिरों में दिखाई देती है जो सन्तों से या साधारण लोगों से जुड़े हुए हैं।"

सुनन्दा तब कुछ और सोचने लगी थी—सत्येन्द्र यात्रा में आया तो कैसी-कैसी बातों पर उसकी नजर जा रही है, जबकि वह है जो नन्दन-किशोर, किशोर-नन्दन में ही ऊपर-नीचे होती रहती है।

"यह यात्रा हमें विशेष से साधारण की ओर ले चलने वाली यात्रा है। यहाँ आकर हम स्वयं को अपनी मिट्टी से जोड़ने लगते हैं।" सत्येन्द्र कह रहा था।

"या कि अपने वे अन्धविश्वास पुख्ता करते हैं जिसके सहारे अपनी गरीबी, अपने दुर्भाग्य सहते पड़े रहें...क्यों?" ताज्जुब है कि आप जैसे शिक्षित लोग..."

"मुझे भी ताज्जुब होता है। यहाँ कुछ नहीं है—न कृष्ण, न राधा, न उनके समय के महल-अवशेष ही। सिर्फ जंगल, छोटे-छोटे पहाड़ और तालाब हैं, पर इस यात्रा के दौरान ये क्या के क्या हो जाते हैं! जमीन का यह टुकड़ा...सारी भूगोल किस तरह बदल जाती है। छोटे-छोटे मामूली से तालाब जहाँ भैंसें लोरती हैं, सरोवर या कुंड बन जाते हैं। पत्थर...कोई भगवान का मुखारबिन्द है, कोई गौ के खुर, कोई अंजनशिला। इस पेड़ पर कृष्ण ने बाँसुरी बजाई, वहाँ से टेर दी, यहाँ दधि का दान लेते थे, यहाँ गोपियों को छेड़ा, यहाँ मोर-नृत्य किया, यहाँ महारास, यहाँ राधा को मनाया...इस पहाड़ी पर राधा का गाँव, वहाँ उधर उनकी सखी का...सबके सब उठकर खड़े हो जाते हैं।"

सुनन्दा ठिठकर खड़ी हो गयी, सत्येन्द्र भी रुक गया। सुनन्दा ने देखा कि सत्येन्द्र का चेहरा उस क्षण कुछ और हो आया था। जैसे कितनी तरह के रंग वहाँ लुका-छिपी खेल रहे हों—विस्मय...आनन्द...विक्षिप्ति...सत्येन्द्र किस स्थिति में था, कहना कठिन था। कुछ क्षणों पहले तक जो एक आम शिक्षित की तरह विश्लेषण कर रहा था, सहसा ऊपर उठ गया था...कैसे, यह सत्येन्द्र को स्वयं नहीं मालूम। उसे सिर्फ इतना अहसास था कि सुनन्दा में कुछ है जो सत्येन्द्र के भीतर से खखोर-खखोर कर वह सब बाहर ला रहा था। सुनन्दा का साथ उकसाता था सत्येन्द्र को—अपनी छोटी-से-छोटी अनुभूति को पकड़ने के लिए, उसे निस्संकोच सुनन्दा के सामने रख देने के लिए। सुनन्दा साथ न होती तो शायद सत्येन्द्र में ये

अनुभूतियाँ बुलबुलों-सी उठतीं, वहीं की वहीं बैठ जाती...सत्येन्द्र को कितनों का आभास भी न हो पाता। सुनन्दा थी तो न केवल वे बड़ी तरकीब से उठ रही थीं, उचित शब्दों में बँधकर ऊपर आ रही थीं और सत्येन्द्र उन्हें सही-सही पहचान पा रहा था।

दोनों फिर आगे चलने लगे। "कभी-कभी तो विचित्र बातें होती हैं"–सत्येन्द्र कह रहा था–"जैसे अभी आपके साथ चल रहा हूँ, पर लगता है किसी भी क्षण इस झाड़ से, या उस पेड़ के पीछे से राधा-कृष्ण उचकते-कूदते आ प्रकट होंगे...किसी भी पेड़ पर गोपों की टोली बैठी दिखाई दे जाएगी। कभी-कभी तो मुझे संशय होने लगता है कि कहीं मैं किसी लम्बे स्वप्न के बीच में तो नहीं हूँ। ईश्वर में मेरी आस्था नहीं है लेकिन यहाँ हर समय, हर जगह जैसे मैं राधा-कृष्ण को सुन रहा हूँ, देख रहा हूँ...उनके साथ रह रहा हूँ। विचित्र है यह! जब मुझ जैसे पढ़े-लिखे, खासे चालाक व्यक्ति को यह सब महसूस होने लगता है तो जो अपढ़ हैं, उनमें तो कैसे-कैसे भाव जागते होंगे।"

"आपने ऐसा मेला पहली बार देखा है...इसलिए मोहित हो बैठे हैं।" सुनन्दा चलती रही।

सामने एक छोटा गाँव दिख रहा था। दोनों उस तरफ चल पड़े। एक आदमी सामने से इधर को आ रहा था। पहले भी कुछ लोग दोनों के बगल में गुजर गये थे, पर उन्होंने ही ध्यान नहीं दिया था। यह एक और अजीब चीज़ देखी है सत्येन्द्र ने यहाँ। अलीगढ़ जैसे कस्बों में कैसे आदमी-औरत को अकेले साथ देखते ही पीछे पड़ने लगते हैं लोग। कस्बाकें में जो दबी यौन-प्रवृत्तियाँ हैं, वे उभरने लगती हैं... और कभी-कभी तो बहुत ही भद्दे ढंग से। और यहाँ है कि हाथ में हाथ डाले चले जाओ, फिर भी लोगों पर कुछ असर नहीं...क्योंकि राधा-कृष्ण...गोपियाँ और उनके अपने-अपने कृष्ण तो यहाँ कब से हर समय चारों तरफ घूम रहे हैं।

सामने वाला आदमी जब पास आ गया तो सत्येन्द्र ने पूछा–"सामने कौन-सा स्थान है, भैया?"

"जि बदरौला जू को ग्राम है। श्री वृषभानु के घर में दही विलोयवे वारी सखी ही बदरौला जू। श्री गोवर्धन-पूजन के समय एक जि बदरौला ही काम भौत हेवे के मारे भोग धरिवे कूँ श्री गिरिराज की तलहटी नायं पहुँच सकी। बदरौला जू के ताप कौ निवारण करिवे के ताईं श्री ठाकुरजी ने वहीं ते अपनी एक भुजा पसारकैं ग्राम में जाके घर ते मठा की मटुकिया लै लई और वाको भोग स्वीकार कर लियो।

"वाह! अच्छा, उधर से संकेत जाने को रास्ता है या यहीं से पीछे लौटना होगा।"

"आप लोग संकेत ते आए हैं?"

"जी।"

"अच्छा तो ऐसो करो के इतमाऊँ ते घूम आओ तो प्रेम सरोवर और वहाँ ते लौटबे में संकेत। जै श्री राधे।"

आदमी अपने रास्ते चला गया। सत्येन्द्र और सुनन्दा सामने चलने लगे।

"कभी-कभी अफसोस होता है कि मेरी जिन्दगी कतल, कब्जा, बेदखली, मुआवजा जैसी चीजों में डूबते-उतराते बीती जा रही है। जो यहाँ है वह बिल्कुल दूसरा है। इसे थोड़ा-थोड़ा जानना शुरू किया है मैंने। आप आगे चलना चाहेंगी या यहीं से लौटेंगी?"

"आगे..." सुनन्दा मुस्करा दी। एक उस शब्द में कितने अर्थ फूँक दिए उस मुस्कान ने जो जाने कहाँ से सुनन्दा के होंठों पर आ उतरी उस क्षण!

थोड़ी देर पहले सत्येन्द्र का साथ कैसा उलझन भरा लग रहा था, अब प्रीति-कर लगने लगा है। सुनन्दा सत्येन्द्र के साथ जाना चाहती है, आगे...काफी दूर तक।

"बीच रास्ते से लौट जाओ तो लगता ही नहीं कहीं गये"—सुनन्दा ने बात साफ की—"किसी मुकाम तक पहुँचकर लौटो तो और नहीं तो यह उपलब्धि तो साथ रहती है कि एक और जगह देख आये।"

"उपलब्धि चाहिए ही क्यों हमेशा?"

"चाहिए तो नहीं, शायद उपलब्धि नाम की चीज़ होती भी नहीं। यह मिलता है तो वह छूट जाता है, लेकिन खराब आदत समझिए। चलिए प्रेम सरोवर में होते हुए उधर से लौट लेंगे। रास्ता भी नया-नया होगा। क्यों आपको जल्दी लौटना है क्या?"

सत्येन्द्र ने सुनन्दा की ओर देखा, कुछ कहने को हुआ कि कोई उसके मुख पर भी हँसी छिड़क गया...ऐसा साथ, फिर कहाँ लौटना!

दोनों आगे बढ़ गये।

प्रेम सरोवर। श्री राधागोपाल का मन्दिर। मन्दिर के बाहर बगीचा और कुछेक यात्रियों के ठहरने का स्थान। मन्दिर के पीछे प्रेम सरोवर...पक्का बना हुआ। श्रीवल्लभाचार्य जी की बैठक भी है। कहते हैं यहीं उन्होंने श्री गोविन्द स्वामी को युगलस्वरूप के दर्शन कराए थे।

सूरज की ताप हल्की पड़ गयी थी। अपराह्न में भी चलते हुए किरणों का तीखापन महसूस नहीं हुआ। किसी-किसी का साथ कैसी मायासृष्टि करता है कि प्रकृति जगत भी कुछ का कुछ हो जाता है। फिर अब तो वेला ही सुखद थी। शाम दूर नहीं थी। मन्दिर, बगीचा पीछे सरोवर और उसके पक्के घाट...सभी के आकार छाया में गहराते हुए और सुन्दर दिखने लगे थे। सुन्दरता की चादर पर उदासी की

पतली गोट भी थी—शाम के साथ बीतने का अहसास जो जुड़ा हुआ है...जीवन एक और दिन कम हो गया!

सरोवर में दो गोस्वामी बालक नाव खे रहे थे, नाव में राधा-कृष्ण के युगल स्वरूप पधरे हुए। बालक गुनगुना रहे थे—'बैठे घनश्याम सुन्दर खेवत हैं नांव!' किनारे पर खड़े एक सेठ दम्पत्ति की ओर से पूजा हो रही थी। यही श्री राधाकृष्ण का जलविहार स्थल था।

"बैठ जाओ..." पीछे से एक बाबा ने सुनन्दा से कहा—"यहाँ श्री किशोरी जी और श्री श्यामसुन्दर का प्रथम परिचय हुआ था, घाट की सीढ़ियों पर विश्राम जरूरी है बेटा! इससे प्रेम भाव दृढ़ होता है।"

ऐसी बात, जिस पर विश्वास मुश्किल से बैठाया जा सके...उसे इतनी सरलता और मासूमियत से कहकर ये लोग हमारी तर्कबुद्धि हर लेते हैं। इनकी सादगी... बातों का भोलापन...ये हमारी बुद्धि के जाल को किस आसानी से काट देते हैं और फिर हम अपढ़ से प्रस्तुत हो जाते हैं इनके सामने। यह क्यों होता है...कैसे... सुनन्दा समझ नहीं पाई। संशय जाने कहाँ छूट गया। वह घाट की सीढ़ी पर बैठ गयी थी, पीछे सत्येन्द्र।

प्रेम-भाव दृढ़ करने को। प्रेम-भाव किसके लिए? बेटे किशोर के लिए...तो वह तो सुनन्दा न भी चाहे तो भी भीतर से हर पल चीखता रहता है। नन्दन के लिए...वह भाव तो बरसाती घटा की तरह उमड़ा और तेज हवा में बह भी गया... सुनन्दा ठीक से सिहरन भी महसूस न कर पाई। उस प्रेम-भाव को दृढ़ करके क्या होगा जब पात्र कुपात्र निकल गया। तो क्या सत्येन्द्र के लिए जो अंकुर-सा भीतर फूट रहा है...मासूम-मासूम...वह?

नहीं...वह नहीं चाहती कि फिर कहानी शुरू हो। एक बार शुरू से आखिर तक देख आने के बाद, अपने हाथ जला चुकने के बाद वैसा ही किस्सा फिर से क्यों? यह भिन्न क्यों-कर होगा? फिर वह क्यों बैठ गयी प्रेम-सरोवर की सीढ़ियों पर?

"चलिए चलें, देर हो रही है।" सुनन्दा एकाएक उचककर खड़ी हो गयी।

सुनन्दा के चेहरे पर तीखी-तीखी रेखाएँ खिंच आयी थीं, दरख्तों की आड़ से नीचे गिरती धूप की तिरछी सलाखों की तरह। वह तड़-तड़ बाहर की ओर चल दी। क्यों आयी यहाँ?

युगल-स्वरूप की नाव किनारे आ लगी थी। सेठ दम्पत्ति पूजा-दक्षिणा कर रहे थे। सत्येन्द्र सीढ़ियाँ उतरकर जल तक गया, आचमन किया। राधागोपाल के मन्दिर जाकर दर्शन किये। सुनन्दा बाहर रास्ते पर ही खड़ी रही इस बीच...वापस चलने को प्रस्तुत। वह न स्वयं ही दर्शन को आयी, न सत्येन्द्र ने ही बुलाया।

"मुझे यह सब बड़ा स्वाँग लगता है।" लौटते हुए सुनन्दा ने कहा।

"क्यों?"

"यही...यहाँ राधाकृष्ण का परिचय हुआ, यहाँ वे जल-विहार करते थे...ये किस्से-कहानियाँ!"

"उस तरह से जो जीवित में होता है, वह भी तो स्वाँग है—पति-पत्नी माँ-बेटा प्रेमी-प्रेमिका...नहीं?"

"हाँ! पर कम-से-कम वह हम छू सकते हैं, देख सकते हैं।"

"फिर वह बीत जाता है तो स्मृति रहती है। उसमें और कृष्ण-राधा प्रसंग की स्मृति में क्या फर्क है? यह स्मृति मधुरता भी छिड़कती है मन पर!"

"मैंने देखा आपने आचमन किया, दर्शन किये...आप विश्वास करने लगे क्या?"

"अपनी परम्परा से अजीब-सा रिश्ता होता है हमारा...घृणा-प्रेम का सम्बन्ध। जैसे यह वह पिटारा है जिससे हम उचटे-उचटे फिरते हैं, पर जब कब आकर इसी पर फिर सिर टिका देते हैं। मैं चाहते हुए भी उस तरह विश्वास नहीं कर पाता जैसे ये लोग कर लेते हैं...पर जो सब करते हैं वह स्वयं भी करने लगना और नहीं तो इसलिए ही महत्त्वपूर्ण है कि कम-से-कम हम उन लोगों से खुद को जोड़ तो रहे हैं—ये सब जो हमारे सहयात्री हैं, जो बीतने के उसी क्रम में हैं जिसमें हम हैं। इस यात्रा पर आने के बाद मूर्तियों-विग्रहों की पूजा, ये रास, ये लीला...इन सबका थोड़ा-बहुत प्रयोजन भी मुझे दिखाई देने लगा है। जो पढ़े-लिखे नहीं हैं, उन्हें यह सब मदद करता है। इस रास्ते वे ईश्वर को महसूस कर सकते हैं। जो पढ़े-लिखे हैं, उनमें भी यह पूजा-पाठ और फिर उसके मार्फत प्रेम की सृष्टि कर सकता है...प्रेम जो उनमें सूख गया है। फिर वे इस प्रेम के मार्ग से ईश्वर में विश्वास तक पहुँच सकते हैं।"

"ईश्वर हो ही न, तो कहाँ पहुँचेंगे?"

"न हो। अभी जैसे अक्सर लगता है कि हमारे जीवन का कोई केन्द्र-बिन्दु नहीं है, कभी-कभी जीवन एकदम पागल के प्रलाप जैसा लगता है...ऐसा तो नहीं लगेगा। उसकी जगह कोई सुन्दर चीज़ लगेगा। अगर मात्र जीवन की सुन्दर कल्पना के लिए ईश्वर में विश्वास करना हो तो मैं करना चाहूँगा। यह बात और है कि मैं इतना कलुषित हो चुका हूँ कि कर नहीं सकूँगा। तर्क करते-करते विचार तक तो पहुँच लेता हूँ, भावना में नहीं उतर पाता।"

धूप की चमक जंगल के पार थी। किरणों के तार डगालों के ऊपर से पश्चिम की ओर खिंच रहे थे। कौन खींच रहा था!

थोड़ी देर में इधर शाम पूरी तरह उतर आएगी, अँधेरा भरने लगेगा। एक सूरज के लुप्त होने से कितना बड़ा फर्क!

सुनन्दा अँधेरे में भी ऐसे ही, बेहिचक सत्येन्द्र के साथ चल सकती है। क्या है उसमें जो विश्वास पैदा करता है?

"वह बाबा...प्रेम-भाव दृढ़ करने की बात कर रहा था। हमें साथ देखकर गलत समझ गया। अगर जानता कि मेरे पास अब ऐसा कोई नहीं है, तो शायद न कहता।" सुनन्दा ने कहा।

"क्या पता...तब भी कहता।"

"क्यों?"

शायद इसलिए कि प्रेमभाव इस या उस व्यक्ति के लिए ही तो नहीं होता... कि वह चला गया तो प्रेम की भावना ही समाप्त हो गयी, या हो जाना चाहिए। वह नहीं तो कोई दूसरा आएगा।"

"अगर कोई ऐसा न होने देना चाहता हो तो?"

सुनन्दा ने खासी कठोरता से कहा जैसे कब से वह इसी बात के लिए मौका ढूँढ़ रही थी। चल रही थी उस बिन्दु की तरफ जहाँ सत्येन्द्र की सारी गलतफहमियों को दूर कर वह स्वयं को सुरक्षित कर लेगी, आगे के लिए।

कड़वी लगे तो भी सुनन्दा ने बात कह डाली एकदम चौकस तरीके से, भले ही फिर सत्येन्द्र कल से मिलना बन्द कर दे। वह यह न सोचे कि सुनन्दा अकेली है तो...। आदमी नाम के जन्तु से एक ही तरह की गन्ध उठती है, जो सुनन्दा में घृणा ही घृणा भर जाती है।

"तो भी...तो भी प्रेम-भाव दृढ़ चाहिए, क्योंकि वह हमें मनुष्य बनाता है। मिट्टी मुलायम होगी तभी तो आगे कुछ उगेगा वहाँ?"

"अगर कुछ न उगाना हो?"

"आप जीवित क्यों हैं?"

"मुझे नहीं मालूम।"

"यात्रा में क्यों आयीं?"

"मेला क्यों जाते हैं लोग? वहाँ भी कुछ ऐसे होते हैं जो निष्प्रयोजन टहलते रहते हैं—इधर से उधर, उधर-से-इधर।"

"मेला से यह फर्क है आप मेला न जाकर यात्रा पर आयीं। एक खास प्रयोजन से आयी हैं—अपना बच्चा ढूँढ़ने के ख्याल से। इसे टहलना नहीं कहा जा सकता। आप स्वीकार नहीं करना चाहतीं, पर सही बात यह है कि आप ध्वस्त होने के बाद भी जीवन की ओर चल पड़ी हैं।"

सत्येन्द्र के बोल में मिठास थी, उस मिठास से वह स्वयं खुश था...कहाँ कचहरी में तर्कबुद्धि को फैलाते हुए किचकिचाना...कहाँ यह भावना के सहारे-सहारे रेंगते हुए एक-एक शब्द, एक-एक वाक्य आगे बढ़ना!

आकाश में गोधूलि वेला का रंग उतर आया था, गायों के झुंड चरकर वापस लौट रहे थे। गायों का घर लौटना...उनके गले में लिपटी घंटियों की आवाजें! कैसे भरे पेट सिर-सींग हिलाती, मटकती-सी चली आती हैं। गायों को लौटते देखो तो

शाम के साथ जो उदासी अनिवार्यतः लिपटी होती है, वह जैसे विलुप्त हो जाती है। उसकी जगह गति...थिरकन...जैसे वे एक संगीत लिए जा रही हों, शाम की उदासी में रात का उजाला भरने चली आ रही हों। कैसा उत्साह होता है उनके लौटने में!

थोड़ी दूर पर संकेतबिहारी और राधारमण के मन्दिर की रोशनियाँ उगने लगी थीं...अँधेरे की चादर पर टँके सुनहले फूलों की तरह वे रह-रहकर चमक उठती थीं।

"कल यात्रा के एक सज्जन बता रहे थे"—सत्येन्द्र कह रहा था, मुग्ध-सा—"कि संकेत में जहाँ अब रासमंडल चबूतरा और रंगमहल है न, वहाँ पहले बहुत बड़ा वट-वृक्ष था। उस वृक्ष की शीतल छाया में प्रिया-प्रियतम का स्नेह-मिलन हुआ करता था।"

सुनन्दा ने ध्यान नहीं दिया। वे संकेत पहुँच गये थे। राधारमण जी के मन्दिर से सन्ध्या-आरती के वाद्यों के स्वर उठ रहे थे। नगाड़ों के बीच अनवरत बजते घंटे-घंटियाँ, जैसे प्रकाश की पगध्वनियाँ!

"कल प्रस्थान है नन्दगाँव के लिए...सवेरे उठना होगा।" सुनन्दा ने बात बदल दी।

"आइए, दर्शन करते चलें।" सत्येन्द्र ने कहा।

राधारमण जी के मन्दिर में दोनों एक किनारे हाथ जोड़ खड़े हो गये, सबके साथ...जैसे आदतन। आरती की दीपशिखाएँ लहराती हुई ऊपर जातीं, नीचे आती हुई...साथ में घंटे-घंटियाँ, करताल, मंजीरा, नगाड़े...

नन्दनन्दन गौएँ चराकर वंशी बजाते हुए वन से लौट रहे हैं। गोधूलि वेला में उनकी छवि अतीव सुन्दर है। वंशी की तान सुनकर ब्रजगोपियाँ मुग्ध दौड़ पड़ी। प्रभु का मुख निहारती हुई वे दिव्य-रस में डूब जाती हैं। माँ यशोदा के हृदय में वात्सल्य की लहरें उठने लगती हैं। वे अपने लाल की आरती उतारती हैं...यह है सन्ध्या आरती के पीछे की भावना। अष्टयामी सेवा में प्रातः मंगला से लेकर जो शयन-दर्शन तक का क्रम है, उसे एक गोप बालक की दिनचर्या के अनुसार बिनना...कितनी सुन्दर कल्पना है—सत्येन्द्र सोच रहा था—ऋतुओं के अनुसार ही प्रभु के भोग-वस्त्र-अलंकार का विधान, उन्हीं के अनुसार कीर्तन और कीर्तन की कालानुसार रागें...सब कुछ कितना सुन्दर!

आरती समाप्त हुई तो एक किनारे से किसी भक्त सूर की आवाज उठी—

लटकत चलत जुवनी सुखदानि।
सन्ध्या समै सखा मंडल में सोभित तनु गोरज लपटानी।।
मोर मुकुट गुंजा पियरो पट मुख मुरली गूँजत मृदुबानी।
'चत्रभुज' प्रभु गिरधारी आये वन ते, लै आरति बारत नन्दरानी।

"सो करनी कछु तौ न भई"

खलबलाहट...जैसे सीधी, शान्त बहती चली जाती धारा अवरोध से एकाएक पलटे और अपने में ही चक्कर खाने लगे। बेफिक्री से बहता चला जाता जीवन जैसे उम्र के बीच कहीं किसी बिन्दु पर जा अटके और आरम्भ हो जाए मंथन...

सुनन्दा को छोड़ नन्दन सीधा लखनऊ पहुँचा था।

जो लेखक उन दिनों खूब छपते थे, उनमें से ज्यादातर लखनऊ में ही थे। वहाँ आये दिन कोई-न-कोई साहित्यिक कार्यक्रम होते रहते। नन्दन बगैर किसी परिचय के सीधा एक लेखक के पास पहुँचा जिसने दो-तीन अन्य लेखकों से बातचीत करके नन्दन के रहने का इन्तजाम यूनिवर्सिटी लॉज के एक कमरे में पीयूष के साथ करा दिया। पीयूष यूनिवर्सिटी में हिन्दी से एम.ए. कर रहा था, लेकिन पढ़ने से ज्यादा उसकी लेखन में रुचि थी। लेखक के रूप में तेजी से ऊपर आ रहा था। नन्दन की इससे अच्छा साथ और क्या मिलता। पीयूष के निर्देशन में लिखने और छपने का सिलसिला चल पड़ा। पिता और सुनन्दा से बचने के लिए नन्दन ने 'मयंक' नाम से लिखना शुरू किया।

पीयूष के कहने पर नन्दन अखबारों के लिए कुछ चलताऊ, कुछ पत्रकारिता श्रेणी की चीजें भी लिख देता जिससे गुजारे के लिए रुपये मिल जाते, हालाँकि यह जबर्दस्ती का लिखना उसे जरा भी पसन्द नहीं आता था।

वे अच्छे दिन थे। तक़लीफ के बावजूद मन में खूब उत्साह, रोज नये-नये लोगों से परिचय, मुलाकात। उच्च कोटि के जिन लेखकों को कभी पढ़ा था, उनमें से भी दो से मिलना हुआ। सामने बैठकर बातचीत हुई। दोनों ने ही अलग-अलग ढंग से पर कुछ हतोत्साहित करने वाली बातें कीं—लिखना पागलपन है, बड़ा मुश्किल है। पहले स्वयं को आर्थिक रूप से जमाओ, फिर लिखो। लेखक के लिए अच्छी शिक्षा जरूरी है, सिर्फ बी.ए. से क्या होगा। लिखने से ज्यादा कुछ मिलता

नहीं, सारा जीवन मरो-खपो तब जाकर कहीं थोड़ा-सा कुछ हाथ आता है। यह लम्बी साधना है। जो फटाफट छपने, अपने साथियों द्वारा अपनी प्रशंसा कराकर जल्दी प्रतिष्ठित हो जाने की कोशिश करते हैं, वे साहित्य का मर्म ही नहीं जान पाते और उसके पहले ही उनका लिखना ठप्प हो जाता है। ऐसी बातें सुन कर नन्दन की तबीयत थोड़ी मुरझा आती। पीयूष ये बातें सुनकर भड़क-भड़क उठता था। वह उन लेखकों को गालियाँ देता—"खुर्राट हैं साले, सब कुछ अपने लिए चाहते हैं। यह नहीं सोचते कि वे हमेशा बने रहेंगे क्या, नये नहीं आएँगे तो उन्हें ही याद करने वाला कौन होगा? समाज को चूसते हैं ये लेखक, समाज से लेने का सब कुछ और देने का कुछ नहीं..."

धीरे-धीरे नन्दन, पीयूष और उसके साथियों के निकट आता गया। उसने देखा कि उन लोगों का एक संगठित ग्रुप है। सब एक ही तरह से सोचते हैं और एक-दूसरे को आगे बढ़ाते हैं। कहाँ मथुरा में, या जब सुनन्दा के पास था तब... छपना इतना मुश्किल काम था...यहाँ यह कोई समस्या ही नहीं थी। कुछ खास पत्रिकाएँ पहले से थीं, जिनमें पीयूष या उसका कोई साथी नन्दन की रचना भेजता और फट से छप जाती। संगठन में कुछ वरिष्ठ प्रोफेसर-आलोचक भी थे। नन्दन का परिचय धीरे-धीरे उनसे करा दिया गया। परिचय होते ही इन आलोचक-प्रोफेसरों में से कुछ नयों ने नन्दन की अब तक आयी थोड़ी रचनाओं पर खूब प्रशंसात्मक लेख लिखे, एक का तो शीर्षक ही था—'हिन्दी जगत में ही विलक्षण प्रतिभा का विस्फोट'। पुराने अपने लेखों में अन्य नामों के साथ नन्दन का भी नाम लेने लगे। नन्दन को ऐसा भास होने लगा कि वह चर्चित लेखक बन रहा है—लिख रहा था, छप रहा था, आलोचना में उसका नाम लिया जा रहा था। जैसे ही दस कहानियाँ हुईं कि एक कहानी-संग्रह भी छप गया, जिसकी भूमिका उसी ग्रुप के एक चर्चित लेखक ने लिख दी।

संग्रह निकलने के बाद एक दिन नन्दन को उसी ग्रुप के लेखक-संघ का सदस्य बनने को कहा गया। पीयूष ने ही बात शुरू की—

"संघ जरूरी है! अगर हम संगठित होकर एक मोर्चा नहीं बनाते, ये जमे-जमाए लेखक हमें कभी आगे नहीं आने देते।"

"लेकिन यार, लेखकों के खिलाफ मोर्चा क्यों? हैं तो सब लेखक ही। और लेखकों में भेद होना भी चाहिए, सब एक फैक्टरी ने पैदा किए साबुन-पेस्ट क्यों हो जाएँ?" नन्दन ने प्रतिवाद किया।

"भूल गये कैसे दुत्कारा था तुम्हें...जब तुम आशीर्वाद लेने गये थे?"

"दुत्कारना क्यों कहते हो! उन्होंने कठिन रास्ते के प्रति आगाह किया था। वे आदरणीय हैं। हम लाख उन्हें नकारें, तुम भी तो देख रहे हो—वे लगातार लिख रहे हैं, कब से लिख रहे हैं। आसान नहीं होता इतने लम्बे समय तक लिखना।"

"कूड़ा लिखने से बेहतर है न लिखना!"

"मुझे तो नहीं लगता कि उनका सारा लेखन कूड़ा है।"

"अभी नहीं लगता, आगे लगेगा, धीरे-धीरे जब तुम्हारी समझ विकसित हो जाएगी। दरअसल यह संघ तुम्हारे इन आदरणीय लेखकों के खिलाफ है भी नहीं। संघ की भूमिका सामाजिक है, हमारे उद्देश्य राष्ट्रीय-अन्तर्राष्ट्रीय हैं। वह तो कार्यान्वयन के दौरान उन लेखकों के विरोध में बोलना या लिखना पड़ता है। फिलहाल सदस्य हो जाने के फायदे ही फायदे हैं—तुम लगातार छपते रहोगे, रुपये-पैसे की कभी तकलीफ न होगी।"

"पर यह संघ है क्या, किन लोगों का, किसलिए?"

"देखो नन्दन! कुछ लेखक इसलिए लिखते हैं कि वह समाज के काम आये ...समाज को बदलने के लिए और कुछ हैं जो सिर्फ अपना व्यक्तिगत शौक पूरा करने के लिए लिखते हैं। हम पहली श्रेणी में आते हैं। अपने को दूसरी श्रेणी से अलग रखने के लिए यह संघ है। तुम भी तो यह मानते हो कि लिखना सिर्फ लिखना-भर नहीं होता। वह एक पूरी जीवन शैली है, जूझना है। हमें अपने लिए नहीं जीना है, समाज के लिए जीना है, उसे बदलना है।"

एक से एक तर्क थे पीयूष के। नन्दन को लगा वह पीयूष से बहुत असहमत नहीं है। वैसे भी नन्दन का सबसे बड़ा हितैषी था वह, आज से नहीं तब से जब वह इस शहर में अकेला उतरा था। नन्दन लेखक-संघ का सदस्य बन गया।

कुछ ही दिनों में लोक संघ के सम्मेलन में जाने का मौका मिला नन्दन को। वह एक बहुत बड़ा जमावड़ा था। भाग लेने वालों में लेखकों के अलावा भी कई लोग थे जो मंच पर आकर बोलते थे। पहले नन्दन को अजीब लगा, क्योंकि सम्मेलन अगर लेखकों का था तो वहाँ गैर-लेखक क्यों बोलें...पर तभी यह भी लगा कि क्यों नहीं बोलें आखिर! कोई भी अपने विचार रखने को स्वतन्त्र है, लेखक को तो बाहर के लोगों को और भी सुनना चाहिए। लेखक बन्द-बन्द क्यों रहे! बाहर के इन लोगों के बोलने का स्वर बेहद तीखा था। पता लगा कि दरअसल ये लोग बाहर के नहीं थे। जिस राजनीतिक पार्टी की विचारधारा को लेकर लेखक-संघ चल रहा है, ये गैर लेखक लोग उस पार्टी के सक्रिय सदस्य थे। एक ही उद्देश्य के लिए दो शाखाएँ! बीच-बीच में विचार-विनिमय के लिए उनके सम्मेलनों में लेखक चले जाते हैं, वे लेखकों के सम्मेलन में आ जाते हैं। लेखक-संघ के लेखकों को भी देर-सवेर उसी राजनीतिक पार्टी का सदस्य होना था।

उस सम्मेलन का अन्तिम सत्र नये लेखकों के लिए था। नन्दन को भी बोलने के लिए आमन्त्रित किया गया। यह पहला मौका था जब कहीं उसे इतना आदर मिला। उसका मन पुलक से भर गया...वह अब मान्यता-प्राप्त लेखक हो गया है! काश, सुनन्दा भी यह देखती! थोड़े दिन और...फिर सुनन्दा से जाकर

मिलेगा। उसे दिखाएगा कि वह उतना नकारा नहीं है जितना वह समझती है। कुछ पाने में समय तो लगता ही है।

तीन दिन के उस सम्मेलन में रात को भी अलग-अलग ग्रुपों की बैठकें हुईं। इनमें लखनऊ के बाहर के ढेरों लेखकों से मिलना हुआ...वे भी जो चर्चित थे, खूब छपते थे, संघ में भी जिनकी बहुत साख थी। उनके साथ एकदम नये-नये लेखक भी बैठते थे। बैठकें खूब गरम होती थीं...हर तरफ बला का उत्साह। सब अपना-अपना काम आत्मविश्वास के साथ बताते, उस पर टीका-टिप्पणी होती। कितना कुछ हो रहा था। बाहर के क्रान्तिधर्मी देशों में जो नया से नया लिखा जा रहा है, उसका अनुवाद किया जा रहा था। अपने घर का कूपमंडूक बने रहने की बजाय बाहर का सीखना, आधुनिक होना, अन्तर्राष्ट्रीय सोचना, महसूस करना। सम्मेलन में भाग लेने वालों में सभी का मानना था कि जो कुछ भी भारतीय था, वह पिछड़ेपन की ओर ले जाने वाला था। भारतीय सहिष्णुता कायरता और दब्बूपन थी। इतिहास में बराबर आक्रमणकारियों के आगे हमारी हार और इतने वर्षों तक दासता का वह एक प्रमुख कारण थी। भारतीय समन्वयता समझौतापरस्ती का और धर्म अज्ञानता का पर्याय थे। नन्दन भी इन बातों का कायल हो गया। वैसे भी धर्म और परम्परा के लिए उसके मन में कभी विशेष आदर नहीं था...फिर इस सदी में जहाँ ज्ञान-विज्ञान किसी एक देश की बपौती नहीं, भारतीयता के दायरे में रहकर सोचना सचमुच स्वयं को बन्द कर लेना था। प्रगति के लिए, आगे बढ़ने के लिए, अन्तर्राष्ट्रीय स्तर...उसके लिए अन्तर्राष्ट्रीय विचार चाहिए। नन्दन अपने परिवार, घर-द्वार को भी अस्वीकार करने लगा। जब कोई कहता कि उसका परिवार परम्परावादी, प्रतिक्रियावादी है, पिता व्यापारी—धन-संग्रह में विश्वास करता है तो नन्दन बेहिचक कहता—उसे पिता से क्या मतलब! यह महज इत्तफाक कि उन्होंने मुझे पैदा किया।

बैठकों में बहस के साथ शराब भी चलती थी, बहस शराब के साथ-साथ क्रमशः गरमाती। नन्दन को ऐसी बैठकों में रस आने लगा। जब वह लखनऊ लौटा तो ऐसी मंडली आपसे-आप बन गयी जो हफ्ते में कम-से-कम एक बार तो जरूर ही शराब वाली बैठक करती थी।

नन्दन का एक कहानी-संग्रह और छप गया। उसके प्रकाशित होते ही पीयूष के सहयोग से शहर में एक गोष्ठी हुई। बाहर से एक वरिष्ठ लेखक उस गोष्ठी के लिए विशेष रूप से आये। गोष्ठी पूरे तीन घंटे चली और नये-पुराने समेत कोई सात लोग नन्दन की कहानियों पर जमकर बोले। सभी ने कहानियों की करीब-करीब एक-सी शब्दावली में तारीफ की। गोष्ठी के भाषणों को बाद में समीक्षाओं के रूप में छपवा दिया गया। नन्दन अब नये उत्साह से लिखने लगा। बस, एक उपन्यास आ जाए कि उसका नाम सबकी जुबान पर होगा। एक कोई बड़ी कृति चाहिए...वह

अपने उपन्यास पर जमकर काम करने लगा।

उन्हीं दिनों दिल्ली से एक सज्जन लखनऊ आये। शाम को लेखक संघ के नगर-अध्यक्ष के घर पर नन्दन को आने के लिए सन्देशा मिला। उन सज्जन को नन्दन ने सिर्फ एक बार देखा था, पिछले सम्मेलन के अवसर पर। वे लेखक नहीं थे, पर कोई बड़ी हस्ती जरूर थे। नन्दन जैसे ही कमरे में घुसा, उन्होंने उसे करीब-करीब घूरकर देखा—

"बहुत अच्छी कहानियाँ लिखी हैं इन्होंने पिछले दिनों।" नन्दन के बैठते ही नगर-अध्यक्ष ने परिचय के साथ जोड़ा। सामने वाले व्यक्ति ने बैठे-बैठे ही नन्दन का अभिवादन स्वीकार किया और नगर-अध्यक्ष की तरफ झुक गया।

"अच्छा...याने?"

"जी हाँ, वही—अपनी तरफ की..." अध्यक्ष ने धीमे से कहा, फिर अपने स्वाभाविक स्वर पर आ गये—"सामाजिकता का स्वर उग्र है। ये बहुत आगे जाएँगे, उपन्यास पर काम कर रहे हैं फिलहाल।"

"काम क्या करते हैं आप?" वे सज्जन अब नन्दन की तरफ मुखातिब हुए।

"स्वतन्त्र लेखन।"

"परिवार?"

"अकेला हूँ...पिता का घर भी इसीलिए छोड़ा कि लिखूँ, सिर्फ लिखूँ।"

"खर्चा-पानी?"

"चल जाता है। अखबारों में कुछ स्तम्भ ले रखे हैं, उनके लिए नियमित लिखता रहूँ।"

"ये...?" उन्होंने फिर गर्दन नगर-अध्यक्ष की तरफ कर दी, चश्मे के पार से उधर को कुछ कुरेदती आँखें।

"ठीक रहेंगे...बढ़िया। देखो नन्दन भाई, हम यहाँ के एक उच्चस्तरीय मासिक पत्रिका निकालने की सोच रहे हैं। अगर तुम तैयार हो तो उसके सम्पादक बन जाओ।"

"मगर अभी तो मैंने कुछ लिखा भी नहीं, एक उपन्यास भी नहीं आया। किसी प्रतिष्ठित व्यक्ति को दिया जाना चाहिए यह काम।"

"तुम कौन प्रतिष्ठित नहीं हो, जो नहीं हो तो इस पत्रिका के सम्पादक होते ही हो जाओगे।"

कहते हुए नगर-अध्यक्ष हँसे। बाहर के सज्जन गम्भीर बने रहे। वे इन दोनों को बात करने दे रहे थे और उस दरम्यान चुपचाप ऐनक के पास से वे नन्दन का मुआयना करते जाते।

"मैं कुछ वर्षों सिर्फ लिखना चाहता था, इसीलिए नौकरी के खिलाफ था।"

"यह नौकरी कहाँ है। यह तो अपना काम है। उपयुक्त प्रतिभाओं को सामने

लाना, सही साहित्य को छापना, प्रकाश में लाना, यह भी साहित्यकार के काम हैं।"

"यह ठीक है...पर मैं सोचता था अभी यह मेरे लिए ठीक न होगा। लिखने में बाधा पड़ेगी।"

"तुम जो अखबारों के स्तम्भ लिए हुए हो, उन्हें लिखने में तुम्हारा समय जाता है, उतना ही...उससे भी कम लगेगा इसमें...और जितना तुम्हें उन अखबारों से मिलता है उससे ज्यादा मिलेगा यहाँ। खाने-पीने के खर्च का बन्दोबस्त हो गया तो तुम ज्यादा जमकर लिख सकोगे!"

उस दिन बात वहीं कहीं खत्म हो गयी। नन्दन फिर भी पशोपेश में रहा। नगर-अध्यक्ष उससे दो बार अलग से मिले और तरह-तरह से उसे समझाया। अन्त में बोले–

"कुछ वर्ष यह सम्पादन कार्य कर लो, तब तक तुम्हारा उपन्यास भी आ जाएगा...उस पर पुरस्कार, साथ में विदेश यात्रा। लोग तुम्हें रश्क से देखेंगे...इतनी कम उम्र में इतनी प्रतिष्ठा!"

नन्दन ने सम्पादन कार्य सँभाल लिया। कुछ दिनों तो नये उत्तरदायित्व, उसकी गरिमा के लिए उत्साह रहा, पर वह जल्दी ही समाप्त हो गया क्योंकि पत्रिका का सम्पादक कोई साधारण कार्य नहीं था। शुरू-शुरू के कई महीने तो प्रूफ-प्रेस आदि के मसले समझने में चले गये। हर स्तर पर कोफ्त होती–ऐसा ही कुछ करना था तो क्यों छोड़ा घर-द्वार। बीच में कई बार नगर-अध्यक्ष से मुक्त कर देने के लिए कहा भी, लेकिन वे कहते–"ऐसा मौका हर किसी को मिलता है क्या? तुम जीवन-भर का चांस गवाँ बैठोगे। तुम्हें क्या मालूम था कि जब तुम विदेश जाओगे तो वहाँ तुम्हारी प्रतीक्षा कौन-सी खुशखबरी कर रही होगी, कैसा सम्मान।"

पत्रिका के व्यावसायिक पक्ष में दक्ष हुआ नन्दन तो आत्मा में घुन लगने लगा। वह सम्पादक नहीं, एक क्लर्क था...सामग्री जो ऊपर से आती या जिसे नगर-अध्यक्ष देते, वह छापना ही छापना थी। कितने ऐसे लोगों की रचनाएँ छापनी पड़ी जो नयों की खराब रचनाओं से भी गयी-गुजरी थीं। वे छपनी थीं क्योंकि उनके लेखक अब उनकी राजनीतिक पार्टी के सदस्य थे। दूसरे खेमे की अच्छी से अच्छी किताब की विशेषतः लिखकर या लिखाकर धुनाई कराना थी...कि यह एकदम कूड़ा है। अपने खेमे की पुस्तक को इसी तरह ऊपर चढ़ाना था। इसमें मदद के लिए पहले ही लेखकों की एक लिस्ट तैयार करके उसे पकड़वा दी गयी थी। जब किसी का आलोचनात्मक लेख छपने को आये तो वहाँ तारीफ का सन्दर्भ न भी हो तो बनाकर अपनी लिस्ट के सारे नाम डाल दो। प्रसंग में फिट बैठे या नहीं! लेख के रचनाकार से पूछने की जरूरत ही नहीं थी। लेख में अगर अपनी पार्टी के बाहर के नाम हों तो काट देना था...वे चाहे तारीफ के सन्दर्भ में हों या निन्दा के। जो

नाम पत्रिकाओं में दोहराए जाते हैं, वे लगातार बुराई भी की जा रही हो तो चर्चित बन जाते हैं। इसलिए लिस्ट के बाहर के नाम पूरी तरह ब्लैकआउट!

नन्दन ने देखा कि जब से उसने पत्रिका का काम हाथ में लिया, उसकी प्रतिष्ठा कम से कमतर होती चली जा रही है। जो निष्पक्ष लोग या पाठक उसकी रचनाओं के कायल हुए थे, उनके लिए अब वह पार्टी का एक कार्यकर्ता मात्र रह गया था। कुछ पत्रिका के काम की वजह से पर ज्यादातर कुंठाओं और आत्महनन के कारण अब नन्दन से कुछ लिखा भी न जाता। उपन्यास जहाँ का तहाँ धरा था। बाहर वह यही कहता रहता कि चार-छह कहानियाँ हैं दिमाग में, बस बैठने की देर है, एक साथ निकाल दूँगा...पर भीतर से उसे यह लगने लगा था कि लिखना निश्चित ही एक नैसर्गिक प्रवाह है, वह सिर्फ दिमाग का खेल नहीं है कि कोई जब चाहे कर ले। यह और भी बड़ी मुश्किल कि इस तरह की रहस्यात्मक स्थापना जो उसके मन से उठती थी, उसे वह बाहर नहीं कह सकता था।

नन्दन फँस गया था। पत्रिका में लगाकर उसके पंख काट दिये गये थे, एक तरह से। साफ-साफ उस पर एक विशेष वर्ग के लेखक होने का ठप्पा लग चुका था। इस वर्ग के लेखकों को काफी करीब से देखने का मौका लगा इस बीच और जितना पास से वह इन लोगों को देखता गया, उसे वितृष्णा होती चली गयी। नन्दन ने देखा कि उनमें से सब के सब लेखन के माध्यम से कुछ-न-कुछ पाने के चक्कर में हैं—कोई पुरस्कार चाहता है, कोई विदेश जाना चाहता है, कोई वहाँ अपने लड़के की पढ़ाई का इन्तजाम करने के चक्कर में है, कोई रोकड़ इकट्ठा करना चाहता है, कोई जमीन चाहता है, तो कोई महत्त्व या प्रभुत्व वाली कमेटी में ही घुस जाना चाहता था। कुछ की और नहीं तो यही महत्वाकांक्षा थी कि संगोष्ठी-सम्मेलनों में उन्हें लगातार बुलाया जाए, वे वहाँ थोड़ी देर के लिए ही महत्त्व के व्यक्ति बन जाएँ—कहीं मुख्य अतिथि, तो कहीं अध्यक्ष...अखबार मे उनकी फोटो निकल जाए। ये लेखक बातें बड़ी-बड़ी करते थे पर उनका ज्यादा समय उपर्युक्त बातों या फिर उनके जुगाड़ में जाता था...लिखने के लिए समय ही नहीं बचता था। जो सबसे बड़ी खराबी थी, वह यह कि साहित्यकार जैसा मुक्त और खुला व्यक्ति होने की जगह यहाँ सब कुछ बन्द-बन्द था। अच्छा इंसान होने की जगह मक्कारी थी। शराब के दौरों के बीच योजनाएँ बनतीं—तुम यह लिखो, तुम वह! फलां उस किताब को ऊपर उठाए, फलां उस किताब को गिराए। नन्दन सोचता रहता कि उसकी भाषा के लेखकों का मुट्ठी-भर तो समाज है और उसमें भी यह उखाड़-पछाड़? वह तो यही सोचता था कि जो रचना अच्छी होगी, उसे पाठकों का ज्यादा समुदाय पसन्द करेगा, वह काफी अरसे तक पढ़ी जाएगी। लेकिन यहाँ वे बन्दे थे कि चाहे जिस कृति को बड़ा करार दें, चाहे जिसको छोटा। जिसे कहो साहित्यकार बना दें, जिसकी कहो रेड़ मार दें। इन लेखकों की

व्यवहार-कुशलता भी देखने लायक थी। जब तक उन्हें किसी से कुछ मिलने की उम्मीद होती, वे उससे घुलकर रहते, काम होते ही उसी को गालियाँ देते। उनकी रचनाएँ भी ऐसी कि सुकून और शान्ति का हाथ बढ़ाते आते दोस्त की बजाय हमला करती बढ़ी आती दुश्मन की सेना की तरह ज्यादा महसूस होतीं। नन्दन को यह बार-बार बताया जाता था कि गुस्सा मुख्य चीज है, रचना की सफलता यह है कि वह पाठक में कितना गुस्सा पैदा करती है...तभी तो पाठक उठ खड़ा होगा, समाज बदलेगा!

कैसा भ्रम! नन्दन सोचता कि हर सम्भव कोशिश करके वह एक अदद आदमी—अपने पिता—को भी नहीं बदल पाया, उनके लिए विवाह याने दहेज अब भी है, जबकि दहेज के खिलाफ कब से लिखा जा रहा है, कितना लिखा जा चुका है।

छोटा-मोटा भूकम्प-सा आ गया है यात्रा में।

सी-33 नम्बर के पाल से एक सन्दूकची उठ गयी। पाल वाले लोग रसोड़े से रात को भोजन करके लौटे तो देखा कि जो असली बक्सा था वही गायब, बाकी सब जहाँ के तहाँ। भब्बड़ मच गयी। इधर-उधर भागने-दौड़ने, तेज-तेज बोलने की आवाजें। पाल वाले दौड़े-दौड़े आयोजकों के पास गये। आयोजकों में से दो वापस भागते-भागते पाल में आये—कैसा बक्सा था, लोहे का...वजनी था क्या...किस रंग का था, इस पड़ाव में आया था कि पीछे ही छूट गया, कहाँ रखा था, आखिरी बार आपने कब देखा था...पक्का याद है?" तरह-तरह के सवाल-जवाब, खींचे जा रहे हैं...जिसने पार किया उसे फरार होने या माल जहाँ-तहाँ करने का और समय मिल जाए! जब आयोजकों को तसल्ली हो गयी कि वाकई चोरी हो गयी तो पालवालों को पुलिस थाने में लिखा आने को कह दिया, लौटकर आये तो एक ने माइक उठा लिया—

"भक्तजनो! बड़े दुःख की बात है कि हमारे सी-33 के त्रिपाठीजी का बक्सा चोरी हो गया। यात्रा में जहाँ हम मन का कलुष धोने के लिए आते हैं वहाँ ऐसी घटनाएँ! घोर कलंक की बात है। बक्सा न बड़ा न छोटा, पतली लोहे की चादर का है, सलेटी रंग है। जिस किसी सज्जन को मिले, वह त्रिपाठी जी तक पहुँचाने का कष्ट करें। जिन्होंने देखा हो, वह त्रिपाठीजी से तत्काल मिलें। कुछ असामाजिक तत्व हमारी यात्रा में घुस आये हैं और हमसे अपयश जोड़ने पर तुले हुए हैं। आप सब उनकी योजना असफल कर दें। जो भी बक्से को ढूँढ़ने में मदद कर सकते हैं, वे पुलिस-थाने वाले पाल से सम्पर्क करें।"

यात्रा में जितने नौकर-चाकर चल रहे थे, पुलिस ने उन सबकी बारी-बारी से धड़-पकड़ चालू कर दी...दोषी-निर्दोषी सब एक कटघरे में। थाने वाले पाल में

पुलिस अपनी पिंडरियों या सामने रखी मेजे पर बेंत मारती बैठी रहे, तभी तक गनीमत। जहाँ उसे कुछ मसाला मिला, वह उचकी कि फिर कहाँ रुकने वाली!

पुलिस ने राधे पर झपट्टा मारा, पूछताछ के लिए अपने टैण्ट में ले आयी और वहाँ ले जाकर दे तड़ातड़ मार...इधर से, उधर से, कभी एक, तो कभी दूसरा। वह यू.पी. के अच्छे परिवार का है, पढ़ा-लिखा है, नौकर नहीं है...पुलिस ने एक न सुनी। मार खाने के दौरान राधे मंजुला बैन को पुकारता रहा...पर बैन तब अपने ए-1 नंबर पाल में एक पैर को बिठाये, दूसरे को लिटाए, पूजा का थाल लगाने में व्यस्त थीं। मार खाकर, अपमानित राधे जब उनके पास पहुँचा, अपना हाल दिखाया-सुनाया तो वे बहुत गुस्सा हुईं। राधे से बोलीं–"जाकर पुलिस कांस्टेबल को बुला लाए।" राधे गया। पुलिस ने कहा कि वह किसी के बाप का नौकर नहीं, जिसे आना हो यहीं चलकर आये। राधे ने ज्यों-का-त्यों मंजुला बैन को कह दिया। मंजुला बैन की तबीयत मचमचा आयी। गुस्सा उन्हें अपने पति रणछोड़ भाई दयाभाई पर आ रहा था जो खुद अपने घर की शान को यों मिट्टी में मिलवा रहा है। ऐसे घर की लक्ष्मी और...पर सच तो यह है कि मंजुला सेठ की रखैल से ज्यादा कभी कुछ हो ही नहीं पायीं। जवान थीं तब भी रणछोड़ बिजनैस के बहाने कहाँ-कहाँ घूमता रहता–आज लन्दन तो कल जर्मनी। ऐसे में कोई कहाँ खींचकर रख सकता है मर्द की जाति को...बस, लग गया बिलायती मांस का स्वाद, ऐसा कि बुढ़ापे में भी नहीं छूटता। दो-दो लड़के हो गये, बहुएँ घर में आ गयीं–उनका भी रणछोड़ को शरम-लिहाज नहीं। दिखाने के लिए रणछोड़ और मंजुला बैन के लिए घर में एक अलग हिस्सा है, पर सालों बीत जाते हैं, रणछोड़ इधर आता नहीं। आधी जिन्दगी तो वह होटल में सोया होगा, एक-चौथई गेस्ट हाउसों में...बाकी में से थोड़ा-कुछ पर घर के इस हिस्से में उनके साथ। वहाँ भी ढेर सारा काम घर ले आएगा। मंजुला शिकायत करें तो झल्ला पड़ेगा–तो तुम सँभाल लो इतना बड़ा बिजनैस!

इतने बड़े आदमी की पत्नी होकर भी मंजुला बैन लाचार, बेबस। कोई बात तक करने वाला नहीं, मन की किससे कहें। ईश्वर ने उन्हें सुन्दर नहीं बनाया, माँ-बाप ने पढ़ा-लिखाकर चटक नहीं किया...जिसके दुःख वे आज तक भोग रही हैं। जिसका मान घर में पति न करे, उसे लड़के, बहू, नाती-पोते कहाँ से पूछेंगे! मंजुला बैन पूजा-पाठ में दिल लगाए रहती हैं...दिल तो क्या लगता है हाँ, समय कट जाता है। वही क्या कम है। इस यात्रा में भी इसलिए आयीं। बहुत तकलीफ होती है, फिर भी घिसट रही हैं कि यहाँ कम-से-कम रोज कुछ आगे-आगे का तो है कुछ देखने-सुनने को तो है, वहाँ घर में क्या है–बैठे-बैठे घुटना, जलना...किसी को दो बात करने की भी फुर्सत नहीं।

कई बार जब आगे-पीछे, अगल-बगल कुछ नहीं दिखता तो मंजुला बैन की

इच्छा होने लगती कि खत्म हो जाएँ! जो यहाँ है उससे खराब तो नहीं होगा जहाँ भी मरने के बाद जाता है प्राणी। बाहर से वे काफी सख्त और पुख्ता दिखती हैं, लेकिन भीतर से एकदम फुसफुस हो आयी हैं। सब करके देख लिया। ब्याह के बाद कुछ दिनों तक सोना-चाँदी-हीरे में मन जमाया, रतन और जतन हुए तो कुछ बरस उनमें निकल गये। उनके ब्याह होते ही वह भ्रम भी टूटा—तुम्हारी कोख से ही जाये बच्चे बड़े होकर ऐसे अजनबी! वे ऐसी टेढ़ी नजर से देखते हैं कि क्या कोई दुश्मन देखेगा। उधर लड़के अपने-अपने रास्ते गये, इधर मंजुला बैन की दूसरी चीजों की पकड़ धीरे-धीरे छूटती गयी। जब रूप और अवस्था नहीं तो जेवर किसलिए? जब लड़का-बहू के मन में कुछ नहीं तो किनके लिए क्या? अब अवस्था भी यह आयी है कि धीरे-धीरे सब छूटता ही चला जाता है। मंजुला बैन कभी आगे का सोचती हैं तो सिहर उठती हैं। अभी एक टाँग से तो खींच लेती हैं, जब उठ-बैठ भी न सकेंगी तब? उसके पहले उठा ले भगवान! जब वे एकदम असहाय हो जाएँगी तब कौन उनके लिए—रणछोड़, रतन कि जतन, कि उनकी कोई बहू? कोई नहीं। तब भी केवल राधे होगा, और वह भी अगर रहा तो! उनकी जो भी पूजा-अर्चना है, वह किसलिए? अच्छा तो कुछ अब होने से रहा! पूजा क्या सिर्फ इसके लिए कि उन्हें ईश्वर अब मृत्यु दे! क्या यही माँगने आयी हैं वे यहाँ?

मंजुला उठ बैठीं और लँगड़ाते-लँगड़ाते उधर को चलीं जिधर थानेवाला पाल था। उनके होंठ फड़क रहे थे, भीतर कितने भूचाल...। थाने पर बैठे दो सिपाही सामने रखी छोटी मेज पर उँगलियों से कोई संगीत निकाल रहे थे, उन्हें देखते ही मंजुला बैन चीख पड़ीं—

"दोकौड़ियो! तुम लोग इसको बिना मुझसे पूछे पकड़ लाए। तुम्हारी हिम्मत कैसे हुई! जानता है मैं कौन हूँ...बम्बई के सेठ रणछोड़ भाई दयाभाई की बहू, आर्य कम्पनी वाले! कुएँ के मेढको! तुम लोगों ने नाम भी नहीं सुना होगा! तुम्हारे बड़े अफसर को जितनी तनख्वाह नहीं मिलती, उतनी हम राधे को देते हैं...ये किस सन्दूकची पर नीयत करेगा? उसमें चाहे जितने रुपये हों, मेरे इस हीरे की एक नोंक बराबर के नहीं होंगे...जिसे यह राधे रोज उठाता-धरता है। खबरदार, जो अब इसे छेड़ा, नहीं तो समझ लो, अभी अपने गाँव में जो आराम से चरते हो, तो यहाँ नहीं रह पाओगे...ऐसी सुनसान जगह पटकवाऊँगी सबको कि...

अच्छा हुआ कि मंजुला बैन छड़ी नहीं ले गयी थीं, वरना कौन जाने गुस्से में... क्या पता शायद इसीलिए नहीं ले गयी थीं!

पुलिस नरेन्द्र के नौकर के पीछे भी पड़ी। मारपीट जरूर नहीं की। राधे के बाद थोड़ा संयम से काम ले रही है। बम्बई वालों की पहुँच ऊपर तक बिल्कुल हो

सकती है, अनाप-शनाप पैसा है उनके पास! वे चाहें तो वाकई दो मिनट में किसी का तबादला करा सकते हैं। इसलिए जहाँ पीछे बम्बई वाला हो, वहाँ बेटा सँभल कर! नरेन्द्र के नौकर को पूछताछ के लिए बार-बार बुलाया जाता है। नौकर नरेन्द्र से शिकायत करता है, नरेन्द्र हिचकता बैठा रहा है...क्या करे, पुलिस तो अपना काम करेगी ही, अगर शक है तो पूछताछ करेगी। वह कुछ नहीं करता तो नौकर खीझता है—'साब, आप लोगों कूँ सुनेगा, हमको तो, कसम से, ऐसे बोलता है जैसे दुनिया का सबसे बड़ा चोर-उचक्का हमी हैं, एकदम जानवर का माफिक...।' नरेन्द्र मना तो नहीं करता, हूँ-हूँ करके टाल देता है। वह परेशान है...तनाव से भागकर यहाँ आओ, और साला यहाँ भी तनाव! पुलिस के पास नहीं जाता, कौन मुँह लगे इन लोगों के। जहाँ नरेन्द्र उनके पास गया कि ये उगलवा लेंगे कि वह 'बिल्डर' है...और फिर इन छुटभैयों के मुँह में लार बनने लगेगी...इन्हें क्या मतलब है असली चोर से, या उसे ढूँढ़ने से...चुन-चुनकर उन्हीं को बुलाएँगे जहाँ से कुछ मिलने की उम्मीद है। कितने मामूली लोग भी यात्रा में चल रहे हैं—दुकानदार, भाजीवाले, राशन वाले, दूध वाले। बाजार के एक छोर पर ताँगे-इक्केवाले हैं, माँगने वाले भी जगह-जगह...पुलिस उनसे पूछताछ नहीं करेगी।

नरेन्द्र का मन इसीलिए भी उखड़ा-उखड़ा है क्योंकि नितिन और रोमा चले गये हैं। क्या नरेन्द्र इस हद तक किसी के साथ पर निर्भर हो गया है? वैसा तो नहीं, पर कोई दोस्त-यार आजू-बाजू न न हो तो मूड नहीं बनता, मामला कुछ खिंचा-खिंचा-सा बना रहता है। वैसे नितिन-रोमा को जाना ही था। ताज्जुब कि दो ही दिनों में नहीं चले गये। काफी तो झेला बेचारों ने यात्रा को, उसकी तकलीफों को। और कितना चल सकते थे! वे ऐसी तकलीफों के लिए कहाँ बने हैं जो अपने घरों को ही होटल की सुख-सुविधाओं से लैस करके रखते हैं। नरेन्द्र ने इसीलिए उन्हें बीच में शामिल होने को कहा था, तब भी क्या...मुश्किल से एक हफ्ता खींच सके। रोमा जो 'हाउ लवली, हाउ नाइस' कर करके उचकती थी, वही अपने बाल नोंचने लगी थी...

संकेत की ब्याह लीला की भीड़-भाड़ में दोनों घुस गये और धक्कम-धुक्की में फँस गये। रोमा की विदेशियों-जैसी गोरी-गोरी चमड़ी, उम्र भी बहुत नहीं हुई...जो हुई भी है वह भी नहीं दिखती...ऊपर से उसका 'मेक-अप'! मनचले देहाती लौंडों को मौका मिल गया। इधर से रेल-पेल का एक धक्का, उधर से दूसरा। वे निकलने की कोशिश करते तो जिधर को बहते जाते दिखते, उधर से जानबूझकर भीड़ जैसा बनाकर एक और धक्का चला दिया जाता...ये फिर इधर। खेल जितनी देर चले उतना बढ़िया! फूहड़, अश्लील और जानवर तो हैं ही साले! नरेन्द्र कल्पना कर सकता है—कोई रोमा की 'सेंट' पर मस्त हो रहा है, कोई उसकी गोरी बाँह को ही छू लेना चाहता है, कोई बालों से शेम्पू की खुशबू को नथुनों में भर लेना चाहता

है, कोई उसे घेरते हुए ठीक पीछे खड़ा होना चाहता है...और कोई उससे एकदम सट जाने की फिराक में है। घबराया हुआ नितिन निकलने की कोशिश कर रहा है—झुँझलाया हुआ है, बाहर से डाँट-डपट कर रहा है पर भीतर से बेहद डरा हुआ है, ज्यादा गुस्सा किया या चिल्लाया तो यहाँ कितने हैं...भीड़ के बहाने ही उसे पीस डालेंगे!

किस मुश्किल से वे बाहर आ सके थे। काफी देर तक रोमा के चेहरे से खौफ़ चिपका रहा था! स्वस्थ होने पर खूब झल्लाई—'ब्रूट्स! कैसी बदबू। हाउ अनहाइजीनिक, सिकनिंग! थोड़ी देर और न निकल पाते तो...तो मुझे तो वहीं बेहोश हो जाना था...और तब वे मुझे कुचल-कुचलकर मार डालते। नितिन! आई वांट स्टैंड इट...इनफ! लैट अस गो!!

नरेन्द्र ने बहुत समझाया। जहाँ भीड़ है तो वहाँ यह होगा ही, कुछ मजबूरन, कुछ बदमाशी से। वहाँ घुसने से पहले सोच लेना चाहिए था, दूर से देखते। पर रोमा ऐसी उखड़ी थी कि कुछ सुनने को तैयार नहीं—'दे आर सो डर्टी, सो क्रूएल...' वह बार-बार कहती। ये देहाती तो खैर जो हैं, हैं ही, पर रोमा को इतने पास से और इस तरह देखा तो नरेन्द्र को एक बात समझ में आयी—जितना हम सुख-सुविधाओं से अपने को घेरने चले जाते हैं उतना ही शरीर की झेलने की ताकत कम होती चली जाती है, हमारा मन और स्वभाव भी ऐसा कुछ हो जाता है कि जरा भी विपरीत कुछ आया नहीं कि ऐसी झल्लाहट, ऐसी उखड़न, ऐसा व्यवहार कि...नरेन्द्र ने बचपन में एक देहाती औरत को देखा था जिस पर भूत चढ़ा था। रोमा उसे देखती तो उचक-उचक कर मजा लेती, या देहातियों के अन्धविश्वास या असभ्यता पर हँसती...पर भीड़ पर खीझते समय वह स्वयं करीब-करीब वैसे ही उचक-कूद रही थी...कैसे सभ्य और असभ्य लोग कभी-कभी अलग-अलग वजहों से सही, पर एक-सा व्यवहार करते हैं!

रोमा ने नितिन को उसी वक्त चल देने को मजबूर कर दिया था।

जब चौबीसों घंटे 'हाइजीन' दिलो-दिमाग पर छाया रहेगा तो मन क्या लगेगा—खाक! नरेन्द्र को यह गन्दगी, यह बदबू...यह सब ध्यान में नहीं आता। जानता है कि बराबरी से यहाँ हर तरफ खुला है, साफ हवा है। वैसी गन्दगी भी नहीं है जैसी शहरों में होती है, खूब ऑक्सीजन है। तभी तो नरेन्द्र का स्वास्थ्य हर बार यहाँ से बढ़िया होकर ही जाता है। उसके लिए जो सबसे तकलीफदेह चीज है, वह है भीड़! बम्बई से भागकर आओ तो यहाँ भी वही—आदमी...आदमी... जानवरों जैसे। लीला हो, प्रवचन हो, कुछ हो...भीड़ जमकर होगी। साले बैठे ऊँघते रहेंगे, सुनते-समझते तो क्या हैं! कहीं कोई झाँकी या दर्शन हुए तो कैसे भेड़-बकरियों से टूट पड़ेंगे, एक-पर-एक लद्दू-लद्दू...जैसे जो देखने जा रहे हैं वह पहले कभी न देखा है, न आगे देखा है, न आगे देखने को मिलेगा। दर्शन क्या है, हर बार ही

तो वही—वैसी ही मूर्ति का, घूम-फिर कर एक-सा ही बनाव-शृंगार! फिर क्यों यों टूट पड़ रहे हो? इन लोगों के साथ दिनों-दिन रहते, चलते हुए कहीं नरेन्द्र भी भीतर से इन्हीं जैसा न हो जाए...जानवर, पगुराता, ऊँघता हुआ। उसके भीतर जो आगे बढ़ने, रुपए कमाने, तरक्की करने, घर में एक-से-एक चीज़ इकट्ठा करने...इस सबके लिए जो उत्साह है, कहीं वह न जाता रहे!

"रत्ना, सुनो, मैं सोचता हूँ कि हम लोग भी कल-परसों निकल लें वापस! पूरी यात्रा तो हम कर ही चुके हैं। अब ऐसा क्यों न किया करें कि कभी इधर से, कभी उधर से शामिल होकर थोड़े दिन रह लिए और वापस!" नरेन्द्र बाहर जमीन पर बिछी चटाई पर बैठा घास नोंच रहा है, रत्ना पाल के भीतर रात की रसोई की तैयारी में लगी है।

"क्यों...क्या हुआ?"

"अब यह यात्रा भी बिगड़ती चली जा रही है। देखो, पुलिस कैसी अपनी डंडेबाजी चलाती है! आज वे अपने कीर्तन से काफी ऊटपटांग बोल रहे थे। उनका क्या...मन चला तो हमारे यहाँ की तलाशी लेने चले आएँगे!"

"तलाशी...हमारी? वाह! कोई मजाक है? क्या उन्हें हम पर शक है?"

"हमारे नौकर पर तो है। उनके हिसाब से वह हमारे यहाँ भी सन्दूकची छिपा सकता है! पुलिस को तो बहाना चाहिए। उन्हें अधिकार भी है कहीं तलाशी लेने का।"

नरेन्द्र पाल के भीतर चला जाता है। बाहर महाराज श्री के चौक के रॉड जल चुके थे। उनकी दूधिया रोशनी 'यू' की शक्ल वाले उस छोटे-से मैदान पर अपना आकार बिठाने लगी थी। दोनों बच्चे वहीं खेल रहे थे। भीतर लालटेन का मद्धिम प्रकाश...पाल के भीतरी कपड़े पर रत्ना के साथ-साथ उठती-बैठती उसकी छाया।

"तो तुम जाकर क्यों नहीं उन्हें हड़का आते। मामूली कांस्टेबल है, कोई बड़े अफसर तो नहीं?"

"मैं नहीं इनके मुँह लगता। बस, तुम तैयारी कर लो। यहाँ से यात्रा उठी कि अपन लोग बम्बई।"

"और यात्रा के लिए जो रुपये पूरे भरे हैं, वह?"

"जाने दो, मन भी तो लगना चाहिए। नितिन रोमा भी चले गये।"

"तुम्हें तो कभी नितिन, तो कभी रमेश की बैसाखियाँ चाहिए! उन्हें तो जाना ही था। अब तुम यहाँ भी बन-ठनकर रहोगी, अपने रूप को दिखाने में ही तुम्हारा ध्यान रहेगा तो और क्या होगा...अच्छा हुआ वे चले गये। अकेले रहना होगा तभी तुम्हारा मन उस तरफ झुकेगा, जिसके लिए हम यहाँ आये हैं।"

"अगर मेरा मन इन चीजों में विश्वास करने का नहीं होता तो तुम क्यों जबर्दस्ती ढकेलने में लगी हुई हो। मैं तुम्हें तो नहीं रोकता...इसी तरह तुम मुझे अपने रास्ते से क्यों रोको? क्यों मुझे अपने जैसा बनाना चाहती हो?"

"अपने जैसा बनाने की बात नहीं है।"

"बिल्कुल वही है, पति को ठीक अपने जैसा बना लेना, इसके पीछे छिपी हुई जीत। लोगों का धर्म बदलने में जो सुख मिलता है किसी समुदाय को...वही सुख तुम व्यक्तिगत स्तर पर पाना चाहती हो। तुम चाहती हो कि मैं भी इन जाहिलों की तरह पूजा-पाठ ही करता रहूँ, चौबीसों घंटे।"

"मेरे चाहने, न चाहने से क्या होता है! यह तो भीतर की प्रेरणा पर निर्भर है।" रत्ना नरेन्द्र के पास बैठ गयी थी।

"अच्छा सच बताओ, तुम मुझे कन्वर्ट करने के चक्कर में हो न?"

"झूठ नहीं कहूँगी, चाहती तो हूँ।"

"पूछ सकता हूँ, क्यों?"

"पता नहीं क्यों...मैं तुम्हें बहुत चाहती हूँ शायद इसलिए। और जिन चीजों से तुम घिरे रहते हो—पैसा, ऐशोआराम, नशाखोरी..."

"तो...? क्या खराबी है इन चीजों में?"

"खराबी है। फिर इनके अलावा कुछ भी नहीं रहता आदमी में। ये चीजें सिर्फ बर्बाद करती हैं।"

"क्या बर्बाद करती हैं? कहाँ देखा तुमने?"

"बम्बई के हर रईस के घर में यह बर्बादी है, शादी के समय से ही देख रही हूँ।"

"बात वह नहीं है। असल में तुम डरती हो कि ये चीजें मुझे तुमसे दूर ले जाएँगी। मैं तुम्हें छोड़ दूँगा, घर छोड़ दूँगा...।"

"नहीं, अभी वह नहीं है...लेकिन कल के दिन इन्हीं चीजों की अगर बहुत ज्यादा बाढ़ आ गयी तो वह डर भी लग सकता है, पर फिलहाल मुझे तुम्हारा डर है। तुम्हें ये चीजें कहीं ऐसा न बहा ले जाएँ कि तुम्हारे पैरों तले की जमीन ही छूट जाए। मेरी दिली इच्छा होती है कि तुममें कुछ वह आ जाये कि तुम्हीं कोई बहा न सके।"

"यह वह कुछ धर्म, ईश्वर ही है...और कुछ नहीं हो सकता।"

"एक राग खत्म करने के लिए दूसरा राग चाहिए न! पैसा, नशा या चीजों के पीछे की दौड़ को एक सीमा पर रोक देने के लिए जो ताकत चाहिए, जो तटस्थता चाहिए...वह यहीं से तो मिलेगी।"

"क्या कामना बन्द कर दूँ? चलो, कर देता हूँ...मुझे क्या!"

"नहीं, वह नहीं...लेकिन देखो इस तरह यों बैठकर सोचने का समय भी बम्बई हमें देता क्या...यहाँ, यहाँ का वातावरण! जैसे लगाओ या न लगाओ गाड़ी में ब्रेक चाहिए। ब्रेक हो तो कितनी तसल्ली रहती है।"

नरेन्द्र सिर्फ आज की सोचता है जबकि रत्ना की निगाह कल पर रहती है। वह 'कल', जो शायद हो भी नहीं। यह फर्क शुरू से ही है—दोनों अलग-अलग

परिवेश में पले हैं, शायद इस कारण। नरेन्द्र के पिता व्यापारी थे। घर में ठेठ बनयौटी वातावरण। पैसे के लिहाज से वे लोग रत्ना के घर से काफी बड़े थे। इसलिए शुरू-शुरू में रत्ना को थोड़ा नीचा भी देखना पड़ा...लेकिन नरेन्द्र ने तब भी देखा था कि रत्ना पैसे को लेकर किये गये कटाक्ष को कैसे हँसकर उड़ा देती थी। उसे इस बात का हमेशा अहसास रहा कि उसका घर पैसे से भले उन्नीस रहा हो, वहाँ व्यापार के अलावा भी कुछ था। उसके चाचा कवि थे, कवि-सम्मेलनों में आते-जाते थे, इसलिए बाहर की हवा भी घर में आती-जाती रहती। चाचा रत्ना को बहुत चाहते थे, उनका रत्ना पर काफी प्रभाव पड़ा। वह अब भी अक्सर उनकी बातें किया करती है।

ऐसा तर्क दे डाला रत्ना ने कि नरेन्द्र झनझना कर रह गया। रत्ना मानेगी नहीं, दरअसल वह अपनी कुलीनता हर मौके पर दिखाना चाहा करती है, अपनी श्रेष्ठता का सिक्का बिठाने के चक्कर में रहती है। भीतर भाषण खाने से अच्छा है बाहर कुछ हवा खा आयी जाए।

"गुस्सा हो गये?"

"एक बात कहूँ—तुम जितना समय मेरे बारे में सोचने में लगाती हो, उतना अगर अपने बारे में सोचने में लगाओ तो बेहतर होगा। मैं जैसा हूँ, ठीक हूँ।"

बाहर निकलते हुए नजरें रत्ना की ओर यों ही चली गयीं। सामने मुस्कराती, गहरी-गहरी, अपनत्व-भरी आँखें। नरेन्द्र के तीखे बोलों का कुछ असर नहीं। यही तो मुश्किल है...यह औरत नहीं, पता नहीं क्या है! वह तो बम्बई में बहुत साथ रहता नहीं, वरना यह तो पिघला-पिघला पर नरेन्द्र को साफ ही कर दें। नरेन्द्र को ठेस पहुँचाए बिना उसे नीचा दिखाए बिना, सर्र से अपनी बात निकाल ले जाती है। नाराज भी नहीं होती। अच्छा ही है उसकी बड़ी-बड़ी बातें पूरी तरह नरेन्द्र की समझ में ही नहीं आती। रत्ना के डर जो हैं, वे नरेन्द्र को हवाई लगते हैं, जैसे ही ये धर्म-अर्म छोटे-बड़े ढकोसले। सीधी-सी बात है—आदमी मेहनत करे, खूब कमाये, मौज-मस्ती मारे। नरेन्द्र में यह मौज-मस्ती जैसे पिता श्री कौशलनाथ का एक हाथ आगे विस्तार है। वे पुरानी टाइप के व्यापारी थे, नरेन्द्र नये युग का बिजनेसमैन है, फाइव स्टार होटल की कल्चर से परिचित, उसका पूरा फायदा उठाकर चलने वाला। वह फटाफट आगे बढ़ रहा है...पिता से मिली थोड़ी-सी सम्पत्ति से ही देखते-देखते, कस्बे से उठकर बम्बई में कंस्ट्रक्शन का खासा कारोबार खड़ा कर लिया है उसने, उसके परिवार के लोग चिल्लाते ही रह गये—अरे यह ठेकेदारों का काम है, हम सेठों का नहीं। रत्ना नरेन्द्र की सफलता देख रही है, वह आगे बढ़ रहा है तो अब ब्रेक की बात करती है...

महाराजश्री चौक से आगे निकल कर नरेन्द्र सड़क पर आ गया और सामने की ओर चलने लगा। कैसी साफ हवा!...बम्बई में यह कहाँ मिलती है। यहाँ

आओ तो पूजा-पाठ की जगह यह हवा धड़कन फेफड़ों में भरना चाहिए...बस!

पीछे छूट गयी रत्ना। नरेन्द्र कहता तो ठीक है—वह अपना क्यों नहीं सोचती। नरेन्द्र का भविष्य, उसका सुधार, इसी के लिए चिन्ता उसे रहती है। क्या वह स्वयं विकास के उस स्तर पर पहुँच गयी कि अब आगे अपना कुछ नहीं, सिर्फ दूसरे का ही सोचना सोचना है। या वह भी सिर्फ उपदेश साधु-सन्तों की तरह व्यवहार कर रही है, या आम पत्नी की तरह पति पर अपने अधिकार को बढ़ाती चली जा रही है...और कुछ नहीं। रत्ना की अपनी तलाश क्या है? नरेन्द्र ही क्या उसका सब कुछ है, कि उसके सुधार के लिए वह इतना चिन्तातुर रहती है...या कि इस बहाने सिर्फ वह अपनी तलाश पर पर्दा डाले हुए है, स्वयं को भुलावे में रखती है।

शैलजा वाली टोली ने अपना मनचाहा सिलसिला बैठा लिया था।

टैंट में रहने का मज़ा तो ठीक पर उनसे यह नहीं होगी कि बड़े सवेरे उठो और भीड़ के साथ लुकाठी हाथ में लिये बूढ़ों की तरह चलो। या कि जैसे रोज सवेरे-सवेरे 'मॉर्निंग वाक'! स्वास्थ्य बनाना ही दुनिया में सबसे बड़ा काम हो गया। कुछ लड़के-लड़कियों ने वह एकाध बार किया भी, पर देखा कि बेकार था—इतने सवेरे जागना, इतनी दूर पैदल चलना और आखिर जहाँ पहुँचे वहाँ न देखने को कुछ, न करने को ही। कुछ इस किस्म की लीलाएँ की जाएँगी जो मज़ाक-सा लगे—जैसे बूढ़ी औरतें गुड्डा-गुड़िया खेलें। इससे अच्छा था कि जम कर सोया जाय। दस बजे करीब उठे, फिर जो मन हो वह किया। सिर्फ जिस दिन यात्रा एक पड़ाव से उठकर नये पड़ाव के लिए चले, उस दिन मजबूरी थी—इधर टैंट भी उखड़ना और उधर नयी जगह कहाँ पता लगाते फिरेंगे। तो एक दिन भीड़ के साथ चल लिये। यह अनुभव भी होता चला और आयोजकों को भी तसल्ली कि टोली यात्रा के साथ है। इन दिनों को छोड़कर, सब अपने-आप पर—जिसे जहाँ जाना हो, जो करना हो। एक ग्रुप म्यूजिक का सामान थैलों में भरकर जंगल को निकल जाता। जो ज्यादा शौकीन थे, वे चुपचाप कहीं से खाने-पीने का सामान मार लाते—बियर, जिन या रम और बिग-बाइट, हौट डौग, हैम्बर्गर और सैंडविचैस। फिर कहीं पेड़ों के नीचे या पहाड़ी या झील के किनारे बढ़िया पिकनिक! ये चतुर लड़के-लड़कियाँ थे। वे समझ गये थे कि यात्रा वाले जब टैंटों में म्यूजिक पर रोक लगाते हैं तो शराब-मांस की खुशबू पाते ही तो रोने-चिल्लाने लगेंगे। यात्रा से निकाल दिये गये तो पैसे बेकार गये...तो उन्हें दिये पैसों का एवज टैंट-लाइफ का तो मज़ा निकालते चलो, कम से कम। वे अपना काम बहुत चुपचाप और होशियारी से करते। शराब और नानवैज सब जगह मिलता भी नहीं था। सही अड्डे मालूम होना चाहिए जिनकी अपनी सप्लाई आगरा से होती थी। बाकी चीजें

तो उनके बड़े-बड़े थैलों में छिपी रहती थीं, पर बियर की बोतलों के बजने का खतरा होता था...इसलिए बियर कम-से-कम, रम या जिन ज्यादा। जिस दिन बियर का मूड़ हुआ, उस दिन खरीद कर उधर ही कहीं सीधे जंगल में। तीसरे वर्ग वे थे जिनके शौक और भी खास थे। ये मन्दिरों बगीचों और कुओं के आसपास संन्यासियों को टोहते घूमते, किसी साधु के साथ गांजा-चरस का सिलसिला बैठ जाए। साधु को कुछ रुपए पकड़ा दिये, अब वह करेगा इंतज़ाम। जब तक यात्रा वहाँ टिकी है तब तक के लिए मामला जम गया। कभी-कभी ऐसे भी साधु मिल जाते जो यात्रा में साथ-साथ चलते। तब तो चिन्ता की कोई बात ही नहीं। साधुओं के लिए भी आकर्षण था—पैसा और नौजवान, थोड़ा अधेड़ साधुओं के लिए ऐसी टोली में आयी लड़कियाँ। वे जानते थे कि ये लड़कियाँ काफी चालू चीज होती हैं, इनके वे नाज-नखरे नहीं होते और कुछ तो ऐसे अनुभवों की फिराक में घर से निकलती हैं।

तो थैलों में दिन भर का राशन-पानी भरकर निकल दिये। जहाँ कोई बढ़िया छायादार या लुकी-छिपी जगह दिखाई दी, वहाँ जम गये। घास पर या चट्टान से टिककर गाना-बजाना, नाचना-थिरकना। खाना-पीना भी साथ-साथ चला दिया। थक गये तो वहीं छाया में कहीं लोट लगाकर सो गये। जागे तो थोड़ा इधर-उधर घुमाई। किसी ने कोई सस्ता जासूसी या सैक्सी उपन्यास निकाल लिया, किसी ने कार्टून किताब या कॉमिक्स...बस दिन कट गया। शाम को वापस यात्रा के पड़ाव पर...वहीं बाजार में कुछ खा लिया। रात को मौसम ठीक हुआ, चाँदनी हुई तो छोटी-मोटी टोलियाँ या दो-दो के जोड़े सड़क के आस-पास कहीं बिछ गये। जिनका मन हुआ वे यात्रा वाले कार्यक्रम देखते-सुनते रहे।

वे तेरह लड़के-लड़कियाँ थे, सभी रईसघरों के। अपने माँ-बापों से रोज का खर्चा अधिकार मानकर लेते थे। जब चाहे कहीं जाने का अपना अधिकार भी उन्होंने बड़ी जल्दी पहचान लिया था। माँ-बाप गलती से टोक बैठे तो एक जैसे तर्क, एक जैसी भाषा में—"डैडी! आई एम नॉट एक किड। मैं अपनी देखभाल स्वयं कर सकती हूँ, मुझे अपना अच्छा-बुरा खुद तय करने दीजिए।" पिकनिक पर जाना व्यक्तित्व के विकास के लिए जरूरी था—अपने हमउम्र लड़के-लड़कियों के साथ रोज-रोज उठना-बैठना, हर स्तर पर उनसे टकराना...इंटरएक्शन! इससे आत्मविश्वास आएगा। पिकनिक पर जो खर्च आये, वह जाहिर था कि माँ-बाप को भरना था क्योंकि वह शिक्षा का ही हिस्सा था। जहाँ पैसा कोई सोचने की चीज ही न हो वहाँ वह बाप-बेटों के बीच विवाद का कोई मुद्दा भी नहीं बनता था। कुछ माँ-बापों को तो उल्टे अच्छा लगता था कि लड़के-लड़कियाँ थोड़ा लम्बे अर्से के लिए निकल जाएँ। कुछ को जरूर उनके बहकने की चिन्ता रहती थी तो वे स्वयं को यह दलील देते थे कि गिर कर ही तो उठना सीख सकेंगे वे। कैरियर की

चिन्ता उन्हें बहुत नहीं थी–लड़कों को घर के जमे-जमाए व्यापार या धन्धे में लग जाना था, लड़कियों की शादी हो जाएगी, नहीं तो इस तरह का कोई कैरियर जैसे विज्ञापन, पत्रकारिता, इंटीरियर डेकोरेशन। इन दिनों लड़कियों में पत्रकारिता के लिए क्रेज था। कुछ नहीं हुआ तो समाज-सेवा से जा जुड़ेंगी।

शैलजा का सांस्कृतिक परिवेश कुल मिलाकर यही था पर थोड़ा फर्क के साथ। रुपये-पैसे की कोई कमी नहीं, घर में पश्चिम और आधुनिकता का प्रभाव ...लेकिन भारतीयता भी घर से निकाले न निकली। माँ बहुत पढ़ी-लिखी नहीं थी। पिता ने अपना जीवन पश्चिम के रंग में रँगा, पर माँ की जीवन-शैली में दखल भी नहीं किया। शैलजा के पिता-माता में बहुत फर्क है–माँ अपने छोटे-से घेरे में ही चक्कर लगाने वाली, उसी में खुश, उसी में दुःखी, जबकि पिता बराबर खुले हुए, नया सीखने के लिए हमेशा तैयार, बड़ा दायरा उनका। भारतीय संस्कारों में पले होने के बावजूद वे पश्चिम की कितनी चीजों के हिमायती हैं–वहाँ की उन्मुक्तता, जीवन को भरपूर जीने की लालसा, अपने निर्णय स्वयं करने की स्वतन्त्रता, आत्मनिर्भरता, आत्मविश्वास। वं एक अन्तर्राष्ट्रीय कम्पनी में बड़े अफसर हैं। तौर-तरीके में एकदम आधुनिक, आज की शब्दावली में सफल व्यक्ति होने के बावजूद व्यसनों से दूर। पार्टियाँ कभी-कभी आपके का हिस्सा हो सकती हैं, कभी-कभी मनोरंजन का जरिया भी, लेकिन रोज-रोज पार्टियाँ फिजूल समय बर्बाद करना है, जैसे कि होटलबाजी फिजूल रुपए बर्बाद करना है। नयी पीढ़ी का पश्चिमी संगीत और नाच की तरफ लुढ़कना उन्हें पसन्द नहीं आता। शैलजा उन्हें अक्सर शाम को अकेले ह्विस्की का गिलास लिये चुपचाप भारतीय क्लासिकल संगीत सुनते देखती। उसे हैरत होती पर सोचती आखिर पापा हैं तो पुरानी पीढ़ी के एक सीमा के आगे बदलने की उम्मीद उनसे कैसे की जा सकती है। यही काफी था कि शैलजा या शैलजा के भाई पर अपना कुछ नही थोपते। पिता का मानना है कि सिर्फ इसलिए कि कोई आपका लड़का या लड़की है, माँ-बाप को यह अधिकार तो नहीं हो जाता कि उन्हें अपनी जायदाद समझें, या जबर्दस्ती किसी खास दिशा में हाँके। जीवन लड़के-बच्चों का है तो वे ही जानें। हस्तक्षेप कम-से-कम करना...यह पिता का दृष्टिकोण है और इसी को लेकर शैलजा के माता-पिता में अक्सर झड़पें भी हो जाती हैं। बच्चों को ऐसे छुट्टा छोड़ देना–इसे माँ ठीक नहीं समझतीं। यह माँ-बाप का अपनी जिम्मेदारी से भागना है।

दोनों की जो झपटें चलती रहती हैं, उसका फायदा ही हुआ है शैलजा को। व्यवहार के स्तर पर कोई उसके मामलों में दखल नहीं करता, वह स्वतन्त्र है। पीछे-पीछे चलती माँ-बाप की बहसें उसे यह अहसास भी दिलाती रहती हैं कि उसे यों ही लावारिस नहीं छोड़ दिया गया, उसके लिए माँ-बाप को चिन्ता है, वे उसे चाहते हैं। जहाँ शैलजा के दूसरे साथी अपने माँ-बाप से कटे हुए हैं, शैलजा बराबर

जुड़ा महसूस करती है।

एक और मायने में शैलजा अपने साथियों से फर्क है। वह कान्वेंट में पढ़ी जरूर...पर पढ़ाई में उसका स्तर हमेशा औसत से ऊपर का रहा। जहाँ उसके कितने और साथियों की पढ़ाई उनसे नाम के वास्ते ही हिलगी हुई है, शैलजा अपनी पढ़ाई को गम्भीरता से लेती है। वह अंग्रेजी में एम. ए. कर रही है। वह आधुनिक, पश्चिमी तौर-तरीकों वाली लड़की जरूर बन गयी है, पर जैसे उसके ज्यादातर साथी गहरी पढ़ाई के अभाव में उथले-उथले रह गये, वैसा शैलजा के साथ नहीं हुआ। बी. ए. में मनोविज्ञान और एम. ए. में अंग्रेजी साहित्य...इस लिए शैलजा ने वह-वह पढ़ा कि अब उसे सस्ती या बहुत सरल किताबों में मज़ा नहीं आता। उसे ताज्जुब होता है कि इस उम्र में उसके अन्य साथी कैसे जासूसी या कि कॉमिक्स से मन बहला लेते हैं। शैलजा के साथ हमेशा कोई-न-कोई उपन्यास रहता है—कभी डिकेंस, तो कभी तोलस्तोय। पापा ने कहा कि उसे भारतीय क्लासिक्स भी पढ़ना चाहिए। उसने भगवद्‌गीता का अंग्रेजी अनुवाद उठाया भी, पर फेंक दिया...बोर! उसे लगता है भारतीय क्लासिक्स बुढ़ापे में पढ़ने की चीजें हैं। वह तेईस वर्ष की उम्र में बूढ़ी क्यों हो जाए? बूढ़ा कभी भी क्यों हो आदमी—जीवन फटाफट भागता हुआ होना चाहिए। 'फास्ट लाइफ'...सेक्स के अर्थ में नहीं, 'मूवमेंट' (गति) में फास्ट। शैलजा कॉलेज जाती है, शाम को अपने दोस्तों के बीच उठती-बैठती है, सिनेमा जाती है, किसी भी दोस्त के यहाँ वीडियो देखने भी बैठ जाती है, डिस्को पार्टियों में जाती है और जब भी मौका मिला तो इस तरह की पिकनिक में भी चली जाती है...दिनों-दिन बाहर। वह जब जहाँ चाहे, जाती है। यों ही नाचते-गाते, घूमते-घामते बीतनी चाहिए जिन्दगी। चारों तरफ सब कोई खुश-खुश। लड़के-लड़कियों के सम्बन्ध बनते हैं, बिगड़ते हैं, टूटते हैं...फिर नये बनते हैं। ग्रुप के शोरगुल में पता ही नहीं चलता। कोई सम्बन्ध बुझना शुरू हुआ तो भीड़-भड़क्का, गाने-बजाने में वह भी खो गया। अच्छा है—सिर्फ 'पॉजिटिव' के लिए फुर्सत, 'निगेटिव' के लिए समय ही क्यों हो, वह यों ही हवा हो जाए। उसके लिए क्यों कोई स्वयं को गलाए। इसलिए शैलजा की दुनिया में किसका किससे चल रहा है, यही है जो पता चलता है...'बाकी ऑफ'!

कहीं किसी किस्म का दबाव नहीं, रोक नहीं। जीवन कल-कल बहते पानी की तरह...साफ, सामने की ओर दौड़ता हुआ।

रघुनाथ प्रसाद उर्फ रघु, उर्फ रघु भैया बेचैन हैं। दिमाग की नसें खिंची जा रही हैं...कितने तरह के विचार और उनकी कितनी तरह की उलट-पलटें। पास उनकी धर्मपत्नी—ब्राह्मणी...निर्विकार। उसे देखकर रघु की बेचैनी और भी बढ़ जाती है।

कभी-कभी तो दिमाग का तनाव उनके शरीर पर थपेड़े मारता होता है—लगता है अब उनका शरीर एकदम से उछला, बन्दर की तरह छलाँग लगाकर वह पेड़ पर जा चढ़ा और अब जिस डगाल पर बैठा है, उसे ही मच-मचाये डाल रहा है...और रघु नीचे खड़े देखते रह गये हैं!

पत्नी को जिस बात का सबसे ज्यादा फायदा हुआ है, वह है उसका अज्ञान... और रघु जिसके मारे हुए हैं वह है उसका ज्ञान। कॉलेज से ही मेधावी थे। खूब पढ़ा उन्होंने, कोर्स के बाहर का, और जैसा कि अधिकांश मेधावी नौजवानों के साथ होता है, रघुनाथ भी कॉलेज में ही मार्क्सवादी हो गये। किसी कैरियर के लिए पढ़ाई करना व्यर्थ था क्योंकि वह तो इसी पूँजीवादी व्यवस्था का अंग ही होगा। पहले व्यवस्था बदलो, सो राजनीति में सक्रिय भाग लेना था। पार्टी के जाने-माने और जुझारू कार्यकर्ता हो गये। उन्हीं दिनों माँ-बाप ने रघु भैया की भाग को धीमा करने के लिए उनके गले में ठिंगरा डाल दिया...ब्राह्मणी घर में आ गयी। रघु भैया फिर भी अपने रास्ते दौड़ते चले गये। खूब पढ़ने और मौलिक सोचने का शौक बढ़ता चला गया। वैसी ही धुन में पार्टी को एक बैठक में कुछ ऐसी स्थापना कर गये कि भारत में मार्क्सवाद को भी परम्परा से परहेज नहीं करना चाहिए क्योंकि परम्परा के बिना भारतीय की कोई अस्मिता ही नहीं है। बस, तभी से चढ़ गये पार्टी वालों की निगाह में रघु। उन लोगों को जरूर चाहिए थे बौद्धिक, पर इतने भर कि मौलिक तो कतई न हों और मार्क्सवाद ओढ़ने को ही आधुनिकता समझें...भीतर से चाहिए थी वैसी ही अन्धानुभक्ति जैसी एक आम भारतीय में भगवान के लिए होती है। यह आदमी तो जरूरत से ज्यादा बौद्धिक था। रघु को नीचे खिसकाया जाने लगा। पहले दबे-दबे, फिर खुलकर अपमान किया जाने लगा। एक दिन पार्टी से निकाल भी दिया गया।

रघु कविताएँ और लेख लिखने लगे। सम्मेलनों से भांय-भांय बोलने लगे। अब उनकी हर साँस से मार्क्सवाद का विरोध निकलता था। विरोध में वे ऐसी-ऐसी युक्तियाँ, तथ्य ढूँढ़ लाते कि विपक्षी तिलमिला कर रह जाते, श्रोता या पाठक हैरत में पड़ जाते। बौद्धिकता का तेवर तो था ही...रुख जरूर अब दूसरी तरफ का हो गया था।

कुछ वर्षों में उन्हें ये सम्मेलन, लेख, साहित्य, कविता-अविता सब बेकार लगने लगा और वे एकदम दुनियावी व्यक्ति बन कर शेयर-दलाली में बैठने लगे। सीधा-सादा परिवार को समर्पित जीवन। कुछ काम-धन्धा बैठाया जाय जो लड़कों-बच्चों के काम आये। हवाबाजी बहुत कर ली। तो कुछ सालों वह किया—आर्थिक दशा सुधरी, घर बन गया। एकाएक एक दिन उन्हें लगा कि वे यह सब फालतू क्या किये जा रहे हैं। वे तो बने थे संस्कृति के लिए! तो अपने छोटे लड़के को कामकाज सौंप, उधर को कूद गये। और देखो तो रघु भैया कभी नाटक मंडली के

साथ, कभी संगीतज्ञों के साथ! एक कत्थक नृत्यांगना से उनकी काफी दोस्ती हो गयी और वे उसके नृत्य के लिए गीत या प्रस्तावना-साहित्य तैयार करने लगे। विद्वान थे ही और ईश्वर ने उन्हें अच्छी स्मरण-शक्ति दी हुई थी—एक से एक कार्यक्रम उनके मार्गदर्शन में हुए, लेकिन संस्कृति से भी उचट गये रघु, जब देखा कि यहाँ भी लोग बजाय केवल संस्कृति को समर्पित होने के अपने-अपने कैरियर के चक्कर में हैं। वे रघु का इस्तेमाल ऊपर पहुँचने के लिए करना चाहते हैं। कोई पैसे के लिए कर रहा है, कोई यश चाहता है, तो कोई यश मिलने पर अपने क्षेत्र में नम्बर एक होना चाहता है।

इधर से उधर, उधर से इधर अपनी दौड़-प-दौड़ में रघु जिसे करीब-करीब भूले रहे थे, उसकी तरफ अब उनका ध्यान गया...ब्राह्मणी। अरे! वह भी थी! इन तमाम वर्षों वह क्या करती रही...रघुनाथ भाई को नहीं मालूम। एक काम जरूर वह करती दिखाई देती थी। घर में एक छोटा-सा मन्दिर बना रखा है, वहाँ अपने ठाकुर—बालमुकुन्द को पूजती है। दोपहर तक ही चार बार पूजा हो जाती है—सवेरे चार बजे मंगला के जगाने से शुरू करके। मन्दिर में ही दो-तीन तरह के बँटे रख दिये हैं जिनमें किसी में मेवा तो किसी में मिसरी...बालमुकुन्द को बीच में भी भूख लगे तो खा लें। भोग तो पूरा आधा घंटे चलता है...आदमी को इससे कम समय लगता है क्या भोजन करने में! तब ब्राह्मणी मन्दिर का पट डालकर, फिर कमरे के भी किवाड़ लगाकर बाहर बैठ जाती है और गाती रहेगी—"जेंवत कान्ह नन्दजी की कनियां! कछु खावत, कछु धरणि गिरावत..." बनिया होते हुए भी ऐसी वैष्णवी की क्या कोई ब्राह्मण होगा। इसलिए रघुनाथ ने अपनी पत्नी को नाम दे दिया था ब्राह्मणी।

अपनी पूजा-पाठ में ब्राह्मणी इतनी मगन रहती है कि रघु की उचक-कूद तो दूर, वे कब कहाँ हैं...कोई मतलब नहीं। कभी-कभी तो जैसे वह भूल ही जाती है कि रघु हैं। वैसा ही अपने को लड़कों के प्रति भी...ब्राह्मणी को देखकर लगता ही नहीं कि कभी उसने ही इन लड़कों को पैदा और बड़ा किया जो आज अपना घर बसाये अलग रहते हैं। एक शहर के बाहर नौकरी पर है, दूसरा रघु का व्यापार देखता है, ऊपरी तल्ले में रहता है। कभी पोते-पोती आ गये तो ब्राह्मणी ने हँस-बोल लिया, कुछ हुआ तो खाने-पीने के लिए दे दिया। अपनी तरफ से न कभी बहू को बुलाएगी, न बच्चों को। रसोई ब्राह्मणी ने शुरू से ही अपनी अलग रखी, क्योंकि ठाकुर का भोग लगाकर ही खाना है, सो जूठ-मीठ का सवाल उठता है। रघुनाथ शहर में हुए तो ब्राह्मणी अपना प्रसाद (खाने को प्रसाद ही कहती है) पाने के पहले उनके लिए भी निकाल कर रख देती है। वे जब आयें, निकाल कर खा लें। देखा कि नहीं खाया है, तो वे प्रसाद को दान कर देती हैं। न यह पूछना कि कहाँ थे, न यही कि खाना खाया या नहीं। यह व्यवस्था तभी से चली आ रही

है जब से छोटे की बहू घर में आयी और ब्राह्मणी ने उन लोगों का इन्तजाम ऊपर करके स्वयं को मुक्त किया। रघु को भी यह प्रबन्ध माफिक बैठा क्योंकि इसमें उनकी स्वतन्त्रता बची रहती थी।

रघुनाथ ने जब ब्राह्मणी को गौर से देखा तो वह उन्हें विशिष्ट लगी। कितनी महिलाओं से सम्पर्क हुआ, पर वे विशिष्ट बनने की इतनी कोशिश करती थीं कि साधारण हो जाती थीं। यहाँ यह औरत...कि साधारण में साधारणतर बनते-बनते विशिष्ट हो गयी। जीवन में करीब-करीब उपेक्षिता रही, पर वैसा बिल्कुल नहीं महसूस करती। उसे जैसे कभी कुछ नहीं चाहिए था...और इधर तो वह अपने में पूर्ण होने का आभास लिये हुए दिखाई देती है; जबकि रघु हैं कि पता नहीं किस चाह, किस तलाश में कहाँ-कहाँ मारे घूम रहे हैं। रघुनाथ सारा जीवन अपने कर्म की तलाश करते रहे, जो किया वह झुँझला कर ही। दूसरी तरफ यह औरत अपना काम ऐसे करती चली गयी कि कहीं कोई आवाज नहीं—कितने सालों गृहस्थी चलायी और बच्चों के सँभलते ही पहला मौका पाकर उनका सिलसिला अलग जमाया और मुक्त...सब बे-आवाज! न किसी के मन में कटुता फैली, न कुछ! कहा—'भाई, हमारा चल भी जाए, हमारे ठाकुर का न चलेगा'। बस, बात खत्म।

ब्राह्मणी वैष्णवी का जीवन जी रही है। हर कर्म प्रभु को समर्पित, जो भी है वह उनका प्रसाद। ब्राह्मणी का बालमुकुन्द ही उसका सब कोई...बाकी माया, निस्सार। रघुनाथ इसके पीछे जो दर्शन है, उसे समझते हैं—ब्रह्मवाद है, सब कुछ परमात्मा है। वही सृष्टिकर्ता और सृष्टि भी वही। वही पालनकर्ता, और जिसका पालन किया जा रहा है वह भी वही। वही संहारकर्ता और जिसका संहार हो रहा है वह भी वही। जहाँ कहीं भी भगवान का सेवक अपने भगवान की सेवा शुरू कर देता है, वही बैकुंठ है। इसलिए सब कुछ प्रभु को समर्पित कर देना चाहिए। ब्राह्मणी ये बड़ी-बड़ी बातें नहीं समझती, फिर भी और किस आसानी से उसने इन्हीं सब बातों को जीवनचर्या में उतार लिया है, श्रद्धा और विश्वास के रास्ते चलते हुए धीरे-धीरे भावना के स्तर पर बिठा लिया है। रघु केवल समझ सकते हैं, व्याख्या कर सकते हैं।

इधर पाँच-छह वर्षों से रघु देख रहे थे कि ब्राह्मणी वैसे ही बे-आवाज, बिना नागा के अपना कार्यक्रम ब्रज-यात्रा का बना लेती है और खिसक जाती है। रघु सामने हुए तो सूचना दे दी, नहीं तो ऊपर बहू को खबर कर दी—'बाबूजी का खाना-पीना देख लेना, जब तक हम लौटकर घर न आवें।' कभी यह भी नहीं कि फलाँ तुम चलो या कि तुम चलो।

रघुनाथ इस बार पीछे लग लिये। पत्नी के साथ यात्रा पर निकल आये... तनिक देखें तो? जानते-बूझते तो हैं...पास से भी देखें।

शुरू के दिन उत्साह में निकल गये। कुछ और दिन यहाँ के स्थलों की कथाएँ

सुनते-सुनाने में—ब्रजयात्रा के पीछे जो परम्परा है, परम्परा के पीछे जो दर्शन है... उसे खोजने और उससे लाभान्वित होने में। और अब जैसा हमेशा होता है उनके साथ, उखड़ रहा है मन। ठीक है आदमी-औरतों में उठ-बैठ लिये, उन्हें कुछ सुना-उना दिये...लेकिन उसके बाद? बड़ा खोखला लगता है रघु को। वे क्या कोई साधारण गोस्वामी की तरह प्रवचनकर्ता हैं? ये आदमी-औरतें तो निरक्षर भट्टाचार्या हैं—वे सुनेंगे, वह चाहे सत्य नारायण की कथा हो या रघुनाथ का परम बौद्धिक विश्लेषण...सुनते जाएँगे, शायद आत्मसात् करने की भी उन्हें जरूरत नहीं, गुनना, प्रश्न करना तो दूर की बात। रघु बड़ी से बड़ी बात कह जाएँ, उधर मात्र श्रवण-रस...उसके आगे कुछ नहीं! सिर्फ इसी लायक रह गये रघु...यहाँ आ लगे वे!

सूरज पूरा उठकर अब दूसरी दिशा में उतर रहा था। पालों के भीतर लोग-बाग भोजन के बाद की तन्द्रा और आलस्य में पसरते जा रहे थे। जैसे वह कोई थकी हुई सेना थी जिसके वहाँ खेमे लगे थे।

क्या हुआ रघुनाथ का जीवन? लोग उन्हें उसी जगह छोड़कर आगे-आगे जाते रहे। अब वे जहाँ है, वहाँ जैस न वे किसी से जुड़े हुए हैं, न कोई उनसे। लड़कों की शिकायत है कि वे तो हमेशा से ही दूसरी दुनिया के व्यक्ति थे...अव्यावहारिक। अपनी सन्तानों के लिए उन्होंने कुछ नहीं किया, हमेशा दूसरों-दूसरों के पीछे, उन्हीं के काम से दौड़ते रहे। ब्राह्मणी...? वह तो शायद रघुनाथ को सोचने लायक चीज भी नहीं समझती। ठीक भी है। रघुनाथ ने ही किन दिनों और कितना यह सोचा कि घर में पत्नी नाम की कोई चीज़ है। उसे अपने साथ लेकर चलना तो दूर, कब वे सिर्फ यह सोचकर जल्दी घर लौटे कि ब्राह्मणी को देर से आना खराब लगेगा। कौन जाने उनकी मनमौजी तबीयत और आवारा दिनचर्या देखकर ही उस बेचारी ने अपने लिए यह रास्ता निकाला हो! अब जब वह अपने में मस्त हो गयी है तो क्यों सोचे रघुनाथ के बारे में...क्या सिर्फ इसीलिए कि पतिदेव वृद्धावस्था की ओर उन्मुख हैं और जल्दी ही उन्हें अब ब्राह्मणी की जरूरत होगी।

घर के लोगों के लिए वे हमेशा बाहर के आदमी रहे। और बाहर...बाहर किस विभाग, उपविभाग—राजनीति, पत्रकारिता, साहित्य, संगीत, नृत्य, नाटक-नाटिकाएँ—इनमें से किस दुनिया के हैं वे? यहाँ वे पहुँच जाएँ तो लोग उन्हें चीह्न लेंगे, उन्हें बड़े होने का आदर देंगे? रघुनाथ कहीं के नहीं...किसी के नहीं। इतना भी नहीं कि वे अगर कुछ लेकर बैठ जाएँ तो फिर उन्हें किस व्यक्ति की जरूरत नहीं होगी। वे इस तरह पूर्ण हो जाएँगे जैसे ब्राह्मणी अपने ठाकुर की सेवा करते हुए पूर्ण हो लेती है। इन्हें जरूरत पड़ती है लोगों की...कोई उन्हें सुनें, कोई बात करने वाले हों, जो रघु ने पढ़ा-समझा, उसे ध्यान से सुन तो ले कोई, सीखने-समझने का धैर्य किसी के पास नहीं है तो भी...

कैसा गढ़ा प्रकृति ने उन्हें...लड़के के बच्चों में डूबो तो बस दो-चार दिन ही

निकल सकते हैं। पढ़ो तो कितना...दो-चार घंटे ही। लिखना तो कब का छूट गया। अब तो कुछ नहीं होता...रह-रहकर बकबकाहट छूटने लगती है, लगता है कि फौरन ही कहीं पहुँच कर उल्टा-सीधा जो भीतर कलथ रहा है, उसे उगल न डाला तो...

और पात्र-कुपात्र से बोल चुकने के बाद, बकबकाहट के उपरान्त...खाली, मन विषाद से भरा। भीतर कहीं यह भी अचकचाहट कि जो वे कहते रहे, इतना जोर दे-देकर कहते रहे, उसमें कितना सही है, कितना ऐसा ही जिसमें वे सचमुच विश्वास करते हैं! क्या ज्यादा कुछ ऐसा नहीं निकल गया जो बोलते हुए हो जाता है, तर्क-शृंखला बनाते-बनाते कितना झूठ निकल जाता है।

वे अपने प्रति भी सच्चे नहीं हैं, नहीं हो सके...कुछ नहीं हो सके।

क्या करें रघु?

वे उठकर पाल के सामने धूप में ही टहलने लगे। पाल के भीतर ब्राह्मणी अपने में व्यस्त थीं।

जहाँ सी-100 से आगे की संख्या वाले पाल हैं, उस गली में एक तरफ रामप्रसाद अभी तक सोया है। चटाई...पूरी आदमकद वह भी नहीं। शरीर के ऊपर पटरे की एक फटैलू चादर, जिससे रात को अपने डंडे को भी उढ़ाकर रखता है। डंडा उसके पाँचफुटा कद से थोड़ा ही छोटा है। सवेरे उठते ही सबसे पहले वह डंडा को थथोलता है...जैसे कि दुनिया में अब यही है जो उसका हो। सवेरे वह कई-कई बार में उठता है...पहली बार जो उठेगा तो तंग आकर—पता नहीं बाहर की आवाजें जो यात्रा के पड़ाव में सवेरे से होने लगती हैं, उनसे या कि अपने भीतर की आवाजों से खीझते हुए। चिकटे और उलझे हुए खिचरहाँ बाल जो बढ़कर और चिकटते-उलझते जाते हैं, जटा की तरह लटक रहे हैं अब। एक हाथ से उन्हें ऊपर कर वह उसी को कान पर ले जाता है और आसमान की तरफ थूथन करके चालू हो जाता है, दूर कहीं के लिए भरपूर देता हुआ—"लड़ाई चालू रखना...लड़ाई चालू रखना...हम जीती पार्टी...दिमाग से लड़ाई चालू रखना, होशियारी से रहना, अपने घर को बचाये रखना, खूब दिमाग से रहना..."

उसके बाद वह दनादन गोलियों की रफ्तार से गालियों की बौछार करता है—"ससुरी हरामजादी, खसम कर ले, दस-दस कर ले...लैले...पा ले...बड़ा माल धरा है...उसकी आँख फूटैगी...माल पर मर गयी साली...मरते-मरते मार गयी, कीड़े पड़ेंगे...घर कड़कड़ा कर गिरेगा, चरपइया दो टूक हो जाएगी, निवाड़ कोड़ा बनैगी ...कोड़ा बनैगी, साला हरामी ऊपर से देखता है, देखता है, हँसता है...ले...ले..."

आसमान की ओर मुँह करके रामप्रसाद जैसे ईश्वर पर थूकता है और फिर

चादर में दुबककर सो जाता है, या सोने की कोशिश करता है। दोबारा उठा तो फिर वही कान पर हाथ लगाकर मुँह आसमान की तरफ करके दे हिदायतों पर हिदायतें या फिर गालियाँ। वातावरण में लहरियों द्वारा पता नहीं किसे और कहाँ रामप्रसाद अपने ये सन्देश भेजता है, ईश्वर को या खुद को? जब बोलते-बोलते थक जाता है तो या तो फिर सोने की चेष्टा करता है या फिर जमीन के उस चौखट पर बैठ अपनी खाल को जहाँ-तहाँ नोचेगा...सोराइसिस की बीमारी है तो खुजलाते-खुजलाते नोचने लग जाता है और एक जगह को तब तक नोचता चला जाता है जब तक वहाँ खून नहीं आ जाता।

सोराइसिस और सवेरे-सवेरे वातावरण के रास्ते यह मार करने के अलावा कोई तीसरी बीमारी रामप्रसाद को नहीं है। वह पास के एक कस्बे में प्राइमरी स्कूल का अध्यापक था। शादी हुई, एक लड़का भी और उसके बाद पत्नी ने उजागर जाना शुरू कर दिया। जिस रफ्तार से पत्नी मोटी हुई, उसी रफ्तार से रामप्रसाद दुबराता गया। धीरे-धीरे अपना हौसला बुलन्द करती हुई पत्नी ने अपने चहेते को भी रामप्रसाद के घर में रखना शुरू कर दिया...और उसी के सामने प्रेम-व्यवहार! पत्नी के प्रेमी ने अपने कसरती शरीर का फायदा उठाते हुए रामप्रसाद को डराना-धमकाना शुरू किया...ऊपर से छुरा कि कहीं अगर जुबान खोली तो...

रामप्रसाद ने मसोस-मसोस कर पाँच-छह वर्ष निकाले। इस बीच पत्नी ने जबर्दस्ती दस्तखत कराकर इस्तीफा लिखा लिया, प्राविडेंट फंड का सारा रुपया निकलवाकर चाट डाला और रामप्रसाद को चुसे हुए नींबू की तरह बाहर फेंक दिया। डरे-डरे अपने जिस लड़के को छाती से चिपकाए हुए रामप्रसाद ने वे पाँच-छह वर्ष गुजारे थे, उसे भी पत्नी ने अपनी तरफ फोड़ लिया। उसके लिए भी वही तौर-तरीके जो रामप्रसाद के साथ...इतना डराओ-धमकाओ कि आदमी की जाति ही न रहे, कुत्ता बनकर वह-वह करता चला जाए तो आप कहते हैं...

अब रामप्रसाद को घर क्या, अपने शहर में ही जाने की मनाही है। पत्नी और उसके प्रेमी की धमकी है कि वह उस बस्ती में देखा गया, या किसी से कुछ बोला तो लड़के को मार दिया जाएगा। रामप्रसाद मथुरा में पड़ा रहता है, कहीं जाने को रुपये-पैसे नहीं होते तो जहाँ किसी यात्रा का पता चला, साथ हो लिया और फिर बहता चला जाता है यात्रा के साथ-साथ...नहीं मालूम कहाँ जा रही है, या कि कहाँ रुकी पड़ी है। इतना मालूम है कि वापस मथुरा जाएगी। पहले चिल्ला-चिल्लाकर ईश्वर को सुनाया करता था, फिर कहीं से सुना कि आवाज की भी लहरें होती हैं... रेडियो उन लहरों को ही तो पकड़ता है, हम अपना सन्देश इन लहरों के रास्ते भी कहीं से कहीं पहुँचा सकते हैं...तब से रामप्रसाद दिन बोलता है, रात बोलता है, नियम से बोलता है। जिसे गालियाँ देता है उसे गालियाँ, जिसे चिट्ठियाँ भेजता है उसे चिट्ठियाँ। खाने-पीने, सोते रहने की कोई चिन्ता नहीं...जब जो मिल गया।

आवाजें ऊपर फेंक चुकने के बाद रामप्रसाद सामान्य आदमी है। अगर कोई उसका किस्सा सुनने को बैठे तो वह सुनाएगा...बीच-बीच में फिर सन्देश भेजने लगेगा। कभी किसी ने लड़ते-झगड़ते नहीं देखा, गलत जगह टट्टी-पेशाब करते नहीं देखा। यहाँ तक कि भीख माँगते नहीं देखा। भूख आसानी से महसूस नहीं होती रामप्रसाद को, जब होती है तो जाकर या तो मन्दिर के दरवाजे खड़े हो गये या किसी दुकान के बाहर...निःशब्द...। कुछ है कि लोग समझ जाते हैं, प्राण धारण करने लायक मिल जाता है। रामप्रसाद कभी-कभी आधा सोते-जागते सोचता है कि उसका बेटा लछमन जब बड़ा हो जाएगा तब उस राक्षस को बाहर निकाल देगा, रामप्रसाद को ढूँढ़कर घर ले जाएगा। घर छोड़ तीन बरस हो गये...तीन या कि चार, लछमन कितना बड़ा हो गया होगा अब तक...

रामप्रसाद गिनने लग जाता है पर गिनने में गड़बड़ा जाता है, फिर बकबकाकर हाथ कान पर रख रेंकने लगता है–

"लड़ाई चालू रहना है, लड़ाई चालू रहना है...अपने को बचाये रहना...घर को बचाए रखना...दिमाग से रहना, एकदम दिमाग से रहना...।"

दिमाग से रहना...कहीं दिमाग से रहते-रहते ही तो नहीं रामप्रसाद की यह दशा हो गयी कि उसे अब इन सन्देशों पर ज्यादा भरोसा हो गया है।

कितनी यात्राएँ कर डाली रामप्रसाद ने। कभी-कभी तो साल में तीन-तीन। जो सामने आयी उसी में चल दिये, एक से दूसरी में सरक गये, दूसरी से फिर पहली में लौट गये।

"बल्लभ कुल की बलिहारी, जब देखो तब तैयारी..."

कभी लोग या शृंगार की तैयारी, कभी दर्शनों की तैयारी, कभी लीला या प्रवचन की तैयारी...तो कभी प्रस्थान की भी तैयारी...ब्राह्ममुहूर्त से चल रही है, चल रही है!

आखिर नन्दगाँव के लिए कूच हो गया। अपना-अपना सामान पाल वाले को थमा, फिर सब निकल पड़े—ज्यादातर पैदल, कुछ पीछे-पीछे ताँगों में भी। कोई नंगे पैर तो कोई सुबह घूमने वाले कपड़े के जूतों में। कोई लुकाठ लिये, तो कोई सिर्फ अपने पैरों पर भरोसा किये। जहाँ-तहाँ से उठते कीर्तन के समवेत स्वर! वातावरण में प्रातःकाल की शान्ति, स्फूर्ति, जैसे कोई दिव्य वितान ऊपर तना हुआ है।

यात्रा का डेरा पान सरोवर में लगाया गया था, जिसे पानरी सरोवर भी कहते हैं। पहुँचते ही स्नान के लिए जाने की तैयारियाँ होने लगी। चौबे लोग अपने-अपने जजमानों की स्नान के लिए ले जा रहे थे। पान सरोवर में श्री नन्दरायजी ने वस्त्रादि का दान किया था, इसलिए लोग यहाँ अपने-अपने पुरोहितों को दान करते

हैं। सरोवर में जहाँ-जहाँ संकल्प हो रहे थे। कोई-कोई पण्डित लोग अपने जजमानों को सरोवर का महात्म्य समझा रहे थे। 'पान सरोवर, मानसर और सरोवर चन्द्र। प्रेम सरोवर चार ये ब्रज में कहि जगनन्द' जल्दी कर जिजमान। नन्दराय के मन्दिर में जन्म-महोत्सव होनी है। जल्दी कर...और जी खोल के दान कर। श्री नन्दराय जू नै हैंईं दान कियो हौ। पूरे ब्रज भूमि में दान करबे ते हूँ जो पुण्य नांय मिल सकै, वो यहाँ करबे ते मिल जायगो। जल्दी कर..."

स्नान के बाद पहाड़ी की चोटी पर श्री नन्दराय जी के मन्दिर में। पहाड़ी को शिव का रूप मानते हैं। मन्दिर में दर्शन कर यात्री जगमोहन में आते जा रहे थे। जगमोहन के चारों ओर खुला हुआ प्रांगण...गोखदार चारदीवारी से घिरा हुआ। सब उसी प्रांगण में जहाँ-तहाँ बैठ रहे थे।

नन्दोत्सव आरम्भ हुआ। बालकों ने चौंतरे पर स्थान ग्रहण किया। दधि कादों से भरे घड़े सामने रखे गये और बालकों ने उड़ाना चालू कर दिया। चारों तरफ आनन्द और रस की लहरियाँ दौड़ने लगीं। यात्रियों में से कुछ लोग उठकर भाव में तरंगित होते हुए चौंतरे की परिक्रमा करने लगे, उनमें से कुछ नाचते चलते थे। बीच-बीच में कुछ यात्री स्वयं भी बालगोपाल के भाव में आकर दधि कादों लूटने लगे। औरतें गा रही थीं...

"नन्द घर आनन्द भयो...

"नन्दमहर घर ढोटा जायो..."

यह आनन्द, आनन्द-रस...सुनन्दा अपने में नहीं उतार पाती। क्या उसकी जैसी स्थिति में कोई भी माँ इस आनन्द में भाग ले सकती है? उसे यह सब नाटक-बाजी लगती है। उठकर वह एक किनारे धीरे-धीरे चल देती है बाहर की तरफ़। प्रवेश द्वार पर पहुँचकर एक तरफ़ छतरी-सी दिखाई देती है। वहाँ एकान्त है, उसी तरफ को बढ़ जाती है।

छतरी से बरसाने में श्री किशोरी जी के महल दिखाई दे रहे हैं...संकेत के राधारमण और संकेत-बिहारी के मन्दिर। उधर वह...शायद वह बदरौला जू का गाँव है...प्रेम सरोवर! और उस तरफ...वहाँ शायद वहीं हरियाली में कहीं छिपी बैठी है साँकरी खोर!

फिर पीछे! कहते हैं जब आगे देखने को कुछ नहीं होता तभी हम मुड़-मुड़कर पीछे देखते हैं, सिर्फ पीछे। एक हादसा हमेशा-हमेशा के लिए भविष्य की ओर खुलते कपाट बन्द कर गया। सुनन्दा का कोई भविष्य नहीं। उसके पास कुछ नहीं, सिवा अतीत की इस गठरी के?

किशोर को उठा लिए जाने के बाद माँ भी तो कभी फिर वह न हो सकी थीं जो वे थीं। जैसे पत्थर की कोई बहुत बड़ी सिल उनकी छाती पर चौबीसों घंटे रखी रहती। फटी-फटी आँखों से वे बराबर बाहर की तरफ तकती रहतीं...शायद कोई

एकाएक आ जाए—'लो यह रहा तुम्हारा किशोर!'

उस तरह कहती नहीं थी, लेकिन स्वयं को अपराधी महसूस करती थीं...अगर किसी एक व्यक्ति का दोष है तो उनका ही, नन्दन जब से गया था तभी से खटका लगा हुआ था, उन्हें सतर्क रहना चाहिए था। सतर्क वे रहती भी थीं। किशोर को गोद में लेकर ही चौके में जातीं। एक छोटी-सी चूक इतनी बड़ी निकल गयी! चौके तक...मात्र बीस कदम, और इतने में ही जीवन कहाँ-का-कहाँ निकल गया। कभी-कभी वे बिलख कर कहतीं भी—"बिटिया, मैं ही तेरी सबसे बड़ी दुश्मन हूँ। ब्याह हो जाने दिया उस निखट्टू से, ऊपर से बच्चा भी गँवा दिया।" कभी कहतीं—"प्रारब्ध है, और क्या कहें। उस दिन किशोर को चौके में लेकर गयी होती तो क्या पता कुछ और हो जाता! जब राम ही सहाय नहीं थे।"

"क्यों नहीं हुए तुम्हारे राम सहाय?" सुनन्दा चीख पड़ती—"तुमने या मैंने उनका क्या बिगाड़ा था जो हमें यह मिला? इस पर भी तुम उस नीच को पूजती रहती हो?"

"न...न...बेटी, ऐसे अपशब्द! ऐसा नहीं कहते, न सोचते हैं।"

"क्यों नहीं...अगर वह कुछ भी करने को स्वतन्त्र है तो हम कुछ भी कहने को!"

"नहीं बेटी, नहीं! मैं अपढ़...तुम्हें समझा नहीं सकती...पर विश्वास बनाए रखना, हर हाल में बनाए रखना बेटी!" वे घबरायी हुई कहती थीं, जैसे कि जो हुआ, उससे भी भयानक कुछ हो सकता हो। माँ से क्या उलझा जाता। उनकी तसल्ली के लिए सुनन्दा यही कर सकती थी कि बहस में न पड़े, दूर हो जाए। पर क्या प्रारब्ध वाकई होता है...क्या चौके में साथ लेकर जाना, न जाना—ऐसी छोटी-छोटी बातों से प्रारब्ध जुड़ा होता है, क्या कोई आपसे वैसा ही कराता है...ठीक वैसा! नहीं, ये सब मनगढ़न्त बातें हैं, स्वयं को सन्तोष देने की—ऐसा हुआ तो यह प्रारब्ध, वैसा हुआ तो वह!

जो हो...चौके तक के उन बीस कदमों ने, एक नहीं, दो-दो जीवन में एक लम्बी उमर जितना फासला तय कर डाला। माँ की बात क्या, सुनन्दा ही एकाएक बूढ़ी हो गयी। माँ तो फिर सँभल ही न पायीं। एक तन्द्रा-सी उन्हें बराबर घेरे रहती। जागते-ऊँघते अक्सर बुदबुदाती होतीं—'यह दाग नहीं जाएगा। और नहीं ढोया जाता प्रभु, चलते-फिरते पाप के इस गट्ठर को उठा लो अब!'

माँ से कोई कुछ नहीं कहता था तो जैसे उन्हें और भी ज्यादा महसूस होता था। उनका बोलना धीरे-धीरे कम होता गया जैसे कोई सोता भीतर-भीतर सूख रहा हो। सुनन्दा के पास तो अपने को समझा लेने के लिए फिर भी काफी कुछ था, माँ के पास क्या था?

माँ घुलती रहीं...जैसे किशोर नहीं था तो अब वे भी नहीं रहना चाहती थीं।

मृत्यु की आकांक्षा जैसे कोई पी ले और फिर उसी के नशे में डूबे-उतराए। सुनन्दा को तब समझ में आयी थीं वे कितनी कहानियाँ, जहाँ मृत्यु का वरण किया जाता है और तब लगा था कि यह मात्र कल्पना नहीं थी कि लोग स्वेच्छा से मर सकते थे। थोड़े-बहुत उपचार के बाद ही सुनन्दा समझ गयी थी कि कोई लाभ नहीं था...माँ को नहीं बचाया जा सकता था।

सुनन्दा के लिए माँ का होना कितने महत्व का था—यह बात माँ में भी उतर सकती तो शायद उनमें जीवितेष्णा जागती, लेकिन माँ के यहाँ तो जैसे सिर्फ उठाया जाता किशोर रह गया था या फिर वे, उसे बचाने की कोशिश करती हुई...लुटी हुई। स्वयं को तिल-तिल घिस डालने के अतिरिक्त उनसे और कुछ नहीं होता था, जैसे यही था जो उनके जीव पर जो धब्बे लगे थे, उन्हें धो सकता था। अन्तिम दिनों में वे करीब-करीब विक्षिप्त रहने लगी थी। आधी रात को उठकर भी किवाड़ खोल देतीं और चबूतरे के इधर-उधर कोनों में कुछ ढूँढ़ती हुई घूमती...या चबूतरे से चौके, चौके से फिर चबूतरे तक चक्कर लगती रहतीं। चौके में कुछ खुखयातीं, फिर सहसा जैसे उन्हें कुछ याद आता तो बाहर चबूतरे की ओर दौड़ पड़ती...

उस रोज पूरब में पौ फटने को थी और माँ हमेशा की तरह फटी-फटी आँखों से बाहर की तरफ ताक रही थीं...कोई आएगा...कोई आया क्या? कई दिनों से खाट से आ लगी थीं। एकाएक बहुत तेजी से चारपाई छोड़ने को हो आतीं कि सुनन्दा और रश्मि, जिसे वह डर की वजह से घर में लिटाने लगी थी, माँ को दबाकर चारपाई में फिर चिपका-सा देते। कैसी छटपटाहट! कितनी बार रश्मि और सुनन्दा ने जोर-जबर्दस्ती कर माँ को चारपाई पर खींच कर लिटाया। आखिर थक कर वे हलकी नींद में उतर गयी थीं। जागीं तो शान्त थीं। चैतन्य एक बार फिर लौट आया था, शायद अन्तिम बार। और तब उन्हें जैसे याद आया कि सुनन्दा भी थी कहीं, बोलीं—"नन्दन गया तो किशोर था। किशोर गया तो अच्छी-बुरी जैसी सही मैं थी। अब क्या होगा मेरी बेटी का...नारायण! तुम्हीं देखना...।"

खुली आँखें डबडबा आयीं...और फिर वैसी बनी रही...कटोरों में जैसे आधे तक पानी, शेष आधा खाली...शून्य।

वैसी ही खुली आँखें लिये माँ सूरज निकलने के पहले-पहले चली गयीं।

माँ कुछ दूर तक और चलतीं...कुछ और कट जाती सुनन्दा की। आखिर में एक यही है जो नजर आता है—बीतते चलना, बीत जाना! इस बीतने का क्रम भी जैसे एक-सा होता है सबका। पहले बड़े उत्साह से ममत्व, प्रेम-स्नेह के ताने-बाने बुने जाते हैं। खींच-खांच से वे कितनी जल्दी टूट जाते हैं। फिर स्मृतियों में जिया जाता है। स्मृतियों से मुक्त होने के लिए फिर नये ताने-बाने, जो अब उतने अच्छे बुने भी नहीं जा सकते। फिर ये भी तहस-नहस! अब व्यक्ति जैसे तूफान से झकझोरे दरख्त की तरह फिर खड़ा होता है...और भी ज्यादा लहू-लुहान।

सुनन्दा इस मन्दिर में आज यहाँ आयी, यहाँ खड़ी हुई, कल आकर यहीं ढूँढ़े अपने पद चिह्न...हवा...इसके आगे कुछ नहीं। फिर क्या फर्क पड़ता है, कोई ऐसे जिये या वैसे!

सुनन्दा पड़ाव पर जब लौटी तो दोपहर चढ़ रही थी। महाराजश्री के चौक में कोई कार्यक्रम चल रहा था। भीड़ और उमस।

सुनन्दा सीधे अपने पाल की तरफ बढ़ गयी। भीतर पहुँचकर चटाई फैलाई, पाल के बाहर का पर्दा गिराया और लेट गयी।

माइक्रोफोन से निकलते हुए स्वर रह-रहकर सुनन्दा के पाल पर छप-छप मारते थे।

महाराजश्री वाले चौक के सोलह नम्बर का पाल आज खूब सजा है।

बाहर रंग-बिरंगा तोरण जैसा बनाया गया है। ऊपर आम के पत्तों के बन्दनवार, अगल-बगल लाल और पीले रंग के लम्बे-लम्बे कपड़ों और फूलों की झालरें झूलती हुई। तोरण के दोनों ओर कदली-स्तम्भ।

भीतर लम्बी-चौड़ी पिछवई पर टिकी श्रीनाथजी की बड़ी तस्वीर, दोनों ओर रखे कलश, कुछ पर प्रज्वलित बड़े-बड़े दीप। द्वार की तरफ एक किनारे दीवान, जिस पर मखमली लाल रंग का गलीचा बिछा है। सारी तैयारी किसी बड़ी पूजारचा जैसी लगती है। जो कहीं नहीं खप रहा है तो वह है यह दीवान श्रीनाथजी के इतने निकट! भगवान का विग्रह तो जमीन में, इतने पास यह उच्चासन किस हेतु?

पन्द्रह-बीस रइसों की एक टोली है। सभी पाल आस-पास। एक पाल को रसोड़े के लिए अलग से रख दिया गया है। दो रसोइये, तीन-चार नौकर साथ आये हैं जो इसी पाल में रसोई के सामान के साथ रहते हैं। पूरा 'मैस' साथ चलता है—सबेरे चाय से लगाकर रात के भोजन तक हर चीज का प्रबन्ध। दोनों समय के भोजनों के लिए रसोड़े वाले पाल के सामने पंगत-सी बैठती है। नाश्ता-चाय आदि सबको उनके अलग-अलग पालों में ही पहुँचा दिया जाता है। टोली अपना एक डॉक्टर भी साथ लायी है बाहर गाँव के डॉक्टर का क्या पता—जानता है कि नहीं, जानता है तो कितना! कौन जाने किसी दुश्मन से मिला हो!

आज कोई पूजा का आयोजन नहीं...महाराजश्री हैं जो निमन्त्रित हैं। महाराजश्री यों किसी पाल में नही जाते, लेकिन अगर कोई बड़ी भेंट स्वीकारने का धर्म निबाहना पड़े तो चले भी जाते हैं। यह टोली उन्हें लाल रेशमी थैली में कोई मोटी भेंट देना चाहती है। सबसे मिलकर इकट्ठा कर ली, एक को करना होता तो भारी पड़ता। बदले में महाराजश्री का आशीर्वाद सबको मिल जाएगा। वे महाराजश्री से प्रवचन का आग्रह करेंगे...कौन अलग से कोई पैसा लगना है।

काफी प्रतीक्षा के बाद महाराजश्री अपने प्रभा-मंडल के साथ पधारे। सबसे पहले उन्होंने श्रीनाथजी की संक्षिप्त-सी पूजा की, पश्चात् दीवान पर मखमली आसन ग्रहण किया। कुछ लोग अड़ोस-पड़ोस से भी आ गये और महाराजश्री के चरणों के पास रुपए रख-रखाकर प्रणाम करने लगे, कुछ साष्टाँग दंडवत। महाराजश्री मुस्कराते हुए सबको देख रहे हैं, सब मुग्ध हो महाराजश्री को। कुछ मिनटों ऐसे ही चलता रहा तो महाराजश्री ने आँखें मिचमिचाईं। शिष्य मंडली से एक ने टोली के प्रमुख को सोंचा। तब जैसे...कुछ भूला हुआ याद आ गया हो...थैली मँगायी गयी। टोली के प्रमुख ने थैली भेंट की। महाराजश्री ने अपने शिष्य को इशारा किया और आशीर्वाद स्वरूप उपरना और नारियल लोगों को देने लगे...टोली के सदस्य बारी-बारी से आते, महाराजश्री के चरण छूते, महाराज अपने शिष्य से उपरना लेकर उनके सिर या कन्धे पर रख देते और श्रीफल पकड़ा देते! जिन लोगों ने चरणों के पास रुपए रखे थे, उन्हें कुछ नहीं। महाराजश्री ने रुपयों की तरफ भी नहीं देखा। एक शिष्य ने जरूर चढ़ौना समेट लिया।

टोली के सब सदस्य हाथ जोड़े नीचे बैठे थे—हथेलियाँ जुड़ी हुईं, कोहनियाँ घुटनों पर, मुँह थोड़ा खुला...कि महाराजश्री कुछ बोलें जो कान तो कान, मुँह के रास्ते भी भीतर जाए! दुर्भाग्य कि महाराजश्री इशारा समझते हुए भी नहीं समझे, आशीर्वितरण के तुरन्त बाद शिष्य को इशारा किया, उसने रास्ता साफ किया और महाराजश्री अपने स्थान को पधार गये। वे ऐसे छोटे-छोटे से समुदायों से बोलने लगे तो हो चुका...प्रवचन जिन्हें सभी यात्री सुनते हैं उनमें तो उनके शिष्य, शिष्यों के शिष्य बोलते हैं! महाराजश्री तो वहीं पधारते हैं जहाँ प्रतिष्ठा की बात हो—जैसे जतीपुरा के कुनवारे में प्रभु को छप्पन भोग आरोगवाने। कभी-कभी यह छोटा-मोटा काम भी चलता है। अगर किसी पाल में पधारने मात्र से...

आदमी-औरतों को थोड़ी निराशा हुई। इस सारे इन्तजाम और सजावट में वे सवेरे से लगे हुए थे और मुश्किल से पन्द्रह मिनट में सारा खेल खत्म। रुपए बनाने में उनकी टोली में भी एक-से-एक हैं, पर महाराजश्री तो चुटकियों में ले गये। टोली वाले थोड़ा पस्त, थोड़ा विषाद में डूबे बैठ थे—पैसा जब जाता है तो ऐसा ही महसूस होता है।

चलो रे...आदमी-औरतो...चौक खाली है, गरबा जमा दिया जाय...

देखते-ही-देखते मैदान में गरबा नृत्य सम्पन्न होने लगा। लोग-बाग अपने-अपने पालों से बाहर निकल आये और घेरे में खड़े हो-होकर देखने लगे। भीड़ के एक कोने में गंगाधर लोगों को समझा रहे थे—"अरे भैया, कमाना जो है सो यहीं है, इस यात्रा में...बाकी बाहर तो खाना ही खोना है।" नरेन्द्र और उसका परिवार भी एक किनारे चिपका हुआ था।

"धर्म-उपदेश, प्रवचन, लीला, झाँकी आदि के अलावा अगर सब तरफ के नृत्य

भी यहाँ दिखाये जाने लगें तो कितना अच्छा रहे...” नरेन्द्र ने रत्ना से कहा।

“फिर तुम कहोगे फिल्मी गाने, या वीडियो सिनेमा भी दिखाया जाना चाहिए, और हर पाल में एक छोटा फ्रिज भी होना चाहिए जिसमें थोड़ा सोड़ा, थोड़ा बर्फ और थोड़ी...क्यों?” रत्ना हँस दी, कड़वी बात के नीचे-नीचे मिठास।

नरेन्द्र चुपचाप सामने देखने लगा।

शाम को टहलते हुए नरेन्द्र थोड़ा निकल गया था आज। पड़ाव की रोशनी और शोर पीछे छूट गये थे...आगे अँधेरा, पर नगर की सड़क उसमें भी अलग चमक रही थी। कोई पचास गज की दूरी पर पुलिया थी जिस पर एक सफेद धब्बा-सा उछला हुआ था। नरेन्द्र आगे बढ़ता गया, देखा कि एक व्यक्ति अकेला बैठा हुआ है। साफ-सुथरी पोशाक, शरीर खाते-पीते घर का, चेहरे पर शिक्षित होने की पहचान। परिचय हुआ...उधर सत्येन्द्र। दोनों यात्रा में हैं इसलिए जल्दी और अनायास ही उनके बीच अनौपचारिकता आ गयी।

नितिन के जाने के बाद नरेन्द्र किसी अपने जैसे आदमी से बात नहीं कर सका था। औरतों से एक-से-एक मीठी बातें कर लो, पर जब तक बराबर के आदमी से गपियाये नहीं, मजा नहीं आता। वह पुलिया पर सत्येन्द्र के बगल में बैठ गया। बातचीत चल पड़ी। यात्रा में आये हैं इसलिए बातचीत का पहला विषय यही होना था...यात्रा में तकलीफें, उसका उद्‌देश्य, वगैरह-वगैरह से होते हुए बात थोड़ा व्यक्तिगत स्तर पर उतरी—“आप अकेले आये हैं?” नरेन्द्र ने पूछा।

“हाँ।”

मैं तो सोचता था कि पत्नियों की खातिर यहाँ आदमी आते होंगे...जैसे कि मैं आया हूँ। आपकी पत्नी की दिलचस्पी नहीं, आपको इतनी...ताज्जुब है!”

सत्येन्द्र चुप रहा।

“आपका मन लग जाता है यहाँ?” नरेन्द्र ने आगे पूछा।

“थोड़ा-थोड़ा। आपका?”

“मेरा तो बिल्कुल नहीं लगता। मेरी बीवी को बहुत सुख मिलता है। मेरे लिए एक नेचुरल डिसिप्लिन-सा हो जाता है, स्वास्थ्य बन जाता है...इस कारण यहाँ आता हूँ और पड़ा रहता हूँ। पर सच बात कि समय बहुत मुश्किल से कटता है!”

“असल में हमारा-आपका नजरिया दूसरा है। जो चीजें उस नजरिये के माफिक नहीं आती, वे हमें नहीं दिखाई देतीं, या हम उन्हें देखते ही नहीं। आदमी वही देखता है न, जो उसे अच्छा लगता है, पर यह तो नहीं कि वे चीजें होती ही नहीं?”

“आपको दिखाई देती हैं?”

"कोशिश कर रहा हूँ, धीरे-धीरे...। अभी तक इतना ही समझ पाया हूँ कि उन चीजों की भी अहमियत मानना चाहिए, उन्हें देखना चाहिए।"

"क्या दिखाई दिया आपको?"

"इतना ही कि जो हमारे ये अशिक्षित भाई-बन्धु करते रहते हैं, जिन चीजों में डूबते-उतराते रहते हैं...उस सबको यों ही खारिज नहीं किया जा सकता। कुछ है उसमें..."

"ईश्वर दिख गये आपको क्या?"

नरेन्द्र भड़भड़ा कर पूछ बैठा। सत्येन्द्र को थोड़ा खराब लगा और वह उठने को हो आया।

"बुरा मत मानिए साब, बात यह है कि मैं हूँ खाने-पीने वाला आदमी और ये पेचीदा-पेचीदा बातें मेरे मगज में चढ़ती ही नहीं।"

"ऐसा नहीं है कि चढ़ती नहीं, हम चढ़ाना नहीं चाहते। शहर हमें यही सिखाता है कि जो गाँव-कस्बे का है, पुराना है, सब बेकार है। अगर हम उस सबको शिक्षा के बल पर खारिज करें तब भी समझ में आता है। सही बात यह है कि हम शहरालू अशिक्षित हैं, उतने ही अपढ़ जितने ये गाँव वाले, जो पूजा-पाठ करते दिखते हैं यहाँ। हममें उनमें बस इतना फर्क है कि हमारे पास थोड़ा पैसा है जिसके कारण हमारी ड्रेस थोड़ी झक्क होती है...या हमें थोड़ी भाषा आती है... अंग्रेजी। बस।"

सत्येन्द्र कड़ुवाहट में बोल गया, उसी लम्पटता से जैसे नरेन्द्र ने पूछा था... लेकिन बात ऐसे साफ-साफ रखी गयी थी कि नरेन्द्र को दिख गयी। वह भौंचक्का सा रह गया—सच क्या सिर्फ ड्रैस, रुपये और भाषा का फर्क है, उसमें और इन लोगों में जिन्हें वह जाहिल और जानवर मानता है?

"तो सभ्यता, तरक्की...ये कुछ होते ही नहीं क्या?"

"होते क्यों नहीं। आपके पास है यह सब और आप देख ही रहे हैं।" यह एक घमंड हमें देता है जो वैसा ही अन्धापन है, जो हमें इन लोगों में दिखता है। जैसे ये अपने अज्ञान के बाहर कुछ देखना-सुनना नहीं चाहते, वैसे ही हम भी बाहर न कुछ देखना चाहते हैं, न जानना...

"ऐसा नहीं कि मैं नहीं चाहता, पर जिसे देखो वह ऐसी बारीक-बारीक, ऊँची-ऊँची बातें बोलने लगेगा कि निंदास छूट उठे।"

"सुई को ढूँढ़ने के लिए नजरें गड़ानी पड़ती हैं जबकि हाथी तो सभी को दिख जाता है, न देखो तब भी। बारीकियत में जाए बगैर चलेगा कैसे,...और मुझे लगता है हम सब बारीक देखना भी चाहते हैं, मानें या न मानें। आपके आने के पहले मैं यही सोच रहा था कि कैसे यहाँ सब अपने-अपने ईश्वर को ढूँढ़ते हुए भटक रहे हैं, वे भी जो ईश्वर को नहीं मानते। ईश्वर माने भगवान ही नहीं, वह भी जिस पर हम

टिक सकें, जिसे पाकर लगे कि अब और किसी चीज की जरूरत नहीं रही...वह न सही तो कम-से-कम इतना कि हमारी झोली भर गयी।"

"मुझे तो नहीं लगता कि पैसे से बड़ा कुछ है जो आदमी को चाहिए। हमारी सारी जरूरतें इसी से पूरी होती हैं—गरीब की, अमीर की भी।"

"मैं भी यही सोचता था, पर यहाँ आकर कुछ और भी दिमाग में आने लगा है। हम पैसे को नहीं खा सकते...पैसे से कुछ और चाहिए न—चाहे औरत, चाहे खाना, चाहे शराब, चाहे वीडियो...और नहीं तो और पैसा तो चाहिए ही!"

"पर साब, एक बात बताइए...क्यों न चाहें हम? दुनिया में आये हैं तो क्यों न अपनी इच्छाएँ पूरी करें, मेहनत से पैसा कमाएँ, अपनी इच्छाएँ पूरी करें। क्या खराबी है इसमें?"

"कोई खराबी नहीं...पर मन न लगने की बात फिर क्यों करते हैं?"

"वह तो यहाँ हूँ इसलिए। बम्बई में तो यह सोचने की भी फुर्सत नहीं होती कि मन लग रहा है या नहीं।"

"अब कहा आपने। पहले तो आपका यहाँ मन नहीं लगता तो क्यों हैं आप यहाँ, क्यों आते हैं...इसके मायने कि आपके बाहर भी कुछ है, कोई चीज जो खींच लाती है। रही बात बम्बई की, तो मन वहाँ भी नहीं लगता होगा आपका! सिर्फ वहाँ आप अपने आप को यह सोचने की फुर्सत नहीं देते। यहाँ फुर्सत-ही-फुर्सत है तो सवाल ही सवाल हैं और आप घबरा उठते हैं। अगर देखना हो कि किसने कितना पा लिया तो इसकी परीक्षा इस तरह होती है कि कौन कितना और किस तरह खाली रह लेता है...सिर्फ अपने साथ रहने की हमारी कूवत कितनी है?"

जैसे किसी ने नरेन्द्र को पूरा-का-पूरा उठाया, अपनी चूंटिया में भरकर ऐंठा और भँवरिया खिलौने की तरह जमीन पर तिरछा फेंक दिया। अब वह चक्कर खा रहा था...घिन्न-घिन्न...। बाप रे! कैसे-कैसे सवाल हैं। सबसे अच्छा यही है कि सीधे-सीधे ठेकेदार, कारीगर, बेलदार, सीमेंट-ईंटों के बारे में सोचो और कुछ नहीं...

नरेन्द्र उठ खड़ा हुआ। इस तरफ और आगे अँधेरा था। पीछे जहाँ यात्रा रुकी थी वहाँ रोशनी का एक चन्दोवा-सा ऊपर तना हुआ था। नरेन्द्र किधर जाए—अँधेरे में जाने से डर लगता था और रोशनी से ऊब कर तो आया ही था इधर।

"बहुत अच्छा लगा आपसे मिलकर। मैंने कुछ अज्ञान में उल्टा-सीधा कह दिया हो तो बुरा मत मानिएगा। चलूँगा। पत्नी ने स्टोव पर कुछ खाना बना लिया होगा। आइए, कभी, मैं ए-25 में हूँ।"

"जरूर...अभी मैं बैठूँगा यहाँ, थोड़ी देर और।"

पुलिया पर बैठे हुए सत्येन्द्र नरेन्द्र को वापस पड़ाव की तरफ जाते देखता रहा।

"त्यों-त्यों प्रगट होत उर अन्तर काँच कलस जल झाईं"

"आयो एक बघम्बर ओढ़े करत नगर में फेरा
शीश जटा तन भसम रमाये, रावल माहि दरेरा..."

आसेश्वर महादेव के मन्दिर में एक बालक ने सत्येन्द्र को घेर लिया है—

"महादेव जी आये और जसोदाजू सों यों बोले कि ओरी मैया, हम तो तेरे लाला के दर्सन करिवे कैलास ते आये हैं, सो जसोदा मैया नै अपने दोनों हाथ जोड़ दिए कि नाथ तुम्हें लाला नाय दिखाऊँगी...जि रूप देखिकै लाला डरप जायगौ...सो महादेव बाबा दरसन की लालसा लैकें धूनी रमाय कै बैठ गये...जै श्री आसेश्वर महादेव...और बुरह्यौ आसकुण्ड...चलकै आचमन करो...।

आसकुंड...आशा! कोई आशा लिये आया है और उसे लिये-लिये भटक रहा है, कोई आशा को झिटकने आया है पर वह है कि और-और सटती चली जाती है और कोई नयी आशा पाल रहा है...

सुनन्दा...कई दिनों से दिखाई नहीं दी। दिखाई दी भी तो इधर से आयी और उधर से निकल गयी, सर्र से। सत्येन्द्र से दूर-दूर रहती है। कहीं को निकलेगी तो किसी छोटे-मोटे झुंड में शामिल हो कर ही। पाल में भी किसी-न-किसी महिला के साथ। ऐसा लगता है कि सत्येन्द्र से बचने के लिए ही उसने कुछ साथ बनाए हैं। सत्येन्द्र ने कुछ ऐसा अशोभनीय तो नहीं किया जिसके लिए सुनन्दा का ऐसा व्यवहार हो, फिर? क्या पता अनजाने कुछ मुँह से निकल गया और वह सुनन्दा को आहत कर गया हो। सत्येन्द्र को जानना चाहिए...इसलिए दूसरे दिन उद्धवक्यारी के लिए जब सवेरे-सवेरे यात्रा निकलने को हुई तो सत्येन्द्र ताक में रहा— कब सुनन्दा तैयार होकर अपने पाल में निकलती है। सुनन्दा बाहर आयी कि वह पीछे हो लिया। रास्ते में उतरते-उतरते दोनों साथ थे।

आँखों से नमस्कार। सुनन्दा के होंठों पर हल्की मुस्कान, बराबरी से चेहरे पर

उभरती चली आती उलझन की झाईं, जिसे उसने फौरन ही दबा दिया।

"आप नाराज हैं क्या मुझसे?" सत्येन्द्र ने सीधे-सीधे पूछा।

"अरे...नहीं तो। आपसे किस बात पर नाराज होऊँगी?"

"मैंने ऐसे ही सोचा...दूर-दूर रहती हैं, इसलिए।"

"हमेशा पास न रहना कभी-कभी दूर रहना जैसा लगता है। फिर अपने ही घेरे में चलते रहो तो यात्रा में जो और तमाम तरह के लोग हैं उनका पता ही नहीं चलेगा। इसलिए हर जगह ताकना-झाँकना चाहिए।"

सुनन्दा के स्वर में चुलबुलाहट...सवेरे के चहक भरे वातावरण में वह खपता था। हल्की ठंडक थी, पिछले दिन और रात की उमस के बाद...अच्छा लग रहा था। ऐसी सुबह, किसी का भी मन हल्का-फुल्का होगा। सत्येन्द्र जरूर थोड़े तनाव में था...जब तक सुनन्दा के व्यवहार की ग्रन्थि सुलझा नहीं लेता।

"ऐसा लगता है जैसे आप मुझसे बचने की कोशिश कर रही हैं। ईमानदारी से बताइए, नहीं है ऐसा?"

"आपसे बचना? उल्टे, आपने मुझे बचाया है। सिर्फ़ मैं नहीं चाहती कि..." सुनन्दा का स्वर गम्भीर हो गया।

"क्या...?"

"आपके उपकार का बदला नहीं चुका सकती तो किसी तरह आपको कहीं से कभी आहत करने का कारण बनूँ।"

"ऐसा क्यों सोचती हैं कि आहत करना ही होगा।"

"मैं स्वयं को जानती हूँ...एकदम खाली हो चुकी हूँ। बिल्कुल दम नहीं बचा। इसलिए बचती हूँ, अपने आपसे।"

चुलबुलेपन के आधा इंच नीचे ही...सत्येन्द्र को अफसोस हुआ। सुनन्दा आज जिस हलके-फुल्के मन को लेकर चली थी उस पर सत्येन्द्र ने इतनी जल्दी भारीपन लाद दिया।

वे जल्दी निकल आये थे। यात्रियों की असली मोटी धार अभी पीछे आना थी। चार छह लोग जा रहे थे, कोई सौ गज आगे। इसी तरह काफी पीछे औरतों का झुंड था, जहाँ से सामूहिक कीर्तन के बोल उठ रहे थे—"अब अति थकित भयो मन मेरो..."

"ऊद्धवक्यारी जाने की रास्ता तो यही है न?" सुनन्दा ने पूछा।

"हाँ यही है।"

आपको कैसे मालूम?

"क्योंकि लोग आ भी रहे हैं और जा भी रहे हैं...पीछे और आगे। आपने देखा कि हर रोज हम नयी जगह के लिए निकलते हैं—नया रास्ता। रास्ता बताने वाला कोई नहीं और जरूरत भी नहीं पड़ती। लोग रुक-रुक कर बहती हुई पानी की धार

की तरह रास्ते में उतरते, फिर फासले-फासले पर चलते जाते हैं। दूर सामने कोई-न-कोई झुंड जाता दिखता ही रहता है...बस आप भी वही रास्ता पकड़े रहिए।"

"रास्ते भी तो कौन दस-बीस हैं। वही एक दो, गिने-चुने, घिसे-पिटे!"

"आप हमेशा ही थकान की बात ऐसे करती हैं जैसे बड़ी उम्र काट ली हो, सैकड़ों लोगों से आपका सम्बन्ध रह चुका हो।" सत्येन्द्र सुनन्दा को असली बात पर लाने की चेष्टा में था।

"उम्र की लम्बाई ही अनुभव के लिए जरूरी नहीं। कभी-कभी एक व्यक्ति ही आपके साथ वह कर जाता है कि फिर..."

"लेकिन हर व्यक्ति को उस जैसा ही मान लेना गलत है।"

"नहीं वह नहीं। मैं वैसा मानकर नहीं चलती।"

"फिर?"

सत्येन्द्र की आँखें सुनन्दा की आँखों से जा उलझीं। सुनन्दा टटोलती रह गयी—क्या था उनमें? बराबरी से जैसे शताब्दियों बाद सुनन्दा के अपने भीतर से कोई झंकार उठी...मुझे खींच लो...बाहर...मुझ से बाहर..."

नन्दन भी तो ऐसे ही देखता था। सुनन्दा तन उठी एकाएक। सामने...रास्ता कैसा ऊँचा-खाली है! कहीं समतल चलते-चलते एकाएक गड्ढा आ जाता है... पता नहीं कहाँ से, जैसे बीचोबीच यह पत्थर। वह देखकर चलने लगी, डग लम्बे कर दिये। सामने वाले झुंड तक तेजी से पहुँच जाए, जहाँ उनकी पृथकता डूब जाए!

"आपने कुछ कहा नहीं?" सत्येन्द्र ने कुरेदा।

"क्या..."

"हर सम्बन्ध एक जैसा ही तो नहीं चलता।"

"यही तो...आदमी औरत का शायद एक ही रास्ते जाता है—यही मुश्किल है। किस उठान से शुरू करते हैं और थोड़ा आगे जाकर जो छीछालेदर होती है कि पीछे का सब कुछ कितना हास्यास्पद दिखने लगता है।"

"आपका मतलब शायद प्रेम से है...वह तो होती ही इतनी विलक्षण चीज़ है कि हाथों में मुश्किल से ठहरती है, हमारे हाथ लुंजपुंज जो होते हैं। लेकिन प्रेम के अलावा भी तो बहुत कुछ हो सकता है, जैसे हमारे बीच..."

सुनन्दा की आँखें असँख्य प्रश्न-चिह्न खड़े करने लगीं।

"जैसे मतलब मुझी को लीजिए"—सत्येन्द्र कहता गया—"मेरे जीवन में गन्दगी ही गन्दगी रही—धन्धे की, परिवार में भी स्वार्थ की खींचातानी। स्वच्छता, पवित्रता, सात्विकता...ये भी कुछ हैं, मैंने यहीं आकर महसूस किया और काफी कुछ आपके सम्पर्क में ही..."

सुनन्दा सकुचा आयी, संकोच के नीचे आँच-सी देती हुई हल्की-हल्की पुलक। क्यों ऐसा हुआ कि नारी को हर बार ही अपनी पहचान दूसरों से पाना होती है। सत्येन्द्र कितनी तरह से बताता है कि सुनन्दा में यह है, वह है...पर कहाँ? उसे स्वयं तो कभी दिखाई नहीं दिया। अगर है तो वह मात्र सुनन्दा नहीं...कुछ और हो जाएगी! कितनी प्रीतिकर अनुभूति है यह!

नये दिन का आलोक आकाश में फैल आया था। ताजगी, उत्साह, पुलक से भरे पक्षी तरह-तरह की आवाजें करते हुए इधर से उधर जा रहे थे। एक तरफ से छोटे-मोटे हवाई जहाजों की तरह तोतों का एक झुण्ड सरसराता आया और चहचहाता हुआ निकल गया।

"आपने सच ही समझा था कि मैं बचने की कोशिश कर रही थी...इसी सब से, जो हमें इस तरह बाँधता चला आ रहा है। मुझे थोड़ा-थोड़ा मालूम था कि यह आएगा, आये बगैर नहीं रह सकता। मैं आपसे उतना नहीं जितना अपने आपसे बचने की कोशिश कर रही थी। असलियत यह है कि मेरे भीतर उत्साह नहीं बचा, किसी तरह का। मैं खुद को इस लायक भी नहीं पाती अब..."

"लायक वाली बात अपने लिए हम नहीं दूसरे तय करते हैं।"

"ये बड़ी-बड़ी बातें! जहाँ इन्हें व्यावहारिक स्तर पर ढालने को चलो तो वे फुस्स हो जाती हैं। आप विवाहित हैं। आपके परिवार, पत्नी, लड़के-लड़कियाँ हैं। उनकी अपेक्षाएँ हैं आपसे। मेरा-आपका मामला अब पति-पत्नी का भी नहीं हो सकता।" सुनन्दा ने बेहद कठोरता से कहा।

"क्या सिर्फ एक पति-पत्नी का ही सम्बन्ध होता है? और कुछ नहीं हो सकता क्या?"

"आप ही बताइए।"

"मैं नहीं जानता, इसलिए आपसे पूछता हूँ। कुछ नहीं हो सकता...दोस्त...?"

"एक सभ्य-सा नाम देने की कोशिश है, पर्दा डालने की कोशिश!"

"नहीं, साथ होने का अहसास...साथ बीतने का अहसास! जरूरी नहीं कि वे स्त्री-पुरुष ही हों। कोई दो जो एक-दूसरे से कुछ न लेकर उन्हें सिर्फ अच्छा-अच्छा देते हैं...दूर से। एक-दूसरे में रोशनी भरते चलते हैं। और नहीं तो एक-दूसरे को अपना दुःख सहते चलने, सहते हुए अपना काम करते चलने के लिए ताकत और स्फूर्ति देते हैं..."

सामने पेड़ों की पत्तियाँ सुबह की गुनगुनी हवा में झूल रही थीं।...जैसे किरणों के साथ मिलकर सुनहरे ताने-बाने बुनना चाहती हों। नीले आकाश के नीचे, हरी पत्तियों के पार, सुबह की उगती हुई पीली-पीली धूप—रंगों की कैसी झिलमिलाहट सुनन्दा के सामने...वह तिरती चली गयी।

"मैं नहीं जानता कि हमारा सम्बन्ध ऐसा हो सकता है, पर किन्हीं दो

विलक्षण स्त्री-पुरुषों में जरूर हो सकता है। मैं स्वयं को इतना भाग्यवान नहीं मानता कि मेरे जीवन में कुछ सात्विक का आभास भी हो। भाग्य होता तो इतनी गन्दगी ही क्यों आती हिस्से में...पता नहीं किस पुण्य के कारण झलक भर देखने को मिली।"

"आप तो एकदम साधारण आदमी की तरह बातें करने लगे। यह यात्रा का असर है!" सुनन्दा ने थोड़ा हँसते हुए कहा।

"हम शिक्षित भारतीयों के सोचने महसूसने का तरीका साधारण आदमी जैसा ही होता है। हमारी पश्चिमी शिक्षा है कि जो एक मुलम्मा-सा चढ़ा देती है, हमें भुलावे में भी रखती है कि हम ईश्वर नहीं मानते, भाग्य नहीं मानते वगैरह-वगैरह। कोई हल्की-सी हवा चली नहीं—कोई दुर्घटना या कोई अच्छी घटना, आप जैसे का साथ, इस यात्रा जैसी कोई चीज—कि फट से ऊपरी पर्त उड़ने लगती है...और हम देखते हैं कि अरे! हममें और एक गँवई-गाँव के आदमी में कोई बहुत ज्यादा फर्क नहीं है।"

पीछे से आदमी-औरतों का एक बढ़ता चला आता झुंड उनके पीछे आ लगा, उन्हें ऐसे तोप लिया जैसे बादलों के काफिले आसमान के साफ हिस्से को ढक लेते हैं—"बाई जी...राधे-राधे...आज सबसे आगे निकल आयी बहना...भैया जी जय श्री राधे!" कुछ अधेड़ महिलाएँ जो सुनन्दा को चीह्नती थीं, उनकी नजरें सत्येन्द्र को बींधने लगी। चेहरे पर निन्दा का भाव...जैसे भर्त्सना कर रही हों कि यात्रा में भी यह, नियम ग्रहण करने के बावजूद!

बात उठी थी पर आकार लेने के पहले ही छूट गयी! सत्येन्द्र उन महिलाओं के मोटे सोचने पर हँसता रहा। क्या जय-राधे...जय कृष्ण कहने की आदत डाल लेना ही यात्रा का अभीष्ट है, अपने लिए नये रास्ते की खोज नहीं। अगर इस तरह यात्रा में अपने लिए ऐसा कुछ साफ़ हो जाए जो पहले धुँधला-धुँधला था तो कितनी बड़ी उपलब्धि होगी। क्या पता यात्रा का जो असली आशय है वह यही हो, मूढ़ सिर्फ भगवान का नाम रटने को ही यात्रा का प्रयोजन मानते हैं। नाम—कीर्तन महत्वपूर्ण हैं—चैतन्य महाप्रभु की छाप यात्रा के अलग-अलग झुंडों में दिखाई देती है, लेकिन नाम-कीर्तन को बराबरी से हमारे भीतर भी तो धोते चलना चाहिए!

सत्येन्द्र धीरे-धीरे पीछे छूटता चला गया। बहना-बहना की बाढ़ सुनन्दा को समेटती हुई ले गयी...आगे। पीछे से आते यात्रियों की संख्या अब तेजी से बढ़ रही थी।

उद्धवक्यारी। वह जगह जहाँ उद्धव जी निर्गुण का उपदेश देते-देते स्वयं सगुण का रंग ओढ़े बैठे थे...पांडे वेद पढ़ावन आये!

शैलजा अपने ग्रुप से कट गयी है।

प्रवीन, आर. के., बौबी और नवनीत के साथ जाने के चक्कर में शैलजा ने ग्रुप की ट्रिप छोड़ दी थी। जाना था इन सबके साथ, पर चारों का चुप्पे-चुप्पे अलग प्रोग्राम बन गया...और वे उसे बिना बताए निकल गये। जाहिर था कि उनका स्पेशल प्रोग्राम था...जोड़े! वे कोई एक्सट्रा नहीं ले जाना चाहते थे। पूरा ग्रुप किस तरफ को गया था—यह शैलजा को ठीक-ठीक नहीं मालूम था। वर्ना शायद उसी तरफ निकल जाती। वह टैंट में ही रह गयी। किताब पढ़ते-पढ़ते बोर होने लगी थी बाहर निकल आयी और बस्ती की तरफ चल दी।

गन्दगी! जमाई गयी चीपों की गलियाँ, दोनों तरफ बहती नालियाँ। कहीं भी ईज करने बैठे बच्चे, हर तरफ घूमते गन्दे कुत्ते और सूअर। ऊपर से आदमी कैसा घूरकर देखता है—पैंट पहने कोई लड़की क्या आ गयी जैसे कोई सर्कस आ गया। यह भी है कि शैलजा को कुछ ज्यादा ही खलता है क्यों उसका शरीर थोड़ा मोटापे की तरफ झुका हुआ है और अब भी लोगों यों देखते हैं, उसे बराबर लगता रहता है कि वे उसके मोटापे का मजाक उड़ा रहे हैं। ये आदमी लोग आदी हैं कि औरतें झुककर चलें, सामने दुपट्टा, साड़ी का छोर जैसा एक्स्ट्रा कवर करें...मायफुट! मेल शॉवनिज्म! आदमी की औरत के ऊपर अपनी सुपीरियर्टी बनाए रखने की चाल...वैसी ही कि आदमी का यूरीनल तो खुला हो सकता है—जो चाहे देखे, औरतों वाला बन्द जरूर होना चाहिए!

यहाँ किसी के पूछने-पाछने का कोई सवाल ही नहीं था। पूछा तो और परेशानियों में पड़े। पहाड़ी के ऊपर मन्दिर अलग से दिख रहा था, सब जाते भी उधर को ही हैं। तेज-तेज कदमों से शैलजा मन्दिर की तरफ बढ़ गयी। वक्त ही तो काटना है। मन ही मन गांगुली को गालियाँ दे रही थी...कैसे प्यार से बोला था—देर हो रही है तो कोई बात नहीं, तुम प्रवीन वगैरह के साथ आ जाना...और और वह प्रवीन का बच्चा! साफ-साफ बता देता कि उन चारों का कोई अलग चक्कर था। शैलजा अकेली पड़ गयी। अब उस तरह अकेले मन्दिर की तरफ जाते हुए वह उदास थी। क्यों उदास है वह...सिर्फ इसलिए कि अकेली है, क्या उनकी जो भी मौज-मस्ती है, वह ग्रुप के साथ ही है?

जैसे कोई नुकीला काँटा तलुवे में चुभ गया। पहली बार वैसा कुछ खटका और जोर से खटका...यहाँ, इतनी दूर, जहाँ घर के लाड़-प्यार, या कि कॉलेज की चारदीवारी में दुबक कर जा बैठने की सुविधा नहीं थी!

क्या वह अकेले रह ही नहीं सकती, ग्रुप से अलग कुछ भी नहीं है वह, इतनी डिपैडेंट है कम्पनी पर?

ऊपर मन्दिर तक जाने वाली ढेर सीढ़ियाँ...कुछ कहो हमारे पूर्वज लोग मन्दिर अपने एक से एक जगह बनाते थे—चाहे जैने हों या हिन्दू। या जंगल में कहीं

छिपाकर कि रास्ता ही आसानी से न मिले या खूब ऊँचाई पर...सामने बराबर दिखाई दे, पर यह भी दिखाई दे कि पहुँचना मुश्किल है। या कोई पहाड़ी चुनेंगे या फिर कोई दुर्गम स्थान जैसे बद्रीनाथ केदारनाथ या वैष्णोदेवी का मन्दिर। शैलजा हिन्दू परिवार की है। जब छोटी थी तब मम्मी-पापा के साथ ऐसे कई मन्दिरों में जाना हुआ था। माँ घर में पूजा भी करती हैं। शैलजा बड़ी हुई तो उसने ऐसी ट्रिपों में जाना बन्द कर दिया...बेवजह तकलीफ उठाना, फालतू के रिचुअल्स। वह मम्मी से लड़ भी बैठती—"यह धर्म-अर्म सिफ ढोंगबाजी है। मन्दिरों में जाइए और पंडों से घिर जाइए...फिर आपकी बस एक ही चिन्ता—पंडों से कैसे छुटकारा पाएँ... ध्यान-प्रार्थना क्या खाक होता होगा? आरती बाकायदे बिकती है। आपके पास मोटी रकम हो तो सोते हुए भगवान को उठा दिया जाएगा। सेठ साहब के लिए जब कहिए विशेष आरती। जहाँ यह नहीं है, वहाँ एक बड़ी ही गहरी उदासी होती है जैसे चर्च में...तबीयत घबड़ाने लगती है—धर्म तुम्हें जीने की ताकत देने को है या कि मारने को।"

पता नहीं बचपन से कब किस मन्दिर या चर्च का ऐसा प्रभाव पड़ा कि शैलजा बड़े होते ही दूर से ही नमस्कार करने लगी। इन लोगों की बातें...जीवन... निस्सारता...माया...औल सो मौरबिड! बात शुरू करते ही चेहरा मुरझा जाए। इसलिए धर्म-दर्शन की बातों से कोसों दूर रखने लगी शैलजा अपने-आपको। अरे, क्या सोचना अगले जन्म का या मोक्ष का...जो सामने है उसे देखो, हँसी खेलो, मौज उड़ाओ। जो हमारे धर्म और दर्शन के हाल, वही संगीत के...क्या रोता हुआ उठता हैं, घंटों पिनपिनाएगा...तब जाकर कहीं दौड़ता-सा शुरू होगा। उसमें थोड़ा रस आया कि भड़भड़ाकर ठप्प। दूसरी तरफ पौप, रॉक म्यूजिक...वाओ! कितना फास्ट! क्या फड़कता हुआ संगीत। पापा कहते हैं वह इतना 'लाउड' है कि पागल के चिल्लाने जैसा लगता है...अब मम्मी-पापा ने टेस्ट कल्टीवेट नहीं किया तो क्या किया जाय, वरना वह कितना 'चियरफुल' है...जीवन का संगीत। हँसो, गाओ, खेलो, उचको नाचो...न कि मुँह लटकाकर बैठ जाओ और गाओ भी रोना जैसा। मम्मी-पापा और उनके दोस्त बराबर टोंचते हैं कि अपनी इतनी अच्छी परम्परा होकर भी नौजवान लोग पश्चिम की नकल करते दिखाई देते हैं। अब तुम्हारे पास आज की पीढ़ी के लिए, उनकी फास्ट लाइफ लायक कुछ नहीं है तो क्यों न हम जो हमें माफिक बैठता है उसे अपनाएँ। ये पुराने लोग अब भी पूर्व-पश्चिम के खेमे बैठाकर ही सोचते हैं...यह सब नैरोनेस इनकी पीढ़ी के साथ गुँथी हुई है जबकि आज का यूथ इंटरनेशनल है...नकल-वकल क्या, सब कुछ हमारा है।

वर्षों बाद आज शैलजा किसी मन्दिर की सीढ़ियाँ चढ़ रही थी, कुछ और करने को नहीं था इसलिए। सीढ़ियों के ऊपर पहाड़ी की हरियाली में सफेद-सफेद उछला हुआ नन्दराय जी का मन्दिर। भीतर डर की एक कँपकँपी छूटी...पंडे और अकेली

वह? चलो देखा जाएगा। दिन है कोई रात नहीं। उसे दर्शन करना ही नहीं, चढ़ाना कुछ है नहीं...वह तो ऊपर से नीचे का दृश्य देखने आयी है। टूरिस्ट है, तीर्थयात्री नहीं।

ऊपर पहुँची तो सब कुछ उसकी कल्पना से एकदम उल्टा था। उसे किसी पंडे ने भी नहीं घेरा...छोटे-मोटे मन्दिरों में बैठे बूढ़े-बच्चे जरूर वहीं से दान-दक्षिणा के लिए थोड़ा उकसाते रहे, पर जब वह मन्दिर के खुले प्रांगण पर आ गयी तो तंग करने वाला कोई नहीं। दर्शकों की एक टोली जो शैलजा से पहले ऊपर आयी थी, वह मन्दिर के हाल में दर्शन करके निकल रही थी।

उस ऊँचाई पर, पहाड़ की हरियाली में किसी सफेद नक्षत्र की तरह उछला मन्दिर। आसपास पहाड़ियाँ। नीचे इस पहाड़ी से चिपका हुआ-सा गाँव। मन्दिर का खुला प्रांगण, पीछे हाल-सा, जहाँ एक अधेड़ व्यक्ति हारमोनियम पर भजन गा रहा था। सिर्फ हारमोनियम...गहरी आवाज में उतरते मद्धिम स्वर...

शान्ति...शैलजा के मन-मस्तिष्क पर उतरती चली गयी। मूर्च्छा जैसी नहीं पूरा जागे हुए। जैसे भीतर के बिखरे हुए सभी तत्त्वों को किसी ने समेटकर एक में गूँथ दिया हो, घर में हर चीज करीने से सजा दी गयी हो। शैलजा कहाँ पहुँच गई थी! कुछ देर पहले जो बोरियत, कोफ्त, साथियों पर गुस्सा वगैरह था...सब हवा हो गया था। सिर्फ एक मिठास थी...उचकती हुई नहीं, थमी हुई।

वह प्रतीति सिर्फ एक क्षण-भर को रही, पर जैसे शैलजा को नहला गयी। उसने फिर पकड़ने की कोशिश की तो हाथ आयी कुलबुलाहट...क्या है यह? यहाँ तो मौरविडिटी एकदम नहीं है। वह भीतर दर्शन करने चली गयी।

भगवान श्रीकृष्ण और बलराम बीच में, एक तरफ नन्दबाबा, दूसरी तरफ यशोदा जी। सुन्दर मूर्तियाँ। बाईं ओर राधा जी भी।

यह तो नन्दराय जी का मन्दिर है न? यहाँ राधा जी कहाँ से आ गयीं?

अपना प्रश्न लिये हुए शैलजा जो सामने दिखा, उन्हीं की तरफ बढ़ गयी। बाहर प्रांगण के कोने में एक सज्जन अकेले बैठे थे। वे जिस इत्मीनान से बैठे हुए थे, उससे लगता था कि नन्दगाँव के ही हैं। शैलजा ने अपना प्रश्न उनकी तरफ झड़ से फेंक दिया।

"राधा जी कहाँ नहीं हैं।" उनका उत्तर था।

"लेकिन उनका मन्दिर तो बरसाना में है?"

"हाँ...श्री जी का मन्दिर।"

"श्री जी, राधा का नहीं है वह?"

"श्री भी राधा जी नाम है। जब श्रीनाथजी जतीपुरा में प्रकटे तो लाडिली जी वहाँ प्रकटीं। वही श्री, जो सबके नाम के पहले लगता है।"

"जी! श्री माने सुन्दरता।"

"हाँ...पर मात्र सुन्दरता नहीं, कह सकते हैं 'शोभा'...ऐसी सुन्दरता जो मुग्ध

करने के साथ-साथ उदात्त बनाती है, ऊपर उठाती है।"

वाह! क्या 'शेड्स' हैं...शैलजा अचम्भित हुई। राधा के नाम से भी हमेशा उसके मन में वही बात आती थी—मौरविडिटी! एक उदास विरहिणी की तस्वीर! यहाँ इस शब्द—'श्री' में तो कुछ उजला-उजला है।

"अंकिल! हम लोगों को एक बात समझ में नहीं आती। कृष्ण ब्रज छोड़कर चले गये तो राधा ही चली जातीं उनके पास...अगर उनका उतना प्रेम था। पर नहीं, कहते हैं वे यह जगह छोड़कर गयीं ही नहीं।"

"यह नहीं...वृन्दावन। वृन्दावन जाओगी न? स्वयं देख लोगी। वहाँ उनका अब भी निवास है। अब वहाँ यह न पूछने लगना...किस महल में वे रहती हैं। आप लोग कहानियों पर ही क्यों जाते हैं जैसे कृष्ण-राधा न हुए, फिल्म में किसी प्रेमी-प्रेमिका की कहानी हो गयीं। कहानियाँ तो गढ़ ली जाती हैं। उनके भीतर बैठकर देखिए...कृष्ण संसार में जो करने आये थे, वह करने आगे चले गये, राधा जो भक्ति का अवतार थीं, रही आयीं यहाँ...हमें भगवान तक पहुँचाने के लिए, भक्ति के पुल रूप में...भावस्वरूपा!"

थोड़ा समझो शैलजा, उलझी ज्यादा...पर उलझन इस बार खीझ नहीं बनी।

एक दिन में क्या-क्या जान सकते हो...और यहाँ तो मस्तिष्क के स्तर पर जानने की बात कम कही जाती है, मन...भाव...भावना की बात ज्यादा होती है। जानना चाहिए...और यात्रा में चलना...इससे अच्छा मौका और क्या मिलेगा। उसके साथी नेचुरल स्पॉट्स तलाशते, पिकनिक मनाते घूमते फिरते हैं, वे इस यात्रा में आये ही क्यों...वह तो कभी भी कहीं भी किया जा सकता है! यहाँ आये हैं तो क्यों न वे जगहें देखी जायें जो इस यात्रा से जुड़ी हुई हैं...जाना जाय, समझा जाय। ग्रुप जाय, जहाँ जाएँ...शैलजा अलग यात्रा वाली जगहों पर ही जाएगी।

लौटकर आयी तो यात्रा के दफ्तर से चुपचाप वह यात्रा के लिए जो कार्यक्रम बना था, उसे उठा लायी। अब सुबह-शाम वह इस बड़ी भीड़ के साथ चलेगी। यात्रा में कुछ दोस्त बन ही जाएँगे। रिचुअल्स, ढोंगबाजी से उसे परेशान नहीं होना चाहिए। इनके पार देखो, शायद कुछ...। कितनी अच्छी बात कही उन सज्जन ने—कहानियों में ही क्यों उलझकर रह जाती हो।

और सचमुच ऐसा हुआ कि उसके बाद शैलजा का कार्यक्रम ग्रुप से अलग उसका अपना कार्यक्रम होने लगा। वह यात्रा के साथ जहाँ का भी कार्यक्रम हुआ, वहीं जाती। कभी-कभी लीलाओं और प्रवचनों में भी पीछे जा खड़ी होती। लीला कितनी कलरफुल होती है...पर जो ब्रजभाषा में वे बोलते हैं, वह समझ में नहीं आता। आवाज का एक-सा खींचा जाना...यह स्वर खासा खिझाऊ है। प्रवचन भी शैलजा की समझ में पूरे-पूरे नहीं आते...कहीं भाषा बेहद कठिन हो जाती है।

उसका हर बार कट जाना, इस या उस बहाने स्वयं को काट लेना...ग्रुप में

यह किसी ने गौर नहीं किया। कोई व्यक्तिगत दोस्त तो था नहीं उसका। यह दूसरी बात थी जो मौज-मस्ती वाली अपनी इस संस्कृति में शैलजा को खली—दूसरे की बहुत परवाह नहीं की जाती यहाँ। जब तक तुम 'इंजोयमेंट' में साथ ही, तब तक ठीक...फिर बेकार, हमें नहीं मतलब, तुम्हारा क्या हाल है, क्या होता है!

शैलजा गम्भीर रहने लगी। बहस के दौरान पापा से झगड़ा किया करती थी—'यह क्या आप लोगों के यहाँ दुःख...दुःख की बातें, मुँह लटकाए बैठे रहे।' पापा ने कहा था—दुःख तो है, बुद्ध ने तो कहा दुःख ही दुःख है—तो फिर उससे भागा क्यों जाय! उसका सामना किया जाय। बात तो, दुःख से ही शुरू करनी होगी...दुःख या गम्भीरता से बचना तो एस्केपिज्म है...'

पापा की बात शैलजा की समझ में यहाँ पहुँचकर आयी है। अगर दीवार से डरकर भाग गये तो फिर दीवार के पार क्या है...यह कैसे देखोगे?

शैलजा देखना चाहती है!

जतीपुरा गाँव।

रघु को यह जगह बहुत भायी थी इसलिए इस बार जो उनका मन उचटा तो यात्रा के कार्यक्रम से हटकर पीछे लौट आये।

पर्वत की छोटी-सी श्रेणी, ऊँचाई इतनी मामूली कि पहाड़ी ही कहेंगे...पर नाम—गोवर्द्धन—कितना बड़ा हो गया है उस अनुपात से। ऊपर श्रीनाथजी का पुराना मन्दिर...मन्दिर का झण्डा फरर...फरर...अपनी कम, गोवर्द्धन की कीर्ति-पताका ज्यादा फहराता हुआ। पर्वत पर जहाँ-तहाँ चरती गायें और बीच-बीच में चिहुक-चिहुक उठते मोर...कोई मोर बड़ी शान से पर्वत की चोटी पर खड़ा, गर्दन ठुनका-ठुनका कर चारों ओर देखता हुआ। नीचे मुखारविन्द का स्थान।

गाँव की मुख्य सड़क पर से परिक्रमा बह रही थी। गोवर्द्धन की परिक्रमा साल भर चलती रहती है, पर एकादशी से पूर्णमासी के बीच ज्यादा ही लोग होते हैं। देश के हर कोने से आये लोग...कोई पुरानी मनौती के पूरा होने पर आते हैं, कोई नयी करने...और कुछ न ऐसे ही नियम बाँध रखा है, इसलिए। मुड़िया पूनो को तो परिक्रमा के लिए मेला लग जाता है—आषाढ़ की पूर्णमासी, बसों का खचाखच, उमस वाली गर्मी। यात्रियों के लिए कोई सुविधा नहीं जैसी बड़े तीर्थों में होती है...फिर भी आदमी भरभराकर गिरता है। श्री चैतन्य के प्रिय शिष्य श्री सनातन गोस्वामी परलोकवासी हुए थे तो चारों ओर से लोग दौड़े आये। सभी ने मुंडन कराया, पूर्णिमा के दिन विमान सजाकर उन्हें श्री गोवर्द्धन की सातकोसी परिक्रमा करायी और वृन्दावन में श्री मदनमोहन मन्दिर के पीछे समाधिस्थ किया। तभी से चली आ रही है मुड़िया-पूनो की परिक्रमा। परिक्रमा माने...गिरिराज के किसी बिन्दु से आरम्भ करके पर्वत का सात कोस का चक्कर नंगे पैर लगाकर उसी बिन्दु पर खत्म करना। जब यात्रा जहाँ ठहरी थी तब एक दिन परिक्रमा के लिए

रखा गया था—जो चाहें परिक्रमा कर आयें। रघु टाल गये थे...कौन चले पन्द्रह किलोमीटर पैदल, वह भी नंगे पाँव। पाल में बड़े किताब बाँचते रहे थे। ब्राह्मणी चुपचाप सरक गयी थी। वह तो सोचती ही नहीं, थकती भी नहीं। जब भी इधर आती है तो परिक्रमा लगा आती है, दस-बारह बार तो लगा ही चुकी होगी!

रघु आज जतीपुरा के एक चबूतरे पर बैठे एकदम पास से देख रहे थे—परिक्रमा बह रही है...रह-रहकर तरह-तरह के लोग निकलते चले जा रहे हैं। औरतों की टोलियाँ, कितनी बच्चों को काँख में दबाए, कोई मोटी औरत पसीना-पसीना... अपने को हर हाल में आगे की ओर खींचती हुई। एक बूढ़ा लाठी टेक-टेककर डग भरता हुआ! कोई रोगी! किसी को ठीक से दिखता नहीं, फिर भी चला जा रहा है। जाहिर है ये इतना कष्ट नहीं उठा सकते, पर नशे-जैसी कोई तन्द्रा-सी उनके चेहरे पर है...वह उन्हें खींचे लिये जा रही है। कुछ ध्यान में नहीं है इस वक्त...सिर्फ चलना, चलते जाना! वे चल रहे हैं, अपने कष्टों के बावजूद चल रहे हैं, चले जा रहे हैं।

चलो...चलते चलो। अपने हिस्से के दुःख की गठरी काँख में दबाए चलो, हर हाल में चलो, चलते रहो जब तक चक्र पूरा नहीं हो जाता...

यही तो है परिक्रमा और यही है जीवन...रघु को कौंधा और पता नहीं क्या हुआ कि अगले क्षण वे अपनी चप्पलें एक दुकान में रख परिक्रमा में उतर गये और चलने लगे।

चौराहे से गाँव के बाहर निकलने-निकलने तक जहाँ-तहाँ से उखड़ी हुई वह सड़क पाँवों में गड़ी, पर गाँव के बाहर आते ही तलहटी थी—गोवर्द्धन पर्वत के ठीक नीचे मझौले पेड़ों की छाया में से गुजरता हुआ रास्ता, पाँव तले चिकनी-चिकनी रेत। नंगे पाँव चलना भला लग रहा था। शान्ति मन पर बिछती-सी लगी...पर जैसा रघु के साथ हमेशा होता है, शान्ति में स्थिर-मना होते-होते रह गये। फिर ढेरों सवाल उठने लगे—धर्म ही क्यों, प्राकृतिक रमणीयता में आनन्द लेने मात्र के लिए भी यह परिक्रमा की जा सकती है। जीवन अपनी सुन्दरता के लिए भी क्यों अपने से बाह्य तत्वों पर आश्रित हो...क्यों धर्म चाहिए ही यहाँ? जीवन का स्वभाव तो पानी-जैसा है—न खट्टा, न मीठा, न तीखा, न फीका। हमारी मनोदशा ही उसमें अलग-अलग गुण पैदा करती है, पर मनोदशा कहाँ से आती है...दुःख-सुख से, या कि दुःख-सुख है ही नहीं—ये वे रंग हैं जो हम अपने मनोभावों द्वारा ग्रहण करते हैं, स्वयं निर्मित करते हैं। पर नहीं, संयोग-वियोग तो प्रत्यक्ष दिखाई देते हैं—प्रिय मिला तो सुख, बिछुड़ा तो दुःख...यहाँ यह भी कह सकते हैं कि प्रिय तो अपने रास्ते चला जा रहा है, हमीं हैं जो ग्रहण करते हैं—सुख या दुःख। तो वह किसकी प्रेरक शक्ति से कहाँ चला जा रहा है...

सवाल...सवाल। इधर से उधर जाती छोटी-छोटी पगडंडियों से कहीं एक-दूसरे

पर सवार, कहीं एक-दूसरे को काटते हुए, कहीं उजले तो कहीं धुँधले—थोड़ा आगे जाकर खोते हुए...

राह...कहाँ? गोवर्द्धन कस्बा सामने था परिक्रमा वाला रास्ता किधर से था? रास्ता न दिखाई दे तो—'महाजनो येन गतः...' रघुनाथ अपनी चाल थोड़ा तेज कर आगे चलने वाले की बराबरी पर आ गये। उसके साथ-साथ कस्बे वाली सड़क को काटते हुए बाजार के बीच से राधा-कुंड की तरफ।

"मैंने सोचा था पर्वत के नीचे-नीचे ही जाना होगा, पर परिक्रमा तो एक बस्ती से दूसरी में लिए जा रही है।" रघुनाथ ने बात छेड़ी।

"गोवर्द्धन जी चार मील लम्बे हैं, ऊँचाई बहुत नहीं है, कहीं-कहीं तो वे भूमि के बराबर ही हैं। ऐसी जगहों पर बस्तियाँ बस गयी हैं। इसलिए परिक्रमा इन बस्तियों से भी होकर जाती है।" आदमी ने सूचना-सी दे दी और अपनी रफ्तार चलता रहा।

"पुराणों में गोवर्द्धन की लम्बी कथा आयी है—रघु को बतास सताने लगी थी। कुर्ते की जेब से सुँघनी निकाली और झटके से एक खींच लेकर बोलने लगे, "कहा है जब भगवान श्रीकृष्ण पृथ्वी का भार उतारने के लिए भूतल पर आने को प्रस्तुत हुए, उसी समय यह चौरासी कोस वाली भूमि चौबीस वनों के साथ भगवान के लोक से यहाँ आयी। गोवर्द्धन जी ने भी तभी पश्चिम दिशा में कहीं द्रोणाचल के घर पर जन्म लिया। एक समय पुलस्त्य ऋषि उधर से निकले और उन्होंने गोवर्द्धन को देखा। उन्होंने गोवर्द्धन के पिता द्रोणाचल से कहा—मैं काशी का निवासी मुनि हूँ, काशी में कोई पर्वत नहीं है, वहाँ के लिए तुम अपने पुत्र को मुझे प्रदान करो। द्रोणाचल ने मुनि के डर से प्रस्ताव स्वीकार कर लिया। लेकिन गोवर्द्धन ने कहा—"मुने, मेरा शरीर आठ योजन लम्बा, दो योजन ऊँचा और पाँच योजन चौड़ा है।" आप किस प्रकार मुझे ले चलेंगे। पुलस्त्य जी ने कहा—"बेटा, तुम आनन्द से मेरे हाथ पर बैठ चलो। गोवर्द्धन तो भगवान के लोक-गोलोक से आये थे और उनकी ललक ब्रजभूमि में रहने की थी इसलिए उन्होंने शरारत से एक शर्त रख दी—मुनि ने जहाँ उन्हें हाथ से उतारा, गोवर्द्धन फिर वहीं बैठ जाएँगे। मुनि ने शर्त मान ली। ब्रज आते ही गोवर्द्धन ने अपना भार बढ़ाना शुरू किया, मुनिवर को थकान आने लगी, लघुशंका से निवृत होने तक के लिए उन्होंने गोवर्द्धन को हथेली से उतारकर भूमि पर रख दिया। लौटकर जब वे पुनः गोवर्द्धन को उठाकर हथेली पर रखने लगे तो पर्वत टस-से-मस न हुआ। उसने मुनि को शर्त की याद दिलाई। मुनिवर को द्रोण-पुत्र की चालाकी समझ में आयी, उन्होंने शाप दिया—'पर्वत! तू बड़ा ढीठ है। तूने मेरा मनोरथ पूर्ण नहीं किया, इसलिए तू प्रतिदिन तिल-तिल भर क्षीण होता चला जा!'"

"तो मुनि के शाप से गोवर्द्धन जी दिन-प्रति-दिन थोड़ा-थोड़ा पृथ्वी में धँसते

चले जा रहे हैं।" साथ चलने वाला चकित था, मन में रघु के ज्ञान के लिए आदर-भाव।

"देखिएगा...कि गोलोक स्वामी श्रीकृष्ण को पृथ्वी पर आना था, इसलिए ऊपर से अपने साथ सब कुछ लेते आये—राधाजी, जमुना जी, गोलोक भूमि और गोवर्द्धन पर्वत भी। साथ ही, ऐसा नियमन कि सब कुछ अन्ततः वहीं पहुँच जाए जहाँ से वह आरम्भ हुआ था। हमारे यहाँ सब कुछ वृत्त में है...समय भी आगे नहीं जाता, चक्र में घूमता है। परिक्रमा ही परिक्रमा है—ब्रज-यात्रा भी एक परिक्रमा, उसके भीतर गोवर्द्धन की परिक्रमा, नन्दगाँव की परिक्रमा, भीतर-भीतर मन्दिरों में परिक्रमा। आरम्भ और अन्त एक ही। इसीलिए समय की यात्रा को भी कालचक्र कहते हैं। किसी के वापस जाने की यात्रा भी ऐसे सम्पन्न होती है जैसे ईश्वर को उससे कोई लेना-देना ही नहीं—पुलस्त्य का शाप उपक्रम बन जाता है। गोवर्द्धन जहाँ से आये, वहीं चले जाएँगे...

"क्या ऐसे ही कभी यमुना जी भी...?"

"हाँ, सूख जाएँगी।" कुछ दृढ़ता से, कुछ कठोरतापूर्वक कह गये रघु। काल की जो स्थापना वे कर रहे थे, उसमें यहीं पहुँचना था।

ऐसा लगा कि सहयात्री को रघु भैया की बात अच्छी नहीं लगी। उसने अपनी चाल तेज कर दी थी। रघु पीछे छूटते चले गये।

बस यही दिक्कत है...जहाँ कोई ऐसी बात निकली जो इन लोगों के विश्वास को ठेस पहुँचाये कि बस मुँह मोड़ लेंगे। अरे भाई! रघु भी धर्म को मानता है पर उसे बुद्धि और तर्क से समझो। यह क्या कि यमुना जी तो देवी हैं इसलिए चिरन्तन हैं। इसी तरह जतीपुरा में कोई बता रहा था कि जिन पर गोवर्द्धन की कृपा होती है, उन्हें वे परिक्रमा में सर्प, सिंह, ग्वाल-बाल या गौ के रूप में दर्शन देते हैं। अब सर्प, सिंह न सही, गौ-गोप तो मिलेंगे ही, क्योंकि रास्ते में बस्तियाँ हैं। इन्हीं सब चीजों ने हमारे धर्म को उपहास की चीज भी बनाया है। ऐसे ही एक जमावड़े में रघु भैया कह बैठे कि दरअसल कृष्ण मथुरा के यादवों में आशा-किरण के रूप उभरे थे, इतिहास-पुरुष बन गये...इसलिए पहले यादवों ने, बाद में उत्तर भारत ने उन्हें भगवान मानना शुरू कर दिया। उनकी माँ देवकी को अपना पुत्र देखे बिना सोलह वर्ष बिताने पड़े थे। सान्त्वना के लिए उन्हें पकड़वा दी गयी थी एक बालक की मूर्ति...जिससे वे बोलती-बतियाती रहतीं। इस तरह शुरू हुई और चल पड़ी—बाल-गोपाल की पूजा। यह सुनते ही लोग उठ-उठकर जाने लगे कि कहाँ का नास्तिक आ गया। रघु पूछता है क्यों नहीं किसी जीवित व्यक्ति को भगवान की तरह पूजा जा सकता...देवकी ने पूजा ही था। सोलह वर्ष के कृष्ण जब मथुरा आ गये, उन्हें देख भी लिया तब भी वे पूजती रहीं। जिससे भी आपको तृप्ति, शान्ति मिले। उसमें अवतार, रहस्यात्मकता...यह सब जोड़ने की जरूरत

कहाँ है, खुद को भुलावा क्यों दिया जाए!

आदमी को ऐसे भुलावे क्यों चाहिए? पशु-पक्षियों की तरह क्यों नहीं सिर्फ खाते-पीते, चहकते-फुदकते, बैठते-उड़ते ही धरती पर का अपना समय खत्म किया जा सकता। ऐसे भुलावों को ही सम्मिलित रूप से धर्म क्यों मान लिया जाता है? शायद साधारण आदमी की जरूरत के लिए यह चाहिए। जीवन को कोई बना-बनाया अर्थ मिल जाता है...बना-बनाया विचारों-भावनाओं का एक स्ट्रक्चर—एक लीक जिस पर आँख मूँद चले चलो। मार्क्सवाद भी यही है। दोनों से ही रघु को शिकायत रही है कि वे व्यक्ति की स्वतन्त्रता के लिए गुंजाइश नहीं छोड़ते। वे शायद हैं भी इसीलिए, उनके लिए जिनके पास सोचने की शक्ति नहीं है। मार्क्सवाद धर्म से बैर इसीलिए देखता है कि कही उसकी पोल न खुल जाए। रघु पूछेगा कि कोई मार्क्सवादी होते हुए भी धार्मिक क्यों नहीं हो सकता तो उसे पार्टी से निकाल दिया जाएगा।

डामर की जमी जमाई सड़क...कंकड़ नंगे पैरों में चुभते थे। रघु सड़क से हटकर कच्चे में चलने लगे। एक-एक कोई बबूल का काँटा चुभा...गनीमत कि छूते ही पैर ऊपर हो गया। उधर कंकड़, इधर काँटे। रघु वापस सड़क पर...कंकड़ ठीक। पाँव पत्थर-कंकड़ों के थोड़ा अभ्यस्त हो गये हैं, वे उनको दरकिनार करते हुए पड़ते हैं, जहाँ न बच सके वहाँ पैर अपने आप हल्के होकर पड़ते हैं, या पड़ते ही हल्का हो जाते हैं, इधर-उधर स्वतः मुड़ जाते हैं ताकि आघात सीधा और जबर्दस्त न लगे।

सड़क पर एक तरफ एक वृद्धा डंडौती-परिक्रमा कर रही थी। उसके सामने बिछा बोरे का एक छोटा टुकड़ा...टुकड़े के छोर पर टिकी भगवान की फोटो, बगल में एक सौ आठ गिट्टियों से भरा एक टीन का कनस्तर। यह कनस्तर, बोरे का टुकड़ा और प्रभु का चित्र लेकर वह उस जगह से शुरू करती है जहाँ कल छोड़ा था। पृथ्वी के उस बोरे भर टुकड़े के ऊपर दंडवत्—हाथ-पैर फैलाकर पट लोट जाना कि शरीर के हर अंग से भूमि का स्पर्श हो, स्वयं को हर तरह से दीन और असहाय मान पूर्णरूपेण प्रभु को समर्पित कर देना। एक दंडवत् के बाद एक गिट्टी वह पीछे के ढेर से उठाकर आगे के ढेर पर डाल देती है, गिनती के लिए। इसी तरह एक सौ आठ बार! फिर जहाँ हाथ छूते थे वहाँ से आगे बोरा बिछा देना...और अब उस स्थल पर एक सौ आठ बार वह एक सौ आठी परिक्रमा कर रही थी। रघुनाथ महिला के पास रुक गये।

"माँ जी, कहाँ से उठाई थी परिक्रमा?"

"राधाकुंड। यह दूसरी है।"

"एक पहले कर चुकी हो?"

"हाँ...पहली की थी कि हे भगवान, हमारे ये पाँव ठीक कर दो...चलते नहीं

बनता था बेटा!"

"ठीक हो गये पैर?"

"हाँ...देख लो। अब तो दौड़ भी सकती हूँ।" वृद्धा की आँखों में चमक थी।

"पिछली परिक्रमा में कितने वर्ष लग गये थे?"

"छह साल से थोड़ा ऊपर।"

"इस बार?"

"कौन जाने...अभी तो उठाई ही है।"

"पिछली बार तो मनता थी कि पैर ठीक हो जायें, इस बार भी कोई मनता है?"

"कुछ नहीं...सोचा भगवान ने पाँव ठीक कर दिये, लँगड़ी हो जाती तो क्या होता! पहली बार परिक्रमा अपने मतलब से उठाई थी, इस बार सोचा ऐसे ही कर डालूँ, पाँव ठीक हो गये, चलो इसीलिए।"

चली जा रही है...यह भी तय नहीं कि परिक्रमा जीवन के शेष वर्षों में पूरी भी कर सकेगी वह।

एक यही महिला नहीं, रघुनाथ को रास्ते में डंडौती परिक्रमा करते कई स्त्री-पुरुष मिले। रघु जैसी साधारण परिक्रमा करने वाले यात्री पास से निकलते हैं, कुछ दान-दक्षिणा बोरे या दरी के टुकड़े पर डालते चलते हैं। अयाचित प्रवृत्ति, बगैर माँगे जो मिल जाये उसी से जीवन निर्वाह। सम्पत्ति के नाम पर केवल एक पत्थरा-भरा कनस्तर, बोरी या दरी का टुकड़ा और सामने भगवान का चित्र। रघु को यह अपरिग्रही भावना अच्छी लगती है। कितने ऐसे जो एक सौ आठी की जगह साधारण डंडौती परिक्रमा करते हैं—एक दंडवत् और आगे बढ़ गये...इसी तरह दिनभर में जितना पहुँचे, अगले दिन वहाँ से शुरू।

कितने लोग सालों से गिरिराज की ये तरह-तरह की परिक्रमाएँ करने चले आ रहे हैं और यह सब ब्रजभूमि भर में नहीं, भारत के कितने स्थानों पर...और जो यह क्रम सैकड़ों नहीं हजारों वर्षों से चला आ रहा है...यह सब क्या मात्र अन्धविश्वास, मूर्खता है? हर युग में आयी नयी-नयी समझ वर्षों लम्बी और भारत के दूर-दूर कोनों तक चौड़ी फैली इस परम्परा को क्यों नहीं खत्म कर पायी? जो इन चीज़ों से जुड़े हैं, वे सबके सब अन्धविश्वासी कहे जा सकते हैं? आधुनिकता, शिक्षा या तर्क के आने से जहाँ पर आस्था सूख जाती है, वहाँ भी जैसे कोई जड़ बची बची रह जाती है। क्यों रघुनाथ के मन में कहीं कुछ हिला रहा और ये यात्रा पर निकल आये?

रास्ते के दाहिनी तरफ गोवर्द्धन पर्वत साथ-साथ चल रहा है। इधर पर्वतमाला जमीन में करीब-करीब धँसी हुई है। एक जगह परिक्रमा पर चलने वाले कुछ लोग रुककर, छोटे-छोटे पत्थर बीन-बानकर घर-जैसा कुछ बना रहे थे, जैसे बच्चे खेल में

घर बनाते हैं। एक यात्री ने बताया किये लोग इस तरह घर बनाने की मनौती करते हैं—जो तीन मंजिल वाला खिलौना-घर बनाए समझो उसे तिमंजिला इमारत की चाहना है। मनता पूरी होने पर वह फिर परिक्रमा करेगा।

रघुनाथ को हँसी आ गयी। यही सब तो विरोधाभास है जो आस्था को हास्यास्पद बना देते हैं। आये हैं यहाँ ईश्वर से स्वयं को जोड़ने के लिए और चिपके हैं उसी दुनिया से, जिसे छोड़कर आये हैं! अधिकांश लोग गोवर्द्धन...ईश्वर की परिक्रमा का भ्रम पाले हुए हैं, दरअसल वे केवल तरह-तरह की माया-मोह के बिन्दुओं के ही चक्कर काट रहे हैं!

दानघाटी पहुँचते-पहुँचते थक आये थे रघुनाथ। एक जगह बैठकर चाय पी, पेड़े-सेब लेकर खाए। पहली बार इतना चले हैं, वह भी नंगे पैर। मन हुआ कि यहीं से कोई बस पकड़ लें...वापस यात्रा के पड़ाव पर, या ताँगा में बैठकर जतीपुरा पहुँच जाएँ। वहाँ रामेश्वर उपाध्याय के यहाँ ही रात गुजार लेंगे...गरम पानी में पाँवों को उतार देंगे, गुनगुने पानी में पैर डाले बैठे रहेंगे। परिक्रमा को देखना था सो देख ही लिया। अब लौटा जाय। दानघाटी के दर्शन करने तक मन में विवाद चलता रहा।

एकाएक फिर कुछ हुआ कि लौट जाने की इच्छा तिरोहित हो गयी। कोई पतली-पतली धुन्ध मन पर फैल गयी थी, जिसमें जाऊँ-न-जाऊँ की उछल-कूद डूब गयी। जैसे किसी अज्ञात शक्ति से खींचे हुए वे यात्रियों के पीछे-पीछे शेष परिक्रमा पूरी करने के लिए तलहटी में उतर गये।

पर्वत के उस पार जतीपुरा गाँव के आगे वाला रास्ता है...जिस पर रघुनाथ परिक्रमा के शुरू में चले थे! इसलिए इधर की तलहटी भी ठीक वैसी ही। मक्खन-सी मुलायम रज तादाद में इस तरफ थोड़ा ज्यादा ही है। ढलती दोपहरी में निकले थे तो जमीन भी तपती मिली। दोनों पैरों में छाले मिलक आये हैं, पाँव जैसे फूल आये हों। इस मुलायम रज में पाँव धसते हैं तो सुख मिलता है। पर्वत के नीचे बराबरी से साथ चलता हुआ मनोरम जंगल-सा था...इतना झीना कि अगर थोड़ा कायदे से रोपा गया होता तो उसे बगीचा भी कह सकते। जहाँ-तहाँ बिराजे साधु...अपनी तरह-तरह की पूजा-तपस्या में लीन!

भारतीय जीवन कितना रंग-बिरंगा है। कोई अपनी पौर-बखरी से बाहर निकल कर तो देखे...केवल शरीर से नहीं, मन से। अपने छोटे-छोटे दायरों, उनकी ऊहा-पोहों को ही मन में ढोते-ढोते मर जाते हैं। बाहर निकलते हैं या तो अंधविश्वासी—ये बाहर जो-जो है उसकी पूरी कदर ही नहीं कर पाते। या फिर वे निकलते हैं जिसका कुछ खो गया और जो केवल अपने विषाद में ही झूलते रहते हैं। जब तक खोया हुआ नहीं मिल जाता, वे कुछ और देखने-सुनने वाले नहीं। शायद तब शुरू करें देखना जब जो खोया उसकी स्मृति धुँधली हो जाए। पर तब

शायद बाहर निकलना भी बन्द हो जाएगा! तीसरे हैं रघु जैसे लोग जो स्वयं से ही मुक्त नहीं हो पाते। जब वे बड़-बड़ करते हुए अपने को आरोपित दूसरे को प्रभावित करते होते हैं तो ऐसा नहीं है कि उन्हें पता नहीं चलता...यह उनकी बुनियादी हताशा का ही रूप है, हार की प्रतीति...उनकी त्रासदी!

व्यक्तिगत त्रासदी से उबर कर बाहर जो यह विशाल जीवन-सागर फैला हुआ है, उससे जुड़ो तो। जो ये तरह-तरह के लोग अपने-अपने वृत्तों में घूम रहे हैं, सौरमंडल के ग्रहों से किसी सूर्य की परिक्रमा भी किये जा रहे हैं, वैसे ही रघु...

हाँ, रघु भी अपने सूर्य के चारों ओर घूमने लगें। यह अपना सूर्य...यही तो है ईश्वर!

रघु उचक पड़े। एक पुलक उनके शरीर को मथ रही थी। वे हल्का-फुल्का महसूस कर रहे थे। घिसटने की जगह दौड़ते लगे थे सहसा।

वे अन्योर गाँव पहुँच गये थे। अन्योर...नरों का गाँव, जिसने श्रीनाथ जी को खोज निकाला था।

एक दुकान के पास प्याऊ लगी थी। परिक्रमा के यात्रियों को पानी पिलाने के लिए एक लड़की बिठा दी गयी थी। रघु पानी पीकर सामने के चबूतरे पर सुस्ताने बैठ गये। जब कोई पानी न पी रहा होता तो एक लड़का प्याऊ पर आकर पानी के लिए अपनी चुल्लू बाँधता, लड़की गंगासागर से थोड़ा-सा पानी उसकी चुल्लू में डालती, बाकी अपनी चुल्लू में लेकर लड़के के बालों पर फेंक देती। लड़का भाग खड़ा होता। दोनों ही किशोर। लड़का दरअसल पानी पीने ही आया था, इसीलिए उसके चेहरे पर थोड़ी-सी खीझ थी। लेकिन लड़की का खेल चल निकला था और धीरे-धीरे लड़के को भी उसमें रस आने लगा था। बीच में यात्री आ जाते तो लड़की फिर बाहर से गम्भीर होकर उन्हें पानी पिलाने में लग जाती, पर ध्यान उधर लड़के में ही, जो एक किनारे खड़ा प्रतीक्षा करता होगा। यात्रियों के जाते ही फिर उनका खेल शुरू...पानी की एक-दो घूँट गले के नीचे, बाकी बालों और शरीर पर...

किन्छाव, छोटी-मोटी होली जैसा...पीछे से चली आती दोनों की निश्छल हँसी। उस हँसी में डूबते चले गये रघुनाथ। थोड़ा आगे चलकर, वह हँसी जैसे फैलकर आलोक हो गयी जो तेजी से चहुँ ओर भरने लगा...राधा-कृष्ण, कृष्ण-गोपिकाएँ... दधि-कांदों लूटते गोप-ग्वाले...सब उस आलोक में तिरते दिखाई दे रहे थे...

जीवन...जीवन को परिभाषित करना हो तो उसे इन बच्चों की यह हँसी कहेंगे...अपने कर्म के बीच यों डूब सकना, इतना डूब जाना। रघुनाथ को अपनी कमी नजर आ गयी। वे बुद्धि के इतने दास रहे कि किसी चीज में इतना नहीं डूब सके। किसी चीज में पूरा डूब जाना और उसे पूरी तरह अपने में डूबो लोना!

रघुनाथ मुग्ध होकर लड़की को देखे जा रहे थे। उन्हें अपनी तरफ यों देखता पा लड़की सकुचा आयी और प्याऊ से उठकर घर के भीतर चली गयी।

सूरज डूब चुका था। आसमान में एक ओर लाल और अन्य उजले रंग, दूसरी ओर काला और धुँधले रंग। बीच में कहीं दोनों एकदम पास-पास...पर वहाँ भी कैसी एकरसता है, किस आसानी से उजला मटमैले में खो जाता है। प्रकृति के यहाँ जैसे उजले-काले का कोई द्वैत ही नहीं है तो क्या सुख-दुःख, खुशी-उदासी के द्वैत दरअसल हैं ही नहीं?

अँधेरा उतरने को था। रघुनाथ चबूतरे से कूदकर आगे को चल दिये।

अँधेरे का पास होना...कि परिक्रमा में आसपास चलने वालों की एक टोली-सी स्वतः बनती जा रही थी। अब अलग-अलग फड़फड़ आगे-आगे भागते जाना नहीं, सबकी चाल एक जैसी हो गयी थी, रुकना भी एक ही संमय उसी जगह। अन्योर से निकलते हुए रघुनाथ के साथ पाँच-सात आदमी-औरतों का झुंड था। सबके साथ रघुनाथ भी गोविन्द कुंड पर आचमन के लिए रुक गये। आचमन कर सबको बताने लगे—"इन्द्र का अभिमान टूटने पर उसने भगवान का सुरभिमय सहित आकाशगंगा के जल से अभिषेक किया था, गोविन्द नाम से उनकी स्तुति की थी। सुरभि की दुग्ध धाराओं से ही यह कुंड प्रकट हुआ बताते हैं। यहीं रसखान को महाप्रभु ने शिष्य बनाया था—"प्रेम देव की छवि निरख मियां भये रसखान", उन्हें श्रीनाथजी के मन्दिर में ले जाकर दर्शन कराए थे..."

चर्चा चल पड़ी।

"कहना मुश्किल है कि ब्रज में कौन तीर्थ बड़ा है।"

"अरे भैया, यहाँ तो हर दस कदम पर एक तीर्थ है...ब्रजभूमि को कोई महात्म्य ठहरो।"

"हाँ, इतना-सा क्षेत्र और पग-पग पर तीर्थ! ऐसी भूमि और कहाँ है भारत में।"

"नन्दबाबा कंस के डर से जहाँ-तहाँ भगवान को लिये फिरे, वही तीर्थ हो गया।" रघु बोले।

"यहाँ की तो धूल में भी प्रताप है। धन्य हैं वे जो डंडौती कर लेते हैं, ब्रज-रज को अंग में लपेटते हुए परिक्रमा करते हैं।"

"इस क्षेत्र का आज भी ऐसा महात्म्य कि बस में कहीं एक आदमी का बटुआ चला गया। वह समझा जेब कट गयी। बटुए में उसका फोटो था। मानसी गंगा में स्नान करते समय फोटो का मिलान करते हुए एक व्यक्ति आया और बटुआ थमा गया...उसे कहीं पड़ा मिला था। ऐसा आज भी होता है यहाँ।

कोई कुंड के बारे में बताने लगा—"सफाई के लिए जब कुंड का सारा जल बाहर निकाला गया तो एक फुट कीचड़, कीचड़ के बाद फिर भी जल। प्रतिदिन उस जल को बाहर निकालने की कोशिश की जाती, पर अगले दिन प्रातः लोग देखते कि कुंड में कहीं पीले, कहीं लाल, गुलाबी रंग के बुलबुले नीचे से निकल

कर फूट रहे हैं और पर्वत के नीचे से, जल नालियों के रास्ते आ रहा है। कुंड की पूरी सफाई न की जा सकी। आगरा के जो सज्जन अपनी निगरानी में सफाई करा रहे थे, उन्होंने यह भी बताया कि रात को कोई तीन बजे पर्वत में से कुछ लोगों के कुंड पर आने की आवाजें-सी सुनाई देती थीं...

एक रास्ता कुंड से ऊपर गोवर्द्धन पर्वत की ओर चढ़ता दिखाई दे रहा था, ऊपर जाकर कहीं खो जाता था। रघुनाथ उधर देखने लगे—लाल-लाल चौड़ी पगडंडी-सा रास्ता, छोटे-छोटे पेड़ों से ढका, क्रमशः ऊपर उठता हुआ। उधर देखते हुए रघुनाथ खो गये, पुराने किसी काल में पहुँच गये...देखते हैं कि साधु-महात्माओं की टोलियाँ कमंडल लिए कुंड की तरफ चली आ रही हैं...एक आलोकमय प्रवाह-सा पर्वत से उस पगडंडी के रास्ते कुंड की ओर बह रहा है...आकाशगंगा!

जीवन निरन्तर प्रवाहित है।

अगर शरीर के साथ ही समाप्त हो जाता है तो सचमुच सब कुछ कितना व्यर्थ है...मात्र साठ-सत्तर वर्षों का खेल, जिसमें भी कितने वर्ष अबोधावस्था, निद्रा में निकल गये। चाहे अच्छा करो, बुरा करो, सब एक...हश्र वही, समाप्त! इतने छोटे-से खेल में कोई फर्क नहीं पड़ता कि संसार को चलाने वाली कोई शक्ति है या नहीं, या कि है तो वह कैसी है...उसका स्वभाव क्या है।

और अगर निरन्तरता है...चाहे जितनी सूक्ष्म, तो फिर शरीर-यात्रा की एक छोटी-सी इकाई भी विराटता से जुड़ जाती है। और उस विराटता के सभी अंग बन जाते हैं—पर्वत, नदी, सागर, वायु, आकाश, नक्षत्र...सभी अपने-अपने ढंग से उस विराटता की सृष्टि करते हैं। पानी का यह पोखरा कुंड हो जाता है, चली आ रही निरन्तरता का साक्षी। जीवन...किसी अटूट क्रम की एक लड़ी...और तब हर चीज महत्त्वपूर्ण है, प्रत्येक क्रिया का योगदान है, अच्छे कर्मों की महत्ता है।

रघु को लगा कि जीवन में अच्छे-बुरे की सीमा-रेखा बनाए रखने मात्र के लिए भी निरन्तरता में विश्वास जरूरी है। ईश्वर में आस्था ही क्या मूल्यों में आस्था नहीं है? ईश्वर प्रतीक है मूल्यों का!

वे सब कब चल पड़े, कितना चलते रहे...रघु को पता ही न चला। कुछ भान हुआ जब आरती की आवाजें सुनाई देने लगीं। सामने अँधेरे में कुछ रोशनियाँ चमक-चमक उठती थीं। वे पूँछड़ी के लौंठा पहुँच रहे थे। गाय की तरह बैठे गिरिराज पर्वत का मुख मानसी गंगा में है और पूँछ इधर...जिससे यह पूँछरी ग्राम हो गया। रघुनाथ की परिक्रमा का यह अन्तिम पड़ाव था। यहाँ से बस मुश्किल से एक मील और कि वे वहाँ आ पहुँचेंगे जहाँ से शुरू हुए थे। अन्योर के आगे तो वे साफ-साफ किसी नशे में चल रहे हैं...कभी टोली के पीछे-पीछे, कभी साथ-साथ... पैरों को हर हाल में आगे खचोरते हुए...और मन में कुलबुलाते कितनी तरह के सवाल।

लौंठा यहाँ के क्षेत्र-देव हैं। रास्ते के किनारे लौंठा जी के मन्दिर में आरती हो रही थी। टोली के सब लोग आरती के लिए रुक गये, रघुनाथ भी। थोड़ा-सा भी कोई बहाना मिले, तबीयत बैठ जाने को ही आती है। पूँछड़ी के लौंठा हनुमान जी का रूप है...पर मूँछ वाले। श्रीनाथजी के साथी ग्वाल-अवतार थे। जब श्रीनाथ जी यह स्थान छोड़कर श्रीनाथद्वारा जाने लगे तो आपने मना कर दिया, यहीं डटे रहे।

चलते चलो...चलते चलो! पैर चलने से इंकार करते हैं, फिर भी चलो। रघुनाथ के दोनों पैरों में बड़े-बड़े छाले पड़ गये हैं। पैर पृथ्वी में मुलायम जमीन को टटोलते हुए बढ़ते हैं...कि कहीं मुलायम में से ही कोई कंकड़ ऐसा गड़ता है कि दर्द की एक रेखा पाँव से उठकर सीधा तीर की तरह मस्तक तक पैठती चली जाती है, पाँव टन्ना कर एक पल के लिए टेढ़ा टँग जाता है...कि तभी आदेश होता है—टँगो नहीं, चलो...जहाँ से यात्रा उठाई थी वहीं उसे समाप्त करना है, उसके पहले नहीं, चलो...चलते चलो...

गोविन्द जय जय...गोपाल जय जय! अँधेरे में डूबे दरख्तों की डगालों से कीर्तन के स्वर जैसे नीचे झर रहे हैं। आदमी औरतों के मिलेजुले स्वर हैं, मद्धिम। अँधेरे में आगे-आगे कोई दूसरी टोली गाती चली जा रही है। कीर्तन के स्वर उठकर वातावरण में पहुँचते हैं और फिर चारों ओर, नीचे, झरते हैं...अपढ़ और अज्ञानी नाम के सहारे ही अपने को विराटता से जोड़े!

एक फर्लांग पर जतीपुरा गाँव। चलते की थकान और पाँवों पर उछल आये घावों से उत्पन्न एक अजीब-सी निंदास में बहते-से चलते आ रहे हैं रघुनाथ... अवचेतन कहाँ-कहाँ झूलाता हुआ। यात्रा-समाप्ति की सुखद प्रतीति हुई तो सचेतन जागा, हैरत हुई कि वे इतना कैसे चल सके। ब्राह्मणी...सूखी टहनी-सी, डेढ़ बीते और अढ़ाई हड्डियों की वह औरत हर वर्ष इतना चलती है!

एक माई बायीं तरफ दिन-भर की एकसौआठी डंडौती परिक्रमा को समाप्त कर अपना सामान बटोर रही थी। यहाँ भी उतना ही सामान—एक टिन गिट्टियाँ, एक बोरे का टुकड़ा और भगवान की तस्वीर। रघुनाथ ने टोली से विदा ले ली थी और अब अकेले धीमे-धीमे चल रहे थे, माई के पास आकर रुक गये।

"माई...यहाँ तो गाँव की रोशनी है, थोड़ी देर और नहीं?"

"गाँव पहुँचने में भी तो समय लगेगा बेटा। डेढ़ कोस से कम नहीं है।"

"डेढ़ कोस! यह सामने तो रहा गाँव!"

"क्या जतीपुरा?" माई हँसी—"सामने कैसे जा सकती हूँ, परिक्रमा खंडित करूँगी? आज इस जगह...यहीं तो खत्म की है।"

ओह! रघुनाथ ने गलती की। गाँव तो एकदम सामने भी है, लेकिन खाने-पीने के लिए वहाँ न जाकर माई पीछे जाएगी, चाहे जितना दूर हो...क्योंकि डंडौती परिक्रमा करती हुई अभी यहीं तक पहुँच पायी है। आगे तो भूमि को लोटकर स्पर्श

करते हुए ही बढ़ेगी!

"बहुत अच्छा है...श्री गिरिराज की परिक्रमा के साथ-साथ ब्रजरज का भी पूजन करती चल रही हैं आप?" रघुनाथ ने उत्साह बढ़ाने के विचार से कहा।

"हाँ बेटा, भूमि ही है जो पवित्र बची है...आदमी तो यहाँ का भी पता नहीं क्या होता जाता है। अब देखो परिक्रमा के ही रास्ते में यहाँ एक बाबा की गुफा है, वहाँ के कुएँ में कारे बाबा के चेले गोपालदास की लाश निकली। पाँच रोज पहले पुलिस आयी रही। अब गोपालदास बेचारा गुफा में भजन करता रहा...हम सभी को मालूम है। उसके दोनों तरफ पत्थर बाँधकर, काँटे से लपेट कुएँ में डाल दिया। हे भगवान!"

"क्यों?"

"वही मुआ पैसा...और क्या! सोचते हैं गुफा में, उस कुएँ में पुराना रुपया-पैसा गड़ा-धरा है। पहले कारे बाबा आड़े रहा उनके, अब चेला था। कंटक हट जाए तो खोद-खोद कर निकाल लें...अपने घर से भर लें..." माई के मुँह पर घृणा थी। फिर उसने तेजी से इधर-उधर देखा और फुसफुसाई—"यहाँ के बाम्हनों का काम है। किसी से कहना नहीं बेटा, नहीं तो मेरी जान पर आ जाएगी। तुम बाहर के हो तो बता दिया...जाओ...जाओ, रात हो गयी है।"

रघुनाथ आगे बढ़ गये। यहाँ भी वे ही कुकृत्य! यह सब देखो तो दिनोंदिन चलते अनुष्ठान, हर पल चलते स्नान, अभिषेक...सिर्फ ढकोसला लगते हैं! गनीमत कि ये काम उनके नहीं होते जो यात्रा पर आते हैं, बल्कि ज्यादातर उन्हीं के होते हैं जिन्हें यात्रा से ही पैसे कमाना है—ठेकेदार, ब्राह्मण, पंडे! ब्रज-भूमि में लोग अपने को उससे जोड़ने आते हैं जो रोजमर्रा के जीवन में उनसे छूटता चला जाता है...और इसी भूमि में बसते हैं वे, जो पैसे की लालच में कुछ भी करने को तैयार, साधु की हत्या भी...कि पिछले सैकड़ों वर्षों से पुण्यात्मा तीर्थयात्री दान-दक्षिणा के रूप में कुएँ में जो पैसे-रुपये डालते रहे, वह निकालकर अपनी झोली भर लें। रुपये के लिए वही लालच, वही हायतोबा, जैसा शहरों में है!

जतीपुरा से जतीपुरा तक...भगवान के मुखारविन्द से मुखारविन्द तक। रघुनाथ का शरीर दर्द से टूट रहा था पर मन एक अजीब तृप्ति से आलोड़ित था...ऐसा पहले कभी नहीं हुआ उनके साथ।

अब भागने की जरूरत नहीं है। उनका खलबलाता व्यक्तित्व बँध रहा है।

यहीं उपाध्याय के यहाँ रात बिताएँगे। प्रातः निकलकर यात्रा से जा मिलेंगे। यात्रा की सबसे बड़ी यात्रा तो यह रही जो आज उन्होंने की यात्रा से बाहर चलकर।

मंजुला बैन ने एक बार ही पुकारा था या कई बार...राधे ने एक बार ही सुना। ऐसा कभी हुआ नहीं कि आधी रात को...

राधे हमेशा की तरह पाल के बाहर सोया हुआ था। उनकी समझ में वह पहली आवाज सुनकर ही जाग पड़ा। भागकर पाल के भीतर गया तो देखा कि सेठानी बड़े पाटा पर बैठीं पसीने से लथपथ हैं। वे कुछ कहना चाह रही थीं, पर जैसे उन्हें चक्कर पर चक्कर आ रहे थे, वे चक्करों को सँभालने की कोशिश कर रही थीं...आखिर न सँभल पाईं और पाटा पर ही गिर पड़ीं, मूर्च्छित।

राधे क्या करे...आधी रात से भी ऊपर। जान-पहचान, आत्मीयता मंजुला बैन की अपनी कहीं नहीं थीं, वे बनने ही न देती थीं। राधे अलग से कहीं कुछ बनाता...तो मंजुला बैन उसके अपने लिए समय ही कितना छोड़ती थीं! राधे किसके पास जाए इस वक्त...कि तभी उसे गंगाधर महाराज की याद आयी—फक्कड़ गंगाधर महाराज जो यात्रा में डाँट-डपट करते रहते हैं! कोई और किसी को जाने-न-जाने, उन्हें जाने बगैर रह ही नहीं सकता। कुछ ऐसा औघड़पना है उनमें कि सब उनकी डाँट खाना पसन्द करते हैं। महाराज को देखते ही पीछे से चिल्ला देंगे—'बाप रे, यहाँ तो कितने काँटे हैं...' और गंगाधर महाराज फिर ढूँढ़ते चले आएँगे—'कौन है, किसने कहा, कहाँ गया।' प्रवचन और लीला के समय चौकसी करते चारों तरफ घूमेंगे और किसी को सोता देखा तो फब्ती कसेंगे—'सोओगे ही, जब करम में कुछ और नहीं है। लौंडे-लपाड़े प्रवचन में कहीं शोर मचाते दिखे तो वहाँ पहुँच जाएँगे—'कोई फिलिम-इलिम की कहानी नहीं है भैया यह...कथावार्ता है, कथा बूझने के लिए थोड़ी खोपरिया चाहिए। जाओ, अपने पाल में जाओ और कमिंटरी सुनो...'

गंगाधर के होने से रौनक बनी रहती है, यात्रा का उतना समय बढ़िया से कटता है। बहुत सुहाती है राधे को उनकी फक्कड़ी। एक बार तम्बाकू खाने के बहाने साथ-साथ उनके पाल भी चला गया था। गंगाधर महाराज अपनी तरफ के ही, बड़े प्रेम से बतियाये थे। पाल सी-126 है, जहाँ तक...नम्बर यह न भी हो तो राधे चीह्न लेगा। वह दौड़ गया।

महाराज एक ही आवाज पर लाल गमछा कन्धे पर डालते बाहर आ गये।

"का हो...कौन है अधरत्ता में!"

"महाराज, सेठानी बेहोश हो गयी हैं...जल्दी चलिए।"

"कौन राधे...अरे तो बुड़बक, गंगाधर नहीं डाकधर को बुलाओ...चलो..."

और गंगाधर महाराज डॉक्टर के पाल की तरफ दौड़ गये। पीछे-पीछे राधे... महाराज का अपेक्षाकृत भारी शरीर, उम्र भी अधेड़े, पर राधे उनकी बराबरी न दौड़ पाता था। डॉक्टर के पाल पर पहुँचकर महाराज ने वह गर्जना की कि डॉक्टर तत्काल घबराया हुआ हाजिर...और पाँच मिनट में ही वह मंजुला बैन की जाँच कर

रहा था। अकेला राधे होता तो पता नहीं डॉक्टर आवाज भी सुनते, सुनते तो बाहर भी आते, बाहर आते तो इस वक्त चलते भी या सवेरे के लिए टाल जाते...

होश तो मंजुला बैन को डॉक्टर के आने-आने तक आ गया था। डॉक्टर ने इंजेक्शन दिया और पूरा आराम करने को कहा। बाहर आकर धीरे से महाराज और राधे से कहा–माइल्ड हार्ट अटैक है, चलाना-फिराना बिल्कुल नहीं। जल्द से जल्द वापस घर भिजवाने का इंतजाम कराइए।

डॉक्टर के जाने के बाद गंगाधर राधे के साथ पाल में ही बने रहे। जब तक मंजुला पस्त रहीं, उन्होंने गंगाधर को देखा ही नहीं, लेकिन जैसे ही तबीयत सँभली तो उनकी टेढ़ी आँखों ने महाराज को बींधना शुरू कर दिया। पैदाइशी कहिए या कि उन्हें जो व्यवहार लोगों से मिला था, उसकी प्रतिक्रिया...मंजुला भीतर से भी उतनी ही कड़वी हो गयी थीं जितनी बाहर दिखती थीं...एकदम नीम चढ़ा करैला। जाने कितने जन्मों की कड़ुवाहट भीतर इकट्ठा थी कि कभी मुस्कराहट भूले से उनके चेहरे को न छू पाती और आदमी को देखते ही वह आँख चढ़ती कि सामने वाला तिलमिला कर रह जाए।

पर उधर भी गंगाधर थे...ऐसे कहाँ मात खाने वाले। तुम न भी परिचय करना चाहो तो आगे बढ़कर अपने आपको धाँस देंगे।

"सेठानी जी, मैं गंगाधर महाराज हूँ, काशी निवासी।"

मंजुला बैन ने जैसे कुछ सुना ही नहीं।

"मालकिन! भैया ने हमारी बड़ी मदद की। ये ही तो डॉक्टर को लिवा लाए।"

"क्यों वह नहीं आ रहा था क्या? यात्रा में चलता किसलिए है, उसे पैसे वहीं पकड़ा देता।" मंजुला जी ऐंठी।

"वह सब तो हो गया सेठानी जी। आप आराम करिए। डॉक्टर ने चलने-फिरने को एकदम मना किया है...इसलिए बहुत बात भी..."

गंगाधर रुक गये। वे तो ऐसे हिदायत देने चले थे जैसे अपने तरफ की कोई महरारू हो।

मंजुला बैन ने 'उँह' करके पाटे पर उधर को करवट ले ली। राधे ने बैटरी वाला लैम्प बुझा दिया और बाहर आ गया।

दूसरे दिन माल्किन से पूछकर राधे ने घर तार कर दिया, रतन के नाम, एक्सप्रेस तार–माँ बीमार, फौरन आओ। रणछोड़ तो बम्बई में होता भी नहीं...जहाँ होगा तो रतन खबर कर देगा। राधे को उन्होंने तैयारी लगाने को कह दिया, उनका भी मन यात्रा से भर गया था।

शाम को गंगाधर महाराज अपने-आप चले आए। राधे बाजार की तरफ गया था।

"कहिए बहिनजी, कैसी तबीयत है? दिन भर पड़े-पड़े उकताय गयी होंगी?"

और मंजुला बैन के कहे बगैर गंगाधर चटाई पर बैठ गये। मंजुला बैन की

फिर वही मुद्रा...ये राधे का साथी...राधे, उनका नौकर, बात ऐसे करता है जैसे बराबरी का हो!

"देखिए बहन जी, एक बात जौन है तौन जान लीजिए। शरीर आपका है, इसे ठीक रखने की जो भी चिन्ता है सो आपको ही करना है। कोई और ससुरा फिकिर करने वाला नहीं है। दवादारू एक तरफ और मन-मिजाज दूसरी तरफ... तिसमें दूसरे का ही पलड़ा भारी। सो खुश रहा करिए।"

"तुझे कैसे पता मैं खुश नहीं रहती।"

"दिख जाता है। भीतर का सब आ जाता है चेहरे पर...हम लाख होशियार बने रहें। और जो आप खुश रहेंगी न, तो कोई पर अहसान न करेंगी...यह समझ लीजिएगा! डॉक्टर को बुला लाऊँ?"

"जरूरत नहीं है, बम्बई जा ही रहे हैं। वहाँ एक-से-एक डॉक्टर हैं।"

"बम्बई की क्या बात! ठीक करने में भी एक-से-एक बढ़कर...और सुना है मारने में भी अव्वल। ऐसी दवा पर दवा, दवा पर दवा कि अच्छा-भला भी रोगी हो जाय...पर बम्बई जब पहुँचेगी तब पहुँचेगी, रास्ते के लिए भी दवा ले जाइएगा... और यहाँ अपने आपको अकेला न समझिएगा! निस्संकोच बुला लीजिएगा। हम आ जावेंगे। आते-जाते रहेंगे। आप निष्फिकिर रहें।"

"यहाँ दलिया नहीं मिलता, और कहते हैं कि बड़ा बाजार खड़ा कर रखा है यात्रा वालों ने!"

"अरे दलिया, यह तो समझिए कि हमारा भी प्रिय भोजन है। हर जगह साथ। एक सत्तू और दूसरा दलिया...ये जो अपने पास हों तो फिर कोई फिकिर नहीं। गाँव का बना है, हाथ की चक्की का पिसा कठिया गेहूँ का दलिया। हम अभी हाल पहुँचाए देते हैं। ये ससुरी कौन-सी समस्या..."

गंगाधर महाराज एक पोटरी में बँधा आधा किलो का दलिया हाथ के हाथ ले आये और मंजुला बैन को दे गये। इस बार बैठे नहीं।

नन्दगाँव से यात्रा कल उठ जाएगी...और मंजुला बैन का क्या किया जाए! तार तो अभी पहुँचा ही होगा। ताँगे पर भी चलने की मनाही है। यहाँ से आगे बठेन का पड़ाव है, सिर्फ एक दिन का। सेठानी को कहाँ-कहाँ ढोते फिरा जाएगा। बीच में ही कुछ हो गया तो? उन्हें पूरा आराम मिले...इसके लिए गंगाधर महाराज और राधे का डॉक्टर की सलाह से यही विचार बना कि वे मथुरा या वृन्दावन चली जाएँ, वहाँ किसी होटल या बढ़िया धर्मशाला में रहें, जब तक घर से कोई नहीं आ जाता। मंजुला बैन को भी यही तजबीज ठीक लगी, वहाँ कम-से-कम दिनचर्या तो सुस्थिर रहेगी। होटल से अच्छा धर्मशाला, क्योंकि मंजुला बैन वहाँ अपने मन का खाना भी बनवा सकेंगी।

गंगाधर और राधे जाकर वृन्दावन में एक धर्मशाला तय कर आये, एक टैक्सी

भी लेते आये। गंगाधर ने सामान बटोरने-बँधवाने में मदद की और बैन को छोड़ने वृन्दावन भी गये। वहाँ बैन के आराम के लिए धर्मशाला में सब सम्भव इन्तजाम के लिए दौड़ते रहे, धर्मशाला के मैनेजर और डॉक्टर को भी बता दिया कि वे दिल की मरीज हैं और दो दिन पहले एक हल्का स्ट्रोक आया था तो ख्याल रखें। महाराज को सचमुच चिन्ता थी कि जब तक वे बम्बई को रवाना नहीं होतीं, मंजुला बैन की देखभाल ठीक से हो।

गंगाधर को दौड़ते-भागते देख मंजुला बैन को ताज्जुब हो रहा था। अब अकेला जाएगा नन्दगाँव तक। राधे को तो पैसे मिलते हैं...यह महाराज किसके लिए दौड़ता-फिरता है! आर्य कम्पनी या रणछोड़ भाई से कोई काम होगा या फिर कुछ और। मंजुला बैन का अनुभव है कि लालच ही लोगों को रइसों के पास लाता है, तभी तो उनकी तमाम उपेक्षा और अपमान सहते हुए भी महाराज यहाँ तक आया।

"क्यों महाराज, हमारे साथ बम्बई चलेगा?" धर्मशाला में जब सब कुछ जम गया तो महाराज से बैन ने पूछा।

"हमारा बम्बई में कौन काम सेठानी!"

"राधे है...तू भी बना रहेगा।"

महाराज तिलमिला उठे, कैसा डंक मारती है यह औरत! तभी तो कोई पास नहीं फटकता। ससुरे रइसों के मगज में सिर्फ एक ही बात फटाक से चढ़ती है—नौकर रख लो—क्योंकि अनाप-सनाप पइसा है। एक नहीं, दस रख लो।

"तुम्हारे मुलुक का बहुत लोग है वहाँ।" बैन ने आगे कहा।

"ऐ सेठानी! हमें परमात्मा का दिया काफी है, राधे के करम बिगड़े हैं तो करै नौकरी...हम इस काम के खातिर जन्म नहीं लिया रहा।"

"राधे क्यों" मंजुला ने सँभालने की कोशिश की। "मेरे ये ऊपर के काम हैं ही कितने कि राधे के अलावा कोई चाहिए। तुम मुझे कथा-वार्ता सुनना, भागवत वांचना..."

बैन दिखा ऐसे रही हैं जैसे महाराज को गुरु बनाकर ले जाना चाहती हैं, पर है तो नौकरी ही। कैसा पाउडर-क्रीम पोत कर सामने कर रही हैं बैन!

"छोड़िए सेठानी..." महाराज ने बात हँसकर टालना चाहा।

"नहीं-नहीं, बता तो। राधे कहता है तू अकेला है। चल हमारे साथ...कितना चाहिए?"

"सेठानी, एक बात कहूँ, बुरा न मानिएगा। कैसे लोग हैं आप कि जो दिखा, बस उसे खरीद लेना चाहते हैं, अपने लिए ले लेना चाहते हैं। क्या खरीद-बेच के सिवा कुछ और नहीं होता दुनिया में। आप सोचती हैं कि आप सब-कुछ दे सकिएगा...पर हमारा ऐसा विचार है कि हमारे जैसों को बम्बई ले जाने का

सामर्थ्य आपका नहीं है"—महाराज तमतमा उठे थे—"गंगाधर अपने खेत में आसमान के नीचे सोता है, अपनी मर्जी का मालिक...जब चाहे जहाँ जाए, मेला आये, यात्रा आये, यहाँ दस लोगों का मेल-मिलाप करे...आप क्या दे सकिएगा, उल्टे छीनियेगा यह सब।

अच्छा देखिए...आप आराम करिए। आपकी सेवा-सुश्रूषा का और पुण्य हम कमाना तो चाहते थे पर यात्रा जहाँ ठहरेगी, वह दूर है यहाँ से। वहाँ कितने और काम भी होंगे...फिर एक-दो दिनों में तो आपको चला भी जाना है। त्रुटियाँ जो हुईं, सो क्षमा करिएगा। नमस्कार!

महाराज चल दिए, पर अगले ही क्षण मुड़े और थैले से एक पैकेट-निकाल बैंन के सिरहाने वाली मेज पर रख दिया।

"अरे! दलिया...नन्दगाँव से चलते ही थैले में डाल लिया था। एकदम बिसिर गया रहा।"

महाराज हल्के-से हँस दिये...कुछ क्षणों पहले के रोष की कहीं छाया भी नहीं। वे चले गये, पर वह हँसी काफी देर तक कमरे में खुनखुनाती रही।

मौसी का पाल खुला दिखाई दिया तो थोड़ी देर उनके पास बैठने का मन हो आया सुनन्दा का। भीतर झाँका तो देखा कि न मौसी हैं, न निर्मला जी। केवल रमा जीजी, सन्दूक में कुछ ढूँढ़ रही थीं। सुनन्दा को देखते ही आत्मीयता-भरी मुस्कान बह निकली।

"आओ, आओ बेटी।"

"कहाँ हैं मौसी?"

"वे बाजार तक कुछ लेने गयी हैं।"

"और निर्मला जी?"

"वे तो चली गयीं।"

"अरे!"

धक्का-सा लगा सुनन्दा को...जैसे कोई संसार से चला गया हो, वह जिसे अभी-अभी तक जीते-जागते, चलते-फिरते देखा था। एक मायने में चली ही गयीं निर्मला जी, अब सुनन्दा शायद उन्हें फिर कभी न देख सकेंगी। वैसे भी निर्मला जी दिल की मरीज हैं, कौन उनका आखिरी दिन हो...क्या मालूम। वह तो उनका और उनसे भी ज्यादा मौसी का कलेजा था कि यात्रा पर चली आयीं। यहाँ भी कुछ हो सकता था। बहुत चिन्तित रहने वाला स्वभाव पाया है निर्मला जी ने...हमेशा विषाद से भरी, अपने में डूबी-डूबी! ढीला-ढीजा, चुसा-चुसा चेहरा। हर पल बस इस बात से दुःखी कि उन्हें संसार से कुछ नहीं मिला। यों देखें तो यह कुछ न

मिलने का दुःख ऐसा है जो ज्यादातर लोगों को रहता है। सुनन्दा को भी धीरे-धीरे यही घेर रहा है। कौन जाने वह भी बाहर से निर्मला जी की तरह ही दिखती हो, दिखने लग जाए, आगे चलकर उनकी तरह ही हृदय-रोगी हो जाए। दुःखी रमा जीजी भी हैं लेकिन इनका चेहरा बिल्कुल उल्टी तरह का है...भरा-भरा, तरल। तकलीफों के बावजूद थोड़ा खुश-खुश ही, तृप्ति का भाव लिए, जैसे जीवन से मिला भी खूब।

"कैसे एकाएक चली गयीं निर्मला जी?"

"एक लड़की जो उनके बम्बई के घर में किरायेदार थी, उसकी चिट्ठी आयी थी। निर्मला का लड़का जो पुणे में रहता है, वह बम्बई के घर में आकर रहने लगा है, पीता है, लड़कियों को परेशान करता है। कुछ कहो तो डाँटता-डपटता है कि घर का मालिक है वह, जिसे चाहे निकाल सकता है।"

"निर्मला जी तो घबरा गयी होंगी?"

"हाँ...हमें तो यही चिन्ता थी कि अकेले जाएँगी कैसे! भगवान करे ठीक से पहुँच गयी हों। ईश्वर की भी कैसी माया है—जितनी निर्मला बहन दिल की कमजोर, उतने ही दूसरी तरफ से ऐसे-ऐसे थपेड़े।"

"निष्ठुर और अन्यायी है आपका ईश्वर, और क्या!"

"ऐसा नहीं है बेटी। हमारी ही कोई कमी रही आती है, वह हमें दिखाई नहीं देती।"

"अब यों अपने में दोष ढूँढ़ने निकलो तो कोई-न-कोई मिल ही जाएगा! क्या सभी दोषी हैं कि सबके लिए दुःखों का अम्बार? आपके लिए भी एक से एक दुःख।"

"मुझे दुःख...कहाँ, कौन से? सच कहूँ तो एक ही दुःख है—उनके न रहने का। और उसे रोका कैसे जा सकता था! कभी-कभी यही सोचती हूँ कि ईश्वर ने अगर यह कृपा की होती कि मैं अपने पति के रहते-रहते चली जाती...पर तब तो मेरा पूरा जीवन हरा-भरा ही न हुआ होता? वैसा कहाँ होता है। बड़े रईस मिजाज के थे मेरे पति! बहुत ही खूबसूरत, बड़ी-बड़ी आँखें और घने बाल जो बुढ़ापे में चाँदी से सफेद निकल आये थे। कोई अंदेखा कर हमारी सड़क से नहीं गुजर सकता था। नये-नये लड़के गुजरते तो पीछे से वे ऐसी लचकदार बढ़िया आवाज में पुकारते—'भैया! जयराम जी की...' कि कोई भी हो, पानी-पानी हो जाता। अपने लड़कों-बच्चों से गुस्सा हो जाते तो मुझे कोसते थे—तेरी औलाद साली सब की सब निकम्मी निकली, पूरा आवाँ का आवाँ खराब हो गया..." जीजी की आँखें डबडबा आयीं..."वे कहते ही रहे कि तू किसी को कुछ न दे, साले अपने आप कमाये-खायें, चाहे भूखों मरें। मैंने ही जिद की, कि भगवान का दिया इतना सारा है, आप ही जैसा ठीक समझें, बाँट-बूँट दीजिए। मुझे क्या चाहिए...आप तो हैं मेरे लिए। और

सचमुच वह शख्स सामने दिखता रहता था तो जैसे किसी चीज की जरूरत ही नहीं थी मुझे।

शाम को लकालक सफेद कलफदार धोती-कुरता पहन, दुपट्टा डाल, इतर-फुलेल लगाकर छड़ी घूमाते हुए बस्ती की गलियों से जिस वक्त वे तवाइफ के यहाँ के लिए निकलते थे, लोग देखकर रह जाते...”

जैसे कोई सुरीली आवाज अपनी ऊँचाई पर फट कर रह गयी। सुनन्दा करीब-करीब मोहित होते हुए जीजी के पति की तस्वीर मन में उतार रही थी कि...

वह सनाका खा गयी। क्या कर रही हैं जीजी। जो उनके पति के चारित्रिक पतन और उनके अपने लिए इतने बड़े अपमान की बात भी, उसे इस आसानी से कहे जा रही है यह महिला? उसने टोंच ही दिया—

“आपको यह सब पता था? आप उन्हें यह करने देती थीं?”

“हाँ, पता था। हम एक-दूसरे से कुछ नहीं छिपाते थे। जिसे हम चाहते हैं, उसके लिए क्या कुछ नहीं करते। मैं जानती थी कि यह उनके रईस-मिजाज की ही एक जरूरत थी, जैसे इतर-फुलेल लगाना। कभी दो-चार दिन वे नहीं जाते, तो मैं उन्हें कोंच-कोंच कर भेजती थी। एक वहीं के लिए तो वे सजते थे, जमकर... उन्हें उस तरह सजा-सँवरा देख बहुत अच्छा लगता था!”

गजब की औरत है यह...सुनन्दा हैरत से जीजी की तरफ देख रही थी। कितना सारा छिपा होता है एक व्यक्ति में, ढँकनी खुलने की देर कि भल्ल-भल्ल बहा चला आता है। एक और चीज देखी है सुनन्दा ने—लोग कितना बेचैन रहते हैं अपना सुनाने को, कितना बड़ा सुख होता है उनके लिए अपने कथानक से बार-बार गुजरना। हर का कथानक होता भी कैसा विशिष्ट है कि ठीक वैसा ही किसी दूसरे के साथ नहीं होता।

“और आप क्या करती रहती थीं जब वे तवाइफ के यहाँ होते थे?”

“क्या करना...मेरे अपने काम थे। इतनी बड़ी घर-गृहस्थी देखना, पूजा-पाठ, लड़कों-बच्चों का करना। तू सोचती है मैं चबूतरे पर बैठी उनकी राह तकती रहती थी?” जीजी मुस्करायीं। उस क्षण उनकी उम्र पीछे को लौट गयी। वे खूबसूरत दिखने लगी थीं। हल्की मुस्कान में खिलता चेहरा, बड़ी-बड़ी आँखें पंखों-सी झपक-झपक कर अपनी पूँजी को जैसे और और सँवार कर समेटती हुई।

“वे भी पूजा-पाठ करते थे?”

“नहीं...कहते थे ये सब औरतों के काम हैं, जैसे मर्दों के हैं तवाइफों के यहाँ जाना। एक उनका यही काम खराब रहा—धर्म-कर्म का जो उपहास वे करते थे। उसी का शाप लगा शायद कि जो एक-एक ईंट उन्होंने बनाया था, वह देखते-ही देखते ढह गया।”

"उन्हें कभी कोई बड़ी तकलीफ?"

"कोई नहीं। अरे बेटा तुम देखती उन्हें! देखते ही मन में खुशी की लहरें उठने लगतीं। वह तेज था चेहरे पर कि ऐसा आदमी कभी कोई तकलीफ पाएगा...यह सोचा भी नहीं जा सकता था। और तकलीफ उनके पास कभी फटकी भी नहीं।"

"आराम उनके हिस्से में—जो ईश्वर को नहीं मानते थे, और कष्ट आपके हिस्से में जो भगवान की सेवा करती थीं!"

"यह तो मेरा पुण्य है। ईश्वर अगर पूछता कि तकलीफ तुम भोगोगी या तुम्हारा पति...तो मैं उनके हिस्से की तकलीफ माँग ही लेती। ईश्वर तक मेरे मन की पहुँच गयी, उसने मेरी रख ली...उन्हें तो कोई रोग-बीमारी भी पास तक नहीं फटके...हँसते-हँसते चले गये। दो दिन बुखार आया और बस, हंस उड़ गया। कहा करते थे...एकदम कलफदार कपड़े पहनाकर भेजना मुझे, इतन-फुलेल लगाना न भूलना..."

जीजी की आँखों से धारें फूट पड़ीं—"कोई सोच ही नहीं सकता था कि वह शख्स कभी जाएगा भी! उन्हें देखकर ऐसा ही लगता कि जैसे यह आदमी हमेशा है, हमेशा रहेगा। मेरा दुःख यह नहीं है कि इतनी बड़ी जायदाद टुकड़े-टुकड़े हो गयी और अब बर्बाद हो रही है। हुआ करे...कौन मुझे लादकर ले जाना है। उनके बिना दिल नहीं लगता...पूजा-पाठ में भी नहीं। वे थे तो ईश्वर का ध्यान भी कैसे डूब कर होता था, अब..."

फर्क होते हुए भी कितना साम्य है दोनों में! सुनन्दा की तरह रमा जीजी भी सिर्फ अतीत में जीती हैं। उनका भाग्य कि उनके पास सिर्फ मीठा-मीठा है।

"मेरा बड़ा लड़का...सिर्फ उसी में कभी-कभी दिखाई देते हैं वे—वही बड़ी-बड़ी आँखें, वही आसक्ति भरी मुस्कराहट। ये वैराग्य, दूर-दूर रहने के साधु-सन्तों के प्रयत्न...मेरे पति इन चीजों पर हँसते थे, कहते—साले जानते नहीं क्या रसीली चीज हैं जिन्दगी! किसी शोख तवाइफ से कम नहीं। गधे हैं जो इससे भागे-भागे फिरते हैं। मेरे बड़े लड़के में भी जीवन में कुछ-कुछ ऐसी ही आसक्ति है। खूब प्यार करता है अपनी बीबी-बच्चों को। मुझे भी खूब चाहता है।"

"क्या करते हैं वे?"

"पहले तो घर के ही व्यापार में था, फिर उसे लगा कि इसमें वह घूम-फिर नहीं सकेगा। तो जजी में बैठ गया। अब जज है। इधर से उधर, उधर से इधर घूमना उसे अच्छा लगता है। जैसे ही एक जगह तैनाती हुई, फौरन ही वहीं की सभी घूमने वाली जगहों पर फट-फट करके हो आएगा। विदेश भी हो आया।... बहू-बच्चों को दिखा लाया है।"

"आप यात्रा में क्यों आयी हैं?"

"क्यों...याने?" जीजी चौंकीं, उन्होंने कभी यह सोचा ही नहीं।

"मतलब क्या पाने?"

"पाने को है क्या...जो पाने लायक था, वह मिला ही था मुझे।"

"आगे के लिए?"

"आगे के लिए भी क्या...वैसे भी क्या हर जगह माँगते फिरा जाता है। मौसी ने पूछा—चलोगी, मैंने कहा चलो। अब तो बेटी, माँगती-आँगती मैं कुछ नहीं। ईश्वर के प्रति अपनी कृतज्ञता अर्पित करते रहना चाहती हूँ। जैसा भरापूरा रखा मुझे, वैसा सबको रखे।"

"आप अपने बड़े बेटे को इतना चाहती हैं! उसी के पास क्यों नहीं रहतीं?"

"ज्यादातर उसी के पास रहती हूँ...पर बँधकर नहीं रहना चाहती। उसकी अपनी जिन्दगी है। फिर वहीं रहा करूँ तो दूसरे लड़कों को खराब लगे। इसलिए आती-जाती रहती हूँ...वृन्दावन में, थोड़ा बड़े बेटे के पास, कभी-कभी अपने शहर भी हो आये, हालाँकि वहाँ दो रोज को भी मन नहीं लगता। गृहस्थी से मेरा मन अब भी बहुत जुड़ा है, उसका आनन्द अब अपने बड़े लड़के के यहाँ ही मिलता है।"

रमा जीजी की आँखें चमक रही थीं। कितना भिन्न थीं वे निर्मला जी से। दुःख है, लेकिन जैसे खुशी भी आस-पास ही रहती है जिसे वे जब चाहें, हाथ लगाकर छू सकती हैं। अकेली वे भी हैं, लेकिन जब मन करे परिवार और गृहस्थी वाले जीवन में भी उतर सकती हैं।

उस दिन यात्रा नन्दराय जी की बैठक, नन्दीश्वर महादेव और नन्दकुंड होती हुई यशोदा कुंड पहुँची थी। गाँव में यात्रियों ने यशोदा जी का माट देखा जिसमें कहते हैं, यशोदा जी दही बिलोती थी...इतना बड़ा कि एक आदमी आराम से बैठ जाए।

मौसम अच्छा नहीं था। बादल तेजी से घिरे चले आ रहे थे। बरसात की आशंका से बहुत-से यात्री नन्दकुंड से ही वापस लौट गये। यशोदा कुंड देखने के बाद गाँव से बाहर आते-आते मोटी-मोटी बूँदे गिरने लगीं। लोग तितर-बितर हो गये। जो गाँव में छूटे, वे वहीं जहाँ-तहाँ रुक गये। कुछ आने वाली बरसात की परवाह किये बगैर चरण पहाड़ी की तरफ बढ़े जा रहे थे क्योंकि वे आधे रास्ते निकल चुके थे। सत्येन्द्र ने देखा दो-तीन औरतों के एक छुट-पुट गिरोह में सुनन्दा भी है, बढ़ी चली जा रही है।

कैसी है सुनन्दा...कभी लगता है जैसे उसका शरीर ही है जो चल रहा है, बाकी कुछ जीवित है ही नहीं। और कभी लगता है—बाहर सब मृत है, उसके भीतर ही है थोड़ा-कुछ जो जीवित है। कभी कुछ ऐसा झलक जाता है उसमें कि लगे भीतर सुन्दर ही सुन्दर है...सब कुछ तरो-ताजा, अछूता। ऐसे में बहुत

आकर्षक हो उठती है वह। एक ही व्यक्ति कभी इतना मृत और कभी इतना जीवित! सत्येन्द्र ने उसकी ये दोनों मुद्राएँ देखी हैं। जब वह पहली में होती है तो कितनी अमानवीय, कठोर...अपने प्रति भी—कहीं भी बगैर सोचे-विचारे चल देगी, डर का कोई नामोनिशान नहीं, कुछ भी कर जाएगी। किसी से कुछ भी कह सकती है, किसी के साथ कैसा भी व्यवहार कर सकती है। वही सुनन्दा जब दूसरी स्थिति में होती है तो कितनी मुलायम...कोमलता छिपाये नहीं छिपती...उषा के आलोक की तरह उगती हुई चली आती है।

सत्येन्द्र ने इधर-उधर देखा। नरेन्द्र उधर एक छप्पर के नीचे ठहरा दिखाई दिया। पुलिया वाली मुलाकात के बाद नरेन्द्र से बस दूर-दूर से ही दुआ-सलाम हुई थी। उससे कुछ बात हो सकती है...ऐसा व्यक्ति नहीं लगा था वह। लेकिन आज सत्येन्द्र को लगा जैसे नरेन्द्र के साथ की जरूरत है उसे। शायद सुनन्दा को अपने अलग समूह में जाते देखा तो सत्येन्द्र का भी दुकेले होने का मन कर आया था। बौछार से बचते-भागते वह नरेन्द्र के पास पहुँच गया।

"क्या रुकने की सोच रहे हैं?" सत्येन्द्र ने पूछा।

"बारिश आएगी...शायद तेज़ भी। रुक जाना ही अच्छा होगा।"

"भाभी नहीं दिखतीं?"

"वे नन्द कुंड से ही बच्चों को लेकर चली गयीं। मैंने सोचा कि मैं अकेला थोड़ा और देख-दाख लूँ इधर।"

"बम्बई से निकले हैं तो थोड़ा एडवेंचर करिये। बरसात में ही तो ब्रज है। चारों तरफ यह हरियाली, ये भरे-भरे सरोवर...सब बरसात से ही तो हैं।"

"तो इसके यह मायने तो नहीं कि हम भीगें। भीगने से हम तो जमीन की तरह हरे-भरे होने से रहे।" नरेन्द्र हँसा।

"बम्बई वाले बरसात से डरते हैं, जबकि वहाँ बरसात इतनी ज्यादा होती है। यह मैंने दूसरों के साथ भी देखा है।"

"उसकी वजह है। बम्बई के वातावरण में धूल-कचरा बहुत रहता है इसलिए बरसात, खासतौर से शुरू-शुरू की खासी गन्दी आती है। भीगे कि खोपड़ा गन्दा हुआ, और गला भी फट से पकड़ जाता है।"

"यहाँ तो हवा बेहद शुद्ध है।"

"हाँ, यहाँ कोई समस्या नहीं।"

"चरण पहाड़ी को बरसात में देखने का विशेष महात्म्य है।"

"अच्छा, क्या महात्म्य बताते हैं?"

"ठीक ठीक तो मुझे नहीं मालूम...लेकिन कहते हैं यहाँ भाग्यवालों को ही बरसात मिलती है। बरसात में दर्शन सबको नसीब नहीं।"

सत्येन्द्र बड़ी चतुराई से नरेन्द्र को धीरे-धीरे धकिया कर वहाँ ले आया था जहाँ

ऐसी बातें रहस्यमयता ओढ़ लेती हैं। हमें सही-सही नहीं मालूम होता, पर जो सुनते हैं उस पर विश्वास करने का मन करने लगता है। अन्धविश्वास है यह भी ...पहले सत्येन्द्र यही सोचता था। अब सोचने लगा है कि यह अन्धविश्वास और आस्था के बीच की जगह है।

सत्येन्द्र सुनन्दा के पीछे-पीछे जाना चाहता था। सुनन्दा को यह न लगे कि वह पीछा कर रहा है, इसलिए नरेन्द्र का साथ चाहिए था। उसने नरेन्द्र को उत्साहित कर दिया था। दोनों चरण पहाड़ी की ओर बढ़ गये।

बूँदा-बाँदी थम गयी थी, पर बादल आसमान को तेजी से ढाँपते जा रहे थे। अँधेरा उतरने लगा था। थोड़ी ही देर में मोटी-मोटी बूँदें पड़ने लगीं, और बाकायदे बौछार चालू हो गयी। बौछार कभी सीधी नीचे आती तो कभी हवा के साथ इधर से उधर उड़ती चली जाती।

आगे जो तीन-चार महिलाओं का एक छोटा-सा झुंड जाता दिख रहा था, वह अगले मोड़ पर अदृश्य हो गया। सुनन्दा उसमें थी। काश, इस समय सिर्फ वे दो होते! नरेन्द्र को साथ लाने के लिए सत्येन्द्र मन-ही-मन पछता रहा था, लेकिन अब किसी के भी पीछे लौटने की गुंजाइश नहीं थी, आस-पास छिपने का ठौर भी कहीं नहीं दिख रहा था। दोनों के कदम आगे की तरफ ही तेज होने लगे।

सहसा एक सामूहिक चीख-जैसी कोई चीज बौछार को फाड़ते हुए ऊपर उठी।

“वह आवाज सुनी आपने...वे औरतें जो सामने जा रही थीं, वही हैं। आइए...”

सत्येन्द्र सामने की ओर भागा, पीछे-पीछे नरेन्द्र। बरसात अब घनी और तेज हो गयी थी। मुश्किल से पचास गज पर दो महिलाएँ एक पेड़ के नीचे बेहद डरी हुई खड़ी थीं। उनकी कँपकँपी छूट रही थी। एक ने किसी तरह दाहिनी तरफ एक छोटे-से टीले पर उगी झाड़ी की तरफ इशारा किया और फिर कँपकँपी में थर-थर होने लगी। सत्येन्द्र का खटका सही निकला! वहाँ सुनन्दा नहीं थी, फिर उस पर हमला हुआ था। वह नरेन्द्र को खचोरता हुआ झाड़ी की तरफ भागा।

छोटी-सी पहाड़ी पर तेज बरसात...बरसात का इतना शोर था कि दूसरी सभी आवाजें दब-दब जातीं। सत्येन्द्र और नरेन्द्र का आना बदमाशों को एकाएक तब पता चला जब सत्येन्द्र ‘पकड़ो सालों को’ का शोर मचाते हुए जो मानव छाया पहले दिखायी पड़ी, उस पर कूद पड़ा, उसे पीछे से गर्दन के बल जकड़ लिया और चिल्लाने लगा...सब इधर दौड़ आओ, यहाँ हैं, घेर लो सालों को, कोई भागने न पाये...जैसे कि साथ ढेर सारे लोग हों! सत्येन्द्र की पुरानी शैली। ऐसे मौकों पर भी वह ठंडे दिमाग से सोच लेता था, यही उसकी ताकत थी। यह इसलिए हो लेता था क्योंकि वह वकील था, अब तक एक-से-एक उचक्कों-बदमाशों से निपटते, उन्हें पास से देखते होती थी। वह इस जाति को खूब पहचानता था। उसे मालूम था कि

भीतर से ये लोग कितने डरपोक होते हैं।

बदमाश कुल तीन थे। बाकी दो डर कर पहाड़ी की ढलान पर लुढ़कते हुए भाग गये। सुनन्दा समझी कि कुछ और बदमाश आ गये हैं इसलिए वह मौका पाते ही वापस औरतों की तरफ भागी। रह गये सत्येन्द्र और उसकी गिरफ्त में एक आदमी और नरेन्द्र, जो बेहद उत्तेजित, कभी पीछे, कभी सामने से बदमाश को तड़ातड़ मार रहा था।

"इससे पूछो...पूछो उस औरत के पीछे क्यों पड़ा है!" सत्येन्द्र पीछे से बदमाश को जकड़े हुए हाँफते-हाँफते बोला।

"इसे पुलिस स्टेशन ले चलते हैं..." नरेन्द्र उस आदमी को मार-मारकर थक आया था। वह साधारण काठी का दीन-सा दिखता हुआ व्यक्ति था, पेशेवर बदमाश से बिल्कुल अलग।

"बोलता है कि नहीं...कौन है तू? बरसात का फायदा उठाकर औरतों के गहनों पर हाथ साफ करने आया था?" नरेन्द्र चिल्लाया।

"नहीं, एक उसे ही ये इधर लाये। क्यों?" सत्येन्द्र ने अपना सवाल जड़ा।

"रेप करना चाहते थे तुम तीनों?" नरेन्द्र ने दम बटोर कर फिर तड़ातड़ दो-तीन मारे।

"मेरौ कसूर नाऐं हजूर..."

"कैसे नहीं है। वे कौन थे जो भाग गये। पहले भी तुम्हीं लोग थे जब इसी औरत पर हमला हुआ था, है न?" सत्येन्द्र आदमी को झकझोर रहा था।

"नाऐं सरकार हम नाएं!"

"फिर कौन था?"

"का मालुम..."

"साले को मालूम है, बोलता नहीं। सब बोलेगा जब पुलिस मार-मारकर भुरकुस कर देगी..." नरेन्द्र गुर्राया।

"तू कहाँ का रहने वाला है?" सत्येन्द्र ने पूछा।

"कोसी कौ..."

"क्या नाम है?"

"राम किसोर!"

"क्यों आया, वे कौन थे जो साथ थे?"

"मोय नायं मालुम!"

"तुझे कुछ नहीं मालूम?" नरेन्द्र ने फिर तड़ातड़ हाथ जमाये।

"तेरे गाँव के नहीं थे वे सब?" सत्येन्द्र फिर चल पड़ा।

"नायं, बु तौ माये चौबे के यहाँ मिले हैं!"

"कौन चौबे?" सत्येन्द्र की आवाज़ सहसा तेज।

आदमी चुप...खूब शोरगुल से बारिश पड़ रही थी। नरेन्द्र और सत्येन्द्र को चिल्लाना पड़ रहा था। ये बुरी तरह थक आये थे।

"बोलता है या नहीं..." सत्येन्द्र ने आगे टँगड़ी लगाकर आदमी को जमीन पर गिरा दिया और ऊपर चढ़ बैठा। उसके लिए यह मुद्रा पहले से बेहतर थी। इसमें वह आदमी को ज्यादा पस्त कर सकता था और अब उससे सीधा बात भी कर सकता था। पानी तड़ातड़ पड़ रहा था।

"बोलता नहीं, कौन चौबे?" सत्येन्द्र ने उसका मुँह जमीन से रगड़ते हुए कहा और रगड़ता चला गया। पता नहीं भीतर कहाँ छिपी क्रूरता तब बाहर आ गयी थी। वह जैसे बेताब था सुनन्दा की पहेली सुलझाने के लिए, भले ही उसे इस आदमी का चेहरा तब तक घिसना पड़े जब तक वहाँ पर उगे नाक-नक्श ही मिट जायें!

"कौन चौबे...बोल साले?" सत्येन्द्र आदमी का मुँह जमीन से रगड़े हुए था।

"ले चलो साले को पुलिस स्टेशन। वहाँ आखिर उगलेगा, जब वे इसे नंगा करके..." नरेन्द्र ने पीछे से हुड़क लगायी।

"कौन चौबे?" सत्येन्द्र ने फिर रगड़ा दिया।

"चौबे जमनालाल!" आदमी के मुँह से आखिर बड़े ही धीमे स्वर में निकला।

"कहाँ का...पूरा पता बोल!"

"मथुरा के, जो तिरपाल दिए हैं न जात्रा के ताईं, उनके ठेकेदार..."

"जमनालाल ने भेजा था तुम सबको?"

"हाँ, मंजूरी..तीन सौ रुपैया, कै जा स्त्री कूं मारि आऔ या बेचि आऔ। हम पकड़कै बेचिवे के ताईं लै जाय रह्यो। मारिबै कौ तो सोचोहू नाओ। बाबू जी, पेट के ताईं...मेरे घर में हूँ बालबच्चा हैं बाबूजी, मोकूं छोड़ देउ...बाबू..."

आदमी रोने लगा। उसके विरोध की सारी शक्ति खत्म थी।

नरेन्द्र ऊपर से एक लात जमीन को हो रहा था कि एकाएक रुक गया। इस बेचारे का क्या कुसूर...उसने सुना था इस इलाके में गरीबी बहुत है, पैसा देकर इन लोगों से कुछ भी काम करा लो...

अरे! नरेन्द्र अपने ही सोचने पर चौंक उठा। कभी बम्बई में अपने मजदूरों को लेकर ऐसा नहीं सोचा। यहाँ भी आदमियों की भीड़, उनके तौर-तरीकों को देखकर वह उन्हें जानवर ही मानता आया है। उसमें यह दया...सहानुभूति...कहाँ से आयी।

"सही-सही बोल रहा है...खा अपने बेटे की कसम।" सत्येन्द्र झटके पर झटके दे रहा था।

"बेटा की सौगन्ध, बाबू...बेटी-बेटान की सौगन्ध!"

"इसे छोड़ दीजिये।" नरेन्द्र ने ही झुककर सत्येन्द्र की गिरफ्त छुड़ा दी। आदमी उठकर सरपट भागने की बजाय, धीरे-धीरे उठा और हाथ जोड़कर खड़ा हो

गया। उसका मुँह छिल-छिलकर लाल हो गया था, कहीं-कहीं से खून भी बह रहा था।

"चौबे से मत कहियों सरकार, बु मोय जिन्दौ नायं छोड़ैगौ। मोय कछू है गयौ तौ मेरे बालबच्चा..."

कैसी असहायता! इधर सत्येन्द्र, उधर चौबे...नरेन्द्र सोच रहा था। हम इन्हें पकड़ते हैं, असली को पकड़ कर दिखायें!

"जा...भाग जा।" नरेन्द्र ने कहा, हाथ से जाने का इशारा करते हुए।

आदमी हाथ जोड़े हुए एक तरफ हुआ और फिर नीचे की तरफ भाग गया।

हवा बादलों को उड़ाये ले जा रही थी

"आपने उसे क्यों चले जाने दिया?" सत्येन्द्र ने शिकायत की।

"और क्या करते?"

"उससे और उगलवाया जा सकता था।"

"बता तो दिया उसने, जमनालाल चौबे का नाम।"

"पुलिस में देना था।"

"पहले तो पुलिस में देने के लिए जानते हैं उसे कितनी दूर ले जाना पड़ता ...यों ही पकड़े-पकड़े वह भी इस बरसात में। वह छूटकर कहीं निकल ही भागता। और पुलिस में देने के बाद क्या होता...आप मुझसे अच्छा जानते हैं।" नरेन्द्र ने सफाई दी।

"वह सही बोला क्या?"

"हाँ, सही बोला है। जमनालाल का नाम मेरा सुना हुआ है। इस आदमी ने नहीं गढ़ा। आप कह रहे थे पहले भी हमला हुआ था?"

"हाँ, बरसाना में।"

"अच्छा, कुछ सुना तो था। क्या यही औरत थी? कौन है यह औरत, इसके पीछे क्यों पड़े हैं ये लोग?"

"पता नहीं। सत्येन्द्र दूसरे प्रश्न की ओट लेकर पहले प्रश्न का उत्तर भी टाल गया। यों सच भी था...वह सुनन्दा को कितना जानता है?"

"चलो, एक हादसा होते-होते रह गया, हमें और क्या चाहिए।" सत्येन्द्र ने रही-सही बात को भी दबा दिया। मस्तिष्क में तब दूसरी तरह की उधेड़-बुनें शुरू हो गयी थीं, वकील का दिमाग उट्ठक-बैठक लगाने लगा था।

दोनों धीरे-धीरे पहाड़ी पर उछली लाल-लाल गली पर आ गये और नीचे की तरफ चलने लगे। औरतें जहाँ खड़ी थीं, वहाँ अब कोई नहीं था। वे शायद लौट गयी थीं। बरसात अब नहीं के बराबर थी। जो हुआ वह इतना तेजी और आकस्मिक ढंग से हुआ था कि घटना के दौरान तेज बरसात का अहसास भी नहीं रहा था। वैसे भी अब तक दोनों इतने भीग चुके थे कि टिप-टिप का क्या पता चलता।

चरणपहाड़ी पर राधाकृष्ण के चरणचिह्न भी बरसात में धुल गए होंगे, अगर खुले में होंगे तो...सत्येन्द्र सोच रहा था।

सत्येन्द्र के लिए बात अब थोड़ा-थोड़ा पहेली का रूप लेती जा रही थी। सुनन्दा का पति जो था, वह दरअसल कहाँ का था, कौन था, वह क्यों चला गया? सुनन्दा के अनुसार वह काहिल था, तो उसे तो हर हाल में सुनन्दा के यहाँ पड़ा रहना चाहिए था! बच्चे को किसने उठाया? सुनन्दा का शक पति पर है, लेकिन काहिल क्यों इस बखेड़े में पड़ेगा। पहले सत्येन्द्र का ख्याल था कि यह काम बच्चों को उठाने वाले किसी गिरोह का लगता है—बच्चों का उठवाया और बेच दिया। तभी उठाने में इतनी सफाई कि देखते-देखते गायब। लेकिन यह सुनन्दा को उठाने की कोशिश भी एक बार नहीं, दो-दो बार? पिछली बार जिसने हमला किया था वही है या इस बार कोई नया? जिसने बच्चे को उठवाया वही पार्टी है या कोई अन्य? पार्टी एक ही दिखती है, वरना यात्रा की तमाम स्त्रियों में सुनन्दा ही क्यों? उठाने की कोशिश...किसकी, किसलिए, चकले में बेचने के लिए, इस तीस-वर्षीया महिला को? बात जमती नहीं। सुनन्दा पर हमलों का कोई...कोई सम्बन्ध बच्चे के उठवाने से जरूर बैठना चाहिए। किसी के लिए सुनन्दा को खत्म करना उसी उद्देश्य के लिए जरूरी है जिसके लिए लड़के को उठाया गया है। ये दोनों काम पति के...? उसके स्वभाव के साथ नहीं बैठता। पैसा...उसे बीच में कहीं होना चाहिए। क्या जमुनालाल चौबे...? रईस आदमी, उसकी यात्रा में आयी हुई एक मामूली औरत में क्या दिलचस्पी हो सकती है? वह चाहे तो उसे कई गुना ज्यादा सुन्दर...एक नहीं, हजार मिल सकती हैं! चौबे को पैसे का लालच हो सकता है ...पर सुनन्दा के पास पैसा कहाँ है? क्या पता, हो...सुनन्दा ने बताया न हो। जहाँ तक लड़के का उठाया जाना, ये दोनों हमले...ये जुड़ी हुई घटनाएँ हैं, इनके पीछे एक ही व्यक्ति है और उसका मकसद भी एक ही होना चाहिए—पैसा!

सुनन्दा से पूछा कि क्या वह किसी जमनालाल चौबे को जानती है तो नकारात्मक उत्तर मिला। उस पर दूसरी बार हमला हुआ...यह बात भी उसे कोई खास गड़ती हुई नहीं दिखाई देती। उसमें अपने लिए जो एक निर्ममता व्याप गयी है। वह जैसे सब कुछ धो डालती है—बड़ी-से-बड़ी बात को भी। दुर्घटना के समय वह घबरायी होगी; बचाव की सहज प्राकृतिक प्रवृत्ति भी उसमें जन्मी और तब वह भागी भी...लेकिन घटना कालक्रम में जैसे ही थोड़ा पीछे गयी कि सुनन्दा फिर वही—जैसे कि वह न बचती तो कोई बहुत बुरा नहीं होता, बच गयी तो कोई खास अच्छा नहीं हुआ। वह और कितनी बातें करेगी, पर इस प्रसंग को बात लायक ही नहीं समझती।

सुनन्दा की अपने प्रति यह उदासीनता कभी-कभी उसका मुख्य रंग बन जाती और वह इस तरह प्रकट होती जैसे सत्येन्द्र को लेकर भी वह उदासीन है, यही रहेगी। आहत हो सत्येन्द्र यहाँ तक सोच जाता कि सुनन्दा जानती सब है कि कौन है जो हमला कर रहे हैं या करा रहे हैं, उनका प्रयोजन क्या है...पर वह

बताती नहीं। सत्येन्द्र इतना घनिष्ठ नहीं है, शायद इसीलिए! सत्येन्द्र है भी कौन—कुछ दिनों की इस यात्रा में यों ही मिल गया एक अपरिचित, कभी थोड़ा साथ-साथ पैदल चल दिये...और क्या! कुछ दिनों में ही वह चला जाएगा। सुनन्दा भी सभी बातें उसे बताए भी क्यों!

सुनन्दा अब और भी दूर-दूर रहने लगी थी। उसके व्यवहार में सूखापन मिलता...जो सत्येन्द्र को उससे मिलने, बात करने की चेष्टाओं के लिए हतोत्साहित करता। कभी-कभी तो उसका मन करता कि यात्रा को छोड़, वापस चले अपनी वकालत की दुनिया में। वहाँ अपनी जमीन पर होने का अहसास तो होता है। यहाँ तो नीचे जैसे कुछ भी नहीं। सब कुछ बादलों की धुँध-सा आया, गया। सत्येन्द्र फिर भी न लौट सका। व्यवहार उसका कुछ भी, कैसा भी हो, सुनन्दा में एक अलग तरह का आकर्षण है, जबर्दस्त आभ्यान्तरिक आकर्षण! कहाँ से उपजता है यह आकर्षण?

इस यात्रा के दौरान सत्येन्द्र को कितनी ऐसी चीजें दिखाई दी हैं जो रहस्यमय हैं, पर सत्य भी। जो सत्य हैं, वे कितने रहस्यों में लिपटी हुई हैं...इतनी कि ठीक-ठीक दिखाई नहीं देतीं। कितनी ऐसी चीजें जिन्हें सत्येन्द्र शायद ही कभी अपने जीवन में उतार पाये, फिर भी वह उनसे सटता है। सुनन्दा, जैसे इस सब उलझाव-भरे आकर्षण का प्रतीक। सत्येन्द्र इन चीजों को अपना नहीं बना सकता तो इन्हें छोड़ भी नहीं सकता।

शायद आगे कोई रास्ता निकल आये...अचीन्हा, अपरिचित! क्यों न थोड़ा धैर्य रखकर, थोड़ा और आगे चलकर, वह जानने की कोशिश की जाय जो सुनन्दा छिपाए है, वह भी जो ओट है...जिसके बारे में शायद वह भी नहीं जानती।

“जैसे मृग कस्तूरी आशा मरुथल जाय मर्‍यो”

सत्येन्द्र चुपचाप मथुरा के लिए खिसक लिया था। समूह-यात्रा से अलग अब अपनी यात्रा। जिधर आयोजकों ने चला दिया उधर ही समूह के साथ चल दिये, यह काफी हो चुका। अब पहले की तरह यात्रा—अपनी बुद्धि से अनुशासित, सोच-विचार कर जिधर जाना हो, उधर ही।

जमनालाल चौबे का मकान। तिमंजिला, गेरुआ रंग ओढ़े हुए। पहली मंजिल पर दोनों तरफ कमरे, बीच में छत। शेष मंजिलें सड़क की तरफ से बन्द। मकान के ऊपर उठते चले जाने से सम्पत्ति की बढ़ोतरी का भी आभास होता है। तीस तम्बू से शुरू किया था कारोबार जमनालाल ने, आज हजारों तम्बू हैं। पिता के पास तो जमुना जी के विश्राम घाट की छोटी-मोटी जजमानी के सिवाय कुछ नहीं था। जमनालाल ने भी कुछ दिन जजमानी ही कमाई, लेकिन देखा कि नयी पीढ़ी अब ज्यादा ही चौकस है। भाई-लोग बात-बात में पुलिस को खबर कर देते हैं और पुलिस साली फिर ऐसे पीछे पड़ती है जैसे पंडे न हुए, चम्बल के डाकू हो गये। हर वक्त तलाशी की धमकी...हर वक्त धोखा-धड़ी का लाँछन। जायज कमाई भी नहीं जोड़ सकते तो फिर कमाएँगे क्यों? जमनालाल मौका देख तम्बू के धन्धे में खिसक आये और धीरे-धीरे करके पंडागीरी छोड़ दी। पिछले दस सालों में कारोबार इतना बढ़ गया कि जमनालाल ने शादी-ब्याह में भी तम्बू-त्रिपाल तानने का काम बन्द कर दिया है। सिर्फ यात्राओं की ठेकेदारी लेते हैं। यात्रा में पाल एक जगह से उखाड़कर दूसरी जगह गाड़ देना, यात्रियों का सामान उनके अलग-अलग पालों में पहुँचाना। पाल के दो सेट चाहिए—एक आगे के स्थान पर पहले से जाकर गाड़ दिये...उसी सिलसिलेवार, वही नम्बर देकर, फिर पीछे की बस्ती के उखाड़े। जिन यात्रियों को जरूरत हो, उन्हें पाट और छोलदारी किराये पर देना, यात्रियों की तरह दुकानदारों के माल और सामान इधर से उधर पहुँचा देना...ये सब भी ठेकेदारी के अन्तर्गत आते हैं। यात्रियों के मौसम में ही इतनी कमाई हो जाती है कि फिर चाहो तो साल-भर कुछ न करो। पर जमनालाल बैठने वाले आदमी नहीं। अच्छा

फैलाया है उन्होंने। खेती की जमीन है, मथुरा में रिहायशी मकानों की लम्बी-चौड़ी जमीन में भी पैसा लगा रखा है...मुनाफे की हवा देखते ही जायदाद खरीदना-बेचना। एक छोटी फैक्टरी डालने का भी काम हाल में चल पड़ा है।

जमनालाल कहते हैं कि ठेकेदारी तो बस इसलिए है कि भगवान के काम से जुड़े रहें, वरना वे क्यों पड़ें इस पड़-पड़ में। उनके यहाँ एक-से-एक और बढ़िया-से-बढ़िया धन्धे हैं। ठेकेदारी तो इसलिए कि धर्म के काम में हाथ बँटाना है, दूर-दूर से आये यात्रियों की सेवा करना है। उनकी असली कमाई तो यहाँ पुण्य की है। कहें वे कुछ, भीतर-भीतर चौकस व्यापारी दृष्टि है चौबे जी की। लोगों के लिए यह ब्रज यात्रा एक बड़ी तीर्थ-यात्रा, गोलोक यात्रा हो, चौबेजी के लिए वह सिर्फ एक बाजार है...शोरगुल, भीड़-भाड़, लोगों का बेमतलब भेड़-बकरियों की तरह इधर से उधर आना-जाना। यात्रा में चलते हुए किसी के मन में बड़ी-बड़ी तरंगें उद्वेलित हो उठें, एक-से-एक विचार उठें, खोज जीवन-शोध...कुछ भी होता रहे, जमनालाल के दिमाग में सिर्फ नफा-नुकसान घूमता है। ज्यादातर जगहों पर यात्रा दो दिन तो कम-से-कम ठहरती ही है तो सामान ढोने को समय मिल जाता है...लेकिन उसी में क्या मारामारी! ढोने वाले जितने रखो...सब साले चोर! छोटा सामान देखा कि उड़ा दिया। छोलदारी पर तो जमकर हाथ साफ करते हैं। पाल नहीं चुरा पाते तो उनमें जो थोड़े मुलायम कपड़े के हुए, उसी को कहीं से फाड़ लेंगे...कहेंगे यात्रियों ने ही यह हालत कर दी। कैसे पड़ताल हो कि किसने पाल के कपड़े को काटा, फाड़ा, चुराया। यात्री क्यों करेंगे, उन्हें फुर्सत कहाँ! हो सकता है कुछ करते भी हों...कैसे-कैसे तो लोग चले आते हैं यात्रा में। अगली बार से पाल के कपड़ों, छोलदारी...सबने जमना लाल, पाल का नम्बर डलवाएँगे। फट से पकड़ में आ जाएगा कि कौन किस पाल नम्बर में था और उसमें कौन यात्री ठहरा था। लेकिन यात्रा का पता लग भी गया तो किसी को कुछ कह सकेंगे क्या जमनालाल? महाराजश्री का मैनेजर दसियों तरीकों से हिदायतें करता रहता है—यात्रियों से कुछ नहीं बोलना है, सब उन्हीं से है। यात्रा का नाम नहीं बिगड़ना चाहिए।' ठीक भी है—नाम से ही इन लोगों का काम चलता है, और उसी से जमनालाल का भी। जैसे हर साल पाटा, चटाई का कुछ नुकसान भरना पड़ता है, ऐसे ही पाल के कपड़े का भी उठाना होगा। थोड़ा बहुत ये भाड़े के मजदूर जो हैं, उन्हीं पर निगाह रख लो। मैनेजर कहता है—सामान हर यात्रा में नहीं, यात्रा के हर पड़ाव में बढ़िया कंडीशन का होना। वह मैनेजर का बच्चा खुद तो चक्कर लगा-लगाकर देखता ही है, धमकी भी देता है कि महाराजश्री भी जा सकते हैं कहीं...पता नहीं कब कौन जजमान उन्हें बुला ले। कहीं कोई गड़बड़ी दिखाई दी कि अगली यात्रा से ठेका किसी और को! बराबर तलवार ऊपर लटकती रहती है। जमनालाल ठेके की इस लाइन में सबसे पुराने हैं, लेकिन हर साल दो-बार नये मैदान में आ जाते हैं। बाहर

से यह धन्धा बड़ा आसान दिखता है—लागत सिर्फ पच्चीस-तीस हजार की, उतनी रकम तो कहीं से एडवांस मारकर भी खड़ी कर लो। तैयार करवा लिये पाल और थोड़ी बहुत छोलदारी और बन गये ठेकेदार। और महाराजश्री लोग नयों-नयों को आजमाने फट से चल पड़ते हैं। बाहर से मुद्रा धार्मिक, पर व्यापारी से क्या कम हैं? इस बात का जरा भी ख्याल न करेंगे कि जमनालाल पुराने आदमी हैं, कितने सालों से उनके साथ धन्धा कर रहे हैं।

गये वक्त ठेके का काम लेने में फायदा ही फायदा था। अब तो कोने-कोने से नुकसान खड़े हो जाते हैं। सामान जो एक पंडाव से दूसरे तक ले जाने में ही कितना गायब हो जाता है, पूरे पैंतालिस दिन का हिसाब करो तो बड़ी रकम यहीं डूब गयी। हर यात्रा के बाद जमनालाल को कितना सामान नया बनवाया पड़ता है—एक चौथाई नफा तो इसी में चला जाता है। हर पड़ाव से दूसरे तक की ढुलाई के पीछे-पीछे चलना जमनालाल के बस की बात नहीं...इसलिए रामेसुर को लगा दिया है। अब वह भी थोड़ा-बहुत खाता ही होगा—दुकानदारों को ऊपर-ऊपर से कुछ फटे-पुराने पाल दे दिये और जमनालाल को कह दिया कि ये पाल बेकार पड़े रहे। जहाँ यात्री नहीं हुए, उनके पालों में दुकानदारों को, किसी को भी ठहरा दिया और किराया खड़ा कर लिया। जमनालाल पीछे पड़े तो सब कारनामे खोज निकाल सकते हैं...पर क्या जरूरत है, जब तक कुल मिलाकर फायदा हो रहा है...और वह हो ही रहा है। ठेके की एक मुश्त रकम तो जमनालाल ही लेते हैं, वरना क्या पता वहाँ भी लूट-खसोट मच जाती।

'वकील' जुड़ा था सत्येन्द्र के नाम से, इसलिए उसे जमनालाल चौबे ने गद्‌दी पर ही बुला लिया। गद्‌दी में बैठे चौबे जी कारोबार पर नजर रखते थे—अपने सामने रोकड़-बही भरवाते चलते और कामकाज के लिए ज़रूरी हिदायतें भी देते जाते। इन सबके दौरान वे मुलाकातियों को भी निपटा लेते थे। सत्येन्द्र ने जब कहा कि वे अकेले में बात करना चाहते हैं तो चौबे जी की त्यौरियाँ थोड़ी चढ़ीं, कहा कि सब उनके अपने आदमी हैं, लेकिन सत्येन्द्र ने फिर भी अकेले के लिए ही आग्रह किया।

"आखिर मैं भी तो जानूँ कौन-सी ऐसी बात है कि जिसके लिए अकेला ही चाहिए?" चौबे जी झुँझला पड़े।

"सुनन्दा..."

सत्येन्द्र ने बहुत ही धीरे-से नाम उछाला। वह यह तय करके ही आया था कि सीधे एकाएक नाम फेंकेगा चौबे जी के सामने, बजाय ढीले-ढाले ढंग से पूछने के कि आप किसी सुनन्दा को जानते हैं, वह क्या लगती हैं आपकी...वगैरह-वगैरह।

वकील होने की वजह से वह शुरू से ही आक्रमक रवैया अपनाने के फायदे जानता था। एकाएक नाम फेंकने से जो रंग चौबे के चेहरे पर आएँगे-जाएँगे...उससे ही काफी कुछ झलक जाएगा।

एक क्षण को चौबे जी चुप...पर तुरन्त ही उन्होंने खुद को सँभाल लिया। पैनी नजरों से एक बार सत्येन्द्र की आँखों में झाँका और यों दिखाने लगे जैसे सत्येन्द्र ने जो फुसफुसाया था वह सुन ही न पाये थे, सत्येन्द्र चूँकि जिद्द कर रहा है इसलिए चलो उधर बैठकर बात कर लेते हैं। गद्दी पर काम कर रहे लोगों के लिए दो-चार हिदायतें देकर उठ गये। सत्येन्द्र को पीछे आने को कह बगल के कमरे में घुस गये। पीछे-पीछे जाते हुए सत्येन्द्र सोच रहा था कि उस रोज चरण पहाड़ी पर पिटते हुए उस भाड़े के आदमी ने जमनालाल चौबे का नाम यों ही नहीं लिया था, कुछ था तो!

कमरा छोटा था। फर्श रंगीन डिजाइनों वाले मोजइक का। चारों तरफ रैक्सीन के भारी-भरकम सोफे, उस छोटे से कमरे को करीब-करीब पूरा दाबे हुए। एक तरफ रैक्सीन का ही दीवान जिसे फिलहाल चारपाई जैसा बनाकर काम में लाया जा रहा था। उस पर एक पतला गद्दा, गद्दे पर चौकोर डिजाइन वाला हैंडलूम का चद्दर जो आसानी से मैला नहीं होता और डंडे मार-मारकर धोये जाओ तो फटता भी नहीं। तकिये पर भी वही कपड़ा।

"जी कहिए।"

"मैं सुनन्दा के बारे में बात करने आया हूँ।" सत्येन्द्र ने कहा।

"कौन सुनन्दा?"

"देखिए सेठजी, समय को सोना कहा गया है, फिर आप-जैसों का समय...वह तो हीरा है, हीरा। जो चीजें आप और हम दोनों ही जानते हैं उन पर समय क्यों खराब करें!"

"आप हैं कौन?" जमनालाल झुँझला पड़े।

"मैं...आदमी हूँ, एक महिला पर अत्याचार होते देखते बैठे रहना धर्म के विरुद्ध है, मानवता का भी कुछ तकाज़ा होता है। आज के जमाने में आप स्त्रियों पर इस तरह अत्याचार नहीं कर सकते।"

"अच्छा...तो आप अत्याचार के विरुद्ध आवाज़ उठाने वाले समाज सेवी हैं।"

"जी हाँ। आप उस बेचारी के पीछे पड़े हैं, उसे जान से मरवाना चाहते हैं, क्यों?" सत्येन्द्र की आवाज थोड़ी तेज हो गयी थी।

"क्या पीछे पड़ा हूँ...किसके? मुझे क्या मतलब? आप अजीब हवा में लाँछन लगाये जा रहे हैं!"

"देखिये, पेशे से मैं वकील हूँ, बगैर सुबूत के कोई बात नहीं करता।"

"क्या सुबूत है आपके पास...किस चीज का? आप मुझे धमकी देने आये हैं?"

"एकदम नहीं, उल्टे मदद करने आया हूँ। आप शहर के प्रतिष्ठित और रईस व्यक्ति हैं। सोचिए कि आपका पैर जरा ऊँचा-नीचा पड़ा कि व्यापार और आपकी प्रतिष्ठा दोनों ही बाढ़ आयी नदी में उखड़े छप्परों की तरह बहते दिखेंगे। आप क्या चाहते हैं सुनन्दा से, वह सीधे-सीधे बता दीजिए, अपुन बात कर लेते हैं।" सत्येन्द्र ने अपना स्वर धीमा और संयत करके कहा।

"आप क्या उसके वकील हैं?"

"जी नहीं, मैं आपका वकील हूँ—आपका हितैषी। बोलिए क्या चाहते हैं उससे आप?"

"किससे भाई? मुझे किसी से क्या चाहिए। मेरा काम-धन्धा चौकस चल रहा है, आप देख ही रहे हैं। मुझे किसी से क्या जरूरत है।"

"जो है, जो आ रहा है उसे हिफाजत से रखने, बचाए रखने की जरूरत तो है! आप सुनन्दा को कुछ देना नहीं चाहते?"

"क्यों दूँ...किस बात का?"

"यह तो आप ही अपने भीतर झाँक कर तय करेंगे। मैं तो सिर्फ इतना जानता हूँ कि आप बहुत समय तक भाग नहीं सकते इस चीज से!"

"किस चीज से?"

"जो सुनन्दा को देना है...उससे।"

"क्या देना है भाई, किस बात का? दो कौड़ी की छोकरी! माँ-बेटी दोनों ने मिलकर छोकरे को अपने जाल में फँसा लिया।"

तो यह है! आदमी भी अजीब चीज है। एक बात को कैसे गुपचुप रखेगा, उसी के हिसाब से अपनी सारी साजिशें बाँधता है। और वही बात कैसे एकाएक, किसी अरक्षित क्षण में भल्ल से बाहर निकल जाती है। चौबेजी को अपनी दौलत पर आती आँच दिखाई दी थी। उसे बचाने दौड़ पड़े तो पोटरी इधर से खुल गयी। यह जताते हुए कि वह सब कुछ जानता है, सत्येन्द्र ने सारा कुछ जान लिया। अब और जो चीजें थीं, वे जोड़ी जा सकती थीं। सत्येन्द्र को सिर्फ अपनी यह सब कुछ जानने की मुद्रा बनाये रखनी थी।

"तो आप सोचते हैं कि वह सब चालबाजी थी? सीधे-सीधे क्यों नहीं कहते कि आप उसे कुछ नहीं देना चाहते!"

"हाँ, नहीं देना चाहता, क्यों दूँ...किस बात का।"

"उनकी शादी हुई थी!"

"क्या सबूत? कहाँ हुई...कहाँ बारात गयी, कहाँ भाँवर पड़ी...बताइए?"

"और बच्चा...वह कहाँ से आ गया, यों ही आ गया?"

"सब जानते हैं ऐसी औरतों का। माँ-बेटी दोनों को मेरी दौलत का लालच था। अब लौंडे-लपाड़े तो कहाँ-कहाँ नहीं घूमते-फिरते। इसका यह मतलब तो नहीं

कि जिस किसी के साथ उठा-बैठा मेरा लड़का...उस उसको मैं बहू बना लूँ। हम ठहरे ऊँचे गोत्र वाले चतुर्वेदी, पाँच चूल्हे वाले ब्राह्मण। और वहाँ कुलगोत्र तो छोड़ो, यह भी ठीक से पता नहीं कि वह छोकरी बनिया है कि शूद्र। बच्चे का क्या...कहीं से उठा लाइये और रोप दीजिए कहीं, हिन्दुस्तान में कोई कमी है। आप प्रतिष्ठित व्यक्ति हैं, साफ देख सकते हैं कि वह जबर्दस्ती गले पड़ रही है। उससे मुक्ति दिलाने में मदद करना चाहिए उल्टे आप...इस औरत से छुट्‌टी पाने के लिए मैं खर्चा करने को भी तैयार हूँ।"

"कितने तक?"

"अब वह दस लाख माँगे तो क्या दे दूँगा मैं! हमारी तरफ कोई कमजोरी नहीं है, पर चलिए झँझट से छुट्‌टी पाने के लिए जो वाजिब होगा, दे दूँगा...पर उसे लिखना होगा...काम पक्का कराकर दें तभी!"

"कोई रकम तो आपने मन में तय की होगी?"

"मेरा अन्दाज ठीक निकला, उसने आपको तय करने के लिए भेजा है। आ गयी न अपनी औकात पर!"

"रकम बताइए?"

"दस हजार दे सकता हूँ, ज्यादा-से-ज्यादा।"

"और मेरी फीस?"

"आपकी? आपको किस बात की?"

"सैटिल कराने की...कम्प्रोमाइज!"

"अच्छा चलिए आपको भी कुछ मिल जाएगा, पर पहले काम तो हो! मैं छुट्‌टी चाहता हूँ ताकि अपने बच्चे का जल्दी से उचित विवाह करूँ, घर में बहू आये।"

"कोई जगह देखी है?"

"हाँ, देख रहा हूँ...दो-चार घर नजर में हैं।" जमनालाल टाल गये यह सब भेद क्यों खोलें। वहाँ जाकर भी टँगड़ी मार देगा।

"रईसघर होंगे, आपसे बीस ही! रकम अच्छी खड़ी होगी...और आप सिर्फ दस में निपट जाना चाहते हैं। उस औरत की जिन्दगी गुजर जाएगी दस हजार में?"

"आप तो पक्के दलाल की तरह बातें करने लगे।"

"चौबेजी, दलाली भी वकालत का एक हिस्सा है!"

"आप इस स्तर पर बात करेंगे तो मैं कुछ नहीं दूँगा...कर ले छोकरी जो कुछ करना है।"

"वह बहुत कुछ कर सकती है। उस पर जो हमले हुए हैं, उस सिलसिले में भी आपको घसीट सकती है। मेरे पास उस आदमी का बयान भी है।"

"कौन आदमी?"

"वही-वही...आपके भाड़े का। छोड़िए, मैं चलता हूँ।" सत्येन्द्र उठ खड़ा हुआ।

"आपकी रकम क्या है, वही भी तो सुनूँ?"

"मेरा तो हिसाब-किताब करने का ढंग बड़ा सीधा है। सम्पत्ति आपकी दस लाख की तो होगी। लड़के के ब्याह में आपके कम-से-कम पाँच लाख अलग खड़े होंगे। वैसे सुनन्दा का हिस्सा तो पूरा बनता है पर मैं बहुत सस्ते में तय करा दूँगा। बस, एक लाख डेढ़ भी नहीं।

"और आपकी फीस?"

"आप कहें तो इसी में शामिल कर लेंगे!"

"चलिए मंजूर है...जाकर लाइए तलाकनामा स्टाम्प-पेपर पर। और कचहरी में वह मुँह बन्द रखेगी, मेरी जायदाद में कोई हिस्सा न माँगेगी।"

"ठीक है, पर सुनन्दा काफी धोखा खा चुकी है, पैसा उसके पास पहले पहुँचाना होगा। आप बेशक मेरी फीस के पाँच-दस हजार अपने पास रखिए, जब कागज लेकर आऊँगा तब ले लूँगा। मुझे आप पर विश्वास है। पर मुश्किल यह है कि सुनन्दा को आप पर विश्वास नहीं...और उसका दोष भी नहीं है। वैसे चौबे जो आप भाग्यवान हैं। काफी सस्ते से छूट गये, वरना पाँच-सात लाख तो मामूली बात थी ऐसे केस में। आप चाहें तो आज ही सब कुछ खत्म हो सकता है। यह रहा मेरा कार्ड। अगर रुपये अभी दे दें तो शाम तक आपको कागज भी पहुँच सकता है।"

"कहाँ है वह इस वक्त?"

"बड़ी बठेन में...यहीं कचहरी से कागज तैयार कराकर सीधा चला जाऊँगा और शाम तक उससे दस्तखत कराकर वापस। आप चाहें तो साथ चले चलें, अपने हाथ से सुनन्दा को दे दें।" उसे सारा जीवन बिताना है, उसके लिए इतनी रकम कुछ भी नहीं है, सेठ जी!"

चौबे सोचने लगे। वे अब तक सुनन्दा के सामने नहीं आये हैं। उन्हें देखकर वह अपना भाव बढ़ा सकती है, तिरिया-चरित्तर दिखाकर उनकी बदनामी कर सकती है। फिर इस यात्रा में उन्हीं के पाल लगे हैं, कुछ हल्ला हो गया तो महाराजश्री तक बात पहुँचेगी। नाम खराब हुआ तो ठेका जो हर साल चौबे को मिलता है, वह गया। अच्छा यही है चुपचाप-चुपचाप ही मामला रफू-दफू हो जाए। जहाँ इज्जत का मामला फँसा हो, वहाँ किसी-न-किसी पर विश्वास करना ही पड़ता है। वकील का कार्ड है...पता-फोन दिया है। अलीगढ़ का है तो कोई दूर भी नहीं है। ऐसे मामलों में परदेश का ही भला...फिर अपनी फीस के लालच में आएगा ही आएगा।

जमनालाल का सत्येन्द्र पर विश्वास जमने लगा था, पर रकम ज्यादा थी। अलग से तहकीकात भी कर लेना चाहिए—यह उनकी व्यावसायिक बुद्धि कहती थी। बोले—"ठीक है, रुपयों का इन्तजाम करना होगा। एक-दो दिन तो लगेंगे ही। आप ऐसा करिए कि चार तारीख को इसी समय आ जाइए।" और इस तरह वे

अपने लिए समय निकाल ले गए। इस बीच वे अलीगढ़ से पता कर लेंगे कि सत्येन्द्र वकील कोई जाली आदमी तो नहीं है, किस हैसियत का है, कैसा नाम है, वगैरह-वगैरह। जो कोई भी सोच-विचार करना होगा, वह भी कर लेंगे। रुपए लेना हो तो टालना नहीं चाहिए। लेकिन देने को जब तक टाल सके, टालें...व्यापार का यही मूल मन्त्र है।

सत्येन्द्र और चौबेजी कमरे से बाहर निकल रहे थे कि सामने आ पड़ा नन्दन, बाहर से आ रहा था।

"घूम-फिर आये?" पिता ने हमेशा की तरह लापरवाही से कहा और आगे बढ़ गये। सत्येन्द्र पहचानता ही नहीं था। थोड़ा-बहुत चौंका तो नन्दन ही...पिता के साथ जो आदमी है उसे पहले कभी देखा नहीं। पिता आखिर नन्दन से निराश हो गये। क्या उसकी जगह किसी और को व्यापार में हिस्सेदारी के लिए तैयार किया जा रहा है? पिता कारोबार के सामने गद्दी में ही निपटाते हैं...भीतर बात करना, जरूर कोई खास बात होगी, नन्दन के लिए ही कोई योजना गढ़ी जा रही होगी! पिता को दुःखी तो पूरा कर रखा है नन्दन ने—वह न व्यापार में लगता है, न पिता की इच्छानुसार दूसरा विवाह करने के लिए ही तैयार होता है। पिता बहुत समझाते हैं, अकसर तो बिठा-बिठाकर बोलते रहते हैं। नन्दन सुनता रहता है। अकसर सुनता भी नहीं है, सिर्फ देखता रहता है सामने—पिता को, पिता के पार ऊट-पटांग फैली अपनी असफल जिन्दगी को, उसके इस या उस टुकड़े को...कितनी ऊँची उड़ान और कहाँ आकर गिरा। अपनी उड़ान की गर्मी से ही झुलस गये उसके पंख। किसने ऐसे सपने देखे होंगे और कौन इस तरह औंधे मुँह गिरा होगा...

फतेहपुर का लेखक सम्मेलन।

फतेहुपर के एक पुराने लेखक बहुत बेचैन रहते थे कि वे कब से लिख रहे हैं, वफादार रहे हैं, पार्टी की विचारधारा अपनाए हुए उन्होंने हमेशा बढ़-बढ़कर लिखा है...उन्हें कुछ नहीं मिला। उन्हें सन्देशा मिला कि वे अपना कुछ काम दिखाएँ, पार्टी के लिए कुछ करें, तभी तो...और नहीं अपने नगर में एक सम्मेलन ही करा कर दिखा दें।

फतेहपुर में सम्मेलन हुआ। हर बार की तरह भाग लेने वालों की संख्या खूब थी, पर श्रेष्ठ लेखक तो बहुत बड़ी बात, सम्मेलन में ऐसे लेखक भी कम थे जिन्होंने पिछले वर्षों लगातार लिखा हो या जिनकी पुस्तकें संख्या में ही खासी हों। ज्यादातर नौजवान या बहुत हुआ तो तीस-पैंतीस के आसपास लोग, एक-एक दो-दो रचनाओं वाले। पत्रकारों को भी साहित्यकारों की श्रेणी में गिन लिया गया था और पार्टी के कार्यकर्ता तो वहाँ थे ही। ऐसा लगता था कि सम्मेलन का उद्देश्य कुछ विषयों पर सोच-विचार करना नहीं जितना अपनी संख्या, संख्या की शक्ति दिखाना था। इस लिहाज से यह भी एक ऐसा जमावड़ा था जैसे कोई

राजनेता जनता में अपना समर्थन प्रदर्शित कराने के लिए भीड़ का स्वयं ट्रकों-बसों में भर-भरकर लाता है और उसे अपने पक्ष में हुई रैली की तरह दर्शाता है।

सम्मेलन में इत्तफाक से दादा रविशंकर भी थे, लेखन के क्षेत्र में बहुत ही प्रतिष्ठित, जिनका पूरा जीवन ही लेखन का समर्पित था। थे सतर के आसपास ...लेकिन अब भी लिख रहे थे। उन्हें सभी वर्गों के लेखक आदर से देखते थे, हालाँकि नन्दन का लेखक संघ उन पर अपना विशेष अधिकार मानता था, क्योंकि दादा की विचारधारा संघ जैसी ही थी और बीच-बीच में दादा संघ के सम्मेलनों में शामिल भी होते रहते थे। लेखक समाज में दादा की वह इज्जत थी कि संघ के बाहर के लेखक उनके पैर भी छूते। इस लेखक संघ की संस्कृति में पैर छूना सामन्तवादी संस्कृति का प्रतीक माना जाता था। दादा अगर न आये होते तो सम्मेलन सिर्फ पोस्टरों में वैसा विज्ञापित होने के कारण ही लेखक सम्मेलन लगता, वह किसी भी तरह का सम्मेलन हो सकता था।

उद्घाटन सत्र में ही गड़बड़ी हो गयी। उद्घाटन के लिए तो खैर, ज्यादातर पार्टी के ही कोई माननीय व्यक्ति आते थे, लेकिन अध्यक्ष पद पर हमेशा उपस्थित साहित्यकारों में बुजुर्ग और लेखन के क्षेत्र में माननीय व्यक्ति को ही बिठाया जाता था। दादा के होते हुए किसी अन्य को अध्यक्ष पद पर बिठाया जाना, सोचा ही नहीं जा सकता था। लेकिन इस बार अध्यक्ष कानपुर के ही एक लेखक थे...आयु में जरूर साठ पर पहुँच रहे थे पर लिखने में एकदम लद्धड़। यह जाहिर हो गया कि दादा की जगह इस व्यक्ति को उभारते की मंशा चल रही थी। दादा अध्यक्ष तो दूर, मंच पर भी नहीं बिठाए गये। उन्हें खैर क्या फर्क पड़ता—वे श्रोताओं की अगली पंक्ति में चुपचाप बैठे हुए थे...वीतराग। फुसफुसाहट चल निकली थी—अपने पिछले वक्तव्यों में दादा ने कहीं पार्टी के खिलाफ लिखा या बोला था, दादा ने विरोधियों के एक सम्मेलन कर उद्घाटन किया था...उनका कहना था कि वे साहित्यकार हैं, स्वतन्त्र हैं, जहाँ चाहें जायें, उठे-बैठें। इस सबके लिए पार्टी उन्हें सबक सिखाना चाहती है! सत्र के बाद सब तरफ एक उसी बात पर टीका-टिप्पणी चल निकली। नन्दन को यह देखकर हैरत हुई कि बहुत लोग ऐसे थे जो दादा के साथ किये गये बर्ताव को ठीक बता रहे थे—"अच्छा किया, दादा को 'लैसन' मिलना ही चाहिए। वे देख लें कि उनके बगैर भी हमारा काम चलेगा। यह क्या कि जो चाहे जहाँ बकते घूमते फिरें। इस तरह की स्वच्छता की अनुमति किसी को नहीं दी जा सकती!"

नन्दन जैसे स्वप्न में यह सब देख-सुन रहा था। दादा को देखता...वे बिल्कुल विचलित नहीं थे लेकिन जाने क्यों किसी दुखान्त उपन्यास के मुख्य पात्र से लगते। उनके साथ जो हुआ...नन्दन को वह कष्ट अब इतना नहीं था, कष्ट यह था कि वे अकेले इधर-उधर घूमते दिखाई देते। लोग उनके पास फटकने में भी

कतरा रहे थे...पार्टी उन लोगों को दादा का आदमी न समझ लें। अलगे दिन के सत्र में और तमाशा हुआ। कहाँ पर वक्ता दादा का नाम लाए बगैर नाम लिये उनके खिलाफ उल्टी-सीधी टीका-टिप्पणी की। पत्रिका के सम्पादक होने के कारण और वैसे भी अब तक नन्दन की जो स्थिति बन चुकी थी उसे देखते हुए उसको किसी-न-किसी सत्र में बोलने का मौका दिया जाना ही था। तीसरे सत्र में जब नन्दन को बुलाया गया, तब वह एक तरह के ट्रांस में था। जो भीतर उठा, वह बोलता चला गया। उसने कहा—"यह कैसा लेखक सम्मेलन है जो दादा जैसे बड़े लेखक का अपमान करता है! किसे यह अधिकार है कि दादा को यह बताए कि वे यहाँ जाएँ, वहाँ न जाएँ, यह बोलें, वह न बोलें। एक दादा को छोड़कर शायद ही कोई दूसरा यहाँ एक भी ऐसा लेखक हो जो इस बात को लेकर पीड़ित रहता हो कि अब तक वह कोई बड़ी रचना क्यों नहीं लिख पाया। हममें से अधिकांश तो बगैर कुछ महत्वपूर्ण लिखे हुए लेखक बन गये हैं और अपनी चर्चा और प्रशंसा स्वयं क़रके या कराकर धन्य महसूस करते हुए घूमते रहते हैं। आज जब हिंसा, कर्कशता, वैमनस्य इतना बढ़ गये हैं तब भी ऐसा लेखन करने को कहा जाता है जो गुस्सा पैदा करे, आक्रोश जगाए! प्रेम और दूसरे चिरन्तन मूल्यों को क्यों न उठाया जाए? जीवन की बात तो यह कि अपनी परम्परा से लेने को तो अन्धविश्वास कहा जाता है और एक दूसरे देश, वहाँ की पनपी विचारधारा के अन्धानुकरण को क्रान्ति कहा जाता है..."

लोग सकते में आ गये...ऐसी शान्ति बिछ गयी जैसी उद्घाटन के भाषण के समय में भी नहीं थी। सहमे-सहमे से लोग सुने जा रहे थे, जैसे कोई उनके ही मन की बातें बोल रहा था, पर जिन्हें बोलने का उनका अधिकार कब से छीन लिया गया था। नन्दन ने पत्रिका सम्पादन का भी चिट्ठा खोलना शुरू कर दिया कि तभी एक कोने से आवाज उठी—"चोप...", दूसरे कोने से आयी—"बैठ जा..." बीच से उठी—"नशा किये है साला!"...और फिर हूटिंग होने लगी, बढ़ गयीं... इतना शोरगुल बढ़ गया कि नन्दन को वापस अपनी जगह आकर बैठना पड़ा।

मंच पर जो थे, वे चतुर लोग थे। वे जब बोलने आये तो उन्होंने नन्दन या उसकी उठायी बातों का एक बार भी जिक्र नहीं किया। जो उन्हें बोलना था वह ऐसे बोलते चले गये जैसे कुछ हुआ ही नहीं था। बाद में श्रोताओं में से कुछ लोग जरूर नन्दन को अजीब नजरों से देखते रहे थे। खाने के लिए जो अन्तराल था, उसमें कोई उसके पास बात करने को नहीं फटका। वही चुपचाप एक किनारे खाना खा रहे दादा के पास पहुँचा और अभिवादन किया। दादा गम्भीर थे—

"तुम्हें यह सब नहीं कहना था।"

"दादा...आप भी ऐसा कहते हैं। क्या लेखक को सत्य नहीं बोलना चाहिए? आप कहाँ अपने बोलने-लिखने में इनकी परवाह करते हैं?"

"मैं कर सकता हूँ। अभी तुम नहीं कर सकते। इस संघ की जरूरत मुझे नहीं है, संघ को मेरी जरूरत है। तुम्हारा तो जीना ये हराम कर देंगे। पत्रिका गयी अब हाथ से, तैयार हो जाओ।"

"मुझे परवाह नहीं है, वैसे भी कब मैं नौकरी पर आश्रित था।"

"इनकी पत्रिकाओं से तुम्हारा छपना बन्द हो जाएगा, लेखों में जिक्र खत्म। जिसे आसमान पर चढ़ा लिया गया हो, उसका जिक्र एकदम बन्द हो जाना, उसकी चीजें भी न छपना—यह स्थिति सब नहीं झेल पाते। इसलिए बहुत लेखक जो देर-सबेर तुम्हारे जैसा महसूस करते हैं...पड़े रहते हैं, यहीं।"

"लेकिन दादा यह लेखन के लिए अच्छा तो नहीं है?"

"वह करना किसे है...और वैसे भी जिसे लिखना है, वह अपने आप लिखता है, आगे बढ़ता है। कोई संघ—यह या कोई और—आपसे अच्छा नहीं लिखवा सकता। इन्हें लिखने से क्या मतलब...मैं यहीं सहमत नहीं हूँ इनसे। मैं कहता हूँ कि लेखक संघ की बात तो बस यहाँ तक ठीक कि एक विचारधारा में विश्वास रखने वाले इकट्ठे हैं। आगे जो यह संगठनात्मक, पार्टी का अधिनायकवाद चलता है...यह लेखक को कुचल देता है। कोई होता कौन है मुझे यह कहने वाला कि मैं यह कहूँ, वह न कहूँ! तब तो आप मेरी आत्मा ही निकाले ले रहे हैं जिससे मेरा लेखन बहता है। अगर मेरे लेखक को ही मार दिया आपने तो क्या मतलब मुझे आपसे, आपके लेखक संघ से। ऐसा न होता यहाँ अगर लेखकों का वर्चस्व होता। दुर्भाग्य से पार्टी के नेताओं की चलती है, वे लेखक के मर्म को ही नहीं समझते।

"कुछ लोगों को कल मैंने यह कहते भी सुना कि दादा को क्या मतलब अब संघ से, उन्हें इससे जो लेना था ले चुके—सबसे बड़ा पुरस्कार, दो-दो बार विदेश यात्रा..."

"मैं ही एक ऐसा लेखक हूँ जिसे ये चीजें अपने लेखन के लिए मिलीं। मैंने कोई सम्मेलन-अम्मेलन नहीं कराया। कभी-कभी पुरस्कार और यात्रा आदि ये लोग ऐसे भी देते हैं ताकि उनकी गरिमा बढ़े। पर मौकों पर इन्हें मुझ जैसों की जरूरत पड़ती है, अपनी छवि बनाये रखने के लिए अपनी साख रखने के लिए।"

"आप क्यों इनसे जुड़े हुए हैं...यह सब जानकर भी?"

"ये लोग सोचते हैं कि मैं यहाँ जुड़ा हुआ हूँ, वहाँ जुड़ा हुआ हूँ। इनका चन्दा तक तो भरता नहीं मैं...जाकर देख लो। मैं सिर्फ अपनी मर्जी और अपने लेखन से जुड़ा हुआ हूँ। घूमते-घूमते यहाँ चला आया...निकाल दें ये मुझे! पर यह अधिकार मैं इन्हें नहीं देता कि ये रोकें कि फलां जगह न जाऊँ, क्योंकि वह कलावादियों का सम्मेलन है। मैं वहाँ भी जब मर्जी हुई जाता हूँ, जो मन में आया बोलता हूँ। जिसे ये कलावादी ग्रुप कहते हैं उसमें एक-से-एक लेखक हैं जो यथार्थवादी हैं, सामाजिकता का आग्रह लिए हैं। ये उन्हें नहीं मानते क्योंकि वे लेखक की बिरादरी के हैं।

लेखक के रूप मेरी बिरादरी इस संघ से बहुत बड़ी है। मैं एक संघ का नहीं, एक भाषा का, एक देश का लेखक हूँ...बल्कि भाषा और देश के पार विश्व साहित्यकार संसद का एक सदस्य हूँ। मैं सबसे पहले मानवता के बृहद् समुदाय का हूँ!"

और भी कितनी बातें हुई थीं दादा से। नन्दन ने एकदम पास से देखा था वह व्यक्तित्व जो लेखन के बल पर बनता है और तब उसे महसूस हुई थी अपनी भूल। उसने शॉर्ट-कट अपनाया था। सफल हो भी जाता तो भी जैसा लेखक वह बनना चाहता, न बन पाता। जहाँ वह जा फँसा था, वहाँ लेखन नहीं, लेखन का धन्धा चल रहा था। वे रंगीन पत्रिकाओं में छप रहे साहित्य को व्यावसायिक कहते थे पर वे स्वयं व्यवसाय कर रहे थे!

दादा ने नन्दन की हिम्मत की तारीफ की थी। यह भी कहा था कि वह इनके बीच खट नहीं सकेगा, उन्हें दूसरी तरह के लोग चाहिए।

उसी शाम...जबकि जो मन में आये बोलने और दादा से घुलकर बात करने के दो कार्य वह कर चुका था—उस शाम अकेला नन्दन हॉल में अपने बिस्तर पर बैठा हुआ किताब पढ़ रहा था। हॉल करीब-करीब खाली था। सिर्फ एक कोने में तीन-चार लोग हा-हा-हू-हू में व्यस्त थे। तभी पीयूष आया और नन्दन की पीठ पर धौल मारते हुए बोला—"क्या यार! मनहूसियत फैला रहा है। सम्मेलनों में यह सब तो होता ही रहता है...आओ चलें, कुछ लोगों से मिलते हैं। असली चीज है बाहर से आये लोगों से मिलना-मिलाना। सम्मेलन का असली मकसद यही है, मंच पर तो जो होता है वह सिर्फ औपचारिक है। चल उठ..."

यह नन्दन को घसीट ले गया। वे एक कमरे में पहुँचे। वहाँ फर्श पर बीच में एक गद्दा था जिस पर सफेद चादर बिछा हुआ था। चारों तरफ लोग बैठे हुए थे। सात-आठ लोग तेज बातचीत में व्यस्त। सबके हाथों में व्हिस्की के गिलास। बीच में कुछ मिक्सर, वे फर्श पर रखे हुए थे।

"आओ मित्र, आओ..." कुछ लोगों ने जरा ज्यादा ही गर्मजोशी से उसका स्वागत किया। पीयूष और नन्दन के लिए जगह बना दी गयी।

उनमें से दो-तीन को ही नन्दन पहचानता था। शेष अपरिचित थे। वे नन्दन के कमरे में आते ही थोड़ा खामोश हो गये थे, नन्दन को जैसे अपनी खामोश नजरों से बड़े ही धीरज से देखते-परखते हुए। यहाँ भी वही—दादा को लेकर बहस चल रही थी। ऐसा व्यक्तित्व था वह कि सम्मेलन में उसने न कुछ कहा, न किया, फिर भी सबके दिल-दिमाग पर एक दादा ही सवार।

"ठीक है आप बड़े नामधारी हैं"—एक कह रहा था—"लेकिन अगर आप संघ के सदस्य हैं तो उसके अनुशासन से चलना होगा। उच्छृंखलता कैसे बर्दाश्त की जा सकती है?"

थोड़ी देर वे सब उसी तरह की बातें करते चले गये तो नन्दन को कहना

पड़ा—"लेखक संघ कामगार यूनियन तो नहीं है।"

"क्यों नहीं है...लेखक भी मजदूर है। यूनियन उसके अधिकारों के लिए लड़ता है।"

"लेकिन यहाँ तो हर व्यक्ति को जो और जैसा वह लिखता है, उसके अनुसार यश और प्रतिष्ठा मिलती है। हर कोई रोजी-रोटी और पैसे के लिए लिखता भी नहीं है।"

"किसके लिए भी लिखता हो, अनुशासन सबसे ऊपर आता है।"

"या फिर आप आर्गेनाइजेशन के बाहर चले जाइए, किसी ने बाँध कर तो रखा नहीं आपको?" सामने वाले सज्जन ने उतने ही तेवर से कहा।

"दादा के जाने से पार्टी का नुकसान होगा। वे इस्तीफा दें तो हमारी बदनामी होगी कि इतना शीर्षस्थ लेखक..." पीयूष ने धीरे से कहा।

"शायद इसीलिए कोई उन्हें जाने नहीं देना चाहता?" नन्दन ने भी चिपका दिया।

"कौन रोक कर रखे हैं साले को! क्यों नहीं इस्तीफा दे देता वह?"

सामने वाले सज्जन ही थे। अपने तीखेपन से स्वयं त्रस्त होकर उन्होंने बात खत्म करते ही गिलास का सारा तत्व अपने पेट में एक घूँट में उड़ेल लिया था और नया पैग बनाने लग गये थे।

"दादा इस्तीफा क्यों दें, उन्हें क्या असुविधा है?" नन्दन ने कहा।

"पर हमें है...किसी को भी चाहे वह कितना बड़ा लेखक क्यों न हो, अपने मन का व्यवहार करने की इजाजत नहीं है, न ही वह जो चाहे लिख सकता है। उसे डिसिप्लिन में रहना होगा।" बहस अब सामने वाले सज्जन और नन्दन के बीच चल निकली थी।

"ऐसा लगता है कि पार्टी फिलहाल दादा को अपने साथ ही रखना चाहती है ...इसलिए उन्हें इतनी छूट दे रखी है। किसी भी तरह उनके हमारे साथ रहने से हमारे संघ का वजन रहता है?"

"क्यों...कैसे?"

"इसलिए कि आपके पास और लेखक ही नहीं हैं?" नन्दन ने यह सोचकर कि वे सामने के सज्जन लेखन के क्षेत्र से एकदम अपरिचित हैं, सूचना देने के अन्दाज में कहा।

"यह तुम किस आधार पर कहते हो..." पीयूष ने प्रतिवाद किया—"काल भैरव, बाबा सोम, सुवर्णेन्दु...इनमें से कोई भी दादा के मुकाबले खड़ा किया जा सकता है। तुम्हारे पास क्या अथार्टी है यह कहने की कि दादा सबसे बड़े लेखक हैं?"

नन्दन को बहुत आश्चर्य हुआ। पीयूष की समझ और रुचि को वह अच्छी तरह जानता था। कितनी-कितनी बार दोनों की विस्तार से बातचीत हुई थी। अब

भी वे किसी भी रचना के गहरे में जाकर पड़ताल करते थे, बहस करते थे। पीयूष दूसरे खेमे के अच्छे लेखन की भी तारीफ करता था। जिन लेखकों को वह गिना रहा था, वे पीयूष के लिए इतने गये-गुजरे थे कि उसका नाम ही कभी बातचीत में नहीं उठा था। वह उनके नाम ले रहा था! एकदम उल्टा बोल रहा था...जो नाम वह सुझा रहा था, वे सिर्फ पत्रकार-स्तर के थे, पार्टी के कार्यकर्ता थे!

"पीयूष...तुम भी ऐसा मानते हो? ये...ये लोग क्या साहित्य लिखते हैं? अथार्टी? मेरी अथार्टी है कि मैं पत्रिका का सम्पादक होने का कारण इन सभी लेखकों का नया से नया लिखा हुआ पढ़ता हूँ। इनकी एक रचना बताओ तो जिसे साहित्य कहा जा सके?"

नन्दन पीयूष की तरफ देख ही रहा था कि सामने वाला व्यक्ति चीते की तरह छलाँग लगाते हुए नन्दन पर कूद पड़ा—"तेरे साहित्य...साले को सवेरे से देख रहा हूँ, बड़-बड़ करते हुए। ले तेरा साहित्य...तेरे साहित्य की साली ऐसी की तैसी ...इधर से डालकर उधर निकाल दूँगा तेरे साहित्य को...।" वही गटागट पीने वाला आदमी था, वह नन्दन पर चढ़ बैठा था और मुँह पर घूसों-मुक्कों की बौछार कर रहा था। पीछे से लोग—"भाई साहब, जाने दीजिए, माफ कीजिए..." जैसे वाक्य उछाल रहे थे, पर किसी ने भी यह नहीं किया कि भाई साहब को पीछे से ही खींच लें, यहाँ तक कि पीयूष भी आगे नहीं बढ़ा। आखिर भाई साहब की आस्तीन के बटन छिटक कर दूर जा गिरे थे, मुँह शराब और मारा-मारी की उत्तेजना से एकदम लाल हो आया था।

नन्दन एकदम हतप्रभ था। पीयूष सिर झुकाये बैठा हुआ। वह भी एक शब्द नहीं बोल सकता? पिटने की चोट और अपमान से आहत नन्दन भीतर टुकड़ा-टुकड़ा था, बाहर खुलकर रो भी नहीं सकता था क्योंकि वहाँ जितने भी बैठे थे वे सबके सब उस क्षण न सिर्फ अपरिचित बल्कि नन्दन के खिलाफ एक साजिश का हिस्सा बन गये थे। जहाँ तक सब कुछ पहले से ही सुयोजित था। कौन जाने पीयूष भी योजना का हिस्सा रहा हो, वही तो उसे यहाँ लाया था।

"साले...जूते की नोक पर रखते हैं तुम्हारे साहित्य को हम, समझे!" सामने वाला व्यक्ति अब भी तैश में था। "ज्यादा चूँ-चपड़ की तो मार-मार के तुम्हारी साहित्य की सारी समझ को निकाल देंगे हम...समझे! और कह देना अपने बाप, उस दादा को भी, जिसका लँगोटा उठाए-उठाए तू घूमता है। नाउ गैट आउट और देख, यह सिर्फ पहला नमूना ही दिखाया है। होश्यार बनने की कोशिश हमसे की तो हमारे पास दूसरी-तीसरी डिग्री के भी नमूने हैं...आउट..."

एक से एक डांट-फटकार, दुत्कार पिता ने दी थी, कैसी-कैसी पैनी, छेदती हुई बातें सुनन्दा ने कही थीं, कैसे-कैसे ताने! लेकिन ऐसा अपमान! साहित्य जिसे वह जीवन में सर्वोपरि मानता आया, उसको लेकर ही ऐसा व्यवहार! जो उसके लिए

कितनी पवित्र चीज थी, उसे ऐसे दुत्कारते हैं ये लोग। बात समाजवाद की करते हैं और यह तानाशाही! लेखकों का संघ, लेखकों का सम्मेलन और कुत्तों की तरह चीथा-चीथी करते हुए! अजीब बात यह कि वहाँ बैठे सभी उस व्यक्ति की ज्यादती बर्दाश्त कर रहे थे, चुपचाप उसे सुन रहे थे...वह नन्दन के साथ चाहे जैसा व्यवहार करे, साहित्य पर चाहे उल्टा-सीधा जो बोलता रहे।

हॉल में पहुँच कर उसी समय नन्दन ने अपना बिस्तर समेटा, सोधा लखनऊ आया। वहाँ अगले रोज सम्पादकत्व और लेखक संघ की सदस्यता दोनों से अपना इस्तीफा देते हुए एक प्रतिवेदन नगर-अध्यक्ष के घर पर छोड़ा और सीधा पिता के घर चला आया। इस्तीफा में सिर्फ दो-चार पंक्तियाँ ही लिखी थीं—"जहाँ मनुष्य की इज्जत ही नहीं, वहाँ मनुष्य के नाम पर की जाने वाली आप लोगों की सारी बड़ी-बड़ी बातें झूठी हैं। मैं उस झूठ का हिस्सा बनकर और नहीं रह सकता, इसलिए बाहर से प्रजातान्त्रिक लेकिन भीतर से घोर तानाशाह आपके इस संघ और पार्टी से छुट्टी लेता हूँ।"

एक तरह से भागता हुआ पिता के घर पहुँचा था नन्दन। सुनन्दा के पास जाता...वहाँ डर और बढ़ जाता—अपनी चिन्ता के साथ-साथ सुनन्दा की भी। पत्नी पास हो तो आदमी और भी डरपोक हो जाता है...भीतर-बाहर दोनों जगह असुरक्षा। सुनन्दा के यहाँ जाना था तो कुछ बनकर ही। ऐसी हालत में जाना...माने और बेइज्जती! किसी तीसरी जगह जरूर निकल जाता अगर पार्टी वालों ने मन में वैसी दहशत न भर दी होती। वे जालिम लोग थे, बदले की भावना उनमें प्रबल थी... नन्दन की यह हिम्मत कि इस्तीफा दिया? क्या-क्या लिखकर चला गया! नन्दन ने यहाँ भी गलती की, उत्तेजना में क्या-क्या लिख आया...चुपचाप दो लाइनों का इस्तीफा देकर आना था। वे जरूर पीछा करेंगे। ऐसी हालत में मथुरा का यह घर ही था जहाँ नन्दन सुरक्षित महसूस कर सकता था। पिता थे...उनका आतंक, उनकी दौलत का आतंक। पार्टी वाले डरेंगे। फिर यहाँ भी नन्दन बाहर कम निकलता है, अँधेरा होने के पहले-पहले घर लौट आता है। कमरे में बन्द रहो, यहीं लिखाई-पढ़ाई करो जो करना है।

एक पराजित योद्धा की तरह पड़ा रहता है वह। बढ़-चढ़कर लेखन की बात नहीं कर सकता, शोर नहीं मचा सकता। वे टोह लेते हुए यहाँ तक आ पहुँचे तो? शराब की आदत लखनऊ में पड़ गयी थी। यहाँ वह मिलने में मुश्किल हुई, तो भंग पकड़ ली है। जब चाहे एक गोली गुटक ली। पिता से जो पैसे मिलते हैं, उसमें भंग का भी इन्तजाम हो जाता है।

बाहर सबको यह दिखाता है कि वह किसी बड़ी चीज लिखने में व्यस्त है, लेकिन लिखना-पढ़ना ठीक से हो नहीं पाता। पहले कम-से-कम आदमी वाला आत्मविश्वास था—वह कहीं भी चला जाएगा, कुछ भी कर लेगा। उसकी जगह

अब है...सतत असुरक्षा—अगर कहीं पिता ने भी निकाल दिया तो...?

यह जो आदमी पिता के साथ था, वह पिता को नन्दन के खिलाफ उल्टा-सीधा समझा तो नहीं रहा था, नन्दन को यहाँ से निकलवाने तो नहीं आया? पार्टी का कोई आदमी तो नहीं है...उनकी कोई नयी चाल, साजिश...?

रकम बड़ी फँसी जा रही है...जमनालाल चौबे सोच रहे थे।

क्या करें..खोट तो अपने घर में ही है। न अपना लड़का ऐसा होता, न वे इस सबमें फँसते। बिना पूछे-जाँचे लग लिया छोकरी के पीछे और कर लिया ब्याह! जमनालाल को तो पता भी न चलता अगर मथुरा के ही चिरोंजीलाल ने नन्दन को भड़ोंच में देख न लिया होता। जमनालाल यही सोचते थे कि नन्दन कहीं आवारा की तरह कहीं इधर-उधर घूमता-फिरता होगा, कुछ ठोकरें-थपेड़े खाने पर दिमाग दुरुस्त हो जाएगा और फिर लौट आएगा। वह कभी किसी लड़की से सम्बन्ध बना सकता है—यह जमनालाल सोच भी नहीं सकते थे। नाकारा छोकरे में यह गुर? जिस दिन सुना कि नन्दन गृहस्थ हो गया है, एक बच्चा भी है...तो पैरों-तले की जमीन खिसक गयी। ऐसा झटका लगा जैसा व्यापार के तगड़े से तगड़े नुकसान में महसूस नहीं हुआ। यह कैसे हो गया नन्दन में तो ऐसी कोई सामर्थ्य थी नहीं, जरूर उसे फाँसा गया है। माँ-बेटी को जैसे ही पता चला होगा कि नन्दन रईस घर का इकलौता है...उन्होंने जाल फेंका होगा! मछली फँस गयी। अब नन्दन को निकाला कैसे जाय! उससे कोई उम्मीद थी नहीं। उसे साथ लेकर चलो तो कहो पासा ही उलटा पड़ जाए, वही सीधा-सीधा बिफर जाए। जमनालाल ने धीरज रखा। उसका एक फायदा तो हुआ...नन्दन अपने आप ही तंग आकर माँ-बेटी को छोड़ गया। जमनालाल एक बार ऐसे ही, स्थिति को समझने के लिए भड़ोंच पहुँचे। बिना बताये कि वे असल में कौन हैं, सुनन्दा और उसकी माँ से मिले। ऐसा जताया कि वे पुराने साहित्यकार हैं, नन्दन लिख-लिखा रहा है कुछ या नहीं...यह देखने चले आये। बातों-बातों उन्होंने यह जायजा ले लिया कि सुनन्दा और उनकी माँ को नन्दन ने जमनालाल या अपने घर के बारे में नहीं बताया है। एक यह अक्लमन्दी तो की उस निठल्ले ने, आखिर कहीं पिता की बुद्धि जैसी झलकी तो! मामला जमनालाल के लिए थोड़ा आसान हो गया था! बस शादी का चिह्न मिटा दिया जाय! लड़का ही तो एकमात्र सबूत है! उन्होंने बड़ी सफाई से लड़के को उठवा लिया। इरादा तो यही था कि खत्म कर देंगे, फिकवा देंगे कहीं, और नहीं तो इधर-उधर कर देंगे...लेकिन चेहरा देखा तो मन डोल गया। कुछ भी कहा जाए... है तो उनका खून! इसे वे कैसे मार सकते हैं! क्यों न इसे पालें...लड़की नहीं, लड़का है...सम्पत्ति है! बड़ा होकर दहेज लाएगा ही! बाहर कहने को क्या...कुछ

भी कह देंगे कि गाँव में फलाँ सम्बन्धी का है, माँ-बाप मर गये तो पालने-पोसने वे ले आये। जमनालाल के मन में कुछ दिनों तक द्वन्द्व चला। वे अपने खून को मिटा नहीं सकते और सुनन्दा को बहू के रूप में स्वीकार नहीं कर सकते...क्या करें? फिर विचार बना कि उस निर्दोष को खत्म करने की बजाय सुनन्दा को ही खत्म कर दिया जाय। कोई शिकायत करने वाला ही न रहे। न रहेगा बाँस, न बजेगी बाँसुरी। वह दोषी भी थी...जमनालाल की जायदाद पर नजर गड़ाने की। चौबे जी ने पहले बच्चे को छिपाकर रखा...तीन-चार माह हो गये और कहीं कुछ नही हुआ तो घर पर रखने लगे, दूसरा नाम दे दिया। सबको यही बताया कि जमनालाल के दूर के रिश्ते की एक बहन थी...उसी का बच्चा है। माँ जन्मते ही मर गयी, बाप पागल हो गया है। जमनालाल से देखा न गया...जीवात्मा ठहरी! यहीं पल जाएगा...उसमें क्या...उठा लाये।

सुनन्दा की टोह जमनालाल बराबर लिये हुए थे। भड़ोंच में ही कुछ करवाना खतरे से खाली नहीं था। इन सब कामों के लिए जहाँ व्यक्ति रहता हो, वह तो कभी नहीं चुनना चाहिए। कहीं बाहर निकले तब ठीक...कितने दिन पता ही न चलेगा! उसी बस्ती में कुछ हुआ तो फौरन हल्ला। अब न सुनन्दा कहीं जाए, न कोई मौका बने। तभी एक कंटक और दूर हो गया—सुनन्दा की माँ खत्म हो गयी। कुछ ऐसा था कि इस मामले में जमनालाल का काम अपने आप होता जा रहा था—पहले नन्दन चला गया, माँ भी मौके से स्वर्ग सिधार गयी और फिर सुनन्दा खिंची चली आयी यात्रा में, जमनालाल चौबे के ही क्षेत्र में।

इस बीच एक बाधा जरूर आयी। नन्दन एकाएक आ पहुँचा, एकदम निचुड़ आया था। शरीर खाली, दिमाग़ खाली। सारी उठा-पटक जो उसने इतने दिनों चलाई, उससे जो हासिल कर हज़रत लौटे तो एक ही चीज़—नशापत्ती। वह बच्चे को पहचान गया और चिपका-चिपका कर रोने लगा...सुनन्दा के पास जाने के सपने पालने लगा। ऐसे में यही ठीक था कि इस लौंडे की बची-खुची हिम्मत खत्म कर दी। जमनालाल ने अपनी और उसकी बेहतरी इसी से देखी कि उसकी नशापत्ती बन्द कराने के बजाय उस लत को लहकाते चला जाए। न केवल वे नन्दन के दुर्व्यसनों के लिए इस या उस तरह रुपये मुहैया कराते रहे, उसे भंग का भी चस्का लगवा दिया। शराब से भंग सस्ता नशा था और यहाँ के समाज में चलता था। थोड़ा नन्दन का स्वास्थ्य जरूर गिर रहा था...लेकिन शरीर का क्या, जब चाहे बन भी जाएगा, इस उम्र में। इस बीच वे सुनन्दा से तो निपट लें।

शुरू में नन्दन ने एक-दो बार बिना नशे, और एक-दो बार नशे में सुनन्दा का पक्ष लेकर बड़ी-बड़ी बातें की। उसके पास अपना बच्चा लेकर जाने के लिए रोया-मचला...जमनालाल ने वह भी सोचा, पर वे खुद को इस बात के लिए राजी नहीं कर पाये—वह दो कौड़ी की औरत...क्या है उसमें जो इस घर की जायदाद की

मालकिन बन बैठे? नन्दन लौट गया तो जमनालाल ने उस लड़की की साजिश कामयाब हो जाने दी, घाटे में आ गये। पैसे से लालच कर ही तो उन्होंने इधर को मुँह किया है। नन्दन का विवाह बड़े घर में होता, सम्पत्ति मिलती तो जमनालाल का घर मथुरा के चुने हुए घरों में आ जाता। वे ठेकेदार से ऊपर उठकर सचपुच रईस हो जाते। जाने कहाँ से टहलते हुए आ गयीं माँ-बेटी और जमनालाल के सपनों पर पानी फेर दिया। इस लड़की को वे कामयाब हो जाने दें? एक बार वह लड़की रास्ते से हटी तो जमनालाल अपने सपने फिर भी साकार कर सकते हैं... एक लड़का है बीवी मर चुकी तो न मिलेगा उतना, थोड़ा कम सही। उनकी जाति बिरादरी में लड़कों का पुनर्विवाह तो आम बात है।

नन्दन सुनन्दा के लिए दूध गिराता रहा तो एक दिन जमनालाल ने जमकर दुत्कार लगा दी—"बड़ा आया प्रेम करने वाला। यह भी कभी देखता कि वह तेरे बारे में क्या सोचती है। कितनी गालियाँ दीं उसने तुझे, तेरे बाप को दीं...और तू उसी के पास जाने को कहता है? कहती थी कामचोर है तेरा बेटा, कोई उसे कमाए-खिलाए, कर्ज खाया है क्या उसके बाप का किसी ने! कहती थी—उसमें कोई गिजा नहीं...औरत को मर्द चाहिए, बीमार नहीं। कोई मैंने अस्पताल नहीं खोल रखा है यहाँ...कह देना उससे। ले जा उसकी औलाद को...बीमार की बीमार ही निकलेगी! मुझे नहीं पालना इसे।

क्या-क्या नहीं सुना तेरे बाप ने...इस तेरी औलाद के लिए, अपने खून के लिए...और तू अब भी वहीं जाना चाहता है। अपनी तौहीनी कराएगा, बाप की भी...ठीक है जा तू। मैं जमुना जी में कूद जाऊँगा...बाप की हत्या का पाप तो लगेगा तेरे को...

जमनालाल ने यहाँ पहुँचकर थोड़ा रोने का नाटक भी किया था। नन्दन की भंग की मात्रा भी उसी दिन से बढ़ा दी थी...वह दिन-भर तरंग में रहे, उसकी इच्छा शक्ति मर जाये। जमनालाल के आसरे पड़ा रहने के अलावा वह कुछ सोच न सके, कुछ करने को हिम्मत न जुटा सके।

सुनन्दा को रास्ते से हटाना जरूरी है जिससे कि वह किशोर की आड़ लेकर जमनालाल की जायदाद पर अपना हक न बैठाए...और उसे हटाने तक नन्दन का सोता रहना ही ठीक था। अगर सुनन्दा अपने आप रास्ते से हट जाती है तो और भी अच्छा...पर रकम बड़ी लगी जा रही है...सोचकर फिर चौबे का मुँह खुश्क होने लगा। जो कार्यक्रम उन्होंने बैठाया था, वह सस्ता था। सुनन्दा को खत्म करने की जरूरत नहीं थी, पकड़कर सिर्फ बम्बई पहुँचा देना था। जमनालाल की बम्बई में एक बूढ़ी तवाइफ से बात हो गयी थी। पाँच सौ माहवार...बस...बूढ़ी बाई एकदम बाँध कर रखेगी। फिर जरूरत हुई तो...बम्बई में क्या नहीं होता, कुछ पता भी नहीं चलता।

कहीं यह वकील का बच्चा कोई चाल तो नहीं खेल रहा—जमनालाल के पैसे भी जाएँ और मुसीबत जहाँ की तहाँ। वकील की जाति का क्या ठिकाना... जमनालाल को बहुत सोच-समझकर पैर रखना होगा।

लिखने के लिए समय ही समय, सुविधा ही सुविधा, पर नन्दन से लिखा नहीं जाता। ऐसा ही कुछ सिलसिला तो तलाशने चला था वह, सुनन्दा से इसी को लेकर तो झगड़े होते थे—नन्दन लेखन के अलावा कुछ और न करे, सारा समय लेखन को—और अब जब जो माँगा था वह सब मिला हुआ है, तो लिखना ठप्प। बहुत बाँधता है वह खुद को, कागज-कलम लेकर बार-बार बैठता है, कल्पना-विचार उठते भी हैं, उसे ऊपर ले जाते हैं, पर ऊपर पहुँचकर कहीं...जैसे हवा के झोंके से बादल तितर-बितर।

नन्दन के मन में पहले-पहल जो लेखक होने का खाका था, वह रूमानी था। फिर कुछ परिस्थितिवश, कुछ अपनी नफरत के कारण उन लोगों की सोहबत में पड़कर नन्दन ने गलत रास्ता पकड़ लिया। दरअसल बड़े-बुजुर्ग लेखक जिनसे नन्दन शुरू-शुरू में मिला था और जिन्होंने हतोत्साहित करने वाली बातें कहीं थीं, वे ही सही थे—लेखन बहुत बड़ी तैयारी और साधना की माँग करता है...तपस्वी का जीवन, अकेले चलने की हिम्मत, अपने लिए कुछ न माँगना-चाहना। कौन जाने सुनन्दा भी सही थी—जो अपने छोटे से परिवार, पत्नी और बच्चे के जीवन-निर्वाह के लिए संघर्ष नहीं कर सकता, वह लेखन वाला बड़ा संघर्ष कहाँ से कर सकता है। क्या सुनन्दा के साथ रहते हुए, समाज में अपने और परिवार के जीवन-धारण के लिए उपयुक्त श्रम करते हुए ही लेखन सम्भव था—वही जो नन्दन सोचता था कि लेखन के लिए सबसे बड़े बाधक हैं?

पिता के घर जब वापस लौटा और देखा कि उसका लड़का किशोर यहाँ है तो नन्दन आश्चर्य में पड़ गया था। पिता ने बताया कि सुनन्दा ने नन्दन को कितना भला-बुरा कहा, उनको भी कितना जलील किया और लड़के को पालने से इंकार कर दिया, एक तरह से बच्चे को निकाल बाहर फेंक दिया। तब नन्दन के मन में एक कल्पना जागी थी कि वह पिता के यहाँ ही रहकर अपने लड़के के भरण-पोषण, उसे पढ़ाने-लिखाने की जिम्मेदारी उठाएगा। कितने बच्चे ऐसे होते हैं जिनकी माँ मर जाती हैं, वह किशोर के लिए माँ-बाप दोनों होगा। यहीं कोई नौकरी कर लेगा ताकि खुद को और बड़े होने पर किशोर को भी आर्थिक-रूपेण अपने ऊपर निर्भर होने का गौरव दे सके...पर, जैसा कि नन्दन के साथ होता था, यह कल्पना भी रूमानी रही...सपना! दिनों-दिन वह नशे के अधीन होता चला गया, पिता पर और आश्रित, बाहर निकलकर कुछ कर सकने की हिम्मत से दूर, और दूर। कुछ घंटे

किशोर को खिलाने-बहलाने...इसी में उसकी आकांक्षा तृप्ति पा लेती। यह काम भी थोड़े दिनों बाद महाराजिन पर छोड़, वह कैसे अलग हो गया—यह नन्दन को भी पता न चला। अब कहीं आते-जाते बच्चे से खेल लेता है...बस!

ज्यादा समय वह भंग चढ़ाए पड़ा रहता है। जैसा कि भंग के नशे में होता है—जिस दिशा में चल पड़े, बस उसी रास्ते चलते गये—नन्दन विषाद की तरंगों में झूमता रहता है। सुनन्दा उसके जीवन की कितनी बड़ी सच्चाई थी। जब उसे छोड़कर लखनऊ आ बसा तब भी सामने बराबर रहता था उसका चेहरा—पैना-पैना, एक अपने तरह के तेज से दीप्तमान। नन्दन का मन कई बार लौट लेने का हुआ था लेकिन एक तो जिद्द जिसमें वह सुनन्दा को छोड़कर चला आया था, दूसरे सुनन्दा का वह तेज उसे हतोत्साहित कर देता। नन्दन का तिरस्कार करते हुए कैसे और सुलग उठती थी सुनन्दा। सुनन्दा के पास जाएगा अभी, तो वैसे ही भभक उठेगा सुनन्दा का चेहरा! साध थी कुछ बन जाएगा तब लौटेगा सुनन्दा के पास। नन्दन कुछ न बन सका, नष्ट किया उसने अपना जीवन। सुनन्दा की याद आती है...यात्रा में और विवाह के बाद प्रेम-अनुराग के क्षण लपेट लेते हैं नन्दन को। वह याद कर-कर रिसता चला जाता है...मन उन क्षणों को फिर पाने के लिए आतुर...पर क्या मुँह लेकर जाए सुनन्दा के पास! वह नन्दन को कितना नकारा समझती है—यह वह कितनी बार, कितनी तरह से नन्दन को जता चुकी। नन्दन के न रहने पर उसके बारे में सुनन्दा की कोई धारणा बदली, ऐसा नहीं लगता। उसने पिता से भी वैसी ही बातें और अधिक तीव्र स्वर में कहीं। नन्दन कुछ फर्क होकर उसे दिखा सके तभी तो जाए। पहले कम-से-कम स्वास्थ्य था, उम्र का सौन्दर्य था। अब वह भी नहीं। उम्र की ताजगी गयी, स्वास्थ्य तेजी से जा रहा है। क्यों सुनन्दा या कि कोई उसकी तरफ देखेगा अब? यहाँ घर में भी सब लोगों की उसके बारे में वही राय बनी हुई है जो सुनन्दा की है—आवारा, नकारा! ये सोचते हैं कि बहू आ जाएगी, वही ठीक करेगी नन्दन को। गन्धर्व विवाह वाली बहू नहीं, दहेज वाली! क्या दे सकेगा नन्दन उसे, उसके पास क्या है...?

वह कुछ नहीं...उसमें कुछ नहीं। विषाद और डर की भूल-भुलैया...और कुछ नहीं उसका जीवन!

लेखक का जीवन जीने के कैसे सपने देखे थे नन्दन ने! उन्हें पकड़ने दौड़ा तो लेखक का जीवन तो दूर, साधारण आदमी का जीवन भी गँवा बैठा। दादा रविशंकर को जब बताया था कि नन्दन ब्रज का है तो वे हँसते हुए क्या बोले थे—'अरे! ब्रजभूमि के? अष्टछाप कवियों की भूमि और तुम साहित्य को यहाँ ढूँढ़ रहे हो, वह तो जमुना की रेती के कण-कण में बिखरा पड़ा है।'

"ब्रज में क्या है, केवल कृष्ण-राधा हैं...वहाँ यथार्थ कहाँ है और आज के लेखन को तो यथार्थपरक होना है।" नन्दन ने शंका की थी।

"अब अगर ब्रज कृष्ण-राधा ही है तो वही वहाँ का यथार्थ है। उसे देखोगे या उस भूमि पर अपना मनगढ़न्त कुछ थोपकर देखोगे! उस भूमि के आदमी को जानना है तो राधा-कृष्ण से कैसे बचोगे, क्योंकि उस आदमी में तो वही वह है। अरे, राधा-कृष्ण तो साक्षात् साहित्य हैं—आज तक साहित्य के विषय हैं और आगे भी बार-बार बनेंगे।"

दादा के साधारण कथन में भी पर्तें होती हैं। सीधे-सीधे कहा नहीं था, पर इशारा साफ था—लेखक बनने चले तो, पर अपनी भूमि से ही कोई रागात्मक लगाव नहीं, उसे ठीक से पहचाना भी नहीं?

जब उस पहचान और लगाव के अवसर थे तब नन्दन पिता के घर से भागने की कशमकश में लगा रहा। कभी इज्जत से नहीं देखा उसने ब्रजभूमि को। जो दूर-दूर से ब्रज देखने आते थे, उन पर भी मन-ही-मन हँसता था। उसकी सिर्फ एक ही तलाश—कोई बड़ी पार्टी मिल जाये। कैसी विडम्बना कि जिससे भागने चले थे, वहीं वापस आकर गिरे। नन्दन अब नये सिरे शुरुआत करे, अपने जमीन से जुड़े—बाहर जाए, घूमे-फिरे, उठे-बैठे, देखे-सुने, मिले-जुले—तो एक यह भंग की लत, दूसरे पार्टी वालों का डर। वह घर में दुबका बैठा रहता है। डर से भागने के लिए भंग खाता है और भंग की लहरी फिर उसे डर की ही खाई में उतारती चली जाती है...

नीचे..और नीचे...गिरता जा रहा है नन्दन। तेजी से जा रहा है तल की ओर... कहाँ जा लगेगा, फिर नहीं ऊपर आ सकेगा...

वह आसरे के लिए तकता है। कोई थाम ले उसे, ऊपर उठाए। पूरे ढाँचे में बज उठता है एक शब्द...सुनन्दा!

तरह-तरह से सोच-विचार कर सत्येन्द्र इसी नतीजे पर पहुँचा है कि जमनालाल चौबे या किसी उससे मिलने वाली रकम के बारे में सुनन्दा को कुछ न बताया जाय।

सत्येन्द्र पहेली के पीछे पूरी तैयारी और अपने पूरे मनोबल के साथ भागा था और लौटा भी तो उसे करीब-करीब सुलझाकर, लेकिन फिर भी सफलता की खुशी की जगह हाथ आयी तो हताशा...रबड़ की किसी पुरानी छुटकी रस्सी की तरह खिंचती, पसरती, फिर वापस अपने थुल-थुल आकार में लौटती हुई...हर बार कुछ नयी दरारों, चटकों के साथ। सत्येन्द्र ने अपनी वकालत वाक्-चातुर्य से जमनालाल से रुपये-पैसों की बात तो तय कर ली, पर तभी एक दूसरी तरह की उलझन ने उसे आ घेरा। सुनन्दा...जिसके साथ उसने जीवन का कुछ अच्छा, कुछ पवित्र देखा...उसी का मोल-भाव वह कर आया था। यह कौन-सी सफलता थी।

कभी-कभी सत्येन्द्र को लगा करता है कि सफलता नाम का मूल्य जो है यही

बहुत नकली है। यह तो होता ही है कि यह मिला तो वह चला गया। दूसरे, देखा गया है कि जो व्यक्ति जितना सफल, उसे उतना ही अपना ढोल आप बजाना पड़ता है। किसी 'सफल' व्यक्ति से मिलो, वह आधे समय सिर्फ अपने बारे में बात करता मिलेगा—वह ऐसा है, वैसा है। वह यह-यह करता है। उसे इसमें भी शौक है। यह उसका किया हुआ है, फिर उसने यह भी किया...वगैरह-वगैरह, जैसे कि अपनी सफलता जिसे बाहर के लोग स्वीकार भी करते हैं, उसके प्रति ही वह बार-बार आश्वस्त होना चाहता है। सफलता की इमारत किस रेत के टीले पर उठायी गयी है...यह इसी से साबित हो जाता है कि उसे लेकर स्वयं के भ्रम को बार-बार पुख्ता करना पड़ता है, वरना अगर सचमुच सफलता है तो उसे तो सुगन्ध की तरह बाहर बहना चाहिए...कुछ बोलने की जरूरत ही नहीं। यह भेद सत्येन्द्र ने यात्रा में आकर ही पहचाना। यात्रा में चलते हुए कभी-कभी तो एक बड़ी ही रहस्यमय बात हुई है। सत्येन्द्र अपने पिता की जीवन-शैली का हिमायती कभी नहीं रहा। वे दिन जब उसके आर्थिक संघर्ष के दिन थे, तब तो उसने अक्सर पिता को जमकर मन-ही-मन गालियाँ भी दी हैं...लेकिन सुनन्दा के साथ चलते हुए, और कभी-कभी तो अकेले इधर-उधर कहीं भटकते हुए वह पुलक से भर-भर गया है। शरीर जाने किन स्फुरणों से रोमांचित, मन में फैला हुआ आलोक जैसे रोयों के रास्ते बाहर बह रहा हो। कैसी शान्ति। अजीब बात यह कि लगभग वैसी ही पुलक और शान्ति इन दिनों पिता गरीब, पर सीधी-सादी आदर्शमयी जीवनशैली की याद करते हुए भी महसूस हुई है। यह क्या है...क्या है वह अदृश्य या उस अदृश्य में ऐसा सुख जो मन में इस तरह भर उठता है? पर तभी लगता है यह मन का भ्रम मात्र है...हर विपरीत को देखकर जो ललक मन में जगती है, सिर्फ वही! जो असल है वह यह कि जमनालाल चौबे से उसे मोटी रकम मिल रही है। वह सीधे-सीधे इस पर हाथ रख सकता है। इसमें न कोई धोखा-धड़ी है, न छल-कपट। जैसे यह रकम दौड़कर कभी जमनालाल के पास आयी थी, वैसे ही और उसी रफ्तार से अब सत्येन्द्र के पास आना चाहती है। कितने सालों की कमाई, कितने हजारों दिनों की मुवक्किलों से खिच-खिच और जजों के आगे हैं—हैं की जगह यह रकम एकमुश्त, एक ही हाथ में। यह ठोस उपलब्धि है जिसे वह लम्बे समय तक देख सकेगा, उसका सुख भोग सकेगा...यह नहीं जो एक क्षण को झलक-सी दिखाकर गायब हो जाती है, आपको फिर वापस अपनी पस्ती पर पटक कर। इसमें सुनन्दा को कोई धोखा देना नहीं है। वह तो जिस तलाश में घूमती रही है, उसी में घूमती रहेगी। सत्येन्द्र चाहे भी तो उसका भाग्य नहीं बदल सकता। वह जमनालाल के यहाँ आ भी जाए जो इसकी क्या गारंटी है कि उसके साथ ऐसा व्यवहार नहीं किया जाएगा जो उसकी हालत को और बदतर ही बनाए। अभी वह कम-से-कम कमाती है, स्वतन्त्र है...अपने मन से जहाँ चाहे घूम-फिर सकती है, यात्रा में

शामिल हो सकती है। जमनालाल के यहाँ पहुँचकर तो वह कैद हो जाएगी। कौन जाने मार डाली जाय! सत्येन्द्र की अन्तरात्मा बहुत कोंचती हो तो वह यह भी कर सकता है कि जमनालाल से मिलने वाली रकम का तीन-चौथाई सुनन्दा को दे दे, उसे सब कुछ बता दे और उसे भी तैयार कर ले—क्या रखा जमनालाल में या कि नन्दन में। पर सुनन्दा को रुपए दिये, उसे बताया तो ज्यादा सम्भावना यह है कि वह जमनालाल के यहाँ बच्चे को लेने पहुँचेगी और वह जमनालाल उसके साथ वह कर सकेगा जिससे अब तक सुनन्दा किसी-किसी तरह बचती रही है। यह तो बेचारी को खूँखार जानवर की माँद में फेंक देना हुआ। सुनन्दा को कुछ न बताना ही ठीक होगा। उसे रुपये कुछ और बहाने से दे दे...या कि उसके नाम कहीं जमा करा दे। तब सत्येन्द्र किसी के साथ धोखा करेगा तो वह जमनालाल चौबे और उस जैसों के साथ ही...और इनके साथ कुछ भी करना जायज है। एक तरह से धोखा जमनालाल को भी देना नहीं है। सत्येन्द्र सुनन्दा को चौबे का पता वगैरह न बताए, तो मामला वैसे ही चलता रहेगा जैसे जमनालाल चाहता है—न सुनन्दा को कुछ पता होगा, न वह उधर को कदम रखेगी। लेकिन सुनन्दा को विषय बनाकर रुपए ऐंठना, क्या यही गलत नहीं है?

सत्येन्द्र को जैसे कोई बार-बार कहता है कि बेकार की भावुकता में पड़कर वह इतनी बड़ी रकम हाथ से न जाने दे। ऐसे मौके रोज-रोज नहीं आते। आयी लक्ष्मी को ठुकरा मत। सुनन्दा से कुछ कहने की भी जरूरत नहीं। जो हाथ आये, चुपचाप लो...और खिसको। क्या है जो सुनन्दा से मिलने वाला है? उससे किसी तरह के सम्बन्ध की बात नहीं सोची जा सकती। यात्रा की समाप्ति पर उससे अलग होना ही होना है। सुनन्दा भी यही चाहेगी। फिर क्यों नहीं थोड़ा पहले अलग होकर कुछ पैसा खड़ा कर ले। उसका पेशा अक्ल का है और यह कमाई भी अक्ल की ही है जो होने जा रही है!

सफलता से बड़ा सत्य जीवन का कोई है नहीं...सफल होने में ही वह अनुभूति होती है कि आप जीवित हैं, आप हैं। सफलता का एक सभी को दिखाई देने वाली जो नाप है...वह है पैसा। पैसा एक बड़ी हस्ती है, बड़ी प्रेरणा है। तभी उसके होने से लोग सुखी, न होने से दुःखी होते हैं। तभी संसार के अधिकांश लोग उसी के चक्कर में दौड़ रहे हैं...यहाँ तक कि अमरीका जैसे देश के लोग भी जिनके पास कितना कुछ है। जिनके पास जितना ज्यादा, वह उतना ही तेजी से पैसे की तरफ दौड़ता है। क्या ये सब बेवकूफ हैं? क्या ज्ञान उनका ही है जो यात्रा में आये हैं...और यात्रा में भी कितने नरेन्द्र जैसे हैं जो यात्रा के पहले और बाद में सिर्फ पैसे कि लिए जीते और मरते हैं? सफलता और पैसे से बड़े सत्य हो सकते हैं, पर वे सत्येन्द्र की पहुँच के बाहर हैं तो क्यों उनके पीछे भटका जाए! सत्येन्द्र को हमेशा अस्पष्ट, सूक्ष्म के पीछे भटकने की बजाय स्पष्ट और ठोस के पीछे जाना

अधिक श्रेयस्कर लगा है। जो उसकी पहुँच में हैं, उन्हीं के लिए ही मरना-खपना तो बुद्धिमत्ता कही जाएगी।

सुनन्दा को याद करने की कोशिश करता है सत्येन्द्र, तो एक बड़ी धुँधली-सी आकृति सामने आती है। वह भी ठहरती नहीं, हवा के झोकों से टेढ़ी-मेढ़ी होती, कलथती हुई निकल जाती है...कितनी ही भारतीय नारियों में से एक यह सुनन्दा भी—चोट खाती, फिर उससे भी ज्यादा चोट खुद को देती, किसी-किसी तरह जीती हुई, जीती कम भटकती हुई ज्यादा, जीवन का हर दिन मृत्यु के इन्तजार में ही कटता हुआ।

यह इनका स्वभाव है, ऐसा ही रहेगा। लेकिन जमनालाल चौबे जैसा मुवक्किल रोज-रोज नहीं फँसेगा।

रामप्रसाद आज उठ नहीं रहा। सूरज इतना ऊपर आ गया है कि रामप्रसाद और उसका डंडा—दोनों, जो पटरे की फटैलू चादर में एक गठरी से लिपटे पड़े हैं ...उन पर सीधी धूप पड़ रही है...फिर भी रामप्रसाद सोया पड़ा है। अब तक वह कम-से-कम चार बार उठ चुका होता—गालियाँ बकबका कर फिर सो गया, फिर उठ गया और फिर सो गया होता। धूप की किरणें उसके चिकटे बालों में जो चिनमिनाहट पैदा कर रही होंगी...सोराइसिस खुजलाने के लिए जो मिसमिसाहट पैदा कर रही होगी...ये भी नहीं कुरेद पा रहे रामप्रसाद को। पालों की कतार सुनसान है, यात्रा सवेरे वाले प्रोग्राम में कब की जा चुकी है, अब तो लौटने को होगी। सवेरे प्रस्थान के हो-हल्ले में कम-से-कम एक बार तो जाग ही जाना था रामप्रसाद को।

ऐसा नहीं है कि उधर से कोई गुजरा ही न हो। सवेरे की यात्रा को तड़ी मार देने वाले यात्री भी हैं, फिर रोजगार और धन्धे वाले हैं। उनका आना-जाना चालू ही है। अब इसका क्या किया जाए कि श्री रामप्रसाद इतने महत्वपूर्ण नहीं कि कोई उनकी खबर आकर ले, उनके सोने का अड्डा भी एक पक्का नहीं कि कोई उसी से चिह्न ले कि यहाँ रामप्रसाद सोये पड़े हैं...और सच बात यह कि उनकी तीन-चार बार की जो जाग होती है, वह भी कम ही लोगों की निगाह चढ़ी होगी ...कि कोई उसी की प्रतीक्षा किया करे। लोग आते रहे, जाते रहे...रामप्रसाद अपने डंडे को साथ लिटाये पड़े रहे।

जिस पाल के एकदम पास रामप्रसाद सोये पड़े थे, इत्तफाक कि उसके एक सज्जन आज सवेरे यात्रा के साथ नहीं गये थे। काफी देर से जब वे आँखें मिचमिचाते उठे तो देखा—गली में पटरे की चादर को हर तरफ से दाबे कोई शख्स सोया पड़ा है...सोने में उनसे भी एक हाथ आगे! चादर फटैलू है पर क्या तरतीब

से ओढ़ी हुई है कि मजाल कोई किसी कोने से झाँक ले, कुछ अन्दाज लगा सके। होगा कोई! भीतर जाकर जब वे थोड़ी देर बाद फिर बाहर आये तो चादर उसी तरह फैली हुई। कुछ मिनट तक वे देखते रहे...कहीं कोई हरकत नहीं! आदमी सोता भी है तो भी कितनी तरह की हरकतें हो लेती हैं...क्या खलास हो गया?

वे डर गये...भागे-भागे जो भी दो-चार लोग नुक्कड़ पर दिखाई दिये, उन्हें बटोर लाये...कोई मर गया दिखता है, वरना ऐसी गाढ़ी नींद, खुले में, सूरज के इतना ऊपर चढ़ने पर? भिखारी होगा, कोई बूढ़ा भी हो सकता है! कौन जाने कोई यात्री हो...न बर्दाश्त कर पाया इतना चलना-फिरना। लोग भी तो हैं कि फिर शक्ति-सामर्थ्य कुछ नहीं देखते...ऐसे धर्म की कमाई को निकलेंगे कि बस...

भिखारी और बूढ़े की बात पर लोगों पर जूँ न रेंगती पर यात्री...यानी कि जिसने इतने रुपए लगाए होंगे...उसकी बात उठते ही तीन-चार लोग इधर चले आये। पटरे की चादर ज्यों की त्यों फैली हुई थी। लोगों ने तरह-तरह से आवाजें मारीं। कोई जवाब नहीं। छुए कौन...पता नहीं कौन कितने दिनों से मरा पड़ा हो, लाश किस हालत में हो। एक आदमी ने लाठी से चादर को एक किनारे से उठाना शुरू किया, दुबली-पतली वाली टाँगे उघड़ आयीं। निश्चित ही कोई मृत था चादर के भीतर...तभी तो इतना पास से, इतना सब करने पर भी कोई हरकत नहीं। शक पक्का करने के ख्याल से आदमी ने लाठी से शरीर के ऊपरी हिस्से में नोंचना शुरू कर दिया—इधर-उधर...पहले हल्की गोंच, फिर और खुखयाती हुई, जैसे बैठे हुए मवेशी को उठाने के लिए करते हैं...

एं...जानवर समझ लिया...एकाएक चादर को अपने सिर से झटक रामप्रसाद टन्ना कर उठ बैठा। खौखयाती हुई मुद्रा। लम्बे चिकटे बाल...जटा की तरह उलझे हुए, लाल आँखें, चेहरा सूजा हुआ। कुछ नहीं बोला, गुर्राती नजरों से देख रहा था—किसी एक व्यक्ति की तरह नहीं, सामने...देखे जा रहा था।

रामप्रसाद की भिखारी वाली जो हुलिया थी, तो उस पर उठते ही लोगों की गालियाँ बरसना थीं...लेकिन जैसे खूँखार जानवर की तरह वह देख रहा था उससे लोग सहम गये। लाठी गोंचने वाला खास मुलायम था—"भैया, सवेरा कब का हो गया, आज उठने का नहीं है क्या? तबीयत तो ठीक है?"

रामप्रसाद ने उसको क्या किसी को नहीं देखा, अपना डंडा टटोला और एक हथेली से कान दबाकर, आसमान की ओर थूथन करके चालू हो गया—"लड़ाई जारी रखना...हम जीती पार्टी हैं...दिमाग से रहना...सब लै गयी...कीड़े पड़ेंगे साली...निबाड़ कोड़ा बनैगी...बनैगी..."

रामप्रसाद की आवाज एकदम बैठ चुकी थी...जैसे फटे बाँस में से कुछ मरियल-मरियल सी फूँकें बाहर आ रही हों। फिर भी वह पूरा जोर लगा रहा था, गले की एक-एक नस फूल-फूल आती।

"पागल है?" एक व्यक्ति ने धीमे से पूछा।

"लगता तो है...चलिए चलें।" दूसरे ने कहा।

"भिखारी है..." तीसरे ने कहा। "यात्रा में बराबर चलता है, कभी किसी को तंग नहीं करता। आप चलें..." पाल वाले सज्जन से उसने कहा—"बेफिक्र रहें, बदमाश नहीं है।"

जो जहाँ से आये थे, वहाँ लौट गये। पाल वाला अकेला...भीतर, थोड़ा सहमा-सहमा। उसका ध्यान अब भी रामप्रसाद पर लगा था...शरीर का दुबला-पतला है पर है एकदम गुंडा...ऐसे देख रहा था जैसे बस, अब चीता की तरह उछला और झपटा किसी पर...

लोग चले गये तो रामप्रसाद को जैसे होश आया। आदतवश वह उठते ही आज भी चालू हो गया था, कान दबाकर...लेकिन रेंकते-रेंकते जैसे आवाज बैठ गयी थी, वहाँ उस छोर पर हालात भी बैठ गये थे—अब क्या लड़ाई...कौन जारी करेगा...

सिरहाने, चटाई के कोने के साथ एक छोटे से पत्थर से दबा हुआ एक कागज का टुकड़ा, मुड़ा हुआ...चिट्ठी। काँपते हाथों रामप्रसाद ने उठा ली और फिर बाँचने लगा—

रामप्रसाद भैया,

आगे हाल यह है कि यहाँ हाल अच्छा नहीं है। भौजाई ने तुम्हारा मकान बेच दिया है। मकान हग्गन चच्चा ने सिर्फ पाँच हजार में ले लिया है। मैंने उन्हें बहुत समझाया कि अपने मास्टर साहब का पुश्तैनी मकान, पुरखों की निशानी है। यह बेचने वाली कौन होती है, पर उन्होंने ध्यान नहीं दिया। उन्हें अपना मकान फैलाने की चिन्ता ज्यादा थी। सारा मकान और इत्ते सस्ते में मिल गया। उस दुश्मन रामेसुर की करतूत है सब, जिसने भौजाई की बुद्धि हर ली है। भगवान उसे दिखाएगा। मकान बेचकर भौजाई और रामेसुर लछमन को लेकर चले गये हैं। आप जल्दी आ जाओ। मकान गया तो गया, लछमन को उसके चंगुल से निकालना होगा किसी तरह...

तुम्हारा पुराना सहायक
मुरारीलाल

खिन्नी नाका स्कूल...जहाँ रामप्रसाद आखिरी बार मास्टर थे, वहाँ साथ में था मुरारीलाल। मथुरा में सुखदेव ताँगेवाले का पता दे रखा था रामप्रसाद ने। वहीं चिट्ठी आयी थी। सुखदेव कल इधर आया तो लेता आया था।

बाप-दादों का घर गया, अपना लड़का गया। अब किसके लिए किसे लड़ने को कहेगा रामप्रसाद। सवेरे भी इसीलिए उठा नहीं गया। मुर्दा की माफिक पड़ा रहा, पड़ा रहता पता नहीं और कितनी देर!

उमस-भरी गर्मी। चिलमिलाती धूप ऊपर से बरस रही थी। चौंध। रामप्रसाद की आँखें झेल नहीं पा रही थीं। वह फिर अपनी फटैलू चादर में घुस गया और सोने की कोशिश करने लगा।

आँखें बन्द, ऊपर से चादर...फिर भी सोने भर लायक अँधेरा नहीं। पटरे की चादर के रंग जैसे अलग-अलग फूटकर तीरों की तरह रामप्रसाद को चुभ रहे थे... कोई इधर तो कोई उधर। उसकी ही आवाज के टुकड़े पलट-पलट कर उस तक आ रहे थे, उसे इधर-उधर सब तरफ से छेद करते हुए..."लै ले...रामप्रसाद...साले भगोड़े...यहाँ से चिल्लाता था—लड़ाई जारी रखना...बड़े लड़ैया महुबे वाले...तेरी लड़ाई कोई और लड़े क्यों? लड़ाई वहाँ थी और तू यहाँ भाग आया...यहाँ से लड़ रहा था...अरे मरना था तो वैसे मरता...यहाँ सड़-सड़कर मरेगा...कीड़े तुझे पड़ेंगे—लै—ले ...ले...ले

अरे! फिर आ गया वह। लाठी से गोंच रहा है—उठ...उठ जैसे रामप्रसाद न हो, कोई बैल हो! बैल तो हो ही गया वह, मरियल बैल! उठ...उठ...तत्...तत्...

रामप्रसाद भड़भड़ाकर उठ बैठा...कौन? कौन गोंच रहा है?

आस-पास कोई नहीं था। आदतन फिर मुँह ऊपर को उठ गया, एक हाथ ने कान को दाबा और रामप्रसाद फिर चल पड़ने को हो आया—'लड़ाई...' कि उसने अपनी सारी बची-खुची ताकत लगाकर खुद को रोक लिया। चुपचाप अपना डंडा उठाया, फटैलू चादर समेटी और खड़ा हो गया। चटाई...? यह तब ली थी, जब मथुरा आया था, कैसी चिकटी-चिकटी हो आयी है। रामप्रसाद स्वयं...

चटाई उसने वहीं छोड़ दी और पाल वाली कतार के छोर की तरफ बढ़ गया। पाल वाली बस्ती छोड़कर उसने गाँव को जाने वाले बैलगाड़ियों वाले रास्ते को पकड़ा...थोड़ी दूर उस पर चला। फिर उसे भी छोड़कर खेतों में उतर गया...पगडंडी पर।

यह वह पगडंडी थी जो गाँव को भी एक किनारे छोड़ते हुए बाहर-बाहर सीधे वहाँ निकलती थी जहाँ से मथुरा के लिए बस चलती थी।

"वृन्दावन कमनीय सघन वन..."

श्री नारद जी कहते हैं—"राजन एक दिन नन्द जी अपने नन्द को अंक में लिये बहुत दूर निकल गये। भाँडीर वन में जा पहुँचे, जो कालिन्दी नीर का स्पर्श करके बहने वाले तीरवर्ती शीतल समीर के झोंकों से कम्पित हो रहा था। थोड़ी ही देर में श्रीकृष्ण की इच्छा से वायु का वेग अत्यन्त प्रखर हो उठा। आकाश मेघों की घटा से आच्छादित हो गया। तमाल और कदम्ब वृक्षों के पल्लव टूट-टूट कर गिरने लगे। महान अन्धकार छा गया। नन्द-नन्दन रोने लगे। नन्द को भी भय हो गया। उसी क्षण करोड़ों सूर्यों के समूह की-सी दिव्य ज्योति उदित हुई, जो सम्पूर्ण दिशाओं में व्याप्त थी। उस दीप्तिराशि के भीतर नन्दजी ने वृषभानुनन्दिनी श्रीराधा को देखा। वे करोड़ों चन्द्रमंडलों की कान्ति धारण किये हुए थीं। श्री नन्दजी ने कहा—"राधे, ये साक्षात पुरुषोत्तम हैं और तुम इनकी प्राणवल्लभा हो, यह रहस्य में गर्गजी के मुख से सुन चुका हूँ। राधे अपने प्राणनाथ को ले लो। ये बादलों की गर्जना से डर गये हैं। श्री राधाजी ने नन्दजी को गोद से अपने प्राणनाथ को ले लिया और भाँडीर वन में गयीं। पहले गोलोक धाम से जो पृथ्वी-देवी इस भूतल पर उतरी थीं, वे उस समय अपना दिव्य रूप धारण कर प्रकट हुईं। ब्रज कामपूरक दिव्य वृक्षों के साथ अपना दिव्य रूप धारण करके शोभा पाने लगा। ब्रज में दिव्य धाम की शोभा का अवतरण होते ही श्रीकृष्ण किशोरावस्था के अनुरूप देह धारण करके श्री राधा के सम्मुख प्रकट खड़े हो गये। उसी समय आकाश से ब्रह्माजी आये और राधाकृष्ण की स्तुति करने लगे—हे प्रभो, आप जहाँ जिस रूप में रहते हैं, वहाँ तदनुरूप देह धारण करके राधाजी छाया की भाँति आपके साथ रहती हैं। आप ब्रह्म हैं और ये तटस्थता प्रकृति हैं। यद्यपि आप नित्य दम्पत्ति हैं, तथापि मैं लोक-व्यवहार की सिद्धि के लिए आप दोनों की वैवाहिक विधि सम्पन्न कराऊँगा। सुन्दर विवाह के उपरान्त भाँडीर वन में जाकर श्री नन्दनन्दन ने अपने हाथों से प्रिया का शृंगार किया, उनके मुख पर पत्र-रचना की, दोनों पैरों में महावर लगाया। इसके बाद जब श्री राधा भी श्री हरि को शृंगार धारण कराने के लिए उद्यत हुईं, उसी समय

श्रीकृष्ण अपने किशोर रूप को त्याग कर छोटे-से बालक बन गये, धरती पर लोटने और भय से रोने लगे। श्री हरि को इस रूप में देखकर श्री राधिका भी विलाप करने लगीं और बोलीं—हरे...मुझपर क्यों माया फैलाते हो? तभी आकाशवाणी ने कहा—राधे कुछ काल के पश्चात् मनोहर वृन्दावन में तुम्हारा मनोरथ पूर्ण होगा। यह सुनकर राधा श्रीकृष्ण को गोद में लिये यशोदा जी के पास गयीं और उनके हाथ में बालक श्रीकृष्ण को दिया...

वृन्दावन में रंगजी के बगीचे के मुख्य द्वार पर संहिता की कथा चल रही है। व्यासजी ने प्रसंग पूरा पढ़कर समाप्त किया, साफी से माथा पोंछा और सामने बैठी भीड़ को सम्बोधित कर कहने लगे—

"तो भक्तजनौ...लीलामय प्रभु कौ जि रमणीक लीलाधाम वृन्दावन...जि ब्रज की सबसे पवित्र भूमि है क्यों कै यहां वृषभान दुलारी श्री राधिका जी स्वयं विराजती हैं :

श्री वृन्दावन धाम कौ, मरम न जाने कोय,
डाल-डाल और पात-पात में राधे-राधे होय।

अगर ब्रज में प्रभु कौ जन्म पुराण है, मथुरा में असुर व्यामोह प्रकरण, तौ वृन्दावन में राधामय फल प्रकरण। यहाँ पहुँच गये तो जानौ भक्ति कौ फल मिल गयौ। सतयुग में महाराज केदार की पुत्री वृन्दा नैं श्रीकृष्ण कूँ पति रूप में पायबे के ताईं यहाँ तप कियौ हो। भगवान नै प्रसन्न है के वाय दर्शन दए। पहलै यहाँ वृन्दा (तुलसी) के वन अधिक हैं। या मारैं वृन्दा की तपोभूमि और वृन्दा के वन हैबे के कारण या स्थान कौ नाम वृन्दावन पड़ौ। भगवान श्रीकृष्ण ब्रज छोड़िकैं द्वारिका चले गये और फिर छोड़िकैं अपने लोक चले गये...परन्तु भक्ति-भाव स्वरूपा राधिका जी श्री वृन्दावन में ही विराजती हैं। श्री राधा भक्ति कौ अवतार हैं या मारै प्रभू कूँ पायवे की इच्छा बारे कूँ पहलै श्री राधा की आराधना करनी पड़े है..."

शैलजा सुन रही है। बहुत कुछ ऊपर-ऊपर से बह जाता है। भगवान कैसे बालक होकर राधा जी के अंक में गये...राधा किशोरी, भगवान बच्चे; फिर भगवान भी किशोर...और फिर ऐन उस वक्त जब राधा उनका शृंगार करने को हुईं कि वे फिर बालक बन भूमि पर लोटने लगे। क्या है यह सब...लीला? लीला कहाँ है... ऊपर या नीचे। वृन्दावन की भाषा में मरण को 'लीला प्रवेश' कहते हैं...तब जो यहाँ है उसे लीला कैसे कहा जाए। या यह छोटी लीला...बड़ी लीला का ही एक हिस्सा...बड़ी लीला, ईश्वर की सृष्टि।

शैलजा के साथी कब के लौट गये...वह रह गयी। घर को खबर कर दी कि कुछ दिनों और यहाँ देखना-समझना चाहती है। उसमें बदलाव आया है—यह वह स्वयं महसूस करती है। पहले कितनी 'इम्पल्सिव' थी, प्रतिक्रिया फौरन। उसकी जगह अब धीरज है जहाँ कोफ्त, खीज होती थी...वहाँ अब सहानुभूति है। शैलजा

चलती रही है। उसे कथा प्रवचनों में भी रस आने लगा है...

"वृन्दावन में श्री राधा के संग-संग कृष्ण की अन्य प्रियांन कौ हूँ निवास है। यहाँ ललिता जी श्री हरिदास कौ अवतार लै कै उतरीं। आप लोग निधिवन देखिबे जाँगे जो स्वामी हरिदास कौ स्थान है। वहीं स्वामी हरिदास के ठाकुर श्री बाँकेबिहारी के प्राकट्य भयौ हो, जो अब बाँकेबिहारी के प्रसिद्ध मन्दिर में विराज रहे हैं। वंशी कौ अवतार भयो स्वामी हित हरिवंश के रूप में। श्री राधावल्लभ जी स्वामी हित-हरिवंश के ठाकुर हैं। यहाँ जो है सो भगवान कूँ राधिकाजी की भावना ते देखौ गयौ है। स्वयं राधिकाजी अवतरित भई चैतन्य महाप्रभु के रूप में...भक्ति को अवतार, और चन्द्रावली जू आईं गुसाईं विट्ठलनाथ जी कौ रूप धरिकैं। वृन्दावन में चाहे जितने भी सम्प्रदाय होंय, सबमें कृष्ण की सखीन के अवतार-प्रसूत हैवे के कारण सख्य भाव है, सभी सम्प्रदायन में राधा प्रमुख हैं। वृन्दावन में कृष्ण नहीं राधा हैं, यहाँ की रज में प्रेम ही प्रेम है—इसलिए कहते हैं कि :

योग यज्ञ तीरथ व्रत संयम
उनकों नैंक न साधों
दुर्लभ सुलभ वास वृन्दावन
राधापद आराधों..."

राधा की भूमि...और ताज्जुब की बात, कि वृन्दावन के तीन अति प्रसिद्ध मन्दिर—श्री बाँकेबिहारी, राधावल्लभ और राधारमण जी, जिनके ठाकुर स्वयं प्रकट हैं, उनके साथ श्री राधिका जी की मूर्तियाँ प्रकट नहीं हुई थीं। इसीलिए इन मन्दिरों में ठाकुरजी के साथ श्री राधिकाजी के मुकुट की स्थापना कर उनकी सेवा पूजा होती है। यह शायद इसलिए कि उन ठाकुरों को राधा या अन्य सखियों की दृष्टि से देखा गया है। ठाकुर उनके भाव की मूर्तिस्वरूप हैं। यह तो शैलज़ा को समझ में आ गया पर राधा की पहेली नहीं सुलझती। 'भागवत' में राधा का उल्लेख नहीं बताया जाता, तो क्या सचमुच राधा नाम की कोई नारी थी ही नहीं? गर्ग-संहिता, जिससे कथा पंडितजी सुना रहे थे, उसमें वृषभानुनन्दिनी के रूप में राधा का अवतार है...पर नन्द से वे बालक-कृष्ण को गोद में लेते समय ही किशोरावस्था की हैं इसलिए राधाकृष्ण की ये लीलाएँ...क्या अर्थ है इनका?

अगले दिनों वंशीवट की रास देखते हुए निधिवन और सेवाकुंज में विचरते हुए इसी तरह के सवाल शैलजा के मन में उमड़ते रहे। निधिवन निकुंज...ऊँची दीवारों से घिरा हुआ, लताओं से आच्छादित स्थल राधाकृष्ण की प्रधान बिहार-स्थली कहा जाता है। राधाकृष्ण की विहार-स्थली...तो स्वामी हरिदास के लिए जो बाँकेबिहारी जी प्रकट हुए तो अकेले ही क्यों...उन्हें वे राधाजी के संग क्यों नहीं दीखे? सेवाकुंज भी लताओं से आच्छादित एक सुन्दर स्थल है। एक छोटे-से मन्दिर में शैलजा ने एक चित्र देखा जिसमें श्यामसुन्दर रासेश्वरी श्री किशोरी जी

के चरण दबा रहे हैं और एक शैया भी बिछी है। सेवाकुंज से रास-चबूतरा का प्रकरण जुड़ा है। यहाँ नित्य फूलों की शैया बिछाई जाती है। कहते हैं यहाँ हर रात दिव्य रासलीला होती है, रास करते-करते जब श्री राधा जी थक जाती हैं तब प्रियतम श्यामसुन्दर उनकी चरण सेवा करते हैं। सारा विश्व कृष्ण की सेवा करता है और स्वयं श्री कृष्ण राधा की सेवा करते हैं। एक दर्शक सेवाकुंज के उस चित्र को देखकर गुनगुना रहे थे–

'वेद में ढूँढ्यो, पुराण में ढूँढ्यो...ताहे राधा के पाँव पलोटत देख्यो'

राधा का अस्तित्व सन्दिग्ध और वे श्रीकृष्ण की प्राणवल्लभा, आराध्य देवी! वृन्दावन में नमस्कार की जगह राधे-राधे चलता है। किसी को बुलाना हो तो भी आवाज देंगे–राधे...जैसे हर श्वाँस को 'राधे' मिलाकर पवित्र कर लेना चाहते हैं। राधा कहीं नहीं, फिर भी वृन्दावन में हर पल, हर जगह हैं। कृष्ण की हजारों रानियों में एक का भी नाम उनसे नहीं जुड़ा, राधा का ही नाम चल रहा है आज तक। वह समाज जो विवाहिता को ही मान्यता देता है, प्रेमिका को नहीं...वह प्रेम की शिरोमणि देवी राधा का नाम ही कृष्ण के साथ जोड़कर गद्‌गद है।

सचमुच कभी-कभी एकदम समझ में नहीं आता यह भारतीय समाज...क्या मानता है, क्या चाहता है!

श्री गोविन्ददेव जी के मन्दिर के जगमोहन में एक वयोवृद्ध भक्त अलग बैठे थे, अपने में लीन। एकदम सफेद दाढ़ी और वैसे ही पीछे की ओर उतरते हुए घने बाल। मस्तक पर राधावल्लभी तिलक। मुख पर वह तेज कि क्या किसी नवयुवक में होगा। वृद्धावस्था की गरिमा की साक्षात् प्रतिमूर्ति। आँखें बन्द किये शैली में पड़ी माला का जाप करते जाते, बीच-बीच में आँखें आधा खोल गर्भगृह की ओर तकते। आने-जाने वालों पर से उनकी आँखें फिसलती चली जाती। जहाँ पग-पग पर भक्त, साधु-संन्यासी हों...ज्यादातर तो घृणा और विरक्ति पैदा करने वाले, वहाँ पता नहीं इस साधु में क्या था जिसने शैलजा को आकर्षित किया। पास जाकर उसने जानबूझकर नमस्कार किया। शैलजा की नमस्कार पर साधुबाबा अपनी तल्लीनता से बड़े ही बेमन से हटे, पर खीझ तनिक भी नहीं! शैलजा पर बड़ी ही अनुग्रह-भरी दृष्टि। आश्वस्त हो शैलजा पास बैठ गयी, बताया कि वह यात्रा के साथ आयी है।

"तुम बराबर चल रही हो और मैं बराबर यहीं हूँ।" बाबा हँसे।

वे श्री गोविन्ददेवजू के चरणों में पड़े हैं पिछले कई वर्षों से। साधु बाबा ने बताया कि पहले वृन्दावन में श्री राधिका का विग्रह कहीं नहीं था। पुरीधाम में श्री जगन्नाथ जी के मन्दिर में एक मूर्ति उपलब्ध थी, वहीं से यहाँ लाकर श्री गोविन्दप्रभु के वाम भाग में विराजमान की गयी।

"स्वामीजी, आप क्या मानते हैं...राधा कोई वाकई थीं या वे हमारी कल्पना मात्र हैं?"

साधु बाबा ने हँसते हुए सुनन्दा को देखा और कहा—"बेटी, तेरा मन शंकाओं से उथल-पुथल है। ऐसे कहीं नहीं पहुँचेगी तू, कोई कहीं नहीं पहुँचता तर्क-कुतर्क के सहारे। आज का मानव इसी बुद्धि और तर्क से पीड़ित-विखंडित है। मन में आस्था का बीजारोपण होने दो।"

"लेकिन प्रश्न तो उठते हैं, वे उत्तर माँगते हैं।"

"ऐसी नहीं कि उत्तर नहीं हैं, पर उत्तरों में भी आस्था हो तभी तो! यहाँ तक कि प्रश्नों में भी आस्था चाहिए। इस समय तेरे प्रश्न सचमुच तेरे अन्तः से निकले हैं इसलिए मैं संक्षिप्त उत्तर देता हूँ—ये मूर्तियाँ, ये विग्रह कुछ नहीं हैं...केवल भाव की सृष्टि के हेतु हैं; जैसे ये तिलक, ये माला। भाव ही मुख्य है। जो हम कहते हैं लीला...उसके पीछे भी अवधारणा यही है कि 'भाव' ही सत्य है। जो दृश्य है, घटता दिखाई दे रहा है...वह सचमुच नहीं है, ऐसे बीत कर समाप्त हो जाता है (बाबा ने चुटकी बजाई) और जो अदृश्य है, दिखाई नहीं दे रहा...वही सचमुच है, वही रहेगा—'भाव'। राधा भाव का ही नाम है, इसलिए वे चिरन्तन हैं। उनकी कथाएँ हवा की तरह हैं...हमें छूकर पुनः अदृश्य, जबकि कृष्ण की कथाएँ ठोस हैं, इतिहास से भी जुड़ती हैं। इसीलिए शंकालु मन में कृष्ण देवता से घटकर इतिहास-पुरुष हो जाते हैं, राधा शंकालु मन में ठहरती ही नहीं। भाव में भी चरम है प्रेम...इसीलिए राधा प्रेम और भक्ति की देवी हैं, हर मन में जहाँ इन भावों का आविर्भाव होता है, राधा जी स्वयं वहाँ आ विराजती हैं।"

बाबा ऐसे बोलते थे जैसे कोई प्रेम-भरा हाथ फेर रहा था। जटिलताओं के बीच कैसा सीधा और सरल दृष्टिकोण...मुख पर उसी सरल की आभा।

बाबा कह रहे थे—"भाव बाहर से चलायमान दिखते हुए भी स्थिर हैं। प्रेम, शृंगार, विरह-विह्वलता की आरम्भिक लीला के बाद श्रीकृष्ण के साथ विचरण करते हुए जब राधा जी महामुनि ऋभु को भक्ति-प्रवणता में जल-रूप में परिणति होती देखती हैं...इसके बाद फिर उन्हें विरह नहीं सताता। कृष्ण द्वारिका चले जाते हैं, सोलह हजार रानियों से उनका ब्याह होता है, उनके पटरानियाँ हैं, पर राधा के कृष्ण स्थिर हैं उनके मन में। अन्त में, राधा जी सिद्धाश्रम स्नान के लिए जाती हैं, कृष्ण की पटरानियों से भी मिलती हैं तो भी यही स्थिर भाव है। वहाँ भी वे वृन्दावन का गुणगान करती हैं। वृन्दावन में उनका निरन्तर वास है। ब्रज में जो मन्दिर हैं वे भी अर्चनाप्रधान नहीं, भावप्रधान हैं।"

कैसे-कैसे प्रश्न सर्पों की तरह कुलबुलाते रहते थे शैलजा के भीतर...आज वह एक-एक बाहर निकाल डालेगी। उसे ऐसा लग रहा था कि वह जो व्यक्ति सामने बैठा था, इसी को खोजती फिर रही थी वह इस यात्रा में। कैसा सम्मोहन था उसमें कि शैलजा को लगता कि वह सामने बैठा रहे और वह यों ही सुनती रहे, सुनती रहे...आजीवन। बाबा के मुख से उत्तर नहीं निकल रहे थे प्रेम की बरसात थी जो

हो रही थी...

"बाबा! संसार में दुःख ही दुःख है, अक्सर संसार में जीना बेकार लगता है।"

"बेटी! जब हम जीवन को यह सोचकर हाँकते हैं कि यह हमारे कारण है, हमसे चलता है, हमारी सृष्टि है—क्योंकि यह तभी तक तो है जब तक हम जीवित हैं—तो जैसे ही हमने चभेटा खाया, कुछ वह जिसे हम हमारा या अपना कहते थे, वह गया...वैसे ही जीवन व्यर्थ लगने लगता है। आज अधिकांश लोगों में अहं की यह दुर्भावना व्याप्त है—कि वे ही सब कुछ हैं...इसीलिए लोगों में डर है, दुविधा है, मन नहीं लगता जैसी व्याधियाँ हैं।"

"लेकिन इसके उल्टे अगर यह मानकर चलें कि सब कुछ पूर्व निर्धारण है तो फिर निर्णय कि स्वतन्त्रता कहाँ रही, वह जो मनुष्य की गरिमा है?"

"यह तो समझ में नहीं आता कि निर्णय की स्वतन्त्रता भी आप चाहते हैं और जब दुःख आता है तो उखड़ने लगते हैं। उसी स्वतन्त्रता से काटिए न फिर दुःख को?"

"कुछ लोग काटते ही हैं!"

"हाँ...पर थोड़ा आगे या पीछे वह स्थिति जरूर आ जाती है जहाँ दुःख को वहन करने के लिए आपको नैतिक शक्ति...इस सूक्ष्म-सी, अदृश्य वस्तु की आवश्यकता पड़ती है। और वह मिलती है ईश्वर से, प्रकृति से...इनमें आस्था से। इसीलिए हम देखते हैं कि दुःख हमें ईश्वर के समीप लाता है।

"तुम्हारा शरीर भले ही दो विशेष स्त्री-पुरुष के समागम से निर्मित हुआ हो, उसमें वह चीज जिसके बल पर यह शरीर थिरकता है...वह कहाँ से आती है और कहाँ चली जाती है। इसलिए जीवन प्रभु की देन है। संसार में जो कुछ भी तुम्हें 'हमारा' की प्रतीति कराता दिखे, उसे प्रभु के निमित्त मानकर उन्हीं को समर्पित कर देना चाहिए। जहाँ हमारी प्रत्येक उपलब्धि, प्रत्येक कर्म यहाँ तक कि प्रत्येक श्वाँस प्रभु को समर्पित हो जाते हैं, वहाँ जीवन बकवास नहीं, बोझ नहीं, प्रार्थना बन जाता है बेटी! उतना ही पवित्र, उतना ही शान्तिमय!"

"अकर्मण्यता भी तो आती है इस स्तर के विश्वास से।"

"यदि सचमुच हमारा जीवन प्रभुमय है तो कर्मठता बढ़ेगी। बल बढ़ेगा जैसे हनुमान का बढ़ जाता है। ईश्वीर, प्रभु क्या है...विराटता और सूक्ष्मता। इतना असीम कि समूची सृष्टि उसमें समा जाए, वही भावों से असीम होकर माता यशोदा की गोद में बाल गोपाल बन जाता है। उससे जहाँ हमने स्वयं को जोड़ा तो बल आता है। अगर स्वयं को दीन मानकर बैठ जाओगे कि प्रभु ही तुम्हारे कर्म करे तो अकर्मण्यता आएगी लेकिन अपने कर्मों को समर्पित करोगे तो उस विराटता से जुड़ते जाओगे, बल आएगा। जहाँ हर कर्म प्रभु को समर्पित है वहाँ कर्म में दुगुना उत्साह होता है, क्योंकि हर कर्म धर्म का अंग बन जाता है। कर्म के फल

उत्साहित या हतोत्साहित नहीं करते। उत्साह धर्म से आता है। जिस कर्म को हम धर्म मानकर करते हैं, उसमें कितना उत्साह होता है...देख लो।"

"बाबा! प्रभु में विश्वास न आ पाए तो क्या किया जाए?"

"अहंकार बैठा होता है मन में। अहंकार निकल जाए तो प्रभु में विश्वास आ जाता है।"

"जो बहुत दुःखी हैं, जिन्होंने बहुत खोया...उनमें कहाँ का अहंकार...पर वे भी तो ईश्वर को नकारते हैं।"

"आहत अहंकार भी अहंकार का रूप है। प्रभु के सामने भी तो हमारा अहंकार आहत हो फुँकारता है कि तू जिसने मेरा यह ले लिया, वह ले लिया...तुझमें, तेरे रचे इस जीवन में मेरी श्रद्धा क्योंकर हो। वैसा ही अहंकार तो है यह जो, हमारे मन में किसी साधारण आदमी के लिए घृणा का रूप लेकर पनपता है। वही प्रभु के सामने यह रूप लेता है कि प्रभु को धिक्कारो, जीवन को धिक्कारो—दोनों एक ही तो हैं!"

असाधारण व्यक्ति था वह, आस्था में नहाया हुआ। उसके मुँह से निकले वचन शैलजा पर मीठी फुहार की तरह गिरते थे। लगा जैसे ऐसा अनिर्वचनीय सुख पहले कभी और कहीं नहीं पाया था उसने। पहले के सुख जो थे उसमें शैलजा स्वयं को विश्वास दिलाती होती थी कि सुख है यहाँ सुख भीतर से उठ रहा था, उठकर शैलजा के पूरे व्यक्तित्व को नहलाये जा रहा था।

"बाबा, मुझे जीवन का कोई प्रयोजन नहीं दिखता, फिर भी जीना...जीने की विवशता...यह तो अच्छी खासी त्रासदी है।"

"प्रयोजन की बात मनुष्य ही क्यों करता है? फूल के जीवन का क्या प्रयोजन है, पेड़ का क्या है, बादल का क्या है...यहाँ तक कि जो चर है...पशु, उसके ही जीवन का प्रयोजन है? क्यों ऐसा है कि एक आम की जाति में भी हर वृक्ष अलग-अलग आकार और स्वाद के फल देते हैं। यह प्रकृति तय करती है...लेकिन आदमी का दम्भ कि वह अपनी सोद्देश्यता स्वयं तय करेगा। और कौन-सा प्रयोजन बैठाता है वह...तनिक देखिए—अधिकतर ऐसा जो स्वार्थ के इर्द-गिर्द बुना हुआ होता है—अर्थ, परिवार, संग्रह, यश...या ऐसा ही कुछ। तुम्हारे जन्मने में प्रकृति का प्रयोजन क्या था, यह जानना है तो स्वयं को स्वच्छ करके प्रकृति के सम्मुख प्रस्तुत होओ। यह भी न बन सके तो प्रकृति को देखो...हर तरफ उत्सर्ग है, वहाँ कोई अपने लिए नहीं जीता..., क्या फूल, क्या पेड़, क्या सूर्य, क्या हवा...सब अन्य के लिए क्षण-प्रति-क्षण गला रहे हैं स्वयं को। परहित में समर्पण...व्यष्टि का समाष्टि के लिए उत्सर्ग, यही है प्रयोजन जीवन का...और जब तक संसार में 'पर' है, दूसरे हैं—जीवन निष्प्रयोजन कैसे हो सकता है बेटी!"

बाबा उठकर कहीं चलने को हुए।

"बाबा, क्या आपका सत्संग फिर करने का सौभाग्य हो सकेगा मेरा?"

"मैं...मेरा! बेटा, मैं तो निमित्त मात्र था। राधारानी थी जो मेरे मुँह से तेरे लिए बोल रही थीं। संग सत् का होता है, तो उसे ही अपने भीतर जाग्रत कर ले न, प्रकाश होगा। मुझसे या किसी से सत्संग की आवश्यकता नहीं रहेगी। मन से अहंकार को बहिष्कृत कर दे, रीत जाने दे...मन को खाली कटोरा बनाकर खुले आकाश में रख दे। कटोरे में ओस की बूँदें गिरेंगी, गिरकर भरेंगी। श्री राधे स्वतः ही भाव की सृष्टि कर देंगी। जा बेटा...तेरा कल्याण होगा। श्री राधे...श्री राधे...श्री राधे!"

वे चले गये, शैलजा बैठी रही...कितनी देर...सम्मोहित। अपने होने का भान लौटा तो उसने इधर-उधर ताका...मन्दिर तो था श्री गोविन्दजू का ही, गर्भगृह में ठाकुर भी। कुछ लोग दर्शन कर रहे थे। बाकी सुनसान...क्या वह स्वप्न में थी।

मन्दिर और कहानियाँ। कहानियाँ और मन्दिर। जैसे वृन्दावन में यही यह है। शैलजा मदनमोहन जी का मन्दिर देखने गयी तो वहाँ सनातन गोस्वामी और मथुरा के परुशराम चौबे की भक्त पत्नी की कथा सुनने को मिली। प्रभु चौबिन के घर बाल-भाव से विराजते थे। जब एक साथ प्रभु ने सनातन गोस्वामी और चौबिन को स्वप्न दिया कि वे अब वृन्दावन में सनातन के पास रहना चाहते हैं तो चौबिन खिसिया पड़ीं—"बड़ा निर्मोही है! एक स्थान पर रहना जानता ही नहीं। जिस यशोदा ने इसका लालन-पालन किया, उसे ही बटाऊ की तरह छोड़ गया।" भारी मन से चौबिन ने अपने सेव्य लाड़ले ठाकुर को सनानत जी को दिया था। फिर सनातन और लाड़ले ठाकुर की कथा। सनातन बिना नमक की आटे की बाटी बनाकर भोग लगाते थे। एक दिन ठाकुर ने सनातन से कहा--"बाबा बिना नमक की बाटियाँ मुझसे नहीं खायी जातीं, थोड़ा नमक भी माँग लाया करो।" सनातन नमक मिली रोटी का भोग लगाने लगे। कुछदिनों बाद ठाकुर ने फिर दीनता से कहा—"बाबा! रूखे टिक्कड़ मुझसे गुटके नहीं जाते, थोड़ा घी भी माँग लाया करो।" सुनते ही सनातन ठाकुर पर झल्ला पड़े——"मेरे पास तो ये सूखे टिक्कड़ ही हैं। मैं किसी से घी-बूरा माँगने नहीं जाऊँगा। पकवान खाने हैं तो किसी धनिक के घर जाओ या उसे यहाँ बुलाओ।" ठाकुर बेचारे चुप लगा गये। पर दूसरे ही दिन मुल्तान नगर का व्यापारी कृष्णदास कपूर सनातन के सामने खड़ा था। वह नौकाओं द्वारा माल बेचने आगरा जा रहा था कि उसकी नौकाएँ कालीदह के जल में फँस गयी थीं। लोगों ने उसे बताया कि सनातन के पास जाये, वही मदद कर सकते हैं। सनातनजी ने उससे कहा—"भीतर जो बैठा है, उससे जाकर कहो।" सेठ ने मदनमोहन से प्रार्थना की। नौकाएँ चल पड़ीं, व्यापार में उसे प्रचुर धन मिला। फिर उसने मदनमोहन जी का मन्दिर बनवाया और पूजा आदि की उत्तम व्यवस्था करा दी। ऐसे तैयार हुआ था यह मदनमोहन जी का मन्दिर।

लाला बाबू का मन्दिर। लाला बाबू बड़े जमींदार थे। मन्दिर की व्यवस्था के लिए अपनी जमींदारी ही दे डाली। स्वयं ब्रज में रहते थे भिक्षा वृत्ति पर। ब्रजरज के ऐसे प्रेमी ने मृत्यु के समय इच्छा व्यक्त की कि उनका शव घसीटते हुए ले जाया जाए।

राधा की भूमि में कृष्ण ही कृष्ण की पूजा जैसे राधा की छाया की तरह सिर्फ पीछे हों। कृष्ण की पूजा भी कितने रसों में डूबकर हो रही है। कोई सखी भाव का रस लेकर पूज रहा है तो कोई सखा भाव से। और तो और महादेव बब्बा भी गोपी बने गोपेश्वर महादेव में विराजमान हैं, महारास के समय गोपी का रूप धारणकर वे भी प्रेम-रस में उतर गये थे। कहीं भक्त कृष्ण का दास हो जाता है तो कहीं भक्ति की पराकाष्ठा में कृष्ण को ही अपना दास बना लेता है, झिड़कता है...जैसे सनातन ने झिड़क दिया था। राधा की चिन्ता किये बगैर राधा भूमि में ही कोई नारी चुपचाप कृष्ण को अपना पति, स्वामी मानकर पूजती है—जमाई ठाकुर के मन्दिर में राजर्षि वनमालि की कन्या इसी भाव से पूजती थी। प्रेम में बावरी जगत-प्रसिद्ध मीरा...

और सबसे अधिक...यशोदा माई का वत्सल भाव। बालगोपाल, मुकुंदीलाल, लाड़ले लला, हंसगोपाल, नृत्यगोपाल...जितनी तरह की बालकृतियाँ, उतनी ही तरह के नाम। पग-पग पर मन्दिर, पग-पग पर कन्हैया के धाम, अलग अलग नाम। गली-कूचों में जगह-जगह फैले इन मन्दिरों के अलावा हर घर में सबके ठाकुर, ज्यादातर घरों में पूरे के पूरे अपने अलग मन्दिर और लगभग वैसी ही विधि-विधान से पूजा। हर गली में भजन-कीर्तन। हर व्यक्ति की दिनचर्या में बाँकेबिहारी और राधावल्लभ के मन्दिर कैसे गुँथे हुए हैं।

शैलजा श्री गोविन्ददेव जू के मन्दिर दो-तीन बार गयी कि बाबा से साक्षात्कार एक बार और हो। बाबा कहीं नहीं थे। शैलजा पूछती—'बाबा—सफेद दाढ़ी वाले?' लोग हँस देते—'यहाँ तो सभी सफेद दाढ़ी वाले हैं।' आश्चर्य कि इतने पहुँचे हुए साधु और ऐसे अनाम होकर रहते हैं यहाँ। वैसे जो उनकी बातें थीं, उसके अनुसार यह ठीक भी था—नाम में अहंकार निहित है, उसे ऊपर नहीं आने देना चाहिए। शैलजा ने वहाँ के रहने वालों को, पुजारीको बाबा का खाका विस्तार से बताया। सबने साफ मना कर दिया—ऐसा तो और कोई कभी नहीं देखा यहाँ।

जिन्होंने कहा था—'तुम बराबर चल रही हो और मैं बराबर यहीं हूँ।' फिर ऐसा कैसे—?

अरे राधा जी...कहाँ गयी शैलजा की बुद्धि, तर्क करने की आदत, कहाँ वे अग्नि-वाणों से एक-पर-एक छूटते प्रश्न! वे राधाजी ही थीं, साधु का रूप रखकर खास शैलजा के लिए आयीं और अन्तर्ध्यान हो गयीं। भाव! हवा में घूमते फुहार भरे बादलों के महीन अवयव फिर भी दिख जाते हैं...पर भाव? अब यह रूप रख

कर आया, अब गायब...निरन्तर अशरीरी...

"मन से अहंकार को बहिष्कृत कर दे, रीत जाने दे, मन को खाली कटोरा बनाकर खुले आकाश में रख दे। कटोरे में आस की बूँदें गिरेंगी, गिरकर मरेंगी। श्री राधे स्वतः ही भाव की सृष्टि कर देंगी..."

बाबा के बोल गूँज रहे थे...शैलजा के पोर-पोर में पुलक, मधुरता, स्निग्धता। यह है वृन्दावन!

नन्दगाँव में कैसे वे बुजुर्गवर पता नहीं कहाँ से आकर प्रांगण में बैठ गये थे और बोले थे—"वृन्दावन जाओगी न? स्वयं देख लोगी।"

वैसा ही रीता-रीता मन में लिये सुनन्दा पहुँची थी, वृन्दावन, जैसा तब था जब यात्रा आरम्भ की थी। न कुछ भरा, न कुछ जुड़ा। और न कुछ मिला। क्या होना था जब वही कुछ नहीं चाहती थी—न ईश्वर, न भक्ति, न कुछ। उसे तो अपना किशोर चाहिए...और वह मिलेगा...ऐसा नहीं लगता, अब यात्रा समाप्त होने आ रही है।

जीवित होना क्या है...बेकार की यह शारीरिक क्रियाशीलता, शरीर का अपने काम करते चलना! इसी बेकार की क्रियाशीलता को लिये-लिये सुनन्दा इतने दिनों इधर से उधर, उधर से इधर होती रही है। जब एक व्यक्ति भी ऐसा नहीं जिसे केन्द्र-बिन्दु बनाकर उस तक...और फिर वापस खुद तक आना-जाना किया जा सके...और न आगे ऐसा कोई बिन्दु पनपने देने की मज्जा ही अपने पास, उल्टे उसे सुखा देने वाली भाप, उच्छावास ही निकलती हो मुख से...तब?

चार दिनों का रुकना है यहाँ। पहली यात्रा नाव की थी। कच्छवन से नाव द्वारा जमुना पार...उधर श्यामवन से भाँडीरवन। भाँडीरवन से माटवन और वहाँ से नाव द्वारा फिर वापस वृन्दावन। भाँडीरवन में सुनन्दा यात्रियों से अलग-थलक घूम रही थी कि कदम्ब के एक पेड़ से चिपकी एक नारी आकृति दीखी, कान पर लगाये कुछ सुनने की कोशिश कर रही थी, जैसे बचपन में सुनन्दा रेल के टेलीफोन के खम्भों पर कान लगाकर रेल के आने-जाने की आवाज सुनने की कोशिश किया करती थी।

सुनन्दा पास चली गयी। वह कोई अमेरिकन लड़की थी। पास पहुँचकर सुनन्दा ने ही छेड़ा—"हलो!"

लड़की अन्मना कदम्ब से अलग हुई, जैसे कोई पूजा में डूबा हुआ हो और जबर्दस्ती उठना पड़े। पलभर के लिए खीझ की छाया उसके चेहरे पर उतरा आयी थी, पर वह जल्दी ही तिरोहित हो गयी। सुनन्दा उसके एकदम पास आ गयी।

सुनन्दा ने देखा लड़की बेहद गम्भीर थी। क्या हो गया उसे इस उम्र में...

उचकती-फुदकती तितली वाली उम्र!

"तुम्हारे साथी कहाँ हैं?" सुनन्दा ने पूछा।

"वे चले गये, नन्दगाँव से ही लौट गये थे।" लड़की ने थोड़ा अंग्रेजी थोड़ा टूटी-फूटी हिन्दी में जवाब दिया।

"तुम क्यों रह गयीं?"

"यों ही...मन!"

"यहाँ क्या है?"

"कुछ नहीं।"

"तो तुम क्या देख रही थीं?"

"कुछ नहीं...जस्ट लाइक दैट!" लड़की कुछ शरमाती हुई बोली।

"इस पेड़ से सटी खड़ी थीं...क्या कुछ है यहाँ?"

"हाँ...नहीं..."

जैसे उसकी सम्पत्ति कोई छीन लेना चाहता हो।

"मैंने देखा तुम कान लगाये थीं कदम्ब पर। कुछ...?"

"हाँ...सुनायी देती है...कान्हा की बाँसुरी।"

सुनन्दा हल्के से हँसकर रह गयी।

"हाँ...मैंने सुनी।" लड़की का स्वर गम्भीर और निश्चय भरा था। चेहरे पर दबी हुई दीप्ति, जैसे वह अब भी लगभग 'ट्रांस' में थी।

अगले कुछ क्षणों कोई नहीं बोला।

"तुम्हें अपने साथियों के बिना यों अकेले घूमते अच्छा लगता है?"

"हाँ!"

"अपने साथियों का उचकना-कूदना, गाना-बजाना...वह अच्छा नहीं लगता तुम्हें?"

"वह थोड़ी देर का एक्साइटमेंट है...मोमेंटरी थ्रिल!"

"कोई गुरु?"

"अभी नहीं...वृन्दावन में इस्कॉन मन्दिर है, वहाँ पता करूँगी?"

"हरे राम हरे कृष्ण मन्दिर में रहती हो?"

"नहीं, अभी तो सीधा दिल्ली से यहीं आयी थी, यात्रा में।"

"आगे इस्कॉन में रहने का सोच रही हो?"

"मे बी...एस...अभी मुझे अपने फैले काम समेटने हैं। पर रोशनी यहीं है—मैं जान गयी हूँ।

एकाएक बातचीत ठप्प करके वह पेड़ों के झुरमुट में भीतर की तरफ चली गयी। जिस शान्ति में वह थी, उसमें वह बातचीत भी शोर था; या कि वनों की यात्रा का सुख वह बहसबाजी या बातचीत में ही जाया नहीं करना चाहती थी।

यह विदेशी भी जान गयी, सुनन्दा...जबकि उसके संस्कार इसी तरफ के हैं? सुनन्दा जानना भी तो नहीं चाहती। लड़की के संस्कार एकदम उल्टे हैं...तभी इस स्तर का सम्मोहन भी होता है कि बाँसुरी सुनाई देने लगे!

अगले दिन से यात्रा से अलग हटकर सुनन्दा वृन्दावन अकेले ही घूमती रही। अधिकांश स्थल तो पहले ही देखे हुए थे। वह मौसी के यहाँ चली आयी। मौसी वृन्दावन पहुँचने के पहले ही यात्रा छोड़कर चली आयी थीं। सुनन्दा के पास उनका पता था। मौसी ने आकर रहने का न्यौता भी दिया था। जब यात्रा वृन्दावन से आगे बढ़ जाएगी, तब भी एकाध दिन को और बनी रहेगी मौसी के यहाँ, फिर आगे जाकर यात्रा को गोकुल में पकड़ लेगी।

"रमा जीजी नहीं दिखती मौसी!" आते ही सुनन्दा ने पूछा! स्वर में कुछ हुलफुलाहट। उसे इतनी आत्मीयता मिलती थी जीजी से!

"हाँ, नहीं दिखतीं।" उधर स्वर रूखा-रूखा, करीब-करीब कठोर।

मौसी गुस्से में थीं, कुछ दबा रही थीं...जैसे रमा जीजी का जिक्र ही उन्हें क्रोधित कर रहा था। सुनन्दा ने सोचा—कुछ खटपट हो गयी होगी। यात्रा का लम्बा साथ, कभी जीजी से कुछ ऐसा हो गया होगा जिसने मौसी को उखाड़ कर रख दिया। लेकिन मौसी जैसा व्यक्तित्व...अब तक तो कैसा कुछ भी भुला देना चाहिए था उन्हें! इसलिए कुछ शरारत, कुछ ढीठता के साथ सुनन्दा कुरेदती चली गयी।

"क्या पूछना चाहती है?" आखिर मौसी ने झल्लाकर कहा, खोख्या कर पलटते बन्दर की तरह—"तेरी झोली नहीं भरी दुःखों-तकलीफों से तो सुन, रमा चली गयी हैं। बड़े लड़के के यहाँ से तार आया था, उसे कैंसर हो गया है।"

"हे भगवान!" सुनन्दा के सामने झूल रहा था जीजी का चेहरा, हल्का सुर्ख... जब वे अपने पति के बारे में बात करती थीं। एकदम वैसा ही तो नहीं, पर थोड़ा पुलकित जरूर हो जाती थीं, जब उनके मुँह से अपने बड़े लड़के का जिक्र होता था।

एक विश्वास सुनन्दा का जरूर बन गया है कि सबकी गर्दन में एक तरह का ठिंगरा डालकर छोड़ दिया गया है। कोई-न-कोई दुःख, बड़ा दुःख...ऐसा जो तुम्हें खींचकर बाँधे रखेगा। ठिंगरे को लटकाए हुए घूमते रहो, भागकर कहाँ जा सकोगे?

"यह लो चाबी...मन्दिर के बगल वाला कमरा है, उस तरफ।"

मौसी के ठंडे स्वर से जैसे चाबी——लोहे का वह छोटा टुकड़ा और ठंडा हो आया था। चाबी थमाकर मौसी चुपचाप दूसरी तरफ चली गयीं, जैसे सुनन्दा से उन्हें कोई मतलब ही न हो।

मौसी का आश्रम पिछवाड़े की एक गली में खुलता हुआ दोमंजिला मकान था। ऊपर छत पर सिर्फ एक कमरा जिसमें पूजागृह का सामान रहता था। आँगन दो—दोनों लोहे की सलाखों से ढके हुए, बन्दरों से बचाव के लिए। आगे का हिस्सा मौसी का निवास। पीछे सबसे बड़े कमरे में मन्दिर, उसके बगल में दो

कमरे—मेहमानों के लिए। दोनों आँगनों में तुलसी और फूलों के पौधे, बेलें। पीछे वाले हिस्से में एक कुआँ भी था। वह भी लोहे की सलाखों से तुपा था...कहीं चोरी-छिपे आँगन में उतर आया कोई बन्दर ही न गिर जाए!

दूसरे कमरे में कोई नहीं था...इसलिए सुनन्दा के लिए एकान्त ही एकान्त, अपने आपसे अकेले जूझने के लिए, लेकिन पता नहीं क्या हुआ है इधर, सुनन्दा अपने आपसे बाहर जा रही है, उसकी दूसरों में दिलचस्पी बढ़ गयी है, वह बात करना चाहा करती है।

उस रात कोई बात नहीं हुई। सामान रख वह बाहर निकल गयी और खाना खाकर ही लौटी, सीधा अपने कमरे में। अगले दिन सवेरे जब उठी तब तक मौसी स्नान, पूजा-पाठ, मौन-माला आदि से निवृत्त होकर तख्त पर बैठीं चाय पी रही थीं। चाय के बहाने सुनन्दा भी पास बैठ गयी। दीगर बातों से शुरू करके धीरे-धीरे वह मौसी को उनकी अपनी कहानी पर ले आयी।

"मौसी, आपकी क्या उम्र रही होगी जब मौसा लीला प्रवेश किए?"

"यहीं कोई बाईस-तेईस।"

"ओ माँ...कहर टूट पड़ा होगा तब तो?"

"उस समय का क्या कहें बिटिया! आज भी याद आते ही एक-एक रोंया खड़ा हो जाता है। सब कुछ खत्म हो गया था। एक तो दुःख का पहाड़, ऊपर से रोने की भी छूट नहीं। रोती तो क्रिया-कर्म का इन्तजाम कौन करता। अपना कोई था नहीं। राधावल्लभ की कृपा से पड़ोस के नन्दू भैया आगे बढ़ आये, मुझे धर्ममाता बना लिया...तुम्हारे मौसा के संस्कार किये। आज तक हमारा माँ-बेटे का सम्बन्ध है...वह कौन जाति, मैं कौन...ईश्वर की लीला!"

"फिर आप शहर में ही क्यों न रह गयीं, यहाँ क्यों चली आयीं?"

"कुछ सालों तक अपने रिश्तेदारों के बीच हिचकोले खाती रही थी। यहाँ कुछ बन जाय, वहाँ कुछ बैठ जाय, पर कहीं ऐसा न दिखा कि पूरी जिन्दगी निभ सकेगी। अन्त में वृन्दावन की शरण में आयी, एक महिला आश्रम में रहने लगी। रिक्तता क्या भर चली, हाँ धीरे-धीरे अपने दुःख के साथ रहने का अभ्यास चल पड़ा। स्वामी की प्यास हो तो बाँकेबिहारी, राधावल्लभ! पुत्र की हूक उठे तो बालगोपाल, मुकुन्दीलाल। आश्रम में कितने दिन चलेगा...यह सोचकर जितना रुपया तुम्हारे मौसा छोड़ गये थे, उससे यह कुटिया ले ली—राधावल्लभ जू के पास। उसमें अपने ठाकुर पधराये...जब मन्दिर जाने की शक्ति न बचेगी तब दर्शनों से तो न वंचित होना पड़ेगा। दिन में खाली न बैठना पड़े तो कुछ काम ढूँढ लिये। मन्दिरों की सजावट के लिए कपड़े, विग्रहों के लिए पोशाकें बनाना...ये मेरी पूजा-अर्चना स्वरूप थे सो कभी मैंने रुपये नहीं लिये इस काम के। बोरों के टुकड़ों की आसनी बनाना कमाई के लिए शुरू किया...देह धारण के लिए रुपए चाहिए

न! कुछ रुपए इकट्ठे हुए तो पीछे का हिस्सा बनवा लिया। दो कमरे अपनी जैसी महिलाओं के लिए जिन्हें शुरू-शुरू में कहीं शरण चाहिए। घर आश्रम बना लिया, राधावल्लभ अपने सर्वस्व हो गये।"

क्या है सुनन्दा का दुःख मौसी के दुःख या जीजी के दुःख के सामने। हैरत की बात यह है कि एक डग भरो कि आगे ऐसा कोई जरूर मिल जाएगा जिसका दुःख आपसे भी बड़ा। मौसी पढ़ी-लिखी भी नहीं थीं, आजीविका का कोई स्रोत पास में नहीं! सुनन्दा को यह समस्या तो नहीं।

मौसी कहती हैं कि राधावल्लभ उसके सब कुछ हो गये, पर क्या सचमुच ऐसा होगा। जो उनसे छिन गया, उसके लिए कभी हूक न उठती होगी, जो नहीं मिला, उसकी प्यास से कभी गला न सूखता होगा?

"ईश्वर ने आप पर ऐसा वज्रपात किया और आपको ईश्वर की कृपा दिखाई देती है।"

"उस समय भले ही न दिखाई दी हो, अब जरूर दिखाई देती है बिटिया।"

"ईश्वर कृपालु होता तो ऐसी विपत्ति डालता आप पर?"

"क्या कहें...उसके बड़े काम, वही जाने। कुछ तो जरूर सोचता होगा कि किसे कौन दुःख और वह भी क्यों दिया जाना है। बाकी इतना मैं बिल्कुल कह सकती हूँ कि सँभालता भी फिर वही है। कभी-कभी तो ऐसा अच्छा सँभालता है कि विश्वास नहीं होता। इसीलिए तो कहते हैं कि उसकी लाठी में आवाज नहीं होती।"

"अजीब बात है कि जो दुःख देता है, हम उसी की पूजा करते हैं।"

"दुःख ही तो भगवान को याद कराये है। दुःख और मरण न हो तो कौन पूछे भगवान को। कुन्ती ने इसलिए तो कहा रहा कि कृष्ण जब तक मुझे दुःख रहा, तुम मेरे साथ रहे...आज मेरे लड़कों को राज मिल गया और तुम मुझे छोड़े जा रहे हो। मुझे तुम दुःख में ही रखो, ताकि तुम साथ रहो।"

मौसी हँस पड़ी। दुःख को फाड़कर चली आती एक आलोकमय, आस्था-भरी हँसी। सुनन्दा देख रही थी कि अब...इतने वर्षों बाद वे अपने दुःख को भूल भले न हों, वे उस पर हँस सकती थीं।

"आप क्या सोचती हैं, प्रभु ने आपका सारा नुकसान भर दिया?"

"क्या नफा, क्या नुकसान...ये तो बैटी सब इस जग की बातें हैं, यहीं छूट जाती हैं।"

"नहीं, मतलब...मौसा के साथ जो इतने वर्ष बीतते, सन्तानें होतीं तो जीवन कुछ और तरह का होता, हरा-भरा..."

"क्या और होता...छूटना तो फिर भी था, देर-सवेर। या वे मुझे छोड़ते या मैं उन्हें। बात तो फिर बीतने की ही बचती है न? ऐसे बीती या बीतती। वैसे बीतती

तो कोई जरूरी नहीं कि अच्छा ही अच्छा होता...क्लेश भी होते। अब अपनी निर्मला और रमाजीजी को ही देख लो। एक और थी...वह यहाँ हमेशा के लिए ही रहने चली आयी। सब कुछ है उसके पास—पति, तीन-तीन बहुएँ, नाती-पोते... लेकिन दुश्मन की तरह देखते हैं सब उसे। मैंने ही ढकेल-ढकेल कर उसे वापस घर भेजा। बड़ी मुश्किल से गयी। मुझे राधा जू ने अपनी भूमि में शरण दी, प्रभु के एकदम पास बिठा दिया, मरण के लिए ब्रजरज सामने है, जो अच्छों-अच्छों को नहीं मिलती। इसीलिए कहा बिटिया कि उसकी लाठी में आवाज नहीं होती।"

दोनों आगे वाले हिस्से में बरामदे पर पड़े तख्त पर बैठी थीं। सामने के छोटे से आँगन में एक किनारे बेला के दो-तीन पौधे लगे थे। सुनन्दा ने कप की बची चाय को पौधे के नीचे मिट्टी में फेंक दिया। मौसी एकदम बिचक पड़ीं...

"राधे राधे। ये क्या करती हो। तुम्हारे मुँह पर कोई जूठा यों फेंके तो? ये पौधे हमारी तरह ही हैं...सब सुनते समझते हैं! वे हमारी भाषा में बोल नहीं सकते तो क्या हुआ!"

सुनन्दा ने देखा कि आत्मीयता जो मौसी के व्यक्तिगत जीवन में अवरुद्ध हुई थी, वह फूटकर कितनी-कितनी दिशाओं में बह निकली है...जिस तरह वे दूसरों के दुःखों में शामिल हो जाती हैं, सड़क की गाय या कुत्ते को खिलाती हैं, हर पड़ोसी को 'राधे' कहकर बुलाती हैं, पौधे-पक्षियों के भी मान-अपमान का विचार रखती हैं। उनका संसार खासा बड़ा था। मोहल्ले-पड़ोस के दुःख-दर्द में वे शामिल थीं, कितने परिवारों का हिस्सा बन गयी थीं। फिर भी अकेली तो थीं...क्या पता अकेलेपन को भरने के लिए ही मौसी ने उस तरह अपने को ढाल लिया था।

"मौसी! अकेलापन नहीं लगता आपको?"

"अकेले रहने के अलावा दूसरा कुछ जाना ही नहीं। अब तो यहाँ अधिक शोरगुल होने लगता है तो खलता है। एकान्त ही अच्छा लगता है।"

"व्यस्त भी खूब रहती हैं आप तो!"

"हाँ सवेरे चार बजे उठे, नहा-धोकर ठाकुर जी की पूजा की तैयारी...मंगला अभिषेक आदि में लग गये...फिर एक घंटा माला जाप। उसके बाद ही चाय पीना, बोलना भी पहले नहीं। भोग लगाने के बाद, बाहर किसी को कुछ खिलाकर ही मुँह में कुछ अन्न डालना। फिर थोड़ा रसोई में लग गये। पेट कहाँ छोड़ता है आपको। खा-पीकर काम उठाया—भगवान की पोशाकें बनाने का काम, आसनी बनाने का काम जो भी हाथ में रहा। करते-करते थक गये तो यहीं पृथ्वी पर लुढ़क कर थोड़ा झँप लिये। शाम को कहीं बाहर निकल गये और वहीं के वहीं राधावल्लभ जू की आरती हो आये। शाम को मैं खाना नहीं बनाती...एक प्राणी के लिए क्या बवाल पालना। सवेरे की ही दो रोटी मुँह में डाल लीं। रात आठ बजे लगभग फिर राधावल्लभ जू के पास...कीर्तन-भजन दस बजे तक चलता है वहीं। मेहमान जब

आते हैं तो मुश्किल होती है। उनके लिए इसी में से समय निकालना, रात को उनके खाने-पीने का इन्तजाम करना। कभी-कभी तो बाजार से कचौड़ी और दही मँगाकर काम चला लेती हूँ, पर तब मन को क्लेश होने लगता है कि अतिथि देव की ठीक से पूजा नहीं हुई। कोई तुम्हारे जैसे समझदार अपने आप ही बाहर खा आते हैं।"

सीधी-सादी दिनचर्या। हर तरह से अपने आप पर निर्भर! कह सकते हैं कि यहाँ पूजा-पाठ का अंश थोड़ा अधिक है, कमाई-धर्मा का कम, पर धन अर्जन जितनी मौसी को जरूरत है, उसे वहीं पर रोक दिया गया है—यह महत्त्वपूर्ण बात है। संग्रह या लालच मौसी को नहीं घसीटते। फिर इस दिनचर्या में कुछ चीजें बड़े स्वाभाविक ढंग से पिरोयी हुई हैं जैसे जाप के बाद ही मौन तोड़ना, ईश्वर का प्रसाद ही सबसे पहले लेना, किसी को खिलाकर ही कुछ खाना, सभी में ईश्वर का अंश देखना, अपने जीव को एक बड़े संसार से जोड़कर चलना। मौसी ने यह दिनचर्या यहाँ किसी से ग्रहण की होगी और इनमें से कई बातों का महत्त्व वे स्वयं न जानती रही होंगी, पर धीरे-धीरे वे जानने लगी हैं। हो सकता है अपने लिए एक संसार रचने की जरूरत ने उन्हें ये सब विश्वास पालने को मजबूर भी किया हो, थोड़ा-बहुत। पहले कुछ भी रहा हो, अब इस उम्र में पहुँचकर मौसी सोचने-समझने का भी आभास देती हैं। यह नहीं लगता कि वे बहुत पढ़ी-लिखी नहीं हैं।

"मौसी! एक बात बताओ। पूरी तरह उजड़ने के बाद जीने की कौन-सी इच्छा बच रहती हैं कि आदमी अपना सिलसिला नयी तरह से, किसी नये ढंग से जमाने लगता है।"

"इच्छा तो क्या रहती है पर जीना तो है ही, इसलिए सब करना पड़ता है। सच कहूँ तो तेरे मौसा के जाने के बाद फिर जीने से लगाव कभी पैदा नहीं हो पाया, आज भी नहीं है। लगाव तो आदमी ही पैदा करते हैं, माया में ही लगाव है। अपने लिए जो एक उदासीनता घर कर गयी सो बनी हुई है...फिर भी मद्धिम गति से जीते चलते हैं। शायद यही वैराग्य है, अपने से भी अनासक्त हुए जीवन कर्म करते चलना।"

"सिर्फ इसीलिए कि हम अपने आपको मार नहीं सकते?"

"हाँ, थोड़ा-बहुत वह भी...पर ज्यादा यह कि जीने का एक ढंग यह भी तो है। इसके गुण अलग हैं। शान्ति इसका मुख्य गुण है...जबकि पहले वाले का 'राग'।"

"ढलती उम्र के लिए तो यह ठीक है, पर..."

'उम्र से जीवन के ढंगों का तालमेल हो सकता है, लेकिन आवश्यकता भी तो कोई चीज होती है। मुझे शुरू में ही वैराग्य की जरूरत पड़ गयी।"

"बस...यहीं तो मुझे बौखलाहट छूट आती है भगवान के लिए, कि समय से पहले ही उसने तुम्हें वैराग्य ओढ़ने को विवश किया।"

"उस समय मैं भी तुम्हारी तरह सोचती थी, कोसती थी अपने भाग्य को, ईश्वर को...लेकिन आज दिखता है कि ऐसा हम सिर्फ इसलिए करते हैं कि कहीं जीवन भोगना, उसके सुख लेना...ये हमारी नजर में कोई मिठाई है जिससे हमें वंचित रखा गया तो लगता है हम पर ज्यादती की गयी।"

"पर ये ही तो वे अनुभव हैं जो हमें जीवित होने का अहसास कराते हैं। आदमी पैदा हुआ है तो जीवित महसूस भी तो करे!"

"पैदा कौन करता है...तो वही तो तय करेगा कि जीवित होने जैसा किस अनुभव से लगेगा तुम्हें..."

आगे जाने की जरूरत नहीं थी। सुनन्दा ने देखा है कि यह वह दीवार है जिस पर आगे-पीछे सब आकर सिर टिका लेते हैं और सो जाते हैं, चाहे वह उसकी माँ हों, रमा जीजी हों या कि मौसी हों। माँ के यहाँ विशुद्ध अन्धविश्वास था—कुछ सोचना नहीं, ईश्वर की आलोचना सुनना ही नहीं। रमा जीजी उसी अन्धविश्वास को बनाये रखने के लिए जीवन में अच्छा देख लेती हैं, अच्छा देखने की कोशिश करती हैं, ज्यादातर। मौसी को वृन्दावन में रहने का फायदा मिला है—तो वे सुने-सुनाये ज्ञान से अपने अन्धविश्वास को पुख्ता करता चलती हैं। यह न करें तो उनका जीवन उनकी अपनी नजरों से कुछ भी तो न हो। ऐसा कौन चाहेगा! सुनन्दा को पहले इन लोगों के साथ चलना अच्छा लगता है, लगता है कि नया कुछ देख रही है वह, कुछ सोचना भी हो रहा है...खुलकर सोचना...पर चलते-चलते वे ऐसी जगह आ निकलेंगे जहाँ फिर यही होगा—ईश्वर पर यह अंधी प्रतीति, अन्धानुभक्ति। जिसमें यह आ गयी, वे ही उस सोच में रम सकते हैं। सुनन्दा में नहीं आयी, इसलिए वह नहीं रम सकती।

सुनन्दा यह विश्वास पैदा नहीं कर सकती तो क्या करे। क्या और कुछ नहीं कर सकती। एक दुनिया नष्ट हुई तो दूसरी बना ले, दूसरा विवाह! फिर से बच्चे ...हाँ, वह भी क्यों नहीं, लेकिन क्या है कि आदमी की तरफ देखने की इच्छा ही जैसे मर गयी है। भीतर कुछ हो तभी तो नयी दुनिया बनाना, उसमें कूदना स्वाभाविक होगा...वरना यह भी क्या अपने दुःख से भागकर उसी तरह कहीं छिप जाना नहीं है, जैसे यहाँ यात्रा में आकर चलने लगना या कि मौसी जैसों का ईश्वर में डूब जाना?

रत्ना देखती थी कि एक दुबली पतली स्त्री, गीली धोती में लिपटी अपने छोटे-छोटे डगों से करीब-करीब दौड़ती हुई यात्रा के कहीं प्रस्थान से ठीक पहले पहुँचती है और यात्रा में सीधा शामिल हो जाती है। गर्दन पर लटका छोटा-सा थैला, सामने पाटी जैसी पतली छाती पर झूलता हुआ। हाथ में माला का थैला...निरन्तर जाप।

वह पाल की तरफ से न आकर एक दम दूसरी दिशा से आती है। पहले रत्ना ने सोचा था कि बाहर की कोई स्त्री है और उसके साथ स्थानों को देखने का सुख लूटने के लिए चोरी से यात्रा में घुस आती है...लेकिन भाँडीर वन से जिस दिन लौटे तो रत्ना ने आँखों-आँखों पीछा किया। स्त्री यात्रा में ही है और बी. 10 से 14 के बीच कहीं उसका पाल है।

आज यात्रा कहीं नहीं जानी थी...तो सभी पालों में निश्चिन्तता का वातावरण था। लोग आराम से उठेंगे, आराम से निकलेंगे। कुछ शायद वृन्दावन कस्बे में इधर-उधर घूमने जाएँ, कुछ शायद कहीं जाएँ भी नहीं। रत्ना आदतन रोज के समय पर जाग गई थी, पाल के बाहर निकली देखा आज भी वही कृशकाया स्त्री वैसे ही छोटे-छोटे डगों में भागती चली आ रही है। रत्ना थोड़ा आगे बढ़ आयी।

"माँ जी, कहीं स्नान करने जाती हैं क्या सुबह-सुबह?"

वे माला जप रही थीं, इशारे से बताया कि बोल नहीं सकतीं अभी। अपनी रफ्तार में रत्ना के पाल से चार-छः कदम आगे भी निकल गयी कि तभी मुड़ीं और इशारे से रत्ना को पीछे-पीछे आने के लिए कहा। वे समझ गयी थीं कि रत्ना उनसे बात करना चाहती है।

अपने पाल में पहुँचकर फिर इशारे से उन्होंने रत्ना को भीतर जाने को कहा और स्टोव और दियासलाई दिखा दी; इशारे से ही दो के लिए चाय का पानी चढ़ाने को कह दिया। धोती बदली और फिर रत्ना की ओर पीठ करके एक किनारे बैठकर पूजा करने लगीं। उन्होंने अपने थैले से तश्तरी पर सुन्दर-सी मखमली बिछौने पर रखे ठाकुर जी को निकाला, उन्हें किनारे एक छोटा-सा काठ का जो मन्दिर रखा था, वहाँ पधरवाया...अगरबत्ती जलाई भोगादि लगाकर अपनी पूजा समाप्त की।

चार-पाँच इलायची दानों का प्रसाद...थोड़ा स्वयं मुख में डाला, थोड़ा रत्ना को दिया और जैसे तैयार होकर इधर को मुड़ीं। इस बीच चाय का पानी खौल गया था।

"आओ बहना...अब तुम इधर बैठो।" उन्होंने रत्ना के लिए अलग आसनी बिछा दी।

"मैं बना देती हूँ न चाय?" रत्ना ने प्रतिवाद किया।

"तुमने नहाया नहीं होगा।" बहुत ही नम्रता और मिठास से उन्होंने कहा। रत्ना अलग हटकर अपनी आसनी पर बैठ गयी।

"माफ करना बहना, हम ठाकुर का प्रसाद मुँह में डाले बिना न बोलते हैं, न कुछ खाते हैं...सो अब बताओ।"

"माँ जी! मैं पूछना चाहती थी कि आप सवेरे-सवेरे कहाँ जाती हैं नहाने?"

"हम कहाँ जा सकते हैं....ये शरीर इस लायक कहाँ रहा। पर ये कहते हैं कि जब तक वृन्दावन में हो, मुझे नित्य कालिन्दी स्नान कराया करो। अब जिद्द है।"

रत्ना समझी नहीं...पाल में इधर-उधर देखने लगी कि वे किसके लिए कह रही हैं...

"ये जो इधर मन्दिर में बिराजे हैं महाराज। यात्रा में तो मैं हर साल आती थी। और अपने नगर के ही एक मन्दिर में ठाकुर को सौंप आती थी, वहीं विधि-विधान से सेवा होती रहे। पर इस बार बोले मैं भी चलूँगा...यहाँ रहते-रहते ऊब गया हूँ ...मुझे जमुना-तट और करील के कुंज याद आ रहे हैं, मुझे मेरा प्रदेश घुमा लाओ। सो क्या करें। यहाँ वृन्दावन पहुँचे तो बोले मुझे रोज कालिन्दी में स्नान कराना। अब शरीर तो नहीं झेल पाता, पर जो कहता है वही झिलायेगा भी।"

उन्होंने चाय बनाकर एक प्याला रत्ना की तरफ सरका दिया। स्टोव पर पानी-भरा दूसरा भगौना चढ़ा दिया और उसमें एक मुट्ठी चावल-दाल बीनकर खिचड़ी पकने के लिए चढ़ा दी।

"अकेली हैं?"

"मेरे लड़कों के पिता आये थे, कल ही लौट गये। कुछ काम-वाम होगा। मुझे स्नेह से ब्राह्मणी कहते हैं।"

रत्ना ने देखा कि उनमें पति से लौट जाने को लेकर दूर-दूर तक कोई शिकायत नहीं, न कोई कड़वाहट। पति के स्मरण में प्रेम ही प्रेम। ऐसी सौम्यता और मधुरता चेहरे पर।

"कुछ दिनों और रह लेते...बस, यहाँ के बाद गोकुल और फिर सम्पन्न ही है यात्रा।"

"हाँ..." और वे हँस दीं।

रत्ना को याद आया कि वह नरेन्द्र के जाने के विचार पर ही कितना झगड़ पड़ती है। अगर वह सचमुच चला जाए तो एक तो यह यात्रा में रहे ही न, रहे तो एकदम भिन्नाती, भनभनाती हुई।

"आप उन्हें कसती नहीं?"

"अब कसना, ढीला छोड़ना...क्या करना...यह तो सब उनका ठाकुर जाने। न मैंने आने को कहा, न जाने को।"

"वे मानते हैं भगवान को?"

"मुझे मालूम नहीं बहना।"

"मुझे मालूम नहीं" वे ऐसे थोड़ा लम्बा-सा खींचते हुए मीठे-मीठे कहती थीं कि निष्कपटता भीतर से बाहर तक झलक जाती। न वह अतिरिक्त और बनावटी नम्रता दिखती और न ही उस में दीनता का कोई स्वर बजता होता। बस, उस छोर से उस छोर तक फैली मिठास...मिठास की धारा।

"आप तो उनसे एकदम अलग-अलग जैसी रहती हैं!"

वे हँस दीं। उम्र में वे बड़ी जरूर थीं पर इतनी नहीं कि...रत्ना को वे बहना

कहकर सम्बोधित कर रही थीं, फिर यह ऐसे हँसना जैसे कोई बच्चे की नादानी पर हँस रहा हो।

"नदी में बहते दो तिनके आ मिले। थोड़ी देर को जुड़े-जुड़े से बहते हैं, फिर अलग। ये पति-पत्नी...इसे बहुत कैसे लगाया जाय।"

"कहने के लिए यह सब ठीक है पर विवाह हुआ है, हम एक-दूसरे के इस जीवन के हिस्सेदार हैं ही। तो मैं तो अपने पति का सब-कुछ जानूँगी, उसमें दखल भी दूँगी। ठीक है, कुछ दिनों के लिए ही सही, यह यात्रा पर मैं तो इसे पूरी तरह जिऊँगी। अब इन आदमियों को अक्ल है कोई! मेरे श्रीमान तो जब से आये, तभी से जाने की रट लगाए हुए हैं। अपना अच्छा-बुरा समझते हैं कुछ ये?"

वे सुनती रहीं, मुस्कान मुँह में भीतर-भीतर लिसिर-लिसिर करती और चाय के घूँटों के साथ वे उसे चाटती हुईं। ऐसा लगा कि वे चाहे जितना सुन सकती थीं। रत्ना का उफान जब शान्त हो गया...तब भी फौरन वे कुछ न बोलीं। उसे जैसे वातावरण से बह जाने दिया और बहुत ही धीमे से कहा—"पर थोड़ी स्वतन्त्रता दे दिया करो बेचारे को।" और फच्च से हँस दीं। पीछे ऐसी निष्कलुषता ऐसी निश्छलता...कि बात उधर से हँसी में की गयी थी, एक तरह से, पर रत्ना के अन्तस् में उतरती चली गयी। उसके पक्ष में फिर दलीलें भी अपने आप रत्ना के भीतर उठनें लगीं—प्रवृत्ति तो अलग-अलग होती ही हैं दो प्राणियों की, फिर उसे खींचकर एक बनाने की कोशिश, सिर्फ इसलिए कि तुम पति-पत्नी हो। यह कहाँ तक जायज और कारगर होगा। वैवाहिक जीवन भी सम्भवतः ज्यादा अच्छा हो अगर दोनों थोड़ा-थोड़ा एक-दूसरे को छोड़ दें, छोड़ते रहें। जो काम जिसको बहुत प्रिय हो, वह उसे करने दिया जाय तो परस्पर प्रेम भी बढ़ेगा।

"पति को छोड़िये...आपको पूरे जीवन में किसी से कोई शिकायत नहीं हुई कभी?" रत्ना ने पूछा।

उन्होंने सिर हिला दिया।

"आप इतनी पूजा-पाठ शुरू से ही करती थीं क्या?"

"पूजा-पाठ मुझे आता नहीं बहन...जेसा ठाकुर कहता है वैसा करती रहती हूँ। सही-गलत वह जाने।"

"और यह कब से?"

"याद नहीं..."

फिर वही मिठास-भरी मुस्कान, जिसमें सब कुछ खप जाता था—प्रश्न, शंकाएँ, शिकायतें, राग-द्वेष...सब कुछ। खप कर जाने कहाँ बह जाता था। पीछे छूट जाती थी सिर्फ मुस्कान...वह भी नहीं, मुस्कान में निहित मधुरता...उस दुबले-पतले, पीले, बीमार से दिखते चेहरे पर। नम्रता कैसी निश्छल, कैसी स्वाभाविक।

"आपके पति क्या करते हैं?"

"लड़के के साथ व्यापार देखते हैं...पर बहुत पढ़े-लिखे हैं। जितनी मैं मूरख, उतने ही वे पढ़े-लिखे।" और वे फिर हँस दीं।

"ऐसे थे तो निभना वाकई मुश्किल होता है।"

"हमारी तो बढ़िया गई...बढ़िया जा रही है।" उनकी आँखों में चमक थी।

असल में अपने में इतनी भरी-भरी पूरी है ब्राह्मणी कि उसे कहीं कोई कमी, कोई अधूरापन नहीं दीखता। किसी से कुछ चाहिए ही नहीं उसे कि निराशा या कड़वाहट की कोई गुंजाइश हो। नरेन्द्र भी कहता है कि रत्ना को अपना सोचना चाहिए। कहीं यह रत्ना के अपने अधूरेपन के कारण तो नहीं है कि वह नरेन्द्र के लिए इतनी चिन्तित रहती है। रत्ना ने यह भी गौर किया के ब्राह्मणी ने अपनी तरफ से रत्ना, उसके पति या परिवार के बारे में कुछ भी नहीं पूछा था...और फिर भी यह नहीं कहा जा सकता था कि वे उस तरफ से उदासीन थीं। रत्ना जो भी बताती, उसमें पूरी दिलचस्पी पर अतिरिक्त जानने को लेश-मात्र उत्सुकता नहीं... किसी के जीवन में मात्र उतनी ही दखल जितना दूसरा चाहता है।

"आप हर साल आती हैं यात्रा में, ऊब नहीं जातीं?"

"प्रभु की भूमि में ऊब? यहाँ तो रस बरसता है। चारों तरफ आनन्द है...इतने लोग लूटते हैं।"

"लोगों की वजह से परेशानी भी तो होती है...तरह-तरह के लोग, उनके तरह-तरह के व्यवहार। कोई-कोई तो देखते ही नहीं कि किसी को क्या तकलीफ हो रही है, कोई जानबूझ कर तकलीफ देते हैं।"

"वे कुछ नहीं करते बहना...प्रभु कराते हैं उनसे। वे बेचारे तो जानते तक नहीं!"

"बुरा भी?"

"अच्छा-बुरा क्या..."

और वे हथेली को हवा में चकरी-सी घुमाने लगीं, जैसे कह रही हों—सब मिल मिलाकर एक हो जाता है।

स्टोव का ढकना खनखना रहा था। खिचड़ी का हल्दिया पानी कभी-कभी ऊपर आकर बहने लगता, वे साड़ी के छोर से ढकने को थोड़ा अपनी तरफ खींच लेतीं।

रत्ना ने चाय खत्म कर ली थी। और उसी के साथ लगा जैसे उठना चाहिए। ब्राह्मणी तो अपने आप यह कहेंगी नहीं...शायद ही किसी से कहती हों। सो वह उठ गयी।

"माँ जी चलूँगी...आप आइए कभी हमारे पाल में। पति हैं, बच्चे भी हैं।"

उन्हें रत्ना के परिवार के बारे में जानकर अच्छा लगा। 'आज तो बहना... हुकुम हुआ है कि बाँकेबिहारी, राधावल्लभ और राधारमण, तीनों स्थान ले चलो,

फिर वहाँ से निधिवन और सेवाकुंज..."

"जहाँ चीर-हरण किया था वहाँ के लिए नहीं कहते ठाकुर?" रत्ना ने थोड़ा शरारत से पूछा।

"और रोज स्नान करने कहाँ जाते हैं?"

वे भी उतनी मधुरता से बोलीं और दोनों हँस दीं। फिर वे उठकर रत्ना को पाल के बाहर भेजने आयीं।

न तो मंजुला बैन को ले जाने के लिए ही कोई आया, न ही तार का जवाब। यों कोई मुश्किल नहीं थी, राधे ने कई बार कहा भी था कि वह दो टिकट निकलवा लेता है—वैन को कोई अकेले तो जाना नहीं है...पर बैन ही बार-बार मना कर देतीं। वे कुछ कहती नहीं थीं। बस, वृन्दावन से चिपकी हुई थीं, उनका मन लग रहा था, या कि...। राधे उनमें एक परिवर्तन जरूर साफ देख रहा था...चेहरा कुछ ढीला-सा हो आया था, जैसे कोई दीनता-सी भीतर से उबल-उबलकर आती हो और चेहरे के पैनेपन पर लिपट-लिपट जाती हो।

इस बीच गंगाधर महाराज यात्रा के बीच समय निकालकर दो बार हो गये थे। बैन से बातें कम हुई थीं। यों भी महाराज को बैठकर बतियाने के बजाय काम करते रहना ज्यादा भाता है। जो एक-दो घंटे वे ठहरे, उसमें डॉक्टर से बातचीत, दूसरे इन्तजाम वगैरह...इसी सब में समय निकल गया था।

बैन थोड़ा दीन महसूस जरूर कर रही थीं। यह उपेक्षा नहीं, अपमान था कि तार में बीमार लिखने के बाद भी घर में किसी के सर पर जूँ भी नहीं रेंगी। यह भी हो सकता है कि तार पड़ा हो ऐसे ही...किसी को फुर्सत नहीं। बड़े घर की बड़ी बातें! रणछोड़ भाई बम्बई होगा ही नहीं, बाकी किसे याद मंजुला बैन कहाँ को गयी थीं। तार देखा भी होगा तो रतन सोचता होगा जतन जाने, जतन सोचता होगा रतन देखेगा ही...या क्या पता किसी बहू ने देखा और फाड़ डाला हो। मंजुला बैन को लगता जैसे घर के सब के सब की चाहना यही थी कि बुढ़िया किसी तरह हिल-हिल कर निकली है तो वहीं मर जाने दिया जाए...एकबारगी छुट्टी। वे इतनी फालतू हो गयीं? लौटकर फिर वहीं जाना जहाँ सब तुम्हारी मृत्यु के इच्छुक हों? इसलिए राधे का मथुरा जाकर रिजर्वेशन कराने को वे टालती रहीं। धर्मशाला में आराम हैं। सवेरे बाँकेबिहारी के दर्शन कर आयीं, शाम को राधावल्लभ की आरती के साथ वहीं भजन-कीर्तन में बैठ गये। दिन कट गया। इसी बीच यात्रा के कार्यक्रम वाला लाल पन्ना वे बार-बार उठाकर देखतीं। शायद हिसाब लगा रही थीं कि यात्रा किस दिन वृन्दावन पहुँचेगी। पहले दिन उन्होंने इन्तजार किया, गंगाधर नहीं आये तो बुलाने के लिए राधे को भेज दिया।

गंगाधार महाराज आश्चर्य में पड़ गये। अब तक भी बम्बई से कोई खबर नहीं! बैन की मनोदशा की कल्पना वे कर सकते थे! इस जैसी अभिमानी औरत कितना आहत महसूस कर रही होगी। वे चिन्तित हो उठे, थैला लटकाया और फौरन राधे के साथ चल दिये। पहुँचते ही सबसे पहले थैले से दलिया का पैकेट निकालकर बैन को थमाया। हर बार ही लाते रहे हैं, कभी राधे को चुपचाप दे दिया, कभी कुर्सी पर रख गये। बैन करोड़पति आदमी की पत्नी–देने के ही नशे में रहती थी, पर लेने का भी सुख होता है–उन्होंने आज जाना। वे महाराज की ओर देखे बिना न रह सकीं–महाराज को कितना ख्याल रहता है। आँखों के कोनों में मुस्कराहट का एक बहुत ही महीन टुकड़ा उग आया, फैलने को हुआ कि तभी आँखें डबडबा आयीं। उन्होंने फौरन आँखें वापस ले लीं और अपनी पुरानी गर्वीली मुद्रा में गर्दन इधर को कर ली। वहीं से राधे को खींचा–"राधे बाज़ार से सामान लेने नहीं गये?"

"डॉक्टर कहता है कि कोई-न-कोई हर समय आपके साथ रहना चाहिए।"

"हैं तो महाराज। ये नहीं जाएँगे। तब तक तुम हो आओ।"

राधे थैला उठाकर चला गया। कमरे में भारी-भरकम खामोशी तैरने लगी।

"तबीयत कैसी है?"

"ठीक है...हम जैसे बेशरम लोगों को पृथ्वी से जल्दी जाने का सुख नहीं मिलता महाराज। आओ, यहाँ बैठो।"

मंजुला बैन ने कुर्सी की तरफ इशारा किया...पहली बार। गंगाधर का अन्दाज सही था–आहत होने के बाद बैन कुछ मानवीय हो आयी थीं। उन्हें बैन से बेहद सहानुभूति होने लगी।

"कैसी चल रहो है यात्रा?"

"ठीक ही है। नन्दगाँव के बाद छोटे-छोटे मुकाम थे। अब एक-एक दिन का ठहरना जम भी न पाओ कि बस उठो और चल दो। यहाँ वृन्दावन में जरूर लग रहा है कि हाँ..."

"हम जैसे भाग्यहीनों को तो देखो कि आये थे किसलिए और रोगी बन किनारे पड़ रहे।"

"किनारे क्यों...वृन्दावन कहो बैन! आप यहाँ पड़े-पड़े तीरथ कमाय रही हैं।"

"तुमको यह जगह अच्छी लगती है?"

"वृन्दावन का क्या कहना बैन–'दुर्लभ सुलभ वास वृन्दावन।'"

"तो क्यों नहीं बस जाते यहीं?"

गंगाधर महाराज जैसे कहीं हिलग कर रह गये, कभी सोचा ही नहीं यह, जबकि हर साल यात्रा में आते हैं। बैन ने यों ही बात-बात में कह दिया या कि उसके पीछे कुछ था?

"कुछ कहा नहीं तुमने?" मंजुला बैन गंगाधर की तरफ कुछ घूर कर देखने लगी थी, जैसे उस प्रश्न का उत्तर उनके लिए हर हाल में जरूरी था।

"कहाँ सम्भव है ई। हमारा खेती-बैल कौन देखेगा। यही अच्छा है बैन कि साल में एक बार आये, यात्रा के इस संसार में थोड़ा तैर-उतराये, फिर अपने कोल्हू में जा लगे।"

"तुम तो अकेले हो, स्वतन्त्र हो। कोल्हू में फिर से जा जुतने की क्या जरूरत!"

"एक कोल्हू भी चाहिए, जहाँ आदमी बार-बार लौट सके। सिरिफ स्वतन्त्र होने से काम बनता नहीं। हर साल पैंतालीस दिनों की इस यात्रा में पैसे भरने के लिए कमाना भी तो है।"

"कितने सालों से ऐसे अकेले रह रहे हो?"

"अब ई तो याद नहीं रहा, पै लगता है—शुरुअई से ऐसन—आगे नाथ न पीछे पगहा है। अपनी माँ के इकलौते लड़के रहे हम। बाप बचपन में ही गुजर गये थे। माँ के मन में बड़ी साध थी कि बेटा का ब्याह जल्दी हो, वंश चले। उन्नीस साल के नहीं रहे तबहिन ब्याह हो गया। बहुत सुन्दर लाजवन्ती रही हमार मेहरारू... चार के बीच खड़ी हो जाये तो अलग दिखे, अँधेरे में चन्द्रमा की फाँक-सी...हमको तो जैसे पलंग के पाये से बाँध लिया रहा। ब्याह के एक साल के बाद ही लड़का जन्मने में माँ-बेटा दोनों चले गये। सुकुमार रही, उम्र भी विशेष नहीं। झेल न पायी बेचारी। हम जी खोलकर रोय भी न पाये, काहे से उहाँ वह गई जहाँ महतारी हमारी घुग्घ...रोना ही न निकले। बहुत साध थी पोता का मुँह देखे की, सो ऐसा सदमा लगा कि...महतारी की तबीयत सँभालने में हम लग गये पर बचा न सके...एक महीने के भीतर वह भी चल बसी...सब स्वाहा!"

माँ का जिक्र आते ही महाराज अपने को न सँभाल सके, आँखों में गमछा रख लिया और फफक-फफक कर रोने लगे। कहाँ हाथ धर दिया इस मंजुला बैन ने, वे तो जहाँ तक हो भूले रहते हैं।

"एक ही चीज पै हियरा लगाने से हमारी महतारी जैसा हाल ही होगा। हम पर तो कहर टूट पड़ा। दो महीने के भीतर-भीतर सब कुछ झक्क...मन ऐसा उचटा, ऐसा उचटा कि फिर घर तो घर, गाँव की तरफ भी मुड़कर न देखा। बस, खेत-खलिहान में पड़े रहो, जब ईश्वर की इच्छा ही तुम्हें वनवासी रखने की है तो...

चचरे भाई के लड़के-बच्चे हैं। फिर साल में एक बार यात्रा...यहाँ और लम्बा-चौड़ा घर-संसार है। कुछ दिनों के लिए मेला लग जाता है। पार हो जाएगी जिन्दगी। संसार के रास्ते गुजरना ही तो है तो काहे को माय-मोह पाला जाए!"

"तुम्हें नहीं लगता दूसरा ब्याह कर लेते तो माँ की इच्छा पूरी होती।"

"अब जब वही देखने को न रही तो कौन-सी इच्छा, किसकी इच्छा। ईश्वर की

मर्जी होती तो क्यों वह सब होता..."

बाहर से ऐसा हँसोड़ आदमी और इतना दुःख...मंजुला बैन सोचने लगीं। भीतर-ऐसा कोमल-कोमल लग रहा था जैसे वर्षों से महसूस नहीं किया था। जीवन में माँ-बाप के बाद अपनत्व थोड़ा-सा कहीं मिला तो इस आदमी से। उन्होंने कितना कड़ुवा-कड़ुवा बोला फिर भी यह आता रहा उनकी बीमारी को लेकर बराबर चिन्तित। कैसी विचित्र माया है ईश्वर की कि घर के सगों को कोई चिन्ता नहीं और कहाँ का यह राधे, जो उसके लिए मर-खप रहा है। कहाँ के गंगाधर और कहाँ की मंजुला बैन...अलग-अलग दिशाओं से आती दो नदियों की तरह आ मिले और...

मंजुला बैन ने वहीं रोक दिया खुद को, संगम के बाद नदी की जो तस्वीर बन रही थी, उसे काट दिया। एक उम्र के बाद बहुत चीजें सिर्फ हास्यास्पद लगती हैं।

"सुनो गंगाधर, मैंने तुम्हें विशेष प्रयोजन से बुलाया है। अब तुमसे क्या छिपाया जाय...मैं उस घर वापस नहीं जाना चाहती, जहाँ मेरी इतनी पूछ नहीं कि तार भी दो और वहाँ पत्ता भी न खड़के। तुम मेरा यहीं कुछ इन्तजाम करा दो।"

"क्या इस धर्मशाला में? कितने दिनों के लिए?"

"हमेशा के लिए। यहाँ हो जाए तो यहीं, वरना जहाँ तुम ठीक समझो।"

गंगाधर पर पूरी तरह बात को छोड़ देना मंजुला बैन को अच्छा लग रहा था।

"रुपयों की चिन्ता नहीं है।" बैन ने आगे कहा—"मेरा अलग खाता है बम्बई में, जहाँ मेरे नाम के शेयरों का पैसा, ब्याज आदि आकर जमा होता रहता है।"

"बैन, आपने शाहजी का मन्दिर यहीं अपने वृन्दावन में देखा होगा। लखनऊ के दो जौहरी भाई थे—कुन्दनलाल, फुन्दनलाल। सब पैसा लगाय दिया रहा इस मन्दिर में और निर्धन होकर रहे। आपन नाम, तस्वीर नीचे जड़वा दी कि भक्तों के पाँव तले कुचले जावैं। ये भक्ति रही। कहते हैं '57 के बागी छिपाये रहे अपने यहाँ। मुकदमा चला, मथुरा में हाजिर होने को कहा गया। बोले कि हम तो वृन्दावन छोड़ कहीं जाते नहीं। सरकार ने धमकी दी—फाँसी हो जावैगी। कहिन कि हमारा वैष्णव धर्म कहता है कि जो शरण माँगे, उसे शरण दो। आपका धर्म है सजा देना। हमने अपना धर्म निभाया, आप अपना निभावैं। बाकी फाँसी हमें वृन्दावन में ही दी जाये और उस समय महामन्त्र का जाप चले—हरे राम, हरे कृष्ण। अब सरकार का समझै ई सब। दोनों भाइयों को पागल करार दे मुकदमा खारिज कर दिया रहा।"

थोड़ी देर दोनों चुप रहे।

"बैन! एक मकान ही क्यों नहीं खरीद लेतीं आप?"

"अभी तो कुछ दूसरी सीख दे रहे थे। ठीक है, मैं शाह भाइयों जितनी बड़ी न सही, पर इतना तो समझ गयी हूँ कि कितने दिनों के लिए माया फैलाना!"

"आप यहाँ अकेली रह लेंगी?"

"राधे है, जितने दिन साथ देगा। ये नहीं रहेगा तों यहीं कोई मिल जाएगा। फिर जान-पहचान भी तो हो जाएगी।"

"इतने वर्षों तक ऐसे-ऐसे आरामों का आदी होने के बाद मुश्किल तो हो जाएगी।"

"देखा जाएगा...पर इस समय तो नया जीवन शुरू करने जैसा लग रहा है। मैं यह रणछोड़भाई का लबादा उतार फेंकना चाहती हूँ अब! राधे को भी वापस भेज दूँगी—वह चाहे तो नौकरी पर रहे, चाहे अपने अलग रास्ते जाय।"

"इतना आसान होता है क्या सेठानी!"

"नहीं है, पर जब तक मैं फलाँ की पत्नी, फलाँ की माँ बनी रहूँगी, तब तक एक साधारण स्त्री की तरह नहीं चल पाऊँगी। यहाँ मन रमता है...फिर हर साल तुम भी तो यहाँ आते रहोगे!"

गंगाधर महाराज थोड़ा झेंप आये। मंजुला बैन की आँखें नम चमक में झिल मिल हो रही थीं...क्या बम्बई में बैठे-बैठे हमेशा मरने की राह तकना, क्यों नहीं यहाँ नया जीवन शुरू करना।

"तुम मेरी गृहस्थी जमवा दो। पहले बैंक खाता खोल लेते हैं। बम्बई की मैं अपनी चैक-बुक लायी हूँ।"

मंजुला बैन रुपयों-पैसों का सारा हिसाब गंगाधर को समझाने के लिए कागज पत्तर लाने के लिए उठ गयीं।

वृन्दावन में मन थोड़ा लगा सुनन्दा का। कुछ है यहाँ जो बाँधता है। मौसी के पास रहना अच्छा लगा। ऐसे ही वृन्दावन की गलियों में इधर-उधर भटकती रही। दूध-दही, पूड़ी-मिठाई की दुकानें। कहीं भी बीच गली बैठी पगुराती या कहीं भी इधर-उधर से भीड़ को धकियाती निकलतीं गायें। वृन्दावन के जीवन में ये कैसे एकरस हैं, वैसे ही जैसे मन्दिरों को जाते या मन्दिरों से लौटते हुए लोग। मन्दिरों में कुछ-न-कुछ दिन भर चलता रहता है—कोई-न-कोई पूजा-अर्चना या फिर अगली के लिए तैयारी ही। वृन्दावन की इस भीड़ में कितने वहाँ के हैं, कितने बाहर के? कितने एक दिन को आये हैं, कितने हफ्ता, दस दिनों या महीना भर रहेंगे....कुछ पता नहीं चलता। सब जैसे अनन्त काल से यहीं रह रहे हैं।

एक सुनन्दा भी इधर से उधर हो रही है। वही भूमि जहाँ कभी गोपिकाएँ थीं ...फिर उनके अवतार हरिदास, हित हरिवंशी, चैतन्य आदि हुए...फिर उनके भी शिष्य-दर-शिष्य! क्या पता सुनन्दा भी पूर्वजन्म में यहीं कुछ रही हो! क्या थी? इसी जमीन के इर्द-गिर्द क्यों डोल रही है...पहले यात्रा में आयी, दूसरी बार आयी।

कुछ मिला था तो यहाँ थी, कुछ नहीं है तब भी यहीं। क्या खोजती भटक रही है सुनन्दा। इस बार तो ढूँढ़ने आयी थी किशोर को, पर कभी-कभी लगता है जैसे धीरे-धीरे वह खुद को ही ढूँढ़ने लगी है।

उस क्षण...किशोर की याद आते ही दबी हुई पुरानी कराह उठ बैठी। भीतर ऐसी छटपटाहट लगी कि आँखें छलछला आयीं! कब से किशोर को याद ही नहीं किया...ऐसे ही धीरे-धीरे भूलते जाते हैं हम जाने वाले को। कहाँ हो बेटा तुम... तुम्हारी माँ न तब कुछ कर सकी, न अब कुछ कर पा रही है। तुम्हें कैसे अरक्षित, असहाय छोड़ दिया। नहीं रक्षा कर सकती थी तो माँ बनने क्यों चली थी? जब करना था तब कुछ किया नहीं, अब बेवकूफों-सी मन्दिर-मन्दिर घूम रही है, जैसे कि ये मन्दिर तुम्हें लाकर मेरी गोद में डाल देंगे? नहीं बेटा! सुनन्दा अपने स्वार्थ में इधर से उधर डोल रही है...कि किशोर न हो तो भी कैसे भी जीती रहे वह। अगर सचमुच माँ होती तो तभी प्राण निकल जाना था, जिस क्षण तुम गये...पर देखो वह कैसे मजे से चल-फिर रही है। खूब खाती-पीती है, चलती-फिरती है, हँसती है, साधु-साधुनियों से बहस करती है...

सब कुछ कर रही है, फिर भी ऐसा क्यों लगता है जैसे कुछ नहीं कर रही। सब कुछ ऊपर-ऊपर से बह जाता है। जीने की अनुभूति भी सीधी-सीधी नहीं... जैसे किसी लम्बे स्वप्न के बीच हो वह, सरक रही हो और अपना सरकना भी देख रही हो—रोज सुबह जागना, रात लुढ़क जाना। एक यही अनुभूति होती है इन दिनों। हर चीज गुजर रही है, बीत रही है...सामने का सब कुछ, वह स्वयं भी। कभी-कभी गुजरने की गति काफी तेज, जैसे सपने में हो जाती है। वह सचमुच जीवित है—यह सोचने के लिए काफी जोर देना पड़ता है सुनन्दा को। अपना जीना यथार्थ नहीं लगता।

कौन जाने यही यथार्थ हो—स्वप्न में होने, बीतने की ऐसी प्रतीति...जो अपना कोई बहुत ही प्रिय खोने के बाद होने लगती है, सम्वेदना झनझना कर खड़ी हो जाती है तब। स्वप्न तो वह है जो हम अमूमन जीते हैं, जिसे साधारणतः जीवन कहकर जानते हैं। जो सुनन्दा के साथ अब है—वहाँ जैसे सम्वेदना झनझनाकर स्वप्न की झिल्ली फाड़ डालती है और चीखती है—"यह हो तुम! देखो, कुछ नहीं है। न कोई यथार्थ, न कोई सत्य। सिर्फ बीतना है। यही है जो होता है, जो हो रहा है..."

पहले की स्थिति में लौट जाए या ऐसे कलपती रहे सुनन्दा। मौसी की तरह एकदम निस्सहाय, अन्धी होकर मूर्ति के सामने स्वयं को डाल दे...दुःख से भाग कर ईश्वर में छिपते फिरना, जो दुःख दे रहा है उसी की शरण में जाना। नहीं, सुनन्दा सुनन्दा ही रहेगी...एक व्यक्ति, एक मनुष्य। अपने दुःख को लिये-लिये चलेगी, उसे कहीं उतार फेंक आने की बेताबी नहीं! लेकिन तब यही क्या सुनन्दा की ज्यादती नहीं कि अगर दुःख से उबरने के लिए ईश्वर में विश्वास नहीं तो दुःख

ईश्वर का ही दिया हुआ है—यही मानना क्यों? जिस अपने के बल पर ईश्वर को मानने से इंकार करती है सुनन्दा, उसी अपने के साथ रहने से घबरा भी तो उठती है। इस कलपने में त्रासदी है तो जाकर टस हो बैठने में कौन कम त्रासदी है और सबसे बड़ी त्रासदी यह कि तुम्हारे हाथ में यह भी नहीं है कि तुम यह होओ या वह...

सुनन्दा बिलख उठी। किसे पुकारे वह, किसने देखा है उसे संसार में। ओ... तुम...जो कोई भी...मेरे सृष्टा।...मेरे संसार में आने की प्रेरक शक्ति! क्या यों भटकने के लिए मुझे यहाँ भेजा है...यों अकेले चलना, दिनों-दिन...कब तक, कहाँ के लिए...

भीतर-ही-भीतर बिलखती, टूटती सुनन्दा वृन्दावन के बाजार में बाँके बिहारी की दिशा में चली जा रही थी कि एकाएक एक नेत्र-युगल द्वारा एक तरफ खींच ली गयी। एक छोटी-सी दुकान पर बाहर की तरफ बालगोपाल का एक विग्रह रखा था...न बहुत छोटा, न बहुत बड़ा ही...पर नेत्र विशाल, मुखमुद्रा नटखट। सुनन्दा ने देखा—दूर से, फिर पास से। विचित्र! एकदम किशोर जैसी आँखें? आँखों के नीचे दबी वही चंचलता, हल्की-सी मुस्कराहट। सुनन्दा बार-बार खुद को समझाती कि नहीं, यह प्रतिमा है बाल-मुकुन्द की, लेकिन विग्रह को देखते ही अनायास ही ध्यान नेत्रों पर केन्द्रित हो जाता, फिर प्रतिमा का भान तिरोहित हो जाता। रह जाते केवल नेत्र...अत्यन्त जीवित...किशोर के नेत्र! नहीं, यह वह कैसे कहे। मनोहारी बालप्रभु के नेत्र...सुनन्दा इन्हें ले ले।

कैसी छलना! क्या करेगी सुनन्दा इन्हें ले जाकर। वह न पूजा-पाठ करती है, न करना चाहती है, लेकिन जैसे स विग्रह को छोड़ना दोबारा किशोर को छोड़ देना था। एक-दो बार बलात् मन को सामने किया, सीधे रास्ते चले जाने को। दो-चार कदम आगे बढ़ भी गयी कि फिर वे नेत्र सामने आ गये...जैसे कोई साड़ी पकड़ कर पीछे खींच रहा हो और हठीं बालक की जिद के आगे लाचार माँ की तरह लौटना ही पड़ा सुनन्दा को। बाल-गोपाल को लिये ही, विग्रह के अनुरूप कितनी तरह की पोशाकें, मुकुट, कंठमाला, कुंडल, सिंहासन, पिछवई...और भी न जाने क्या-क्या!

कितनी देर बैठी रही उस दुकान में। सुनन्दा क्या देवस्थान बनाएगी घर में... किस घर में? गुड्डा-गुड़िया की तरह खेलेगी क्या बालगोपाल से, अपनी हताशा को पी जाने के लिए कोई नयी छलना गढ़ेगी?

सुनन्दा ने मौसी को बालमुकुन्द का विग्रह दिखाया तो वे अपनी ही तरह की व्याख्या करने लगीं—"बेटी, तुम समझो कि तुम्हारा किशोर घर से निकल कर वृन्दावन भाग आया और पीछा करते-करते तुम भी यहाँ आ गयी हो...घर से दूर,

खुले में। वह यहाँ की गलियों में लुका-छिपी करता घूम रहा है—अब यहाँ आवाज लगाकर छिप गया, अब उस गली में गाय के पीछे भाग गया, उस दुकान में हँसते-हँसते दही खा रहा है। वह तुम्हारे घर में नहीं है तो हर जगह है, हर क्षण कितनों को अपनी क्रीड़ाओं से मोहित कर रहा है...”

सुनन्दा सिर्फ सुन रही थी। कैसे वह समझ ले कि उसका किशोर उसका न होकर अब सबका हो गया। वह उसे ढूँढ़ ही इसलिए रही है कि उसका है, सिर्फ उसका, कि वह सबकी इस दुनिया में मारा-मारा न फिरे।

“और अगर मैं अपना किशोर इस तरह दान करने से इंकार करूँ, उसे ही पाना चाहूँ?” कुछ तीखे से बोल गयी वह।

मौसी एक फीकी हँसी हँस दी, जैसे सोच रही हों कि कैसी नादान लड़की है—अरे तेरे चाहने न चाहने से क्या होता है। जब है ही नहीं किशोर तो क्या करेगी। बोलीं—“एक काम करो। जब ले ही आयी हो मुकुन्दीलाल को तो पूजा किया करो, सुबह-शाम।”

सुनन्दा कर सकती है, पर नहीं करेगी। लेकिन जो यह विग्रह उठा लायी, इसके पीछे सचमुच क्या प्रेरक भावना यह नहीं थी कि किशोर नहीं है तो वह... आष्टधातु की यह मूर्ति ही...

वह बाल-विग्रह ले आयी क्योंकि मन किया, विग्रह मोहक था...इसलिए नहीं कि पूजा करना है। शायद यह है कि सुनन्दा इस विग्रह को साथ लिये-लिये चलना चाहती है कि लगे उसका किशोर साथ-साथ चल रहा है, यह नहीं कि ईश्वर में उसकी श्रद्धा है। पर क्या किशोर की कमी इस विग्रह से भरना...क्या यही ईश्वर में आस्था की शुरुआत नहीं है?

सुनन्दा फड़फड़ भीतर के आँगन और फिर अपने कमरे में गयी। थोड़ा-सा जो सामान था, उसे झोले में ठूँसा और कुछ ही मिनटों में जाने को तैयार। निकलो... चलो...जहाँ-कहीं ठहरे कि हर व्यक्ति फिर अपने जैसा बनाने का जाल डालने लगता है।

“अच्छा मौसी?”

“जा रही हो बेटी...बसें तो हर आध घंटे में हैं पर तुम रमण-रेती वाली में बैठना। रमणरेती देखना न भूलना...वहीं से गोकुल के लिए जब चाहो बस मिल जाएगी।”

“आपको बहुत तकलीफ दी!”

“तकलीफ? मैंने किया ही क्या। यहाँ रहना...तो बेटी यह आश्रम भगवान ने बनाया ही इसीलिए है, जब चाहे जाओ रहो। चाहो तो हमेशा ही बने रहो।”

सुनन्दा ने कुछ नहीं कहा, मन इस तरह के जीवन से इंकार करता था। क्या किया मौसी ने पृथ्वी में [illegible]कर—काट ली किसी-किसी तरह, समय निकाल डाला,

और क्या? पूजा-पाठ में डाल दिया खुद को तो कर्मशीलता जाती रही, जो उनके हिस्से का संघर्ष हो सकता था उससे किनारा करती रहीं। सुनन्दा के लिए यह नहीं। यह क्या कि जीवन के आरम्भ से ही करीब-करीब निष्क्रिय होकर आ पड़े, शुरू से ही बुढ़ापा ओढ़ लिया, सिर्फ इसलिए कि पति चला गया, या कि...

यह सब मौसी के लिए ठीक है! मौसी को नमस्कार...नमस्कार या कि अन्तिम गहरी-गहरी निगाह। अभी देख लो जितना चाहो, फिर मिलना नहीं होगा। जब उसे फिर कभी इधर आने का मौका मिलेगा, मौसी ब्रजरज में मिल चुकी होंगी। कहानी खत्म! कोई जिक्र करने वाला भी शायद न हो और यह आश्रम...?

क्यों सुनन्दा को इन दिनों हर व्यक्ति से विदा लेते समय ऐसा लगा करता है जैसे बस, अन्तिम बार मिल रहे हैं। बच्चा समुद्र की रेत में कैसे दत्तचित होकर घर बनाता है...अब ढो-ढोकर पानी ला रहा है, अब उस घर पर पताका लगा रहा है, इधर से यह दरवाजा, वह रास्ता उधर से...कि माँ-बाप की आज्ञा हुई—चलो... तब कैसे वह अपनी बनायी उस दुनिया को आखिरी नजर से देखता है...

ईश्वर तो यह भी समय नहीं देता हमें।

रमण रेती चौहटा। टीले पर रसखान और अलीखाने की छतरियाँ और कुछ दूर यमुना-तट पर ताज बेगम की समाधि। यहाँ कब्र नहीं कहते। रसखान की समाधि हिन्दू-मुस्लिम दोनों शैलियों में बनी हुई है। रसखान कैसे ब्रजभूमि के दीवाने थे—अगले जन्म में मनुष्य हों, पशु हों,...कुछ हों तो यहीं। ब्रज की कँटीली डालों पर कोटिक महल न्योछावर करने वाले रसखान और ताज बेगम...क्या मर्दानगी तेवर था उनकी दीवानगी का—

“नन्द के फरजन्द
कुरबान ताड़ी सूरत पर
तेरे नाल प्यारे
हिन्दुस्तानी बन रहूँगी मैं...”

यह महावन का ही हिस्सा है। गोल-गोल घने-घने वृक्ष...उनके नीचे साधुओं की कैसी सुन्दर छोटी-छोटी कुटियाँ बनी हुई हैं। कुटियों के बीचोबीच श्री राधारमण और महादेव जी के मन्दिर। एक साधु महाराज सुनन्रा को कथा सुनाने लगे—“श्री वल्लभाचार्य जी को भी यह पता नहीं था कि यमुना जी की इस विशाल रेतिया में रमण-रेती कहाँ है। एक दिन जब श्री गोकुलनाथ जी के मन्दिर में उत्थापन का समय हुआ तो कुछ बालक बाहर से दौड़ते हुए आये और बोले—अरे! हमारा सखा कृष्ण हमारे संग खेलता-खेलता मन्दिर में घुस गया है। महाप्रभु जी ने पूछा—गेंद किस रंग की थी? बालकों ने बताया—पंचरंगी। उस दिन महाप्रभु ने स्वयं ही

उत्थापन कराया था और सेवा में कोई गेंद नहीं रखी थी। जाकर देखा तो प्रभु के पास पंचरंगी गेंद रखी थी। उन्होंने बालकों को प्रसाद दिया और पूछा कि लाला तुम कहाँ खेल रहे थे, मुझे ले चलो वहाँ...बालक वल्लभाचार्य जी को इसी स्थान पर ले आये। इस भूमि के दर्शन करते ही महाप्रभु वल्लभाचार्य जी ने अपना उपरना फेंका, गद्गद और भावविह्वल हो भगवान का संकीर्तन करते हुए वे इस रज में लोटने लगे। तब से यह भूमि रमण-रेती कहाती है..."

सुनन्दा को रोमांच हो आया, छलछलाहट आँखों के कगार पर आ पहुँची। थोड़ी दूर पर कुछ बालक खेल रहे हैं...इन्हीं में उसका किशोर है...खिलखिलाता इधर से उधर दौड़ लगाता, गोपों के संग...वह पंचरंगी गेंद...

जैसे स्वप्न में चल रही सुनन्दा आवाज लगाने को हुई कि तभी वह सब बह गया। सिर्फ रमण-रेती थी। कुछ तीर्थयात्री ब्रजरज में लोट लगा-लगाकर आनन्दित हो रहे थे, रेती को हाथों में ले-लेकर उछाल रहे थे।

अरे! सुनन्दा के साथ तो वह होने लगा जो वह नहीं चाहती थी। नहीं मिलेगा उसका किशोर, दम तोड़ने लगी सुनन्दा की इच्छा-शक्ति। क्या ऐसे ही कभी यह भी होगा कि वह देखे कि सुनन्दा ने मौसी जैसी दिनचर्या ओढ़ ली, वह वृन्दावन में रहने लगी?

नहीं, वह यह सब अपने साथ नहीं होने देगी। वह लड़ेगी...ईश्वर से भी। लड़ते-लड़ते समाप्त होगी।

चिकनी रेत दूर-दूर तक फैली थी, रेत के समानान्तर यमुना की धारा, लेकिन सुनन्दा को कुछ और ही दीख रहा था—धूप में चिनमिनाते रेत-कण और चिलचिलाती लहरें।

"जाकी कहूँ थाह नहिं पैयत..."

सत्येन्द्र के अगली बार पहुँचने तक जमनालाल चौबे ने सत्येन्द्र के बारे में काफी जानकारी हासिल कर ली थी। यह भी पता चल गया था कि सुनन्दा के लिए जो योजना बनाई गयी थी, उसे दोनों बार नाकामयाब करने वाला जो आदमी है, वह सत्येन्द्र ही है। सत्येन्द्र सुनन्दा का आदमी माना जा सकता था अगर उनकी पुरानी कोई जान-पहचान निकल आती। वैसी कोई खबर नहीं मिली थी। यात्रा में उसकी सुनन्दा में दिलचस्पी हुई है और बढ़ी है। अब वह चौबे के साथ गोलियाँ खेलने आया है। ठीक है...चौबे खिलाएँगे गोलियाँ...लेकिन बच्चू अगर सोचते हैं कि लाख की रमक जमनालाल यों ही उसकी मुट्ठी में रख देगा तो वह मथुरा के चौबों को जानता ही नहीं। यह मानकर चलना चाहिए कि न तो सत्येन्द्र कुछ लिखाकर लाएगा और न ही सुनन्दा वैसा कुछ लिखकर देगी। चौबे की दौलत, जमीन जायजाद जिस पर उसकी आँखें शुरू से ही लगी हुई हैं...उन्हें वह ऐसे ही छोड़ देगी क्या? पहले न भी पता रहा हो तो सत्येन्द्र ने अब सब कुछ बता दिया होगा। कागज-पत्तर के सहारे लालची बिल्लियों से नहीं निपटा जा सकता। उन्हें तो...

सत्येन्द्र जब वापस आया तो चौबे जी पूरी तरह तैयार थे—सत्येन्द्र से क्या कराना है और उसके लिए कितना खर्चना है। सत्येन्द्र को धीरे-धीरे फुसलाकर अपने जाल में लाना है, इसलिए चौबे सत्येन्द्र को गद्दी से दूर, मकान में पहली मंजिल पर ले गये, ड्राइंगरूम-नुमा बैठक में और चाय भी मँगा दी। चाय की चुस्कियों के पेट में उतरते ही चौबेजी ने बात शुरू कर दी—

"सत्येन्द्र भाई...आपके जाने के बाद मैंने सोचा और मुझे आपका प्रस्ताव जँचा नहीं।"

"विश्वास नहीं हुआ?"

"विश्वास होता भी हो तो एक व्यापारी होने के नाते मुझे नहीं करना चाहिए। हमारा काम है हर चीज को ठोक-बजाकर देखना।"

"यह क्यों नहीं कहते कि आप लोगों की दुनिया में वचन नाम की कोई चीज

नहीं होती, आज कहा कल मिट गये।"

"चलो वह भी मानने में क्या शर्म। हर क्षण तोलना होता है और वह भी एक ही तराजू में—नफा-नुकसान। अगर आप वह तलाकनामा का कागज ले भी आयें तो मेरे बहुत काम का नहीं होगा, कम-से-कम उतने काम का तो एकदम नहीं जितना रकम लग रही है।"

"तो मुफ्त ले आऊँ?" सारा कुछ ठप्प पड़ते देख सत्येन्द्र झुँझलाहट में किचकिचा उठा।

"नहीं भाई मुफ्त क्यों...पर सच बात यह है कि मैं इतनी रकम नहीं लगाना चाहता।"

"तो?"

"तो, देखा जाएगा। जब सामने आएगा मामला तब निपटेंगे, जैसा होगा उस हिसाब से।"

"तो बात खत्म समझी जाय?"

"हाँ। आपको जो तकलीफ दी, उसके लिए माफ करेंगे। देखिए न, इतनी रकम हम ऐसी आसानी से...और ऐसे हवाई फायदों के लिए खर्च करने लगे तो धन्धा ही बैठ जाएगा। और ज्यादा-से ज्यादा क्या होगा—वह छोकरी घर आकर बैठ जाएगी...तो रख लेंगे, बहूत ठहरी। यह बाद की बात है कि यहाँ की तकलीफों के आगे वह फिर अपने आप ही छोड़कर चली जाती है।"

"और आपके लड़के का ब्याह?"

"हो जाएगा...वह भी हो जाएगा, अगर होना होगा। हर चीज का समय निर्धारित है। कोई बूढ़ा तो हुआ नहीं जा रहा...क्यों?"

चौबे घाघ था, पहुँचा हुआ। सत्येन्द्र को एक-दो खूनी डकैत याद आये जिनके मुकदमे उसने किये थे। वे तो कुछ नहीं थे इस आदमी के सामने...जितना शातिर यह था। उन लोगों की दुष्टता जो थी, सीधी-सच्ची सामने थी। यह आदमी तो पर्त-दर-पर्त, पेंच पर-पेंच था...गँसी और ठस मक्कारी!

सत्येन्द्र ने चाय खत्म करके चलने की मुद्र बना ली। ऐसे आदमी से बातें करना सिर्फ समय जाया करना था। सत्येन्द्र की खामोशी नें चौबे जी को कुछ हिलाया। अगर सत्येन्द्र बोल-बाल देता कि वह यह कर सकता है, वह कर सकता है, तो कोई बात नहीं। यह चुप रहना खतरनाक था...चौबे जी जानते थे। उसे अपनी तरफ ले ही आना चाहिए।

सामने छत के पार रसोई थी। भीतर कोई स्त्री खटर-पटर कर रही थी, बाहर छत पर कोई बच्चा रो रहा था। सत्येन्द्र का ध्यान उधर यों ही चला गया—चौबे के तो एक ही लड़का है, लड़की भी नहीं। यह बच्चा किसका हो सकता है, वह भी रसोईघर में। जिसका बच्चा है उसे खाना बनाने की ज्यादा चिन्ता है, बच्चे के रोने

की नहीं। कौतूहलवश सत्येन्द्र ठहर गया।

"भोजन तो आप चौबाइन जी के हाथ का ही खाते होंगे। वैष्णवी हैं न!" सत्येन्द्र ने विषय बदलने जैसा दिखाते हुए पूछ लिया।

"उनकी तबीयत ठीक नहीं रहती। वैसे भी अब इतना आचार-विचार कहाँ चलता है। महाराजिन बनाती है। अच्छा तो हाँ, मैं सोचता हूँ कि वकील को उनका मेहनताना मिलना ही चाहिए। मैं आपको दस हजार दे दूँगा...और समझिए किसी काम के लिए नहीं।"

सत्येन्द्र ने आश्चर्य से चौबेजी की ओर देखा।

"नहीं, काम है...पर काम जैसा भी नहीं।" फिर चौबेजी ने अपना स्वर धीमे करते हुए कहा—"आपको सिर्फ यह करना होगा कि सुनन्दा को एक स्थान पर ले आयें और उसे अकेले छोड़कर चले जाएँ। बाकी हम सँभाल लेंगे।"

"वही जो आप अब तक नहीं कर सके।"

"अब उससे आपको क्या। आपको तो कुछ करना नहीं है, सिर्फ हट जाना है। इसमें आपको क्या परेशानी होगी, कोई बहाना करके खिसक जाएँ...बस।"

"आप सुनन्दा को खत्म करना चाहते हैं?"

"इसकी जरूरत नहीं पड़ेगी। लेकिन उस पर आप क्यों माथा-पच्ची करें। माल हमारे हाथ में सौंपने के बाद आपको क्या मतलब हम उसका क्या करते हैं।"

कम लागत पर बड़ा काम। कागजी कार्रवाई से अच्छा होगा सुनन्दा का समाप्त हो जाना ही। इसीलिए उसी लक्ष्य को जमनालाल सामने रख रहा है।

"मुझे आज्ञा दें। मुझे आपमें और आपसे बात करने में कोई दिलचस्पी नहीं बची। माफ करेंगे।"

"आप सीधे अलीगढ़ चले जायें...वह आपके लिए अच्छा भी रहेगा। रकम का कुछ हिस्सा मैं पहले अभी दे सकता हूँ।"

सत्येन्द्र को लालच ने पकड़ लिया...पैसा लेने की आदत! तलब उठ रही थी, जैसे सिगरेट-शराब की उठती है। कब से कोई रकम हाथों में रखी ही नहीं गयी। फिर यहाँ करना भी क्या था...सुनन्दा कोई उसके साथ चलने वाली तो है नहीं, न ही सत्येन्द्र से कोई सम्बन्ध बनाये रखने का विचार है उसका। सत्येन्द्र का यात्रा से लौटने का समय भी आ गया है...जाने से पहले सुनन्दा से मिलना ही होगा। देखा जाय तो कोई बड़ा काम नहीं है—चौबे दस हजार घर लौटने के दे रहा है, एक तरह से।

"परसों यात्रा गोकुल पहुँचेगी। गोकुल गाँव के बाहर पुरानी इमारतों के खँडहर हैं। वीरान जगह है। खँडहरों के थोड़ा इधर ही मथुरा के लिए बस रुकती है, दो-तीन मिनट। आप वापस जाने के लिए सात बजे शाम की बस लें...किसी तरह इतना करें कि सुनन्दा आपको बस तक पहुँचाने अकेली आ जाए। आपके निकल

जाने के बाद ही हम...आपको कोई दोष नहीं दे सकेगा।"

बड़ी निर्दोष-सी दिखती योजना। सत्येन्द्र को कुछ नहीं करना है। वह वापस जाने के लिए गोकुल से बस तो पकड़ेगा ही और अलीगढ़ वापस जाना ही है... काम-धन्धा छोड़कर सुनन्दा की रक्षा ही जो करता बैठा न रहेगा। और क्यों करे...एक बार भी सुनन्दा के मुँह से कृतज्ञता-धन्यवाद जैसा तक नहीं निकला। उल्टे सत्येन्द्र से दूर-दूर ही रही वह। हमेशा सुनन्दा की रक्षा की जिम्मेदारी सत्येन्द्र की नहीं है। इन दिनों जब वह सुनन्दा से अलग रहा है, तब भी कुछ हो सकता था, जब वह वापस अलीगढ़ पहुँच जाएगा, तब भी कुछ हो सकता है। वह सुनन्दा का अंगरक्षक तो है नहीं। सत्येन्द्र के जाने के बाद सुनन्दा को वैसे भी अपनी रक्षा स्वयं करनी होगी। पिछले हमलों में किसी के पास कोई हथियार नहीं था...इससे जाहिर है कि चौबे का इरादा सुनन्दा को खत्म करने का नहीं है। उसकी योजना शायद यह होगी कि बस जाने के तुरन्त बाद एक टैम्पो आये जिसमें सुनन्दा को रखकर चल दिया जाय। सड़क-सड़क से ही काम हो जाएगा। लोग यही सोचेंगे कि वह टैम्पो में बैठकर चली गयी। हो सकता है कि जमनालाल सुनन्दा को अपने ही घर बुलाकर कुछ सीधे-सीधे बात करने की सोचता हो, सुनन्दा को घर की कैद में रखे जैसे हिन्दुस्तान में अधिकांश घरों में बहुएँ रहती हैं!

सत्येन्द्र यात्रा पर आया तो कितने रुपयों का नुकसान हुआ। रोज-रोज की कमाई है उसकी। जो जमनालाल दे रहा है, वह उस नुकसान की पूर्ति है...कोई नयी कमाई नहीं।

सब कुछ साफ है। फिर भी जैसे कुछ गड़ रहा है। सत्येन्द्र उसे पकड़ना तो दूर, छू भी नहीं पा रहा...क्या है यह? सुनन्दा से लगाव? वह कुछ दिनों यात्रा से अलग रहकर देख-परख चुका। दोनों के मन में जो एक-दूसरे के लिए है, वह आदर से ज्यादा कुछ नहीं है। यहाँ से लौट जाने के बाद किसी को किसी की याद भी न आये। शायद फिर...? व्यावसायिक मामलों में इतना तो कभी नहीं सोचता था सत्येन्द्र! वह एकदम जमनालाल नहीं, तो एक इंच इधर ही होगा उससे—आई लक्ष्मी को नहीं ठुकराना...यह उसका भी सिद्धान्त रहा है, मुवक्किलों से पैसा किस बेमुरव्वत से वसूल किया करता है। चाहे किसी का खेत बिक रहा हो या घर, उसे अपनी फीस चाहिए, फौरन चाहिए। चौबे जमनालाल रुपए लिए खड़ा है और सत्येन्द्र सोच रहा है...यह क्या हो गया सत्येन्द्र को। सुनन्दा ने किया या यात्रा ने या कि दोनों ने...दोनों अलग-अलग हैं या एक...

जैसे कभी-कभी कानून पढ़ते-पढ़ते हाईकोर्टों के फैसले एक-पर-एक...एक इधर से बाण की तरह सर्राता आता, बड़ी बारीकी से उधर दूसरे फैसले को काटता हुआ...एक यह कहता हुआ दूसरा वह, एक से तर्क ऐसे तो दूसरे के वैसे...बाणों की बौछार इधर से उधर, उधर से इधर और दिमाग...कैसे झन्नी खाकर कहीं टँग

कर रह जाता है...सुन्न! पढ़ा-लिखा सब बेकार! सभी फैसले एक दूसरे को काट कूट कर जीरो...जिस मुकदमे के लिए रास्ता निकालने चले थे वह तक भूल गया।

क्या करे सत्येन्द्र!

"आपने सोचने के लिए समय लिया था। अब यह हमारे बीच जो खेल चल रहा है, उसका एक नियम बन गया है। मैं भी समय लूँ तो कैसा रहे!" कुछ न सूझा तो सत्येन्द्र मजाकिया मुद्रा में घुस गया।

"रकम कम पड़ रही है तो अभी बात कर लेते हैं। वह सोचना है न?"

"हाँ...वही, वह भी...समय चाहिए।"

"लेकिन अब समय है कहाँ। परसों तो गोकुल से वापस ही हो लेगी यात्रा। जो तय होना है, वह अभी हो जाना चाहिए...यहीं इसी वक्त।"

हाँ या ना कुछ भी नहीं आया सत्येन्द्र के मुँह से। अजीब ढुलमुल स्थिति... जिसे वह हमेशा नफरत से देखता था। फटाक-फटाक निश्चयात्मक बुद्धि होना चाहिए मर्द की। किस ढीलेपन ने पीछे से पकड़ लिया सत्येन्द्र को। और वह इस ढीलेपन पर थू-थू भी नहीं कर पा रहा है, उल्टे इसके लिए जैसे भीतर कहीं लगाव पैदा हो रहा है जैसे उस ढीलेपन को वह छाती से चिपकाये रखना चाहता हो।

"परसों गोकुल में मिलेंगे सात बजे की बस में। मैं बस में रहूँगा। अगर सुनन्दा अकेले आपको बस तक पहुँचाने के लिए आ गयी, तो आपका काम हो गया। मैं यहाँ बस से उतरते ही आपका हिसाब कर दूँगा। सुनन्दा और हमारे आदमियों का मामला वहाँ कैसे सुलटता है—इससे मुझे या आपको कोई सरोकार नहीं! बीस कर देता हूँ। चलिए हो गया यह पक्का...।" जमनालाल उठ खड़े हुए, बस इससे ज्यादा समय नहीं था उनके पास। मशीन की तरह सत्येन्द्र भी पीछे-पीछे उठ खड़ा हुआ...अनिश्चित...करीब-करीब विक्षिप्त-सा, जैसे कि एकदम भूल गया हो कि यहाँ कहाँ से, क्या करने आया था या कि यहाँ से कहाँ जाना है...

नीचे के लिए सीढ़ियाँ पकड़ने के लिए जब वह छत पर आया तो सामने रसोई की चौखट पर एक बुढ़िया-सी औरत वही बच्चा लिए खड़ी थी। देखने में बहुत ही साधारण...मैली-कुचैली धोती—महाराजिन होगी! उम्र को देखते हुए ऐसा नहीं लगता था कि बच्चा उसका था।

"कि सब सोने का बना द्वारका
गोकुल की छवि नाहीं
जब से छोड़ी गोकुल नगरी
गोरस का सुख नाहीं
ऊधौ, मोहै ब्रज बिसरत नाहीं।"

गोकुल में ठकुरानी घाट। सत्येन्द्र और सुनन्दा के पीछे दक्षिणा के लोभ में एक ब्राह्मण बालक लग गया है, गोकुल का महात्म्य उसके मुख से रटे-रटाये शब्दों में झर रहा है—"जे भगवान को नहीं, भगवान के पिता को घर है—

"कि एक पेड़ गोकुल लगा
डार गई जगन्नाथ
मूल तो फूला द्वारका
फल लगे बद्रीनाथ..."

सत्येन्द्र कल ही गोकुल पहुँच गया था। मिलने पर सुनन्दा ने संक्षिप्त ही पूछा और सत्येन्द्र ने भी संक्षिप्त ही उत्तर दे दिया था—मथुरा रह गया था, एक-दो काम निपटाने के लिए। वे जैसे यात्रा में बराबर साथ चलते रहे हैं...इस स्वाभाविकता को लाने के लिए ही सत्येन्द्र ने आज सबेरे ठकुरानी घाट घूमने का प्रस्ताव रखा और दोनों इधर निकल आये थे।

"कि रमण रेत लोट्यौ नहीं
कियो न यमुना पान
रे मन तैं जान्यो नहीं
ब्रज को तत्व महान्..."

"कि श्रीपद अंकित ब्रजमही
छवि न कही कछु जाय
तासु रमाहू को हियौ
या सुख कौं ललचाय।"

ब्राह्मण बालक सुनाये जा रहा है। उसके पीछे बन्दरों की चीं-चीं...खों-खों। घाट को जो वृक्ष आच्छादित किये हैं, उनमें खूब बन्दर हैं। वे कभी उतर कर आसपास की पतली-पतली गलियों में घूमने लगते हैं और कभी घाट की सीढ़ियों में आपके एकदम पास। सत्येन्द्र देख रहा है कि सुनन्दा के मन में जरा भी भय नहीं है। वह बड़े ही स्थिर भाव से सामने बहती यमुना नदी को देख रही है...दूर दाहिनी ओर मथुरा नगरी, यमुना के किनारे-किनारे। सत्येन्द्र ब्राह्मण बालक को दक्षिणा देकर विदा कर देता है। फिर दोनों घाट पर आगे बढ़ जाते हैं।

"आज शाम लाट जाने की सोचता हूँ, आप?" सत्येन्द्र पूछता है।

"मैं तो यात्रा के साथ-साथ मथुरा जाऊँगी। मथुरा में पंचकोशी परिक्रमा लगाते हैं। उसमें नहीं भी जाते तो विश्राम घाट पर यात्रा आरम्भ करने के पहले जो नियम ग्रहण किये थे, उन्हें विधि-विधान से वहीं छोड़ते हैं। आपने तो कोई नियम ग्रहण किये ही नहीं, इसलिए आपकी बात और है।"

सत्येन्द्र को कोंच जाती है वह बात। सुनन्दा कुछ लक्ष्य करके कह रही है,

उसे कुछ सुँघा गया है क्या? जमनालाल अपनी बात से पलट गया। वरना पहला कार्यक्रम ज्यादा अच्छा था। सीधे-सीधे, साफ-साफ सुनन्दा की रजामन्दी से सब होता। रजामन्दी से न सही, कम-से-कम उसे बताकर। सत्येन्द्र शायद उसे तलाक के लिए तैयार भी कर लेता...पर बच्चा? हाँ वहाँ पहुँचकर गाड़ी फँस जाना थी। सुनन्दा बच्चे के बारे में जरूर पूछा-पाछी करती। वह रास्ता भी मुश्किल था। लेकिन यह दूसरी बात...यह तो शुद्ध-शुद्ध बेचना है सुनन्दा को। सत्येन्द्र बेच रहा है एक व्यक्ति को सम्पत्ति मान, सम्पत्ति भी उसकी नहीं। अगर इन लोगों ने इसे जान से मार दिया तो सत्येन्द्र हत्या में भी शामिल है। यों तो वह साफ-साफ पहले ही चला जाएगा...लेकिन मन में जो रह जाएगा वह? चाहे जितना नकारे, अपराध भाव चला ही आएगा पीछे-पीछे, डेढ़ टाँग से चलता हुआ...जब अभी ही वह सत्येन्द्र को नहीं छोड़ रहा है।

"गोकुल की अधिकांश पुरानी इमारतें ढह रही हैं, श्री गोकुलनाथ जी का मन्दिर भी। और गाँव के लगते ही देखा आपने...खँडहर, लाल-लाल ईंटों वाले धसकते घर! उजड़ी नगरी का भान होता है।" सत्येन्द्र घाट के वासे-बासे मन्दिरों की ओर देखता हुआ बोला।

"फिर भी हजारों लोग यहाँ आते हैं, कितने वर्षों से आते रहे हैं। यहाँ कुछ भी न बचेगा तो भी आते रहेंगे।" सुनन्दा ने आश्चर्य किया।

"ज्यादातर लोगों के साथ आडम्बर...आडम्बर जो फिर आदत की तरह बड़े ही स्वाभाविक ढंग से हमारा हिस्सा बन बैठ जाता है। फिर एक से लेकर दूसरे ने ओढ़ा। हमने उससे सुना, उसने उससे। बाप ने बेटे को बताया...और इसी तरह लोग चले आते हैं। जैसे मन में कुछ उठे या नहीं, लोग मन्दिर जाते हैं, शीश भी झुक जाता है मूर्ति के सामने, आदतन।"

"अन्धविश्वास! आप अब भी नहीं मानेंगे?"

"दिखता जरूर वैसा है। शायद हमारी शिक्षा ने हमसे वह भाषा छीन ली है जिसके रास्ते इसे सही-सही समझने तक पहुँचा जा सकता। इस तरह की श्रद्धा या आस्था को समझने के लिए अपनी इस शिक्षा का आवरण हमें हटाना होगा।"

"यात्रा ने कुछ किया क्या आपमें?"

"कुछ हुआ तो है, बहुत साफ-साफ जरूर नहीं दिखाई देता। कभी-कभी जोरों से मन भी करता है कि खींच-खसोंट वाले अपने पचड़े को छोड़कर मैं भी इस भीड़ में शामिल हो जाऊँ, जो आज से नहीं, हजार-पाँच सौ वर्षों से ऐसी चली आ रही है। यह धर्म, यह संस्कृति...एक जीवन शैली में उतरे हुए...इनके विश्वास मैं भी ओढ़ लूँ। इस रास्ते जो गये, जो जा रहे हैं, जो जाएँगे, उस लम्बी जंजीर में मैं भी एक लड़..."

"आप तो सपना देखने लगे। सपना छोड़िये, यात्रा से क्या पाया आपने?"

"इस तरह से देखूँ तो शून्य ही रहा। कुछ नयी जगहें देख डाली जो वैसे

शायद कभी देखने न जाता। बीच-बीच में कुछ क्षण ऐसे जरूर आये जिनमें लगा कि मुझमें कुछ उतर रहा है...कुछ नया, शान्तिप्रद...पर वह बहुत ही झीना-झीना था...इसलिए ठहरा भी नहीं...जैसे पहाड़ को बहुत ही पतले-पतले बादल घेरते हैं, जो अगले ही पल हवा के झोंके के साथ बह जाते हैं। हाँ, अपनी जीवन शैली से भिन्न जरूर कुछ देखने को मिला, काफी पास से, पर शहरी जीवन-शैली की भी कुछ विशेषताएँ हैं। उसमें बुद्धि और शिक्षा का महत्त्व है। हमेशा एक दौड़ में होने, दूसरे से आगे निकल जाने की गति और खुशी है। सफलता की खुशी है। उत्साह है पाने के लिए, भोगने के लिए, पैसे के लिए...”

सत्येन्द्र के मुँह से निकल गया....वह फिर सोच में पड़ गया। पैसे से अधिक-से-अधिक क्या किया जा सकता है—अच्छा खाना-पीना, रहना, जमीन-जायदाद...फिर? सत्येन्द्र को फिर भी यात्रा जैसी चीज में शरीक होने की छटपटाहट क्यों हुई? पैसे का महत्त्व कितना है...कहाँ तक? क्या वह इतनी महत्त्वपूर्ण चीज है कि उसके लिए कुछ भी किया जा सकता है, किया जाना चाहिए? सुनन्दा को छोड़ देना भी...लेकिन यह छोड़ना कहाँ है, चलो धोखा देना। वह भी न सही, तो उसे कुछ न बताना तो है ही...उसके लिए ही तो पैसे लेगा सत्येन्द्र। काम वैसे कुछ भी नहीं है—सिर्फ चुप रहना और अकेला छोड़कर चले जाना...लेकिन इसी से सुनन्दा का कितना अहित होने वाला है।

यह वही सत्येन्द्र करेगा जो सुनन्दा को बचाने के लिए एक बार नहीं, दो-दो बार दौड़ा है, अपनी जान भी जोखिम में डाली है। तब बात शायद और थी! पहली बार तो यों ही हो गया, दूसरी बार सत्येन्द्र को कहीं यह आशा थी कि सुनन्दा से उसका सम्बन्ध बन सकेगा—अपने-आप पर आश्रित, दूर बैठी एक सोचने समझने वाली महिला-मित्र, जिसके पास सत्येन्द्र जब तब जा सकता है, जो उसकी पारिवारिक और सामाजिक प्रतिष्ठा में कोई आँच नहीं लाएगी। जब यह आस नहीं रही, तो सुनन्दा क्या है—एक साधारण औरत, यात्रा की इतनी औरतों जैसी ही एक। सत्येन्द्र को क्या मतलब!

सहसा एक मोटल्ला बन्दर गुस्से में खौखयाता हुआ एक डगाल से दूसरी फाँदता, एक छोटे बन्दर के पीछे दौड़ा। छोटा बन्दर निकल भागा तो गुस्से में फनफनाता हुआ मोटा सीढ़ियों की जगत पर आ बैठा। सुनन्दा उसे देखकर हँसने लगी तो मोटा बन्दर उसकी ओर लपका। तभी ब्राह्मण बालक जो छोटे मन्दिर की सीढ़ियों पर ही बैठा था, बड़ा फुर्ती से कूदा, पास पड़ी एक लकड़ी उठायी और बन्दर को डपटता हुआ सुनन्दा की तरफ दौड़ा। मोटे बन्दर ने बीच रास्ते में ही अपनी दिशा बदल दी और एक डगाल पर चढ़ गया।

एक क्षण के लिए सुनन्दा की जान सासत में आ गयी थी। भय जब टल गया तब वह सोचने लगी—उसे तो अपने आपसे, जीवन में कोई मोह नहीं है...

फिर इतना भय क्यों, किस चीज के बचाव के लिए? जीवन कैसा स्वयं से चिपकाये ही रहता है आपको, अन्त तक!

सत्येन्द्र ब्राह्मण बालक को देख रहा था...जो अब वापस अपनी जगह लौट गया था। बालक अब भी घाट पर से उस बन्दर पर नजर गड़ाये हुए था जैसे सुनन्दा पर साया किये हो। क्या था जिसने इस अजनबी बालक को भी सुनन्दा की रक्षा के लिए यों दौड़ा दिया—उसे सुनन्दा से कुछ लेना नहीं, अपनी दक्षिणा भी पा चुका था, फिर भी उसके मन में कोई तक-वितर्क विचार-संशय...कुछ नहीं उठा, फौरन दौड़ पड़ा! मात्र स्वभाव...बालक सोचने-विचारने वाला होता तो उसका यह स्वभाव विरूपित हो चुका होता अब तक। प्रकृति ने मनुष्य को जो स्वभाव दिया है, वह है यह...और मनुष्य ने जो अपनी बुद्धि से उस स्वभाव को बना डाला है वह है जो सत्येन्द्र सुनन्दा के साथ करने जा रहा है!

"आप भैया लोग इधर को आ जाएँ। ये बन्दर बड़ा बिगड़ैल है। बहिन जी पर अब भी आँख गड़ाये हैं।" ब्राह्मण बालक ने मन्दिर की सीढ़ियों पर से ही कहा, वह अब भी सुनन्दा के लिए चिन्तित था। सत्येन्द्र-सुनन्दा एक तरफ आ गये।

"यह गोविन्द घाट है, ऊपर शमी वृक्ष..." ब्राह्मण बालक दूर से ही बता रहा था—"यहीं पर श्रावण शुक्ला एकादशी के दिन अर्द्धरात्रि के समय भगवान ने महाप्रभु वल्लभाचार्य को दर्शन दिये थे।"

सुनन्दा मन्दिर की तरफ बढ़ गयी। पीछे-पीछे सत्येन्द्र...यही क्षण है, इसे पकड़ो। यह क्षण हाथ से गया, तो पता नहीं फिर क्या हो जाए, सत्येन्द्र उठो...

"सुनन्दा जी...सुनन्दा..." सत्येन्द्र का स्वर तेज और कम्पन-भरा था।

सुनन्दा ने चौंककर सत्येन्द्र की तरफ देखा। वह दूर नहीं थी। पर सत्येन्द्र कुछ विक्षिप्त-सा उसे पुकारे जा रहा था, अब भी...हाथ से पास जाने के लिए लगातार इशारा करते हुए...जैसे अभी-अभी उसने कोई विलक्षण चीज़ देखी थी और अगर वह फौरन सुनन्दा को नहीं दिखा देगा तो वह चीज तत्काल ही कपूर की तरह उड़ जाएगी।

दोनों पास आ गये। सत्येन्द्र को हल्की हँफाई आ गयी थी, जैसे कोई बड़ी चढ़ाई चढ़कर वह सुनन्दा तक पहुँचा था।

"सुनन्दा, सुनो तुम्हारे बेटे का पता मिल गया है।" पेश्तर इसके कि बुद्धि फिर स्वार्थ और लालच के जाल बुने, बात को भड़ से फेंक दो।

"कहाँ! कैसा है मेरा किशोर...तुमने देखा...? पहले क्यों नहीं बताया? इतनी देर से तरसा रहे थे मुझे।"

सुनन्दा एक छोटे से बच्चे की तरह फौरन रोने लगी। सत्येन्द्र-सुनन्दा दोनों जो अब तक दूर-दूर, इस किनारे, उस किनारे पर अटके हुए थे...जैसे एकाएक दौड़कर एक-दूसरे पर आ गिरे थे, लथ-पथ। 'आप' की जगह एकाएक 'तुम' हो गये थे।

"तुम झूठ तो नहीं बोल रहे...कहाँ है मेरा बच्चा? मुझे उसके पास ले चलो। तुम मुझसे मजाक तो नहीं कर रहे, मेरी हँसी तो नहीं उड़ा रहे?"

इतनी जल्दी ही सुनन्दा का चेहरा आँसुओं से नहा गया था। बात को भल्ल से निकाल कर सत्येन्द्र अब हल्का महसूस कर रहा था, सुनन्दा की तरफ स्नेह-दृष्टि से देखता हुआ। यह सुख, दोनों तरफ डोरे-सा खिंचा सुख...इसे पाने के लिए पिछले दिनों कितनी कोशिश की। उसे यों मिलना था, एकाएक, अयाचित...इसकी भी क्या कोई कीमत हो सकती है, कोई पैसा इसकी बराबरी पर ठहर सकता है?

घाट पर चार-छह लोग ही थे। वे उनकी तरह कुछ अचम्भे से देखने लगे। उनकी समझ में कुछ नहीं आ रहा था। ब्राह्मण बालक वहीं बैठे-बैठे तेज आवाज में बोला—"डरिए नहीं बहिन जी, ये बन्दर खों-खों ज्यादा करता है, काटता नहीं है ...बिल्कुल न डरिए।"

सत्येन्द्र प्रकृतिस्थ हुआ। उसने सुनन्दा को थपथपाकर कहा—'सच है... बताता हूँ। अब सब कुछ बता सकूँगा। जो रोड़ा अटका था, वह निकल गया। पर यहाँ नहीं, उधर चलो।"

दोनों तेज-तेज कदमों से मन्दिर की दूसरी तरफ आये। यहाँ उनके अलावा कोई नहीं था।

"देखो, तुम्हारा बच्चा मथुरा में है, ठेकेदार जमनालाल चौबे के यहाँ। वे तुम्हारे ससुर हैं। एक महाराजिन उसे पाल रही है। मैंने अपनी आँखों से देखा है।"

"हैं...?" सुनन्दा की नजरें आँसुओं से धुँधला आयीं। आँखों में अप्रत्याशित चमक लिये। वह सत्येन्द्र को एकटक देख जा रही थी। मुँह में कोई बोल नहीं। क्या आँखें, क्या मुख, क्या शरीर...पूरा जीव ही निश्चल, आनन्द में स्थिर। दृष्टि एकदम ऊपर सत्येन्द्र की ओर।

वे दिव्य क्षण छोड़ गये तो सुनन्दा निर्लज्ज हो सत्येन्द्र के गले पर झूल गयी और रोने लगी, रोते-रोते हँसती भी जाती थी।

इधर वल्लभाचार्य जी की बैठक थी, उधर सामने यमुना जी बह रही थीं, ऊपर गोकुलनाथ जी का मन्दिर। श्रीनाथ जी का जो चित्र खूब प्रचलित है उसमें भी तो यही है—एक ओर श्री वल्लभाचार्य आरती का थाल लिये, दूसरी ओर यमुना जी हाथ में हार लिये, बीच में श्रीनाथ जी। जो चित्र में था, वही गोकुल की पृष्ठभूमि में और वही चल में भी—सत्येन्द्र, सुनन्दा और बीच में किशोर की कल्पना... भगवद्स्वरूप।

यमुना के पार...मथुरा नगरी काफी दूर तक किनारे से चिपकी-चिपकी चली गयी थी। बहुत पहले कृष्ण को वहाँ से कोई यहाँ लाया था। उन्हें फिर लाना होगा...लाने के लिए इस बार यहाँ से वहाँ जाना होगा।

मथुरा में कृष्ण जन्मभूमि।

मुख्य द्वार पर खड़ी सुनन्दा प्रतीक्षा कर रही है। सत्येन्द्र ने सुनन्दा को जमनालाल चौबे के घर का पता-ठिकाना तो विस्तार से समझा दिया था, पर जन्मभूमि के मुख्य द्वार की सीढ़ियों पर दो बजे मिलने का भी तय किया था। पहले तो उसी दिन ठकुरानी घाट से ही सीधा मथुरा चलने की बात हुई थी। फिर यह राय बनी कि धीरज से काम लेना चाहिए। उसी दिन निकले तो पहुँचते-पहुँचते शाम हो जाएगी, दूसरे दिन सवेरे निकला जाये। सत्येन्द्र बेशक उसी दिन चला जाए। पीछे से सुनन्दा अपना सामान वगैरह बाँध, यहीं पर कहीं रखकर या किसी साथिन को पकड़वा सवेरे की बस से मथुरा पहुँचे। दो बजे कृष्ण जन्मभूमि पर दोनों मिल लेंगे। अलग-अलग जाने पर किसी को कोई सन्देह भी नहीं होगा।

कितने कसाई निकले नन्दन के माँ-बाप कि पूरे डेढ़ वर्ष उस छोटे से बच्चे को माँ से अलग रखा...इसलिए कि लड़के का विवाह कहीं और करना है! सुनन्दा बहू के रूप में केवल इसलिए मान्य नहीं कि लड़के ने चुपचाप विवाह कर लिया, बहू दहेज नहीं लाई। विवाह अविवाह हो गया क्योंकि सुनन्दा और उसकी माँ गरीब हैं, इसीलिए वे जमनालाल की सम्पत्ति के लालची हो गये। एक बार कहकर तो देखता जमनालाल या उसका वह सपूत...सुनन्दा और उसकी माँ सबके सामने लात मारते उसकी सम्पत्ति पर। माँ और सुनन्दा को तो यह तक भी पता नहीं था कि नन्दन है किस घर का, नन्दन ने भी सही-सही कभी बताया होता तो वे ही विवाह को मना कर देतीं। वे जानती थीं जैसे-जैसे चोचलें होते हैं इन रइसों के यहाँ। जितना पैसा आता है उसके चौगुने अनुपात में लालच बढ़ता जाता है। गरीबों के यहाँ क्या है कि लालच होगा, लालच होता है क्योंकि तुम्हारे पास कुछ है!

सत्येन्द्र अब तक नहीं आये। गोकुल से तो कल ही निकल गये थे। क्या पता मथुरा के बाहर कहीं रात बिताई हो...आते-आते इतनी देर लग जाना मामूली बात है। सत्येन्द्र ने यह भी कहा था कि अगर वह सवा दो बजे तक न पहुँचे तो सुनन्दा फिर समय जाया न करे, अकेले ही चली जाए। एक नहीं, दो-दो बार यह कहा। चौबे के मकान का नक्शा भी बता दिया था और यह जोर देकर कहा था कि बहू होने के नाते उसे घर में आने-जाने से कोई नहीं रोक सकता, वह वकील की हैसियत से यह कहता है, सत्येन्द्र पर रोक-टोक लगाई जा सकती है। बहू को किसी अन्य पुरुष के साथ देखकर सास-ससुर के मन में कुछ उल्टा-सीधा न आये, कहीं इस वजह से तो नहीं रह गये सत्येन्द्र? अब वे नहीं आएँगे! गोकुल से भी साथ चलने में हिचक ही रहे थे। कितनी तरह से समझाते रहे थे कि सुनन्दा अकेले भी जाकर बच्चे को ला सकती है, उसे कोई नहीं रोक सकेगा...

सत्येन्द्र के बिना कैसे जाए सुनन्दा एकदम अपरिचित जगह! अपरिचित ही नहीं, दुश्मनों का अड्डा। वहाँ एक-दो नहीं सभी उसके दुश्मन—क्या ससुर, क्या

पति, और भी जो-जो ससुराल में हैं। पता नहीं कितने! सब एक जगह! सुनन्दा अकेली। उन्हीं गुंडों की माँद में जिन्होंने दो-दो बार सुनन्दा को जान से खत्म करने की कोशिश की है...

भय की लड़-पर-लड़ बनने लगी भीतर। धुक-धुकी चल पड़ी। अनजान थी तो कोई भय नहीं था—कौन आया, किसने हमला किया, कहाँ गया। सब जान गयी है तो पग-पग पर भय, इतनी दूर से भय, सोचकर ही भय...

अरे ! यह क्या हुआ सुनन्दा को! सत्येन्द्र के प्रेम की छाँह, छाँह की हल्की-सी सिहरन महसूस की और अबला हो चली वह...भयाकुल, पराश्रित! किशोर के लिए तो वह ईश्वर से भी लड़ने का बीड़ा उठाकर आयी थी यहाँ, आदमियों से ही डरने लगी? आदमियों में भी वे जो अपने दुष्कर्मों के कारण पहले से ही दुर्बल होंगे... उनसे डर...और सोचकर ही? सुनन्दा किसी का कुछ चुराने या हड़पने नहीं जा रही, अपना अधिकार लेने जा रही है। धर्म उसके साथ है।

मन पर फैली धुँध...धुँध के जाले को काटकर सुनन्दा उठ खड़ी हुई। सत्येन्द्र हों, न हों। अपनी लड़ाई वह स्वयं लड़ेगी, किसी का मुँह ताकते न बैठी रहेगी।

सुनन्दा के शरीर में जाने कहाँ से अतिरिक्त शक्ति आ गयी, वैसी तेज-तेज भागती बुद्धि। फटाक् से स्कूटर लिया...चलो, पास वाले पुलिस स्टेशन। थाने में पुलिस वाला जिरह करने लगा...कया पता आपका ही बेटा है कि किसी और का! सुनन्दा ने सिर्फ इतना कहा—"किशोर मेरा बेटा है, क्योंकि वह मेरा बेटा है। पीछे-पीछे आ सको तो आओ, खुद ही देख लोगे किसका बेटा है, सबूत की जरूरत नहीं पड़ेगी। नहीं आ सकते तो मत आओ, सुनन्दा तुम्हारा आसरा तकते बैठी नहीं रहेगी।" पुलिस वालों को पता लिखाकर उसी स्कूटर पर सीधा जमनालाल चौबे के घर! मकान अलग से पहचान में आ गया—पक्का, तिमंजिला, गेरुआ।

व्याह के बाद सुनन्दा यहाँ बहू बनकर आती, तो नीचे से इस बड़े द्वार पर उसकी आरती उतारी जाती। शायद दूसरी मंजिल पर वह वाला उसका और नन्दन का कमरा होता, अब तक शायद किशोर से कोई भाई-बहिन भी आ गये होते, पर वह नहीं होना था...

स्कूटर वाले को रुके रहने को कहा सुनन्दा ने और धड़धड़ाती पहली मंजिल पर जा पहुँची। वहाँ कोई नहीं दिखा...बैठक और रसोई दोनों खाली थे, तो दूसरी मंजिल पर जा पहुँची।

जमीन पर सोया था किशोर। थपकियाँ देती ऊँघ रही थी महाराजिन, काम-काज के बाद थकी, उनींदी। सुनन्दा ने देखते ही पहचान लिया और सीधा दौड़कर किशोर को उठा लिया। महाराजिन हड़बड़ाकर उठ बैठी और शोर मचाने लगी। उधर के कमरे से एक और बुढ़िया-सी निकल आयी...जो नन्दन की माँ-सी दिखती थी।

"खबरदार जो किसी ने हाथ लगाया। मैं इसकी माँ हूँ। कैसी औरत हो तुम

दोनों...एँ...जो बच्चे को माँ से अलग रखती रहीं। ऐसा दुख जो तुमने इस बेकसूर को दिया, कोई औरत दे सकती है? अपनी दौलत को बचाने के लिए यह सब किया...मैं थू करती हूँ ऐसी दौलत पर। मुझे तुम्हारा एक पैसा नहीं चाहिए।"

जमनालाल चौबे नीचे से भड़भड़ाते दौड़े आये। उन्होंने स्कूटर से एक औरत को उतरते देखा था।

"छोकरी, रख दे इसको अगर अपनी खैर चाहती है! कौन है तू? लड़के को उठाकर ले जा रही है। बच्चों को उड़ाने का धन्धा करती है, क्यों? मैं अभी पुलिस को बुलाता हूँ।"

"आप क्या बुलवाएंगे। मैं खुद ही पुलिस लेकर आयी हूँ, पीछे आ रही है। धन्धा तो आप करते हैं—तम्बुओं का धन्धा, उसी तरह लड़का-बहू का धन्धा। अपने लड़के को बेचना चाहते हैं अपनी बहू को बेच रहे थे...कहाँ ले जाएँगे इतना पैसा? ऊपर कोई बैंक नहीं है। हटिए...

मुझे आपकी जमीन-जायदाद की एक ईंट भी नहीं चाहिए। मेरे लिए धूल है यह। मुझे कुछ नहीं चाहिए सिवा अपने बच्चे के...और इसे आप क्या, सारी दुनिया मुझसे नहीं छीन सकती...समझे...एक तरफ..."

सुनन्दा का तेज देखकर सब हक्के-बक्के रह गये। जमनालाल चौबे ऐसी खुलेआम जंग के लिए तैयार नहीं थे। वे लड़ते थे, पर छिप-छिपकर...जहाँ कितने भी बड़े कुकृत्य पर पर्दा पड़ा रहे, सब कुछ के बावजूद भी वे शहर के प्रतिष्ठित व्यक्ति बने रहें। नीचे गद्दी से चौबे से ही तनख्वाह पाने वाले बाहर निकल आये थे। पुलिस की एक जीप भी तब तक नीचे पहुँच चुकी थी। जमनालाल ने इस वक्त चुप रहना ही बेहतर समझा।

किशोर को लिए सुनन्दा नीचे उतर आयी। नीचे फुसफुसाहट हो रही थी—'सबको यह बताया कि बहन का लड़का है, यह तो उसी का पोता है!' हो-हल्ला सुनकर गद्दी के सामने वाली बैठक से नन्दन निकल आया था। इतना दुबला हो गया था कि पहचाना भी नहीं जाता था, आँखें थोड़ा मिचमिचाती, भीख माँगती-सी। आँखों के नीचे काले-काले गड्ढे। भंग ने उसको असमय में ही बूढ़ा कर दिया था।

"सुनन्दा मैं भी तुम्हारे साथ चलता हूँ।" नन्दन सुनन्दा के सामने आकर खड़ा हो गया, "इन दुष्टों ने तुम्हें, मुझे और अपने बच्चे, तीनों को बहुत तकलीफ दी।"

"और तुम सब देखते रहे। अब क्यों साथ चलना चाहते हो? तुम तो लेखक बनने निकले थे? जाओ अपने रास्ते!"

"मुझे साथ ले चलो सुनन्दा, मैं इस कैद से छुट्टी चाहता हूँ। मैं वहाँ तुम्हारी देखभाल करता रहूँगा।"

"तुम क्या मेरी देखभाल करोगे...जो अपनी ही देखभाल नहीं कर सकता! जो खुद नहीं चल सकता, वह दूसरे का सहारा क्या बनेगा! तुम इसी लायक हो कि

तुम्हारा बाप तुम्हें कुमढ़े की तरह बाजार में बेच आए। भेज देना कागज, मैं तलाक की मंजूरी दे दूँगी और फिर दहेज की कमाई से बाप की छाती शीतल करना बैठे-बैठे। पति नाम के छाते की मुझे जरूरत नहीं है अब...हटो..."

सुनन्दा पुलिस की जीप की तरफ बढ़ गयी और जो उस दल का मुखिया-सा दिखता था, उससे बोली—"और कोई सुबूत चाहिए आपको? ये जिनसे मैं बात कर रही थी, मेरे पति हैं, चौबेजी के लड़के। मैंने अपना पता लिखा ही दिया है।" ब्याह कहाँ हुआ, गवाह वगैरह और जितने चाहिए पेश कर दूँगी। बच्चा अपनी माँ के पास रहेगा। और हाँ...इनको समझा दीजिएगा कि मुझे उनसे एक कौड़ी नहीं चाहिए, मैं अपनी और अपने बच्चे की देखभाल कर सकती हूँ पर ये भी मेरा पीछा न करें, मुझे या मेरे बच्चे को तकलीफ पहुँचाने की कोशिश न करें।"

सुनन्दा इन्तजार करते स्कूटर पर जा बैठी और धड़धड़ाती निकल गयी। जमनालाल गोता खा गये। एक मामूली घर की छोकरी सबके सामने मिनटों में उसके मुँह पर कालिख पोतकर चली गयी। एक मायने में अच्छा ही हुआ—जमनालाल खुद को दिलासा दे रहे थे—अपनी औलाद ले गयी, बच्चे को पालने-पोसने का कंटक दूर हुआ। नन्दन को छोड़ दिया, कहती है तलाक के लिए मंजूरी भी दे देगी। अपने आप ही वह रास्ते से हट गयी...आगे के लिए साफ...सब कुछ बगैर एक दमड़ी खर्च किये...

"आप लोग जाइए"—जमनालाल ने पुलिस वालों से कहा। "अब घर में छोटी-मोटी तकरारें तो होती ही रहती हैं। सबमें पुलिस दखल देने लगी तो बड़े मामलों का क्या होगा। बहू है, आज गुस्सा में घर छोड़ गयी तो कल आ भी जाएगी..."

"चलो अपना-अपना काम करो..." गद्दी वालों को भी उन्होंने हाँक लगायी।

पुलिस के जाने के बाद वे नन्दन की तरफ बढ़े—"चलो बेटा अन्दर...कहाँ थे तुम, आज सवेरे से ही निकल गये। भीतर जाकर जीम लो। समय पर खाओ—पिओ बेटा, अपने स्वास्थ्य का थोड़ा ध्यान रखो।"

बहुत समय बाद जमनालाल अपने बेटे नन्दन को थपथपा रहे थे।

खबर उड़ी कि बी. लाइन डोर के किसी पाल में एक बुढ़िया का देहान्त हो गया है। साथ में कोई नहीं था, इसलिए शव ऐसे ही पड़ा हुआ है। कब बीमार हुई, क्या हुआ...कुछ पता नहीं। समय पर देखरेख, दवा-दारू की जाती तो कौन जाने बच भी जाती। अब आयोजकों पर है, वे जैसा प्रबन्ध करें। आयोजकों को अपने कागज पलटने पड़ेंगे—उसके कौन-कौन हैं, कहाँ की है, किसे खबर भेजी जाए। जानकारी यहाँ न मिलेगी तो मथुरा से मँगाना होगा। यह निर्णय कौन करेगा कि दाह-संस्कार

कहाँ और कब किया जाए, घर से कोई आ जाए तभी। तब तक शव...

नरेन्द्र के मन में भी तरह-तरह के सवाल उठ-गिर रहे थे। एक बड़ी बात यह थी कि अगर कोई पीछे लगकर सभी कामों को ठेलने वाला न हुआ तो पता नहीं शव ऐसे ही कब तक पड़ा रहे। यात्रा कल मथुरा के लिए उठ जाएगी...तब शव कहीं पड़ा रहेगा, किसकी प्रतीक्षा में? तब तो आयोजकों की नजरों से भी ओट! क्या यह ज्यादा सुविधाजनक नहीं होता कि आदमी को भी जानवरों की ही तरह ...ठिलिया में रखकर घसीट ले जाओ, सौंप दो उन लोगों को जो यही काम करते हों, वे जो चाहें करते रहें शव के साथ। अच्छा है कि यह नहीं किया जाता...इसमें कितनी गरिमा है कि अन्तिम समय में चार लोग विदा करने वाले। शरीर को पंचभूत मानते हैं और उन्हीं पंचतत्वों को वापस सौंप दिया। कुछ हुआ है...कि नरेन्द्र अब तक इस तरह सोचने लगा है। पहले जैसे किसी को भी ठोकर लगातार आगे बढ़ जाता था। अब ठिठक जाता है, आगा-पीछा सोचने लगता है, जो आदमी सामने है उसके इतिहास के बारे में सोचता है जैसे कि इस बुढ़िया के बारे में ही सोचने लग गया—वह कौन थी, क्यों यात्रा में आयी...वह भी अकेली? दुःखी थी या सुखी, दुःख था तो क्या...और सोचता चला जाता है, दूर तक। फिर बीच कहीं एक बिन्दु पर पहुँचकर सहानुभूति उपज आती है, यह भी कि नरेन्द्र को कुछ करना चाहिए...अपने हिस्से का कुछ।

नरेन्द्र ने जाकर वह पाल देखा। पाल के इर्द-गिर्द एक दबी-दबी-सी दहशत झुराई धूप की तरह फैली हुई थी। भीतर जाने की तो बात दूर, लोग बाहर भी आसपास होने में हिचकते थे। सौ गज की दूरी पर इधर-उधर ठिठके कुछ आदमी औरतें-बच्चे सहमे से जैसे कि यह क्या हो गया, इसके लिए तो वे यात्रा में नहीं आये थे! मरते ही बुढ़िया प्रेत बन गयी।

पता हाथ में आते-आते दोपहर हो गयी। नरेन्द्र ने फौरन एक्सप्रेस तारकर दिया...पर तभी तार की व्यर्थता भी समझ में आयी। तार आज पहुँच भी जाएँ तो कोई जरूरी नहीं सम्बन्धित व्यक्ति बम्बई में हो ही...हो तो कब पहली रेल उसे मिलेगी और मिल भी गयी तो यहाँ पहुँचने-पहुँचने तक कम-से-कम चौबीस घंटे! तब तक क्या होगा...

शाम आते-आते दूसरी चिन्ता नरेन्द्र को सताने लगी।

"मेरा ख्याल है कि किसी को उस पाल में रात को रहना चाहिए। अन्तिम समय में अकेला नहीं छोड़ा जाता।" उसने रत्ना से कहा।

रत्ना नरेन्द्र को एकटक देखती रही, फिर पूछा--

"कौन रहेगा?"

"मैं।"

"तुम्हीं क्या...और कोई नहीं है क्या?"

"नहीं है, न सम्बन्धी, न कोई साथी। कहते हैं किसी से ज्यादा बोलती-बतियाती नहीं थी।"

"तो यात्रा का कोई आयोजक रहे।"

"वे क्यों रहेंगे, उन्हें क्या पीड़ा है। वे कहते हैं—चौकीदार तो है ही, जैसे आदमी न हुआ, कोई बक्सा हो गया। छोड़ो, मैं बना रहूँगा।"

"मैं भी तुम्हारे साथ रहती हूँ फिर!"

"बच्चे...? उन्हें ऐसी जगहों से दूर रखना चाहिए। तुम बच्चों के साथ यहीं रहो। ये सब आदमियों के काम हैं। एक दीया का इन्तजाम कर दो। उसके पास जला दूँगा।"

रात का खाना शाम को ही खत्म कर दिया और माचिस लेकर नरेन्द्र बुढ़िया वाले पाल में गया। भीतर अँधेरे में सब डूबा हुआ था। बाहर भी वैसी ही वीरानी। यात्री गोकुलनाथ जी के दर्शन और राजभोग प्रसाद लेने गये थे, कल प्रातः प्रस्थान है। दीया जलाते ही अलोक के भीतर का सब कुछ उभरने लगा, धीरे-धीरे। एक छोटा-सा मन्दिर...बुढ़िया का शव आधा चटाई पर आधा जमीन पर...एक हाथ मन्दिर की तरफ पसरा हुआ, दूसरे में माला।

शव के साथ नरेन्द्र अकेले। बाहर सन्नाटा, उतरती रात...पर भय दूर-दूर तक नहीं। उल्टे शान्ति...जैसी नरेन्द्र ने पहले कभी महसूस नहीं की थी...कहाँ से आ रही थी? उसने बुढ़िया का चेहरा देखा। अकेले में मरने की घबराहट या विक्षिप्ति वहाँ कतई नहीं थी। चेहरा मुस्करा रहा था, जैसे आनन्दातिरेक में प्राण निकले हों। ऐसी मधुरता, ऐसा आनन्द तो जीवित चेहरों पर भी देखने को नहीं मिलता।

पाल में बहुत कम सामान था। एक बक्सा जो था उसी में शायद सब आ जाए। बहुत सुबह यात्री लोग निकल जाएँगे। अगर पाल उखड़ा तो फिर कुछ प्रबन्ध करना पड़ेगा। पर क्यों उखड़ेगा पाल...उखड़ना तो है, पर थोड़ी देर से भी उखाड़ा जा सकता है। वह अपने घर से ही जाएगी। यह पाल उसका घर।

नरेन्द्र यह सोचकर आया था कि दीया जलाकर बाहर निकल आएगा और बाहर ही लेटेगा, पर अब भीतर ही पड़ने का मन हो रहा था। जैसे वह कोई मृत नहीं, जीवित थी, अपरिचित नहीं, नितान्त अपनी...पाल में सोयी हुई थी। किसी भी क्षण उठेगी...उठकर बातें करने लगेगी खूब अपनत्व भरी बातें! नरेन्द्र ने पाल के सामने का पर्दा ऊपर चढ़ा दिया, दीया को आड़ में रख दिया ताकि हवा से मुझे नहीं और अपनी दरी आधा बाहर, आधा भीतर डालकर पड़ रहा। कोने में दीये का मन्द-मन्द आलोक, आलोक में झूलता आनन्द से भरा हुआ वह दुबला पतला चेहरा...कान्तिमय।

जब नरेन्द्र की नजरें उस चेहरे पर जातीं, वहीं अटककर रह जातीं। नरेन्द्र एकटक देखता रह जाता। अपनी माँ को नरेन्द्र ने देखा नहीं, बचपन में ही चली

गयी थीं। जब-जब नरेन्द्र ने माँ की कल्पना करने की कोशिश की, एक दुबली-पतली बीमारी से थोड़ा पीली काया सामने आयी...उन्नाव वाले बड़े घर के आँगन के एक कोने से दूसरों को जाती हुई। यह सुनने में आया था कि उनकी नरेन्द्र के पिता से बहुत बनती नहीं थी। पिता अक्सर बाहर रहते और वे उस बड़े घर में अकेली... दो छोटे बच्चों और एक नौकरानी के साथ। नरेन्द्र की जो बहन थी, वह भी उससे छोटी...कि उसी से माँ के बारे में जाना जा सकता। माँ कभी न उठने के लिए बीमार पड़ी होंगी तब उन्हें बच्चों की कितनी चिन्ता रही होगी?

माँ के जाने के बाद पिता ने उन्नाव वाला घर छोड़ दिया था और बच्चों को इलाहाबाद ले लाये थे। यहीं नरेन्द्र और उसकी बहन बड़े हुए, पढ़े-लिखे। वहीं पहले नरेन्द्र की बहन का, फिर नरेन्द्र का ब्याह हुआ। बढ़ना, पढ़ना...तेजी से बदलती दुनिया के बीच माँ की छाया पीछे...और पीछे सरकती चली गयीं। पिता हर समय सामने थे, उनके जीवन के प्रत्यक्ष दखल रखते हुए...तो माँ की छाया और भी धुँधली होती चली गयी। फिर रत्ना...रत्ना के बाद बच्चे...और माँ सिर्फ सुदूर अतीत में जड़े हुए एक नग की तरह ही...दूर से लकलक करती हुई।

पर आज...इतने वर्षों बाद, जैसे वे लौट आयी थीं, एकदम पास थीं, मानुष काया में। जब माँ दुनिया से गयी होंगी, बिल्कुल ऐसी ही रही होंगी। इतना मधुर, स्नेहमय चेहरा माँ का ही हो सकता है।

आधा जागते आधा सोते मन कहाँ-कहाँ यात्रा करता फिरता रहा, कितना पीछे....कभी-कभी यह भी भान नहीं कि नरेन्द्र समय के किस टुकड़े में, कौन से भूखंड पर पड़ा हुआ है–सो रहा है, या जाग रहा है। ऐसी ही अवस्था में सवेरे प्रस्थान की हलचल होने लगी,...आवाजें उसे इधर-उधर से कोंचने लगीं, कोंचती रहीं।

यात्रा का अन्तिम अंश...वापस मथुरा। यहाँ मथुरा की पंचकोशी परिक्रमा और नियम जिनसे स्वयं को बाँध रखा था उन्हें छोड़ना...बस, यात्रा की समाप्ति। अभी ही बहुत यात्री नहीं रह गये थे...कुछ पहली बस से ही मथुरा निकल गये थे। नरेन्द्र के आसपास सामान उठाने, लोगों के निकलने की आवाजें उठीं और शान्त हो गयी। थोड़ी देर बाद पाल उखाड़ने की आवाजें शुरू हुईं। तब तक सुबह हो चुकी थी और नरेन्द्र पूरा जगा हुआ था।

"इस पाल को ऐसे ही रहने दें...भीतर शव है।" उसने पाल उखाड़ने वाले से कहा।

"तो बाहर निकाल कर एक तरफ रखा लें...एक पाल के लिए क्या अलग से गाड़ी आएगी?"

"इनकी अन्तिम यात्रा इस पाल से ही निकलेगी। यही इनका घर है। उसके बाद ही यह उखड़ेगा। आप यह समझ लें।" नरेन्द्र ने दृढ़ता से कहा।

तब तक पीछे से काम करने वालों का जो मुखिया था, वह आ गया।

"आपकी कोई रिश्तेदार...?" उसने पूछा।

"जी हाँ।" नरेन्द्र के मुँह से निकल गया।

"अच्छा, कोई बात नहीं,...कुछ कर लेंगे। चलो तब तक दूसरी लाइन में काम करो तुम लोग।"

वहाँ मामला थाम नरेन्द्र अपने पाल की तरफ गया। उसका पाल उखड़ चुका था और रत्ना बच्चों और सामान के साथ बाहर बैठी थी।

"मैंने सामान जाने नहीं दिया, साथ ले चलेंगे।"

"यात्रियों के साथ निकल जातीं, घूमती-घामतीं।"

"तुम्हें छोड़कर?"

"पता नहीं कितना समय लग जाए।"

"क्यों?"

"जब तक उनके घर का कोई नहीं आ जाता, ठहरना ही होगा। और कौन है?"

"तो हम भी ठहर जाते हैं। तुम जाओ, नहा-धो आओ।"

"आओ मन्दिर चलते हैं....यहाँ कहाँ बैठे रहोगी?"

नरेन्द्र ने परिवार के रुकने की व्यवस्था मन्दिर के बाहरी कमरों में से एक में करा दी। वहीं स्वयं स्नानादि से निवृत हुआ। फिर कुछ गोकुलवासियों से परामर्श चल पड़ी।

"घरवालों की कब तक प्रतीक्षा की जा सकती है।"

"डाक विभाग का क्या भरोसा...तार मिला या नहीं।"

"आने में कितना समय लगता है?"

"कौन आएगा?"

"अगर यह पक्का हो कि कोई चल पड़ा है तब तक तो प्रतीक्षा की जाए।"

"भैया...मिट्टी है, बिगड़ने लगती है। उसे जल्दी ठिकाने लगा देना चाहिए..."

कोई बुजुर्ग थे। नरेन्द्र को यह बात गड़ी—प्रतीक्षा किसकी की जाए और कब तक...लावारिस लाश की तरह पड़ी रहेगी वह?

माधुर्य से परिपूर्ण मुस्कराता जैसा वह चेहरा...वैसे ही जाना चाहिए। वह बिगड़े नहीं।

"मृत का कोई है नहीं तो रुपये-पैसे कहाँ से आएँगे।"

"चन्दा कर लो न बस्ती में।"

"नहीं"—नरेन्द्र का स्वर तेज हो गया था—"मैं हूँ। चन्दा क्यों?"

"तब फिर क्या...दाह तो कोई न हो तो पाँच ब्राह्मण भी दे सकते हैं। ऐसा विधान है।"

कोई न हो तो...क्यों ऐसा कि कोई नहीं उसका, जो प्रेम की साक्षात देवी लगती थी।

"क्या बेटा दाह नहीं दे सकता?"

"बिल्कुल, पर वह आये तो...कब तक राह देखी जाए, यही तो समस्या है।"

"मैं हूँ न...एक तरह से बेटा ही हूँ।"

"आप संस्कार करने को तैयार हैं?"

"जी हाँ..."

"तब क्या...आइए...सारा इन्तजाम हो जाएगा। दो सौ रुपये ले लीजिए, बस।"

नरेन्द्र को आने में देर हुई तो रत्ना बच्चों को मन्दिर के एक कर्मचारी के पास छोड़, अकेली उस तरफ चली गयी जहाँ यात्रा ठहरी थी। पाल उखड़ चुके थे और भूरा-भूरा मैदान निकल आया था। सिर्फ एक लाइन के चार-पाँच पाल...खिचीं छोटी लाइन से अब भी थे। वहाँ किसी मृत को श्मशान ले जाने की तैयारियाँ चल रही थीं। नरेन्द्र भी वहीं कहीं होगा...रत्ना उस तरफ बढ़ गयी।

नरेन्द्र को देखकर वह अवाक् रह गयी...सिर के बाल साफ, बदन पर सिर्फ एक सफेद धोती। रत्ना को देखकर उसने सिर्फ ठंडे-ठंडे इतना पूछा कि बच्चों को वह किसी के सुपुर्द कर आयी है न...और काम में लग गया। नरेन्द्र बम्बई का वह स्वार्थी बिल्डर। रत्ना के मन में इस नरेन्द्र के लिए प्यार उमड़ने लगा...तुम भले ही पूजा न करो, ईश्वर को मानो या न मानो...यह किस धर्म से कम है, जिसे करने की प्रवृत्ति तुममें जागी है!

वह आगे बढ़ी। यह पाल तो...रत्ना की पहचान में थोड़ा-थोड़ा आया। वह दौड़ते हुए भीतर घुस गयी...अरे...ये तो वैष्णवी माँ...ब्राह्मणी हैं! यह स्टोव...उस दिन रत्ना यहाँ बैठी थी। मन्दिर की तरफ पसरा हुआ हाथ...जैसे उनके ठाकुर ने हाथ बढ़ाया हो और उन्होंने पकड़ लिया हो, ठाकुर उन्हें ऊपर खींच रहे हैं...यही अहसास किये वे गयी होंगी।

एक चीख उठी...नरेन्द्र थोड़ा-थोड़ा भीतर गया। रत्ना बिलख-बिलख कर रोने लगी—"नरेन्द्र! मेरी वैष्णवी माँ..."

"अरे!" नरेन्द्र थोड़ा चौंका। रत्ना ने उस रोज को अपनी भेंट के बारे में बताया तो था।

"शान्त हो जाओ। तुम ऐसा करो कि इस बक्से में सामान रख लो। जो उनके घर से आएगा, उन्हें दे देंगे। संस्कार के लिए इन्तजार नहीं किया जा सकता था।"

"अब यह भी तो पता नहीं कि बुढ़िया सधवा थी कि विधवा..." बाहर कोई कह रहा था।

"वे सौभाग्यवती थीं..." रत्ना बाहर निकल कर बोली—"मैं जानती हूँ। उनके पति यात्रा में भी आये थे, वृन्दावन या उसके ठीक पहले वापस गये हैं। मैं करूँगी माँ का श्रृंगार..."

रत्ना आँसू पोंछती हुई बाजार गयी, श्रृंगार का सामान स्वयं लायी। अपने हाथों

उसने वैष्णवी माँ को सजाया। नहलाया, रंगीन साड़ी लपेटी, माँग भरी, काजल लगाया। और तभी पता नहीं क्या झोंक आयी, माथे पर एक किनारे कागज की एक बिन्दी लगा दी...नजर न लगे, पर अब काहे की नजर!

रत्ना के आग्रह से फूलों और बैंड-बाजे की भी व्यवस्था हुई। सजी अर्थी निकली। नरेन्द्र ने संस्कार किया। रत्ना के सामने रह-रहकर वैष्णवी माँ की मुस्कान झूलने लगती। वह निष्कलुष नम्रता, जिसमें वह कहती थीं–'मुझे मालूम नहीं।' एक ही मुलाकात...पर कैसी छाप छोड़ जाता है कोई-कोई। वह बिलख-बिलख पड़ती।

"बेटी! धीरज धरो–" गोकुल के ही एक वयोवृद्ध ने रत्ना को ढाँढस बँधाया–"वे कहीं नहीं गयी हैं, यहीं हैं। सृष्टि से न कुछ जाता है, न यहाँ नया कुछ आता है। तिरोभाव...तिरोधान...जो है यहीं है, जैसे मिट्टी से घड़ा, घड़ा से मिट्टी। इसलिए विषाद नहीं करना चाहिए।"

"हमें नहीं लगता कि नियम छोड़ने के समय तक हम मथुरा पहुँच पाएँगे।"–रात को नरेन्द्र ने रत्ना से कहा–"माँ के फूल चुनना, प्रवाहित करना है। लगता है तुम्हारी यात्रा अधूरी ही रह जाएगी।"

"अच्छा है, तुम नियम में ही बँधे रहो। अच्छे तो ऐसे बँधे-बँधे।" रत्ना ने मुस्कराते हुए देखा। आँखों में तब अनगिनत तारे निकल आये थे...नरेन्द्र के लिए प्रशंसा और ईश्वर के लिए कृतज्ञता भाव!

रघु अगले दिन दोपहर तक ही पहुँच पाए। सब कुछ सुना। मन में प्रीति ही जागी। नरेन्द्र से बोले–

"ब्राह्मणी से कुछ सीख लेता...इसका समय जीवन ने नहीं दिया। उसका संस्कार करने के लिए जितना पवित्र होना था, उतना मैं नहीं था। वैसे ठीक ही हुआ जो एक अपरिचित के हाथों संस्कार हुआ। ऐसे लोग एक घर के कहाँ...वे तो सारे संसार के होते हैं।"

गोकुल में ही प्राण छोड़े ब्राह्मणी ने...यात्रा के अन्तिम चरण पर, उस धरती पर जिसे उसके ठाकुर के चरणों का पहला-पहला स्पर्श मिला था...देखिएगा कि इस बार ही उसके ठाकुर ने चलने को कहा। वह भी गोकुल...जैसे कारागार में जन्मने पर वसुदेव से कहा होगा। लगता है उनकी इच्छा फिर से गोकुल-वास की थी। ब्राह्मणी के ठाकुर को गोकुलनाथ जी के मन्दिर में ही पधरवा देना चाहिए।

"ब्राह्मणी की यात्रा समाप्त हुई, उसके ठाकुर की अब शुरू होगी...मुझ जैसों के लिए।"

और रघु की आँखें भर आयीं।

सत्येन्द्र लौट रहा है...अलीगढ़, वकालत और घर की तरफ।

आखिर उसने सुनन्दा को धोखा दिया ही। मथुरा में जन्मभूमि पर सुनन्दा ने कितना इन्तजार किया होगा। कैसा आहत हुआ होगा उसका मन कि सत्येन्द्र भी! शायद ऐसी ही चोटें हैं कि जिनके बाद हमारा मनुष्य जाति पर से विश्वास उठ जाता है, हम हर दूसरे आदमी की तरफ आश्वस्ति और प्रेम से नहीं बल्कि सन्देह और घृणा से देखने लगते हैं। सुनन्दा बिल्कुल आशा रखती होगी सत्येन्द्र से कि वह उसकी इस लड़ाई में जरूर साथ आएगा...वह जो दो बार उसकी जान बचाने, बिन बुलाये कूद पड़ा था। यही तो...कि जब सहायता माँगो, उसकी आशा करो... तभी वह नदारत!

सत्येन्द्र स्वयं को सन्तोष देता है कि सुनन्दा को उस बिन्दु पर पहुँचा कर ही वह लौटा जहाँ से अपनी लड़ाई वह स्वयं लड़ सकती है। सुनन्दा समर्थ है... सत्येन्द्र को उसने जिस तरह दूर रखा, उससे उसके मनोबल का पता लगता है, जिस तरह वह कहीं भी अकेले चल देती है, उससे निडरता जाहिर होती है। अकेली दरअसल वह है भी नहीं। दुःख उसके साथ है। सुनन्दा के पास खोने को कुछ और नहीं है, इसलिए वह कोई भी जोखिम उठा सकती है। बेटे के लिए माँ वैसे भी कुछ भी कर सकती है।

लेकिन क्या यह सब सोचा था सत्येन्द्र ने जब मथुरा जन्मभूमि पहुँचने की बजाय मथुरा स्टेशन आ पहुँचा और चुपचाप गाड़ी में बैठ गया। जमनालाल चौबे का सामना करने की हिम्मत नहीं थी? हाँ, सौदेबाजी के भी अपने नियम होते हैं—उससे बात क्या हुई थी, सत्येन्द्र ने किया क्या! सोच सकता है कि वह सत्य की तरफ था, उसने जमनालाल की घूस स्वीकार नहीं की...इसलिए चौबे के सामने कमजोर तो नहीं ही पड़ता। जमनालाल उसे सुनन्दा को लेकर अनापशनाप सोचता, बकता...तब भी नैतिक बल सत्येन्द्र के पास रहता ही, क्योंकि उसके और सुनन्दा के बीच अशोभनीय कुछ नहीं था।

हाँ...यह अशोभनीय, ऐसा कुछ बचाने के लिए ही वह सुनन्दा को लेकर जमनालाल के सामने नहीं गया। सच शायद यह भी नहीं है क्योंकि सत्येन्द्र उपस्थित हो या नहीं...वह पहले तो जमनालाल से मिल ही आया था और सुनन्दा का पक्ष लेकर गया था। वही काफी था सुनन्दा पर जो चाहे लाँछन लगाने के लिए पीछे रह कर, दूर-दूर सत्येन्द्र सुनन्दा का सिर्फ वकील भी तो हो सकता है? बिना अथॉरिटी का वकील!

इस सबके बीच ही कहीं कुलमुलाती, कछुए के अंगों की तरह दुबक-दुबक जाती कोई बात, जिसे सत्येन्द्र देखा-अदेखा करता रहता है। सुनन्दा अब वहाँ पहुँच गयी थी जहाँ वे सारी रोकें जो उसने अपने इर्द-गिर्द गाड़ रखी थीं, वे तिरोहित हो गयी थीं। अब वह उन्मुक्त होकर चढ़ती नदी की तरह सत्येन्द्र की

तरफ बढ़ती। सत्येन्द्र घबराकर भाग आया। सुनन्दा के इस अपमान से अलीगढ़ को खतरा था...उसे जिसे वह कोल्हू कहता था।

कितना अजीब...जब सुनन्दा के मन में सत्येन्द्र के लिए कोई भाव नहीं था तो कैसी कोशिश पर कोशिश कि कुछ बन जाए—ऐसा या वैसा, किसी सम्बन्ध का यह रंग या वह, कुछ भी जो भान देता रहे कि स्थायी जैसा कुछ सुनन्दा से बन गया, दोनों का मिलना ऐसे ही हवा के झोंके की तरह नहीं बह जाएगा। और ठीक उस बिन्दु पर जब वैसा कुछ बना, वह सुनन्दा को छोड़ आया।

यह कैसे कहा जाए कि शुरुआत ठकुरानी घाट से ही हुई। सुनन्दा से सम्बन्ध तो तभी से बन गया जब उससे मिलना हुआ। ऐसे सम्बन्ध ठीक वही आकार ग्रहण करते हैं क्या, जैसा कि हम सोचते हैं। उनकी चाल भी वह नहीं होती जैसी कि हम पहचानते हैं। शायद सम्बन्धित व्यक्तियों से इतर उनकी अपनी अलग सत्ता, अपनी अलग यात्रा होती है। ऐसा लगता है कि उनके सम्बन्ध में शुरू से ही जो सात्विकता थी धीरे-धीरे सत्येन्द्र उसे भी उतना ही चाहने लगा था जितना सुनन्दा को। किशोर को पा लेने के बाद क्या उस सात्विकता का निर्वाह हो पाता? सम्बन्ध में जिस विशिष्टता की तलाश सत्येन्द्र को थी, वह रह पाती? यहाँ से आगे जो-जो भी होता, वह उनके सम्बन्ध को साधारण, और साधारण ही बनाता चला जाता। फिर क्या फर्क पड़ता कि यह स्त्री, या कि वह, या कि सुनन्दा। सुनन्दा के लिए प्रेम को स्थूल रूप में अपने जीवन में लाने की कोशिश करेगा तो क्या होगा—खींचातानी, धोखाधड़ी, कीचड़बाजी। प्रेम की आन इसी में है कि पेश्तर इसके कि हमारी अपेक्षाएँ, आशाएँ खींचातानी के जाल में हमें उलझा लें...हट जाओ। इसी तरह है जो सुनन्दा से सम्बन्ध वह रहेगा जो सत्येन्द्र का किसी स्त्री से नहीं हुआ, न हो सकेगा। इसी तरह है जो यह हमेशा-हमेशा के लिए रह सकता है।

सम्भवतः यह भी स्वयं को बहलाना है। दया हुआ सत्येन्द्र के उस सपने का—कोई प्रबुद्ध महिला-मित्र जिसके पास वह जब चाहे पहुँच सके, वह बनता दिखता नहीं था इसलिए सत्येन्द्र ने आगे जाना बेकार समझा। पता नहीं, अब सुनन्दा की जिन्दगी क्या रुख लेती है। अन्य विवाहित की तरह वह ससुराल में रहेगी, रोती-कलपती, पर घर की मर्यादा में प्रसन्न, घर भी खासा बड़ा, या कि लौटकर अपने घर आती है। अपने पति को साथ लाती है या अकेली। वह कुछ भी करने को स्वतन्त्र है। सत्येन्द्र बीच में कहीं रहता है तो इस स्वतन्त्रता में बाधा पड़ती है। सुनन्दा के लिए ज्यादा अच्छी है यह अनुभूति कि सत्येन्द्र की तरह कोई आया, मिला, आपको वैसा कुछ दे गया जैसा सुनन्दा को उसका किशोर, आप अपना आभार भी ठीक [illegible] न जता सके और वह अन्तर्धान हो गया...यही तो ईश्वर की कल्पना है। जब त[illegible] ऐसा कुछ होता रहेगा, लोगों को ईश्वर में आस्था रहेगी।

सुनन्दा को उसका ईश्वर मिल गया, सत्येन्द्र क्या लेकर लौट रहा है। सुनन्दा

ने कई बार कोंचा था–"यात्रा के नियम तो ग्रहण किए नहीं थे?" न किए हों! आते पैसे को इस तरह छोड़ना...सत्येन्द्र को अपने आपसे ऐसी आशा नहीं थी। वह तो यही सोचता था कि कुछ भी ठीक है–जो अपने फायदे में आये, उसे फटाक से अपनी झोली में। जमनालाल के पैसों को छोड़कर सत्येन्द्र अनजाने अपने को कितना आदर दे गया है। चलो, वह बड़ी बात बोलना सही, कम-से-कम इतना तो हुआ ही कि वह गिरने से बच गया, एक बेहद घृणित काम करते-करते रह गया। यह कैसे हो सका–पतन के नीचे से नीचे तल...कि जिसे आपने चाहे जितना चाहा, उसे ही बेचने चल पड़ना...उस निम्नतम तल पर जा गिरने के ठीक पहले उठ जाना...उठते चले जाना–यह कैसे हुआ? यात्रा का असर? या कि एक क्षण का आकस्मिक वेग था वह, जिसमें वह सुनन्दा को सब कुछ बता बैठा? या कि सुनन्दा...? किसी-किसी का साथ कैसे हमारे भीतर बैठे अच्छे व्यक्ति को उभार देता है। जब तक सत्येन्द्र में इस अच्छे व्यक्ति के लिए प्रेम और आदर है, तब तक सुनन्दा साथ है, वह सत्येन्द्र में बहती रहेगी। किसी सम्बन्ध का इससे अच्छा रूप और क्या हो सकता है।

या कि सुनन्दा और यात्रा, दोनों...का प्रभाव था वह। सत्येन्द्र के लिए सुनन्दा और यात्रा दोनों अक्सर एक हो भी तो गये हैं। यह साक्षात्कार था अपनी परम्परा से। यात्रा में ऐसा साक्षात्कार कितने तरीकों से हो सकता है–यात्रा का विशेष वातावरण, इतना कुछ देखना, कितने लोगों से मिलना, उनके दुःखों को पास से देखना, किसी अजनबी से परिचय या सुनन्दा जैसे किसी के साथ आत्मीयता ...इनमें से कोई भी माध्यम चुन सकती है परम्परा हममें उतरने के लिए। यह भी हो सकता है कि पूरी यात्रा हमें कोरा का कोरा छोड़ जाए...पर सत्येन्द्र के साथ कुछ निश्चित हुआ है। पहले इस तरह सोचता था क्या वह?

अलीगढ़ में सत्येन्द्र का कार्यक्षेत्र उसे फिर बुला रहा है। वकालत में कुछ खराबी नहीं थी, गड़बड़ी हुई सत्येन्द्र से जो उसे साफ चादर की तरह नहीं ओढ़ सका। चादर में मूल्यों की गोट लगा लेता तो बँधकर वह और निखर उठती। वही वकालत एक सन्तोषप्रद काम हो जाता। अब वह ऐसा करेगा कि पैसा कमाना एक उच्छृंखल क्रिया न होकर, थोड़ा-बहुत अनुशासन में बँधा हो। परिवार भी आवाज देता है–जिससे उखड़कर जा पहुँचा था यात्रा में। परिवार के सदस्यों से द्वेष इसलिए होता है क्योंकि हम उनसे कुछ-कुछ उस तरह की ही माँगें करते हैं जैसी कि उनमें देख हम कुढ़-कुढ़ उठते हैं। सत्येन्द्र अगर यह सोचे कि उसे देना ही देना है, बड़ा ही तो दे सकता है, सबको यह सम्मान कहाँ...तो फिर क्लेश कहाँ।

प्रकृति की दुनिया कितनी लयमय है...यात्रा में सत्येन्द्र को इसका आभास हुआ। इस लयमयता की सृष्टि में छोटी-से-छोटी चीज लगी हुई है–पेड़, पौधे,

पर्वत, नदी, यहाँ तक कि धूल भी...हमारे यहाँ, क्या पता, इसीलिए सबकी पूजा होती है। प्रकृति की लयमयता में हम भी हैं। जो काम हमारा है उसे करते चलना, जो जिम्मेदारियाँ हमारी हैं उन्हें निबाहना...यह उस बड़ी लयमयता में अपना योगदान करना है। यह किसी पूजा-पाठ से कम नहीं। अलीगढ़, कचहरी, घर... सत्येन्द्र को मन्दिरों की तरह आलोकित दिख रहे हैं।

एक-दो दिनों बाद विश्रामघाट में इस ब्रज-यात्रा का विधिवत् समापन होगा। यात्री अपने-अपने पुरोहितों के सामने उन नियमों का विसर्जन करेंगे जो यात्रा शुरू करने पर उन्होंने विश्रामघाट पर ही ग्रहण किये थे। सत्येन्द्र ने उस तरह नियम ग्रहण किये नहीं तो छोड़ना भी नहीं। सत्येन्द्र अपना पुरोहित स्वयं। जो नियम ग्रहण किये, उसने स्वयं को दिए यात्रा के दर्म्यान। वे उसके पास ही रहेंगे।

और क्योंकि उस तरह विश्रामघाट से शुरू भी नहीं हुई थी सत्येन्द्र की यात्रा तो उसके लिए यात्रा की समाप्ति भी नहीं है।

अनन्त यह यात्रा!

❖❖❖